19세기 조선의
문화구조와 동역학

필자

김문용 金文鎔, Kim Moonyong _고려대학교 민족문화연구원 HK교수
조성산 趙成山, Cho Sungsan _성균관대학교 사학과 조교수
배항섭 裵亢燮, Bae Hangseob _성균관대학교 동아시아학술원 HK교수
최주희 崔姝姬, Choi Joohee _고려대학교 한국사학과 박사과정 수료
강상순 姜祥淳, Kang Sangsoon _고려대학교 민족문화연구원 HK교수
이주영 李珠英, Lee Juyoung _고려대학교 국어국문학과 박사과정 수료
허용호 許龍鎬, Heo Yongho _동국대학교 교양교육원 초빙교수
김승우 金承宇 Kim Seungu _고려대학교 민족문화연구원 HK연구교수

문화동역학라이브러리 10

19세기 조선의 문화구조와 동역학

초판인쇄 2013년 5월 15일 **초판발행** 2013년 5월 25일
엮은이 강상순 **펴낸이** 박성모 **펴낸곳** 소명출판 **출판등록** 제13-522호
주소 서울시 서초구 서초동 1621-18 란빌딩 1층
전화 02-585-7840 **팩스** 02-585-7848 **전자우편** somyong@korea.com **홈페이지** www.somyong.co.kr

값 33,000원

ISBN 978-89-5626-859-0 94910
ISBN 978-89-5626-851-4 (세트)

이 책은 2007년 정부(교육과학기술부)의 재원으로 한국연구재단의 지원을 받아 수행된 연구임(NRF-2007-361-AL0013)

고려대학교 민족문화연구원
문화동역학 라이브러리 10

19세기 조선의 문화구조와 동역학

The Cultural Structure and Dynamics of Chosŏn in the 19th century

강상순 편

문화동역학 라이브러리 문화는 복합적이고 역동적인 구성물이다. 한국 문화는 안팎의 다양한 갈래와 요소가 상호작용하는 과정을 통해 끊임없이 변화해왔고, 변화해 갈 것이다. 고려대학교 민족문화연구원이 주관하는 이 총서는 한국과 그 주변 문화의 복합적이고 역동적인 양상을 추적하고, 이를 통해 한국 문화는 물론 인류 문화에 대한 새로운 통찰과 그 다양성의 증진에 기여하고자 한다. 문화동역학(Cultural Dynamics)이란 이러한 도정을 이끌어 가는 우리의 방법론적인 표어이다.

소명출판

책머리에

이 책은 고려대학교 민족문화연구원 HK한국문화연구단 산하 '문화전통팀'의 공동연구 성과를 간추려 엮은 것이다. 본 연구단은 '한국문화의 동역학'을 아젠다로 삼아 인문한국(HK) 사업을 수행해왔다. 한국문화의 구조적 중층성과 역동성을 해명하는 이론 혹은 담론을 생산하는 것이 본 연구단의 아젠다가 지향하는 목표라고 할 수 있는데, 이를 위해서는 한국 문화에 대한 통시대적이고 학제적인 공동연구가 필요하다. 문화전통팀은 이러한 문제의식 아래 한국 고전문학, 조선시대 사상사 · 민중사 · 사회경제사, 한국철학, 민속학 등 한국학의 제 분야 연구자들이 모여 조직한 공동연구팀으로, 여기서 가장 먼저 선정한 연구 주제가 바로 '19세기 조선의 문화구조와 동역학'이었다.

19세기를 연구의 대상 시기로 선택한 것은 한국사에 있어서 이 시기가 지닌 특별한 문제적 성격 혹은 위치 때문이었다. 한국사의 내재적 발전을 주장하는 입장에서건, 서구 문명의 충격을 강조하는 식민지 근대화론의 입장에서건, 혹은 서구 중심적 근대주의를 비판하는 소농사회론이나 탈근대론의 입장에서건 19세기는 문제적인 시기일 수밖에 없다. 19세기는 조선왕조의 지배체제가 효율적으로 작동하지 못하면서 아래로부터의 저항이 점차 증가되어가던 시기이면서, 동시에 유교적 도덕과 종법질서가 더욱 확산되고 내면화되어간 시기이기도 하다. 또한 서세동점의 위기 속에서 양이攘夷를 주장하는 중화주의가 더 강화되어간 시기인가 하면, 유교 경전과 한문학을 중심으로 한 중세적인 정전체계와 보편문어체계가 균열의 조짐을 보이던 시기이기도 하다. 그리고 결정적으로는 쇠락해가던 조선왕조가 동아시아로 확장해오던 서구의 근대문명과 폭력적으로 조우한 시기이기도 하다. 물론 이러한 현상들은 따로 떨어져 있는 것이 아니라 상호 연관되어 있는데, 그 역동적인 얽힘을 어떻게 해석하느냐에 따라 19세기를 바라보는 우리의 인식은 매우 다양하게 분화되고 중층적으로 재구성될 수 있을 것이다.

'19세기 조선의 문화구조와 동역학'은 바로 이러한 19세기의 복합성과 역동성을 학제적인 문화연구를 통해 해명해보고자 하는 의욕에서 나온 작명이다. 물론 그와 같은 명칭에 걸맞은 실질을 성취했는가라는 자문에 자신 있게 답하기에는 이 책이 매우 부족한 것이 사실이고, 그런 점에서 오히려 이 책의 제목은 여전히 우리 모두에게 남아 있는 미완의 과제를 지칭하는 것이라고 말하는 편이 더 적절하겠지만 말이다.

이 책은 총 3부로 구성되어 있다. 제1부 '19세기 지식인들의 사유세계와 문명의식'에는 19세기 사대부 지식인들의 사유세계나 문명의식에 나타난 특징적인 변화들을 검토하는 세 편의 논문이 실려 있다.

먼저 김문용의 첫 번째 글은 중국이라는 중심의 동쪽 변방에 위치해 있다는, 다분히 자기 비하적인 지리 인식에 기반한 조선 전기의 동국의식이 18~19세기 지식인들에 이르면 보편문화로서의 중화를 계승했다는 중화계승의식과 결합되면서 자존적이고 심지어는 자기 과대적인 동국의식으로 변모하는 양상을 검토하고 있다. 지리 인식과 문화의식이 교차하는 동국의식이라는 인식 틀을 통해 조선 후기 지식인들은 보편문명 속에서의 자기 정체성과 차이의 감각을 획득해갔다고 할 수 있는데, 이는 오늘날까지 한국인의 집단적 자기인식, 문화적 지리 심상의 주요한 원천으로 자리 잡고 있다는 점에서 그 의의가 크다.

다음으로 조성산의 글은 중화의 고유한 음성언어를 규명하고 그 원형을 회복하고자 하는 의도에서 시작되었던 음성언어에 대한 논의들이 글文과 말言이 일치하지 않는 조선의 특수성을 자각하는 데까지 나아가는 양상을 분석하고 있다. 중세적 보편주의를 지향하면서 시작된 음성언어에 대한 관심이 보편적인 한문문어체계를 균열시키고 결국에는 음성언어 공동체를 지향하는 근대적 민족주의로까지 나아가게 되는 양상은 동아시아에서 탈중화주의적 흐름이 일방향적인 것이 아니라 매우 복잡한 횡류橫流였다는 것을 잘 보여주는 사례라고 할 수 있겠다.

김문용의 두 번째 글은 유교 경전의 재해석을 통해 복리福利를 긍정하고 이익 추구를 정당화했던 19세기 유학자 심대윤의 세속화된 유학사상을 분석하고 있다. 전통적인 의리지변의 틀을 벗어나 복리를 중심으로 구축된 심대윤의 유학사상은 직접 상업에 종사하기도 했던 심대윤 개인의 경험이 반영된 것이기도 하지만, 19세기 사회변동 속에서 다양한 계층으로 유학적 지식과 도덕이 폭발적으로 확산된 결과 나타난 유학의 세속화 혹은 통속화의 산물이기도 하다는 점을 이 글은 강조하고 있다.

이 책의 제2부 '19세기 정치문화와 사회구조의 변동'에는 조선 후기 사회의 기본틀을 규정하는 정치적, 사회경제적 구조와 19세기 나타난 그것의 변동 양상들을 검토하는 세 편의 논문이 실려 있다.

우선 배항섭의 첫 번째 글은 조선시대 지배층이 확산시키고자 했던 유교의 인정仁政 이념이 조선 후기 민중에 의해 적극적으로 수용되고 전유되는 과정을 분석하고 있다. 조선왕조의 지배층이 내세운 인정 이념은 유교의 민본 이념이나 영정조대에 활발해진 소원제도 등과 결합되면서 민중이 직접 탐관오리를 징치하거나 국왕에게 인정을 요구하는 19세기의 독특한 정치문화를 낳았다. 동학농민전쟁으로까지 이어지는 19세기 민중의 저항은 유교적 지배이념을 부정하기보다 오히려 그것을 적극 수용하고 전유함으로써 가능했다는 것이 이 글의 결론인데, 이는 유교를 지배이념의 도구로만 파악했던 기존의 도식적 이해를 넘어설 뿐 아니라 오늘날까지 이어지는 한국적 정치문화의 한 특징을 이해할 수 있게 하는 흥미로운 시각을 제공한다.

배항섭의 두 번째 글은 조선시대 토지소유구조와 매매관습을 서구뿐 아니라 중국 일본 등과 비교하면서 서구나 일본에서는 근대 이후에 나타나는 토지소유의 배타성과 시장친화적 매매관습이 조선에서는 이미 17세기 이후 확고하게 성립해 있었다는 점을 논증하고 있다. 기존의 서구 중심적 근대론은 이러한 양상을 근대의 징표로 삼았기 때문에 조선 후기 사회에 나타나는 배타적 토지 소유권을 전제로 한 지주제나 경제적 계약관계로서의 성격이 강했던 지주-작인관계의 실상을 있는 그대로 인정할 수 없었다고 비판하면서, 서구 중심의 근대 / 전근대 논의를 넘어설 필요가 있다고 제안하고 있다.

한편 최주희의 글은 19세기 담양 및 인근 지역에 거주하던 선산 류씨가를 대상으로 하여 선대묘를 관리하거나 문집을 간행하는 등의 가문헌창 활동을 통해 친족 간의 결속을 도모하고 이를 통해 사족의 위상을 유지하고자 했던 향촌 사족들의 치열한 생존전략을 실증적으로 규명하고 있다. 이와 함께 이 글은 사족으로서의 위상을 유지하기 위한 류씨가의 이러한 노력이 반드시 성공적인 것만은 아니었으며, 지역의 다른 공동체나 심지어 친족 간의 갈등을 낳기도 했다는 점 또한 보여준다. 이러한 사례가 19세기의 사회변동에 대한 향촌 사족들의 일반적인 대응양상이라고 단정할 수는 없겠지만, 이러한 실증적인 사례 분석들이 축적된다면 19세기 사회변동에 대한 지역별・계층별 대응방식을 보다 입체적으로 파악할 수 있으리라 기대된다.

이 책의 제3부 '19세기 사회변동과 문학적 형상화'에는 19세기 사회변동이 문학이나 민속의 텍스트 속에 어떻게 재현되는지를 분석한 네 편의 논문이 실려 있다.

우선 강상순의 글은 19세기에 창작된 소설 가운데 가장 큰 대중적 인기를 얻었던 한문장편소설『옥루몽』에 표명되어 있는 정치적 논설을 대상으로 작가 남영로의 현실인식과 정치론을 분석하고 있다.『옥루몽』의 작가 남영로는 작품 속 주인공 양창곡이 올리는 표나 소를 통해 당대의 정치가 해결해야할 시대적 급무와 그 해결방안을 제시하고 있는데, 그 속에는 소론계 근기사족으로서 지니고 있었던 당대 집권세력과 그 정치행태에 대한 비판의식이 잘 드러나 있다. 특히 그는 국가 기강의 해이 같은 시국의 급무를 해결하기 위해서는 군주가 생살지권을 지니고 왕도와 패도를 병용해야 한다는 과감한 주장을 개진하는데, 이는 성리학이 내세웠던 이상적인 성학군주론이나 세도론만으로는 당대의 정치적 난맥상을 바로잡을 수 없다고 보았던 19세기 근기사족의 비상한 위기의식의 산물이라고 볼 수 있을 것이다.

한편 이주영의 글은 '괴질'이라고 불린 정체불명의 전염병이 19세기 사회에 불러일으킨 공포가 다양한 문학장르들 속에 어떻게 형상화되었는지 검토하고 있다. '괴질'이 불러일으킨 공포의 핵심은 무엇보다 그것이 기존의 사고방식이나 관습으로는 도저히 설명할 수 없다는 것, 이로 인해 그것이 19세기 사회에 잠복된 병리성이나 불확실성을 환기시킨다는 점에 있다. 19세기에 유행한 '괴질'이 실은 서양을 통해 전파된 콜레라였다는 사실이 보여주듯이, 괴질에 대한 공포는 또한 자본주의적 세계체제라는 이질적 타자와의 만남을 표상하는 것이기도 하다.

허용호의 글은 19세기 무속 혹은 민중연행에 나타난 특징적인 변모의 양상을 검토하고 있다. 그의 연구에 따르면 19세기 무속에는 무속신앙 자체를 상대화시키고 희화화하는 '반성적 연행'이 두드러지게 나타난다. 그리고 이는 이후 배뱅이굿이나 장대장타령처럼 굿에서 독립된 갈래로 발전하기도 하고 다시 굿 속으로 포섭되기도 한다. 민중문화에서만큼은 절대적인 것으로 여겨져 왔던 무속신앙마저 오락화·세속화되는 양상은 19세기가 지닌 역동성과 가능성을 보여주는 주목할 만한 양상이라고 할 수 있을 것이다.

마지막으로 김승우의 글은 19세기 말 선교를 위해 조선을 찾았던 서구 선교사들이 지니고 있었던 한국문학 혹은 한국 문화에 대한 인식을 풍부한 자료들을 통해 추적하면서 그들이 그와 같은 인식을 갖게 된 배경과 의미를 분석하고 있다. 오페르트, 그리피스, 게일 같은 서구인의 눈에 비친 한국문학 혹은 한국문화는 때로는 저열하고 산만한 것으로, 때로는 서구에 소개할 만한 가치가 있는 품격 있는 것으로 여겨졌는데, 한국 전통문화에 대한 초기 선교사들의 선별적이고도 피상적인 인식은 점차 갈수록 극복되어 간다.

이상 이 책에 수록된 글들의 주요 내용을 매우 소략하게 소개해보았다. 이 거칠고 성긴 소개가 오히려 개별 연구의 풍부함과 진의를 가릴까 염려되지만, 소개글로 원글을 판단하는 우를 이 책의 독자들이 범하지 않으리라 믿을 뿐이다.

앞서도 말했듯이 이 책은 HK한국문화연구단에서 함께 세미나와 학술대회를 개최하고 함께 고민을 나눴던 '문화전통팀' 구성원들의 공동 성과물이다. 그 가운데 일부는 남았고, 일부는 자리를 옮겨 연구에 매진하고 있다. 분과학문의 체제 속에 안주해왔던 필자에게 한국학의 여러 영역의 전공자들이 함께 모여 토론하고 문제의식을 공유하며 공동 성과물을 산출할 수 있었던 것은 소중한 경험이었다. 이 소중한 경험이 우리 모두 공유되고 또 앞으로도 지속될 수 있기를 기대한다.

저자들을 대표하여 강상순 씀

차례

2부 19세기 정치문화와 사회구조의 변동

3부 19세기 사회변동과 문학적 형상화

—1부—

19세기 지식인들의 사유세계와 문명의식

동국의식과 세계 인식*

조선시대 집단적 자아의식의 한 단면

김문용

1. 지리적 · 문화적 표상으로서의 '동국'

조선시대 지식인들에게서 '동국東國'은 자국에 대한, 지리적이면서 동시에 정치적이고 문화적인 표상이었다.[1] 그것은 동방東方 · 동토東土 · 해동海東 · 아동我東 · 대동大東 · 화동華東 · 패동浿東과 좌해左海 · 청구靑丘 등으로 변형되기도 하고, 동조東朝 · 동사東史 · 동문東文 · 동학東學 · 동의東醫 · 동산東算처럼 개별 영역에 두루 적용되기도 해왔다. 이러한 표현과 관념은 이미 삼국통일 이후 최치원 등의 글에서부터 나타

* 본고는 『국학연구』 14집(한국국학진흥원, 2009)에 수록된 논문을 수정 · 보완한 글이다.

1 조선의 별칭으로는 '동국' 이외에도 여러 가지가 있었다. 이규경은 구이九夷, 육부六部, 군자국君子國, 예의방禮義邦, 소중화小中華, 삼한三韓, 해동海東, 좌해左海, 대동大東, 청구靑丘, 접역鰈域, 진단震檀, 근화향槿花鄕 등 별칭의 연원을 언급하였다.(참조 : 李圭景, 『五洲衍文長箋散稿』 經史篇 · 論史 「東方舊號故事辨證說」)

나기 시작하는데, 고려 · 조선시대를 경과하면서 한반도 거주민들의 집단적 자아의식을 구성하는 중요한 요소 가운데 하나가 되었다고 할 수 있다. 20세기 벽두 애국계몽기, 한 신문의 독자란에 실린 다음과 같은 의견은 그 관념이 얼마나 견고한 것이었는가를 잘 보여준다.

> 국호ᄂᆞᆫ 쟝ᄎᆞᆺ 무어시라ᄒᆞᆯ가 ᄀᆞᆯᄋᆞᄃᆡ 동국이라 ᄒᆞᆷ이 가ᄒᆞᆯ진뎌 동양에 잇ᄂᆞᆫ 나라들이 우리나라ᄲᅮᆫ은 아니나 녯 사ᄅᆞᆷ들이 흔히 쓰던바ㅣ며 우리도 흔히 부ᄅᆞᄂᆞᆫ 바ㅣ니 이거슬 두고 쟝ᄎᆞᆺ 무어시라ᄒᆞ리오 근ᄅᆡ 션비들이 력ᄉᆞ를 편즙ᄒᆞᄆᆡ 혹 대동이라 동국이라 ᄒᆞᄂᆞᆫ 일홈을 쓰나 그러나 이거슬 국호로 아ᄂᆞᆫ 자 실노 업스니 슯흐다 이거시 적은 일인듯ᄒᆞ나 실노 국민의 국가졍신을 가리워 어둡게ᄒᆞ야 ᄒᆞᆫ 국가의 존망을 ᄒᆞᆫ 죠명의 존망으로 그릇알고 ᄒᆞᆫ 민족의 흥쇠를 ᄒᆞᆫ집안 ᄒᆞᆫ셩의 흥쇠로 그릇 짐작ᄒᆞ야 (…중략…) 이거슨 력ᄉᆞ를 져술ᄒᆞᄂᆞᆫ쟈의 ᄒᆞᆫ가지 크게 주의를ᄒᆞᆯ바ㅣ오.[2]

이 주장의 핵심은 동국이나 대동을 국호로 삼자는 것이다. 여기에는 조선왕조의 퇴락이라는 당시의 상황 인식이 바탕에 깔려있고 조정과 국가의 분리, 왕실(황실)과 민족의 분리와 같은 근대적인 관념이 결합되어 있다. 조대와 왕실의 흥망을 넘어 지속되는 어떤 것을 국가와 민족으로 호칭하는 것이 새로운 것이라면, 그것을 다시 동국 / 대동으로 이름 짓는 것은 과거의 기억으로 회귀하는 일이다. 여기에서 양자 사

2 ᄉᆞ벽ᄉᆡᆼ, 「력ᄉᆞ에 ᄃᆡᄒᆞᆫ 좁은소견 두가지」, 『대한ᄆᆡ일신보』 309호, 1908.6.17(김동택, 「대한매일신보에 나타난 '민족' 개념에 관한 연구」, 『대동문화연구』 61집, 성균관대 대동문화연구원, 2008에서 재인용).

이의 부조화와 관련하여 좀 더 주목되는 쪽은 전자라기보다는 후자, 즉 동국 / 대동이라는 이름을 고집하는 쪽이다. 아직 대한제국이 명맥을 유지하던 때라는 점에서 볼 때 더욱 그러하다. 조선시대 사람들에게서 '동국'은 과연 무엇을 의미했는가?

어디에서나 사람들은 자신의 고향을 세계의 중심으로 간주하기 마련이다. 고래로 동서양을 막론하고 자신의 몸을 우주의 중심으로 설정하는 것과 같은 보편적인 공간 도식이 존재해 왔고, 그 연장선 위에서 자국을 세계의 중심으로 설정하는 것도 자연스러운 일이었다.[3] 그러나 동국이라는 표상은 자국을 독자적인 나라로 생각하면서도 스스로를 중심으로 상정하지 않는다. 거기에는 스스로가 중심으로부터 벗어나 위치한다는 변방의식,[4] 그리고 중심의 대국과 대비되는 소국의식이 담겨 있다. 변방의식 · 소국의식은 근대의 국가 · 민족 관념에 견줄 때 긍정적인 것이기 어렵다. "소국 의식이 네이션의 국가에 대한 열망을 약화시키고 자부심이 형성되는 것을 저해했다"[5]는 최근의 한 평가는 그래서 당연한 것처럼 보이기도 한다.

근 십수 년래에, 이러한 관점에 반론이 제기되어 학계 일각의 호응을 얻고 있다. 이른바 조선중화주의론이 그것이다. 병자호란 당시의 척화론에서 비롯되어 전쟁 후의 북벌론, 대보단 창설 등을 거치면서 종래의 소중화의식을 벗어나 조선이 중화 그 자체라는 의식, 즉 조선

---

3 이-푸 투안, 고동회 · 심승희 역, 『공간과 장소』, 대윤, 1995, 69 · 159쪽.

4 동국의 지리적 위치를 나타내는 데에는 '벽재일우僻在一隅'와 같은 표현이 전형적으로 사용되었다. '일우一隅' 대신에 해외海外 · 황양荒壤 · 해우海隅 · 하추遐陬 · 해표海表 · 해연海堧 · 해빈海濱 · 해동海東 · 동우東隅등이 쓰이기도 하였다.

5 기무라 간, 김세덕 역, 『조선 / 한국의 내셔널리즘과 소국의식』, 산처럼, 2007, 406쪽.

이 동아시아의 문화중심국이라는 의식이 형성되었다는 것이다. 이 주장은 민족사에 대한 긍정적 인식이라는 측면에서, 종래의 내재적발전론과 일부 관점을 공유하는 것으로 주장되기도 한다.[6] 그러나 양자 사이에는 기본적으로 서로 충돌하는 지점이 존재한다. 북벌론으로부터 위정척사론에 이르기까지 일련의 중화 지향적 사상 조류는 내재적발전론의 한 형태인 실학론에서 줄곧 타자에 해당했기 때문이다.

본고는 이러한 문제 정황을 의식하면서 조선시대 지식인들의 동국의식을 검토한다. '동국'이 지리적이면서 동시에 문화적인 함축을 갖는다는 전제 아래, '지리'와 '문화' 또는 '지리 인식'과 '문화의식'을 주요 개념 도구로 삼고 양자 사이의 관계를 주로 문제 삼는다. 지리 인식이란 용어가 지리적 사실에 대한 인간의 인식론적 관계를 중시하고자 하는 것인 반면, 문화의식이란 용어는 문화가 자아의 주관적 표현임을 강조하는 면이 있다. 따라서 이 글은 암암리에 객관적 지식과 주관적 가치관 사이의 관계에 대한 문제의식을 내장한다고 할 수 있다.

본문은 먼저, '동국'의 지리적·문화적 의미 연관을 그 역사적 추이 속에서 개관한다. 달리 보자면, 이것은 문화적 자의식으로서의 소중화의식을 동국이라는 지리적 조건과 결부하여 검토하는 일이 될 것이다. 다음으로, 조선 후기의 중화계승의식을 그 문화사적 함의를 중심으로 검토한다. 중화계승의식이 소중화의식의 말기 형태라는 점에서 이 일은 소중화의식의 의미 실질을 좀 더 분명히 하는 데 도움을 줄 것이다.

---

6 조선중화주의론의 대표적인 논자 가운데 한 사람인 정옥자는 '조선중화주의'를 통해 역사의 변화과정을 계기적·단계적으로 바라보는 내재적 발전론의 시각에 설 수 있을 것이라고 말한다.(정옥자, 『조선 후기 조선중화사상연구』, 일지사, 1998, 187쪽)

마지막으로, 세계지도를 매개로 지리 인식과 문화의식의 상호작용 양상을 검토한다. 이는 동국의식 또는 그 문화적 표현으로서의 소중화의식의 추이를 세계 인식의 변화와 관련하여 조명하는 일이다. 이러한 일련의 검토는 장차 한국인의 집단적 자아의식의 정체를 해명하고, 그 미래적 가능성을 포착하는 데 도움을 줄 수 있을 것이다.

2. '동국'—문화적 자비自卑와 자대自大의 사이

'동국'의 지리적 함의는 그것이 중국의 동쪽 바깥에 위치한다는 데에 한정되지 않는다. 거기에는 중국으로부터의 거리 · 면적 · 토질 · 경관 · 물산 등 여러 방면의 정보가 선택적으로 포함되었다. 시대 환경에 따라, 개별적 처지와 문맥에 따라 그 구체적인 함의는 다양하기 마련이지만 어느 정도 정형성을 띠기도 한다. 그 대표적 유형의 하나는, 중국으로부터의 거리가 멀고, 면적이 작으며, 토질이 척박하고, 물산이 보잘 것 없다는 등의 부정적 국토관이다. 이는 '동국'이 명시적으로든 암묵적으로든 중국과의 대비를 바탕으로 표명되는 것이라는 점에서 쉽게 예상할 수 있는 것이기도 하다. 조선 건국 직전(1388년), 권근權近(1352~1409)이 작성한 표전문表箋文의 다음 구절은 부정적 국토관의 한 예를 잘 보여준다.

> 저희 나라는 멀리 동떨어진 땅에 있어, 협소하기로는 실로 벼루와 같으며, 메마르기로는 돌밭과 다를 것이 없습니다. 더구나 동쪽 모퉁이로부터

북쪽 변방에 이르기까지 산과 바다로 막혀 형세가 매우 편협합니다. 그러나 조상들 때부터 구역이 정해져 있었습니다.[7]

여기서는 고려 국왕의 명의로 명 황제에게 보내는 외교문서 형식의 글이라는 점, 다시 말해 중국과 비교할 뿐 아니라 중국에게 내보이는 글이라는 점을 고려해야 할 필요가 있다. 더구나 이 글이 당시 명의 철령위 설치 기도를 저지하기 위한 목적으로 쓰였고, 그런 면에서 단순한 겸양 이상의 정치적 의도를 읽어낼 필요도 있다. 그럼에도 불구하고 이러한 관점과 표현이 특별히 예외적인 것이라고 하기는 어렵다. 여말 이래로 부정적 국토관은 지식인들의 통상적인 언급 속에서도 드물지 않게 나타난다. 공적으로든 사적으로든, 중국 또는 중국인을 상대로 한 언급에서 우리는 그것을 좀 더 쉽게 발견할 수 있을 뿐이다.

부정적 국토관은 자연스럽게 자국문화관에 대한 부정적 이해로 연결될 가능성을 갖는다. "저희 나라小國는 황량한 빈 터에 치우쳐 있어 아주 옛날부터 기풍이 졸렬합니다. 글은 배운 것을 겨우 표현하는 정도이고, 말은 통역을 해야 비로소 통할 수 있습니다."[8] "백성이 유순하고 조신하며 국량이 좁다(柔謹局促)."[9] "저는 소국에서 생장하여 보고 들은 것이 편벽되고 좁으며, 천성이 또 꼿꼿하여 구차스럽게 합하지 못하므로, 반평생을 사귀어 노는 동안에 친밀한 벗이라고 할 수 있는 사람은 불과 두어 사람일 뿐입니다."[10] 이러한 언급들은 발화의 대상

---

7 權近, 『陽村先生文集』 권24 「事大表箋類」, 1쪽.

8 李穡, 『牧隱文藁』 권12 「謝復位表」, 5쪽.

9 李重煥, 『擇里志』 「八道總論」.

10 洪大容, 『湛軒書』(外集) 권1 「答朱朗齋文藻書」, 41쪽.

과 언급의 범위에서 각각 차이가 있지만, 모두 자국의 문화에 대한 부정적인 관점을 표현한 것이라는 점에서는 동일하다. 부정적 문화관이 매번 부정적 국토관과 직접 결합되어 나타나는 것은 아니지만, 양자가 논리적으로 연결되는 것임은 쉽게 확인할 수 있다.

그러면 '동국'의 지리·문화적인 함의는 전체적으로 부정적인 것으로 간주할 수 있는가? 권근은 앞의 표전문에서 자국의 영토가 비록 보잘 것 없는 것일지라도 '구역'이 별도로 정해져 있다고 주장하였다. 이후에도 성종대의 양성지梁誠之(1415~1482)는, 다시 개주開州에 진을 설치하고자 하는 명明의 기도를 저지하자고 주장하면서, '우리 대동'이 "따로 하나의 세상別乾坤을 이루어 소중화라고 부르며 3천 9백 년이나 되었다"고 하였다.[11] 이중환李重煥(1690~1756) 역시 『택리지擇里志』에서 우리나라의 지세가 중국에 읍하는 형상이라는 말을 인용하면서도 '멀리 해외에 위치한 하나의 특별한 구역'임을 강조하였다.[12] 이러한 언급들은 일차적으로 강역의 구분을 주장하는 것이지만, 거기에는 당연히 정치·문화의 독자성 또는 자주성의 관념이 부수되기 마련이다. 이에 우리는 다시 다음과 같은 질문에 직면하게 된다. 과연 자국에 대한 긍정적 이해, 즉 자부심 없이 정치·문화의 독자성이나 자주성에 대한 주장이 유지될 수 있는가?

이 문제와 관련하여 검토해 볼 필요가 있는 것이 바로 소중화의식이다. 주지하듯이 '소중화'는 '중화'의 모방이자 아류이고, 소중화의식은 중국을 상대로 한 정치적 사대의례의 문화적 표현이었다. 그것은 자국

---

11 梁誠之, 「請罷中國置鎭開州疏」, 『朝鮮王朝實錄』 成宗 12년 10월 17일조.
12 李重煥, 『擇里志』 「山水」.

내에 존재하는 유교적 가치와 교양, 중국식 문물과 사회질서에 근거를 두는 것으로서, 실로 '동국'과 병행해 온, 또는 그것과 긴밀히 결합되어 온 오래된 문화적 표상이다. 이는 기자동래설箕子東來說이나 '구이九夷'에 살고 싶다고 한 공자의 말 등을 근거로, 그리고 스스로의 주장뿐 아니라 중국인들의 인정과 동조를 통해서 더 확고해졌다.[13] 특히 기자는 고려시대 이래로 유교 문화의 전래자라는 인식이 확산되면서 동국 문화의 중요한 상징으로 자리를 잡았다.

흥미로운 점은 소중화라는 관념과 그 상징들은 어느 때고 부정적이기보다는 긍정적인 것이었다는 점이다. "우리나라가 비록 바닷가에 치우쳐 있으나, 은殷의 태사太師(箕子)가 수봉受封한 이래로 예의를 돈독히 하고 습속과 문물이 중화를 흠모해 왔다."[14] 수없이 반복되어 온 이러한 유의 언급에서 중화는 늘 보편적 가치의 담지체이고, 기자는 누가 뭐래도 동국 문화의 긍정적인 상징이었다. 문제는 이러한 긍정적 문화관이 지리적 격절성으로 대표되는 '동국'의 부정적 국토관에 역접으로 연결된다는 점이다. 이에 '동국'의 지리적 함의와 관련하여, 그 부정적 요소를 넘어서는 긍정적인 해석이 요청된다. 우리는 다음의 인용문에서 이에 부합하는 전형적인 논법을 발견할 수 있다.

> 우리나라는 동쪽 모퉁이에 치우쳐 있고 땅의 넓이가 중국의 한 주 크기

13 중국인에 의한 대표적 언급으로는 다음의 예를 들 수 있다. 徐兢, 『宣和奉使高麗圖經』 권3 「城邑」, 10쪽. "고려 같은 나라는 그렇지 않다. 종묘와 사직을 세우고, 고을마다 집을 짓고, 성을 높이 둘러쌓아 중화를 모방하였으니, 아마도 이것은 箕子가 봉작 받은 옛 땅이라서 중화의 풍속과 습관이 아직도 남아 있는 것이 아닌가 한다."

14 崔恒, 『太虛亭文集』 권1 「張寧皇華集序」, 14쪽.

와 겨우 비슷하지만, 기후와 물산은 사방의 다채로움을 갖추어서 중국과 비교하자면 온전하되 자잘하다. 왕업 또한 북으로부터 남으로 모두 중국과 같고, 풍속의 아름다움, 인재의 출현, 예악문물의 성함, 도학道學과 유술儒術의 홍성도 중국에 견주어진다. 이렇듯 서・남・북의 여러 나라와 비교할 수 없는 것은 무슨 까닭인가? 나는 이렇게 생각한다. 원元은 사덕四德의 으뜸元이므로 한 가지가 네 가지를 포함하고, 목木은 오행의 으뜸이므로 일기一氣이면서 오기五氣를 포함한다. 동東은 사방의 으뜸으로서 덕德으로는 원元에 속하고 행行으로는 목에 속하므로 일방一方이면서 사방의 기氣를 겸하는 것이다. 그러므로 하늘이 낳고 땅이 길러주는 것이 동방에서 홀로 두텁고, 사람이 성현이 되고 다스림이 빛나는 것 또한 어렵지 않다. 기성箕聖이 동쪽으로 온 것 또한 이 점을 보았기 때문이라고 생각한다. 우리 동인東人들이 스스로 귀하게 여길 줄 모르고 스스로 노력하기를 게을리 할 수 있겠는가![15]

이 글은 18세기 전반기, 한원진韓元震(1682~1751)이 남긴 글이다. 그에게서도 국토의 이해는 여전히 중국에 대한 참조를 통해 이루어지지만, 그 관점은 앞서 권근의 경우와 달리 사뭇 긍정적이다. 국토의 규모가 작다는 것은 부정할 수 없는 일이지만, 기후와 물산의 다양성만큼은 중국 못지않다고 말한다. 그는 이러한 국토 이해를 전제로 자국 문화에 대한 긍정적인 기술을 이어간다. 그가 보기에 조선은 정치・풍속・인재・예악・학문과 같은 문화 영역 역시 중국과 대등한 나라이

15 韓元震, 『南塘先生文集』 권38 「雜識」, 1쪽.

다. 비록 간단한 언급이기는 하지만, 그에게서 '동국'의 지리 인식과 문화의식이 긍정적인 것으로 통일되어 있었음을 확인하는 데는 부족함이 없다.

한원진의 언급에서 특별히 주목할 것은 자신의 견해를 정당화하는 논법이다. 그가 동원하는 사덕설과 오행설은 유교적 가치 아래 자연과 인간을 통일적으로 설명하는 데 활용해 온 것들이다. 사덕설은 『주역』에서, 오행설은 『서경』에서 비롯하는 것으로서 출전은 서로 다르지만, 한대 이후 유기체적 세계관이 발달하면서 양자는 긴밀하게 결합되었다. 이 가운데 자연과 문화의 해석을 위한 일반이론으로서 좀 더 폭넓게 사용되어 온 것은 오행론이다. 오행론은 방위・계절・색깔・맛・오장・맥박・오덕五德 등의 만물・만상을 각각 다섯 개의 요소 또는 국면으로 나누고, 그것들을 하나씩 수・화・목・금・토 오행에 배속한다. 그리고 오행 상호 간의 상생・상극 관계를 통해 만물의 생성과 변화를 설명한다.

방위를 중심으로 오행론과 사덕설의 배속 체계를 재구성하자면, 동방은 오행의 목木과 사덕의 원元에 해당한다. 한원진은 여기에, 목과 원이 각각 오행과 사덕의 다른 요소들보다 발생론적으로 선행하고 존재론적으로 근원적이라는 생각을 결합한다. 그리고 이를 통해, 목과 원에 해당하는 동방의 조선이 자연조건이나 문화성격 측면에서 서・남・북쪽의 다른 나라들보다 우월한 것이라고 단언한다. 자세히 따지자면 오행의 발생론적 순서와 관련하여 다른 견해가 존재하기도 했다는 점에서 이 설명은 학술사적으로 논란의 여지가 없지 않다.[16] 그러나 대체로 당시 지식인들 사이에 널리 공유되던 것이고, 그만큼 유학적 상식에 가까운 것이었음에는 틀림이 없다.

소중화의식으로 대변되는 '동국'의 문화적 함의는 긍정적인 것이었고, 이 점이야말로 동국의식의 주된 면모였다. 그러나 그것의 전개 과정에는 시기에 따라 어느 정도 의미의 진폭이 존재했다. 청이 중국을 장악한 이후, 남명南明의 소멸(1662년)과 삼번三藩의 난의 진압(1681년), 그리고 청조의 중국 지배가 안정화되면서 조선 정부와 지식인 사회에는 무력을 통한 대청복수론이 서서히 잦아들고 대명의리론도 활로를 새롭게 모색해야 했다. 만동묘萬東廟(1704년)와 대보단大報壇(1705년)의 설치, 『존주휘편尊周彙編』(1800)의 편찬 등은 그 중요한 결과물들이다. 대청복수론의 폐기 이후, 이 일련의 행사와 정책을 관통하는 정신적 태도를 한 마디로 압축하자면 조선이 중화를 계승한다고 하는 것이다. 만동묘와 대보단이 명목상으로는 재조再造의 은혜를 베푼 명 황제에 대한 보답의 성격을 띠었지만 그 이면에는 스스로 중화의 계승자라는 의식이 강력하게 자리 잡고 있었다. 『존주휘편』 역시, 내용은 양란 이후 충신·열사의 행적과 언론을 모은 것이지만 편찬의 기본 정신은 그 제목에 드러나는 바와 같이 중화를 계승한다는 데 있었다.

중화계승의식은 분명 획기적인 것이었다.[17] 소중화의식이 조선을

---

16 오행의 발생론적 순서에 관한 논의는 왕조의 교체 순서를 설명하는 오덕종시설五德終始에서 비롯되었다. 추연鄒衍은 상극설相克說에 기초하여 토-목-금-화-수의 순서를 제기한 데 반해, 『한서漢書』의 「율력지律曆志」에서는 상생설相生說에 기초하여 목-화-토-금-수의 순서를 주장하였다. 한원진은 이런 저런 설명 없이 후자를 따른 셈인데, 이 때문에 그의 논의가 갖는 논증적 엄격성은 제한적이라 할 수 있다.(참조 : 郭爲, 김홍경 편역, 「음양오행가의 사상」, 『음양오행설의 연구』, 신지서원, 1993, 226~227쪽)

17 중화계승의식이라는 용어는 허태용의 연구에서 차용해 왔다. 그는 학계 일각의 '조선중화주의'가 조선 특유의 중화를 주장하거나 확립하려 했던 것으로 오해될 여지가 있다는 김태년의 주장을 들어 반대하지만, 본 연구에서는 '조선중화주의'가 '중화계승의식'만큼 당시의 주장들을 포괄적이고 일관되게 표현해주지 못한다고 생각한다. 그는 또 '숭명성

중화의 모방이자 아류로 인식하는 데 머무는 것인 반면, 중화계승의식은 청의 중국 지배라는 상황하에서 중화의 적통을 조선이 계승한다는 사고방식이다. 다시 말해, 명의 부재를 전제로 중화의 전유를 선언하거나 의도하는 것이 곧 중화계승의식이다. 이종휘李種徽(1731~1797)는 "지금 '중국'을 찾아보자면 마땅히 여기(조선)에 있지 그쪽(청)에 있지 않다"[18]고 하였고, 윤기尹愭(1741~1826)는 "옛날에 동방을 소중화라고 칭한 것은 대중화大中華가 있었기 때문이지만, 지금은 그 대중화가 옛날의 강역을 회복하지 못하고 있다"[19]고 한 것 등은 조선이 중화를, 그것도 '독점적으로' 계승했다고 주장하는 것에 다름 아니다. 이들의 의식세계에서는 '조선이 곧 중화'였고, 그만큼 그들은 극도의 자기존재감에 도취해 있었다.

그러나 이 때 '조선이 곧 중화'라는 표현은 의미상에서 일정한 제한을 갖는 것으로 해석되어야 한다. 중화계승론은 명(또는 중국)의 유고 상황을 전제로 인정되는 것일 뿐, 이후 그 전제의 해소 여부와 상관없이 조선이 중국을 완전히 대체했다고 주장하는 것은 아니었다.[20] 당시

崇明性'의 소멸 전후를 '중화회복의식'과 '중화계승의식'으로 나누는데, 설득력이 있기는 하지만 지나치게 번거로운 감이 있어 전자는 차용하지 않는다. 그 대신 소중화의식과 중화계승의식 사이의 차이만을 일정한 범위 내에서 인정하고자 한다.(참조 : 허태용, 「朝鮮後期 中華繼承意識의 展開와 北方古代史認識의 강화」, 고려대 박사논문, 2006, 7~8쪽; 김태년, 「南塘 韓元震의 '正學' 形成에 대한 연구」, 고려대 박사논문, 2006, 44쪽)

18 李種徽, 『修山集』 권10 「題東國輿地勝覽後」, 30쪽.

19 尹愭, 『無名子集文稿』 책8 「東方疆域」, 334쪽.

20 예를 들어 중화계승론자의 한 사람으로 간주되는 황경원黃景源은 "지금 천하에는 정통이 없다"는 표현을 자주 사용하였다.(黃景源, 『江漢集』 권7 「送李侍讀入燕序」, 10쪽) 이러한 사실은 중화계승론이 명(또는 한족漢族 정권)의 부재라는 상황하에서만 임시로 통용되는 것임을 강하게 암시한다. 이와는 반대로, 홍대용洪大容은 중화계승론자인 김인후金厚와의 논쟁 과정에서 "정위正位가 비어있는 틈을 타 은연중에 중화中華를 자처하려고 한다"며 그를 비판한 바가 있다.(洪大容, 『湛軒書』 內集 권3, 「又答直齋書」, 15쪽) 이 역시 중화계승론의 조건부적 성격을 드러내 주는 기록이라 할 수 있다.

다른 사람들의 경우는 물론이고, 만동묘 설치를 주도한 송시열宋時烈(1607~1689)의 후학들에게서도 소중화라는 표현이 자주 사용되고,[21] 심지어는 앞에 인용한 이종휘의 경우도 같은 글에서 소중화라는 표현을 병용하였다. 17세기 말 이후 폭발적으로 증대한 중화계승의식은 소중화의식과 병행하는 것, 또는 그것의 다른 이름에 가까운 것이지, 그것과 질적으로 다른 어떤 것, 즉 완전히 새로운 문화의식이라고 보기는 어려운 것이다.

3. 중화계승의식-자존을 넘어 자폐로

중화계승의식은 한편으로 조선 후기 지식인들의 자기존재감 또는 문화적 자존의식을 표현하는 것이라고 할 수 있다.[22] 그것은 오랜 동안 지속된 중국 문화의 아류・변방의식으로부터 벗어날 수 있는 계기를 마련하였다. 어떤 면에서 역설적이기는 하지만, 18세기를 전후하여 역사・지리・언어・문학 등 자국 문화에 대한 관심이 중화계승의식의 파장 속에서 증대되었을 것이라는 추정은 설득력이 있어 보인다.[23] 당시 북학론의 형성 역시 어떤 식으로든 중화계승의식과 연결되는 것이었음은 틀림이 없다.[24] 그러나 이러한 것들이 중화계승의식의 본질

---

21 尹鳳九, 『屛溪先生集』 권43 「華陽尊周錄序」, 19쪽. "嗚呼! 四海腥羶, 我獨小華."

22 문화자존의식이라는 용어는 다음에서 따왔다. 유봉학, 「18~19세기 燕巖一派 北學思想의 연구」, 서울대 박사논문, 1992, 50쪽.

23 허태용은 조선 후기에 고구려・발해 등의 고대사와 북방 지역 영토에 대한 관심이 중화계승의식의 연장 속에서 성장했다고 이해한다.(허태용, 앞의 글)

24 유봉학, 앞의 글.

적이거나 중심적인 면모라고 보기에는 무리가 있다.

이미 많은 논자들에 의해 반복적으로 언급되었듯이, 중화계승의식의 핵심적 논거 가운데는 중화의 내용에 대한 새로운 이해가 자리 잡고 있었다. 중화를 유교적 도덕과 인륜질서로 압축하여 이해하는 것이 바로 그것이다. 여기서는 "중화는 예의禮義일 뿐"이라는 황경원黃景源(1709~1787)의 중화예의론을 다시 검토함으로써 중화계승의식의 역사적 실질에 좀 더 다가가 보고자 한다.

> 이른바 중국이란 것은 무엇인가? 예의일 뿐이다. 예의가 밝으면 오랑캐가 중국이 될 수 있고, 예의가 밝지 않으면 중국이 오랑캐가 될 수 있다. 개인도 때로는 중국이 되고 때로는 오랑캐가 되는데, 실로 예의가 밝으냐 안 밝으냐에 달려 있는 것이다. (…중략…) 중국과 오랑캐는 밖에 있는 것이 아니다. 지금 그대가 중국을 배우려 하면서 언어·문자 사이에서 그것을 구한다면 비록 중국의 소리를 빌리고 중국의 얼굴로 꾸밀 수 있을지라도 어찌 중국에 나아갔다고 할 수 있겠는가! 비유하자면, 초나라 사람이 입으로는 주나라 사람의 말을 할 줄 알면서, 몸으로는 주나라 사람의 도를 행하지 않아 여전히 초나라 사람일 뿐인 것과 같다.[25]

황경원은 여기에서 예의를 '중국' 즉 중화의 핵심으로 간주하고, 그것의 유무에 따라 중화와 오랑캐가 나뉜다고 주장한다. 돌이켜 보면, 당시인들이 중화와 오랑캐를 가름하는 상징적인 요소로 언급해 왔던

---

25 黃景源, 『江漢集』 권5 「與金元博茂澤書」, 39쪽.

대표적인 것으로 두발과 의관이 있다. 청인들의 변발과 소매 좁은 호복은 오랑캐의 상징이었고, 상투와 넓은 소매의 조선 옷은 명의 유제遺制를 상징하는 것이었다. 이때 상징이라는 것은 문화 전반을 대표하는 특징적 요소라는 의미이지, 그것이 본질적이거나 다른 어떤 요소들보다 중요하다는 의미는 분명 아니다. 상투나 넓은 소매 옷을 입었다고 해서 반드시 중화인 것은 아닌 셈이다.

그러나 황경원에게서 예의는 이것과 다르다. 그것은 중국 문화 전체를 아우르고 대표하는 어떤 것이라기보다는 문화의 제반 요소들 가운데 배타적으로 지칭되는 어떤 것이다. 그는 예의를 언어·문자와 대비시킴으로써 예의의 범위를 제한하였다. 따라서 그것은 윤리적 덕목이나 그 직접적 확장으로서의 인륜질서, 그리고 그 실천만을 가리키는 것이었다고 보아야 한다. 결국 그가 이 글에서 주장하는 것은, 도덕과 인륜을 잘 알고 실천하면 중화가 되고 그러지 못하면 오랑캐가 된다는 것으로서, 공맹으로부터 주자학으로 계승되어 온 도덕중심주의의 극단적인 형태에 가까운 것이라 할 수 있다. 이 점은 정약용丁若鏞(1762~1836)의 다음 글과 비교해 봄으로써 좀 더 분명해질 것이다.

> 이른바 중국이란 것은 무엇 때문에 그리 칭하는가? 요·순·우·탕의 정치가 있어서 중국이라 하고, 공자·안자·자사·맹자의 학문이 있어서 중국이라 한다. 지금 이른바 중국이라고 하는 것은 어디에 존재하는가? 성인의 정치와 학문은 동국이 이미 옮겨다 놓았으니 다시 멀리 가서 구할 필요가 어디 있겠는가! 다만 밭에 농사짓는 편리한 법이 있어 오곡을 무성하게 하니 이것이 옛날 어진 관리들이 남긴 혜택이다. 문사文詞와 예술藝術에 박

아博雅한 재능이 있어 저속하지 않으니 이것이 옛날 명사들이 남긴 운치이다. 지금 중국에서 취해야 할 것은 이것들뿐이요, 이 밖에 억세고 광포한 풍속이나 음란하고 기괴한 기술로 예속禮俗을 짓밟고 인심을 뒤흔드는 것은 선왕이 힘쓴 바가 아니다.[26]

정약용 역시 '중국'을 구성하는 핵심, 즉 본질에 가까운 어떤 것을 문제 삼고, 그 답안으로 우선 유가의 정치와 학문 전통을 내세운다. 이것만을 놓고 보자면 황경원의 견해와 많이 다르지 않고, 그런 만큼 그 역시 중화계승론의 자장으로부터 완전히 벗어나 있었던 것은 아니라 할 수도 있다. 황경원이 말하는 '예의'의 의미 대역을 아무리 좁게 규정한다고 하더라도 그 연장으로서의 정치와 학문을 배제할 수는 없기 때문이다. 그러나 정약용은 자국과 청조 중국의 문화 전반에 대한 이해에서 황경원과는 입장이 분명히 달랐다. 그에게는 청조의 문학과 예술, 나아가 농법까지도 긍정적인 것이었고, 자국인이 보고 배워야 할 것으로 생각한다. 이것들이 과연 '중국'의 핵심이나 본질에 얼마나 가까운 것인지는 불분명하지만, 확실한 것은 그가 도덕이나 인륜질서 자체에 전적으로 몰입하지 않고, 그 밖의 다른 문화 영역으로 관심을 확장하였다는 점이다. 이와 대비할 때 황경원의 중화예의론이 갖는 도덕중심주의적 폐쇄성은 분명해진다.

우리가 여기에서 확인해야 할 다른 하나는 황경원의 중화예의론이 처음부터 대청對淸 정치·문화의식에 긴밀히 결박되어 있었다는 점이

26 丁若鏞, 『茶山詩文集』 제1집 권13 「送韓校理致應使燕序」, 13쪽.

다. 그는 청조의 정치·문화를 부정적인 것으로 간주하였고, 나아가 중국인이 오랑캐가 지배하는 청조에 입사하는 것도 옳지 않다고 생각하였다. 심지어 조선인으로서 명 조정에 절의를 지킨 사람들을 기리기 위해 『명배신전明陪臣傳』을 짓기도 하였고, 이로 인하여 훗날 『존주휘편』에 송시열과 함께 극렬한 대명의리론·배청론을 주장한 대표적 인물로 등재되기도 하였다.[27] 중화예의론은 바로 이러한 숭명배청론의 논리적 근거였고, 그것과 동전의 앞·뒷면 같은 관계에 있었다.

그런데 흥미로운 것은 중화예의론과 유사한 주장이 청조의 옹정제(재위 1922~1735)에 의해서도 주창되었다는 점이다. 그는 『대의각미록大義覺迷錄』을 통해, 만주족이 종족적인 의미에서 오랑캐임을 꺼리지 않는다고 천명하고, 중요한 것은 종족이 아니라 덕德이라고 주장하였다. 이는 청조의 정치·문화적 자신감을 반영하는 것이자, 청조의 중국 지배를 정당화하기 위한 시도로서 의미를 가지고 있었다.[28] 이렇고 보면 중화예의론은 청조를 배척하는 논리이면서 동시에 정당화하는 논리라는, 상호 모순적인 성격을 갖는 셈이 된다. 이럴 수 있었던 것은 기본적으로 '예의' 또는 '덕'을 판단하는 기준이 모호하기 때문이고, 그런 만큼 그것은 주관적인 판단에 의해 자의적으로 이용될 소지를 가지고 있는 것이기도 했다.

이 문제와 관련해서도 정약용은 의미 있는 주장을 전개하였다. 그에 따르면 북조 위나라의 척발씨拓跋氏는 북쪽 변방 출신의 선비족鮮卑族으

27 洪直弼, 『梅山先生文集』 「答李子岡」(유봉학, 앞의 글, 54쪽 재인용).
28 『大義覺迷錄』에 대해서는 다음을 참조. 기시모토 미오·미야지마 히로시, 김현영·문순실 역, 『조선과 중국 근세 오백년을 가다』, 역사비평사, 2003, 287쪽.

로서 시조가 원래 오랑캐였다. 그러나 그들은 흉노를 정벌하고, 중국의 봉작을 받았으며, 그 나라도 중국에 위치하고, 오경박사五經博士를 설치하여 학문을 발전시키는 등 중화의 진작에 기여하였다. 그럼에도 불구하고 역사가들이 위나라 대신 동진東晉을 정통으로 삼음으로써 외래 왕조가 중국에 들어와 오랑캐의 문화를 확산시키도록 하는 결과를 초래하였다.[29] 정약용은 이러한 논법을 선비족뿐 아니라 거란족의 요, 여진족의 금과 청으로도 확대 적용하였다.[30] 그럼으로써 그는, 그에 앞서 정범조丁範祖(1723~1801)가 '이적夷狄 속의 화하華夏'라는 표현으로 청을 부분 긍정하였던 것과 같은 유의 새로운 문화의식에 도달하였다.[31]

여기에서 정약용이 중화와 오랑캐의 구분 기준으로 삼는 것은 '유가적 정치와 학문(또는 道理)의 유무' 수준에서 벗어나지 않는다. 그렇기는 하지만 그는 그 기준을 자국 문화에만 국한하지 않고 중국 주변의 다른 민족/종족에게로 확대·적용함으로써 중화계승론자들의 자민족중심적 시선으로부터 벗어날 수 있었다. 물론, 이러한 관점과 견해는 비단 정약용에게서만 드러나는 것은 아니었다. 그것은 홍대용洪大容(1731~1783)을 비롯한 18세기 북학론자들에게서 일반적으로 통용되던 것이었다. 그들의 주장 가운데 하나가 바로 청조에 중화의 유제가 존재함을 인정해야 한다는 것이었다.[32] 이는 그들이 정약용의 경우와 마

---

29 丁若鏞, 『茶山詩文集』 권12 「拓跋魏論」, 7쪽.

30 丁若鏞, 『茶山詩文集』 권12 「東胡論」, 7쪽.

31 丁範祖, 『海左先生文集』 권19 「洪侍郎君擇燕行錄序」, 383상.

32 북학론자의 한 사람인 이희경李喜經의 다음과 같은 말도 같은 맥락에 있는 것으로 볼 수 있다. "내가 중국을 사모하는 까닭은 첫째, 선왕께서 남긴 풍속이고, 둘째, 아름다운 산천과 웅장한 궁궐이고, 셋째, 좋은 인물과 성대한 문장이고, 넷째, 서화·골동·금석 같은 진귀한 물건이다."(李喜經, 『雪岫外史』 「五入中原」)

찬가지로 문화 평가 기준의 객관화 또는 그 평가의 공정성을 추구했던 것임을 의미한다.

이렇듯 비판과 일탈에도 불구하고, 중화예의론을 핵심적 근거로 하는 중화계승론은 18세기를 지나서도 조선 지식인들 사이에 꾸준히 존속되었다. 심지어는 20세기 초엽에 이르기까지 일부 계열의 사상과 운동을 통해 지속적으로 강화되기도 하였다. 그러한 경향을 추동했던 대표적인 계열은 역시 화서학파華西學派와 같은 위정척사 계열이다. 1906년, 화서학파가 50여 년의 집단적인 노력 끝에 편찬을 완료한 『송원화동사합편강목宋元華東史合編綱目』은 중화계승론 전개 과정의 기념비적 저작과도 같은 것이었다. 이 책은 유중교柳重教·김평묵金平默·유인석柳麟錫·최익현崔益鉉 등이 스승 이항로李恒老의 지시에 따라 송·원 양대의 역사와 고려 광종 11년에서 공민왕 16년까지의 역사를 결합해서 만든 강목체 역사서이다.

이 책에서는 주희가 『자치통감강목資治通鑑綱目』에서 주장한 주周·진秦·한漢·수隋·당唐의 정통론에 송宋을 추가한 후, 원元을 제외하고 다시 명明을 이었다. 그 과정에 고려사를 대비시킴으로써 상대적으로 제후국인 고려의 지위를 높이고자 하였다. 그러나 이 책이 원 대신에 고려를 정통으로 삼은 것은 결코 아니었고, 이러한 논리는 명이 망한 이후의 조선 역사에도 마찬가지로 적용될 것이었다. 최익현(1833~1906)은 발문에서 말하기를, "본조에 이르러 다시 소중화를 회복하여 숭정崇禎 이후 천하에 중국 문물을 찾으려는 자가 우리나라 외에는 가서 실증할 데가 없게 되었으니, 이른바 주례周禮가 노나라에 있었던 것과 같다"[33]고 하였다. 중화의 적통을 계승했다고 했지만, 그들은 스스로 '대중화大中華'라 자처하지 못하고 여전히 소중화에 머물러 있었다. 동국의식의 한 귀결로서의 중화계승론은 이렇듯, 문화의식의 화이론적 구도를 강화하고 그 속에 스스로를 유폐시키는 결과를 초래했다고 할 수 있다.

4. '동국'과 세계지도—세계의 크기와 중심

'동국'은 무엇보다 중국과의 관계를 중심으로 형성된 관념이다. 이 점으로만 보자면 소중화의식의 형성과 중화계승의식으로의 전개는 불가피하거나 자연스러운 감이 있다. 그러나 다른 한편, '동국'은 중국을 넘어 세계 전체와의 관계 속에서 스스로의 위상을 확인하고, 역으로 스스로의 관점과 처지에 기반하여 세계에 관한 상을 생산해 오기도 하였다. 그러한 의미에서 세계지도는 '동국'이라는 관념 속에 함축된 지리 인식과 문화의식을 반성적으로 검토하는 데 유용한 도구이다.

널리 알려진 것처럼, 조선조 초기(1402년)에 제작된 〈혼일강리역대국도지도混一疆理歷代國都之圖〉라는 이름의 세계지도가 일본에 전해 온다. 이 지도를 보면 세 개의 땅덩어리가 연결되어 화면을 가로지르는데, 중앙에 좌우 폭의 반 가까이를 차지하고 있는 대륙이 중국이고, 그 오른쪽에 조선이 중국의 4, 5분의 1 크기로 자리 잡고 있다. 그리고 그 반대편, 즉 중국의 왼쪽으로는 인도양에 해당하는 바다를 건너 아라비아반

33 崔益鉉, 『宋元華東史合編綱目』「跋」.

도 · 아프리카 · 유럽이 한 덩어리로, 합해서 한반도 정도의 크기로 붙어 있다. 이 지도는 13~14세기, 공전절후의 영역을 장악했던 몽골 제국의 세계 인식을 반영하는 '아시아발' 아프로-유라시아 지도로서,[34] 한국에서 제작된 것으로 현재 남아있는 최초의 지도이다.

한국에서 만든 현존 최고의 지도가 바로 세계지도라는 상징성[35]은 음미할 여지가 있다. 이는 당시인들이 이미 화이체제(또는 직방세계職方世界)의 판도까지 넘어서는 세계 인식에 도달해 있었고, 그들의 동국의식 역시 이러한 세계 인식에 기반을 두거나, 적어도 그것과 병행하는 것이었음을 의미한다. 그러나 달리 보자면, 이 지도는 철저하게 소중화의식의 세계지리적 구현물이기도 했다. 아프로-유라시아 지도라고는 하지만 아라비아반도 서쪽이 극단적으로 왜곡 · 축소되어 있고, 심지어는 인도 대륙조차 중국 대륙으로부터 구분되어 있지 않다. 그리고 동남아시아의 여러 섬은 차치하더라도, 일본조차 형태와 크기 · 위치 등에서 왜곡과 축소가 심하다. 오로지 중국 대륙과 한반도만이 제자리와 모양을 갖추었으되, 크기는 과장되어 있다. 특히 한반도의 크기는 극도로 과장된 감을 지우기 어렵다. 이는 우선, 각 지역에 대한 지리지식의 부족 때문이기도 할 테지만, 그 이상으로 화이론적 문화의식의 영향이 컸다고 해야 할 것이다.

세계지도는 이후에도 간헐적으로 자체 제작되거나 외부로부터 전래되었던 것으로 보인다. 〈혼일강리역대국도지도〉의 제작으로부터 약

---

34 宮紀子, 『モンゴル帝國が生んだ世界圖』, 日本經濟新聞出版社, 2007, 8쪽.
35 이 표현은 다음에서 빌려 왔다. 이찬, 「한국 고지도의 발달」, 『문화역사지리』 9호, 한국문화역사지리학회, 1995.

130여 년 후, 명칭에서뿐 아니라 내용에서도 유사한 점이 많은 〈혼일역대국도강리지도混一歷代國都疆理地圖〉가 제작되었다. 이 지도에서는 일본이나 동남아시아에 대한 묘사가 보강되기는커녕, 그나마 서남아시아·아프리카·유럽마저 완전히 제외되었다. 이는 세계지리에 대한 지식과 관심의 감소를 의미하는 것임에 틀림이 없다. 이때가 도덕중심주의로 무장한 지식인들이 사림이라는 이름으로 대거 등장하고 그들 사이에 소중화의식이 강화되던 때임을 감안할 때, 우리는 소중화의식의 강화와 세계지리적 지식과 관심의 축소 사이에 깊은 연관이 존재함을 의심하기 어렵다.

실로 지리 인식과 문화의식은 서로 밀고 당기는 상호작용 관계에 있었다. 새로운 지리 인식은 새로운 문화의식을 추동하고, 역으로 낡은 문화의식은 새로운 지리 인식을 억제하는 경향을 띠었다. 1603년 이래, 마테오 리치의 〈곤여만국전도坤輿萬國全圖〉를 비롯한 서양식 세계지도가 전래되면서 지리 인식과 문화의식 사이의 상호작용은 새로운 국면을 맞이하였다. 서양식 세계지도는 여러 가지 이칭으로 불리며 지식인들 사이에 점차 확산되었고, 18세기 말에는 조정에서 편찬한 『여지도輿地圖』에 알레니艾儒略 원작의 〈만국전도萬國全圖〉를 바탕으로 제작한 〈천하도지도天下都地圖〉가 실리기도 하였다. 이러한 세계지도들은 서양인들의 실제 항해 경험에 근거하고 새로운 천문·지리학적 사실과 부합한다는 점 때문에 높은 설득력을 지닐 수 있었다. 그런 만큼 소중화의식으로 대표되는 종래의 문화의식과의 사이에 갈등과 대립이 필연적이기도 했다.

서양식 세계지도가 조선 지식인들에게 영향을 미치기 시작하던 1631

년, 역관 이영후李榮後는 천진天津에서 선교사 로드리게스陸若漢를 만나 편지를 주고받았다. 이들의 문답은 향후 지리 인식과 문화의식을 둘러싸고 전개될 논란의 기본 구도, 그 상호작용의 진폭을 함축하는 것이었다.

> 중국은 세계의 중주中州이기 때문에 자연의 기운과 청초하고 정숙한 기운이 여기에 집중되었고 (…중략…) 조선은 동이東夷인데 기자가 건너와 중국의 사상과 문물을 전했기 때문에 해외의 문명국이 되었다. 중주의 밖에도 그와 같은 인물, 그와 같은 교화, 그와 같은 제작이 존재하는가?[36]

> 〈만국전도萬國全圖〉에서 중국을 중심에 눈 것은 중국인이 보기 편하도록 그렇게 한 것일 뿐이다. 지구는 둥글기 때문에 수많은 나라가 세계의 중심이 된다. 따라서 이 지도를 본 중국인도 지구는 크고 나라가 많다는 것을 알게 될 것이다. 삼강・오상과 오륜・치국의 도리는 서양 나라에서도 행해지고 있으며 중국만의 것은 아니다. 천주학은 중국에도 있었는데 진시황의 분서 때문에 전해지지 못했을 것이다.[37]

앞은 이영후의 질문이고 뒤는 로드리게스의 답변이다. 이영후는 중국이 세계의 지리적 중심이자 문화적 종주라는 종래의 화이론적 지리・문화관에 입각하여 의문을 제기하고, 로드리게스는 새로운 지리 인식을 근거로 도덕 또는 문명의 편재성을 주장함으로써 그것을 반박

---

36 李榮後, 「與西洋國陸掌教若漢書」(오상학, 「조선시대의 세계지도와 세계인식」, 서울대 박사논문, 2001, 154쪽에서 재인용. 원문은 山口正之, 『朝鮮西敎史』, 雄山閣, 1967, 45쪽에서 확인할 수 있음).

37 陸若漢, 「西洋國陸若漢答李榮後書」(오상학, 앞의 글, 155쪽; 山口正之, 앞의 글, 46쪽 참조).

한다. 이때 새로운 지리 인식의 핵심은, 세계가 매우 넓고 그 중심이 한 곳에 고정되어 있지 않다는 것이다. 크기의 문제와 중심의 문제, 이것이야말로 서양식 세계지도가 전통적인 세계지리 인식에 제기한 주요 문제였다.

그러나 이러한 문제 제기가 조선의 지식인들에게 곧바로, 전일적으로 반향을 불러일으킨 것은 아니다. 지식인 사회의 한편에는, 초창기는 물론 19세기 말엽에 이르기까지 새로운 지리지식을 충분히 접하지 못했거나, 접했다 하더라도 소중화적 문화의식에 얽매여 그것을 수용하지 못하는 완고한 지적 풍토가 존속했다. 그들을 예외로 하더라도 다수의 지식인들에게서 새로운 지리 인식의 획득 과정은 주저와 동요를 동반하기 마련이었다. 유몽인柳夢寅(1559~1623)은 서양식 세계지도에서는 중국이 동쪽 귀퉁이에 손바닥만하고 조선도 크기가 버들잎만하며 서역이 천하의 중심이라고 소개하면서도, 스스로는 이에 승복하지 않고 그것을 전한 사람을 망령되다고 힐난하였다.[38] 또 최석정崔錫鼎(1646~1715)은 서양식 천문・세계지도 병풍에서 중국이 북쪽에 치우친 아시아 땅에 위치하는 것을 보면서, 그 설이 허황되고 거짓되지만 나름대로 유래도 있고 완전히 변척할 수 없는 것도 있어서 그대로 두고 색다른 것에 대한 견문을 넓히려 한다고 하였다.[39]

물론 이러한 주저와 동요가 오래 지속될 것은 아니었다. 곧이어 좀 더 적극적으로 새로운 지리 인식으로 전환해 가는 지식인들이 줄을 이

---

38 柳夢寅, 『於于野談』, 196쪽(구만옥, 「16~17세기 조선 지식인의 서양 이해와 세계관의 변화」, 『동방학지』 122호, 연세대 국학연구원, 2003, 38쪽에서 재인용).

39 崔錫鼎, 『明谷集』 권8 「西洋乾象坤輿圖二屛總序」, 33하.

어갔다. 우리는 이 변화의 과정에서 이형상李衡祥(1653~1733)이라는 인물을 발견하고, 그를 통해 당시인들의 고민을 보다 내밀하게 들여다볼 수 있게 된다.

> 그 그림은 수치가 극도로 세밀하며 남북극으로 상하를 만들어서 365도를 새기고 천하를 나누었다. 일본의 동남 수만리 밖이 천하의 복판으로 되어 있는데, 그 말을 다 믿을 수는 없다고 하더라도, 그 나라가 중국에 처음 통한 것은 분명한 증거이다. 천하가 이토록 큰데도 다만 발자취가 미치지 못하여 그 거리의 원근을 알지 못하였다. 오로지 「우공禹貢」의 산천 수만리의 넓이를 가지고 천하의 크기가 이 정도라고 여겼으며, 또 숭산崇山을 천하의 중심으로, 낙읍洛邑을 사방의 중심으로 생각하였으니 역시 모자라지 않은가? 이로 미루어 볼 때, 동해의 물가에 있는 우리나라는 이마두利瑪竇라는 선비가 살던 나라와 비교하자면 아마도 한낱의 토규土圭(의 그림자)와 같을 것이다.[40]

이형상이 본 지도가 구체적으로 어떤 것인지는 알 수 없지만 서양식 세계지도인 것만은 틀림이 없다. 그는 우선 크기의 문제에서 천하가 중국식 교양에서 인정되어 온 범위 즉 직방세계보다 훨씬 크다는 사실을 인정하고, 조선의 강역이 서양에 비하여 매우 작을 것이라고 추단한다. 이런 면에서 그는 유몽인식의 주저 또는 아집에서 벗어나 있었다. 그런데 중심의 문제에서만큼은 인식의 전환이 분명하지 않다. 그는 여

40 李衡祥, 『국역 병와집』 II, 「子集考異議」, 404쪽.

전히 지도의 중심을 세계의 중심으로 여기고, 그것이 일본의 동남쪽 바다 위에 위치한다는 사실을 발견하였다. 이는 중심의 해체나 부정을 의미하기보다는 중심의 이동이라고 보아야 할 터인데, 그로서는 선뜻 인정할 수도 부정할 수도 없는 것이었다. 이 글로만 보자면 그는 아직 최석정의 이해로부터는 그다지 멀리 벗어나지 못하고 있었다.[41]

실상 이형상은, "아동我東은 문물이 소중화"라고 확신하던 전형적인 소중화론자의 한 사람이었다. 문제는 서양식 세계지도를 통해 확인되는 새로운 지리지식과 소중화의식을 어떻게 조응시키는가에 있었다. '동이'가 '구이九夷'로도 불려왔듯이, 본래적으로 중국의 동쪽에는 조선만 있는 것이 아니었다. 그럼에도 불구하고 조선인들은 그 '동쪽'을 전유하는 데 별다른 심리적 장애를 느끼지 않았다. 일본인들이 스스로를 '동이의 소제국'이라고 자부해 왔다는 사실[42]을 아마도 그들은 알지 못했고, 알았다 하더라도 쉽게 무시할 수 있었을 것이다. 그러나 이제 서양식 세계지도를 통하여 일본의 크기와 위치가 분명해진 이상, 이형상은 소중화의 지리적 근거를 다시 모색해야 했다.

그는 다른 글에서 중국 대륙을 남해와 장강 사이의 남조南條, 장강과 황하 사이의 중조, 그리고 황화와 압록강 사이의 북조 등, 세 가닥三條으로 나누어 보았다. 이 가운데 북조는 서쪽으로 지금의 우즈베키스탄 지역에 있는 갈석碣石까지 닿고, 동쪽으로 백두산으로 이어져 조선 땅

41 이형상李衡祥은 『남환박물南宦博物』이라는 책의 지지조地誌條에서 과감하게, 자신이 있는 곳이 곧 천하의 중심이라는 언급을 남기기도 하였으나 여기에서는 논외로 한다.(참조 : 오상학, 앞의 글, 141쪽)

42 桂島宣弘, 「華夷思想の解體と自他認識の變容」, 島薗進 等, 『コスモロジーの「近世」』, 岩波書店, 2001, 237쪽.

을 만들어 낸다. 그러므로 조선의 "산과 땅이 연속되는 것 또한 내지內地와 같다"고 주장한다.[43] 여기까지는 전통적인 풍수적 형세관의 하나로서 그다지 특별할 것이 없다.[44] 그런데 그는 설명의 과정에서, 북조를 만들어내는 황하와 압록강이 "제齊·로魯와 일본 사이에서 구비 돈다(盤紆屈曲)"고 함으로써 일본이 곤륜산으로부터 연원하는 지맥의 흐름에서 벗어나 있음을 분명히 하였다. 서양식 세계지도에 보이는 것처럼, 설혹 일본의 동남쪽 바다가 세계의 중심이라 하더라도 그것이 화이론적 세계관이나 소중화의식을 무효화할 수는 없게 된 셈이다. 이를 통하여 우리는 서양식 세계지도에 표현된 중심의 이동이 중심의 해소나 부정으로 추론되어 가는 길 외에, 중국 중심의 지리 인식을 보완하는 쪽으로 작용할 가능성도 가지고 있었음을 확인하게 된다.

세계의 중심과 크기 문제에서 인식의 전환이 분명해지는 것은 18세기 중반을 경과하면서라고 보아야 할 것이다. 윤봉구尹鳳九를 통해 송시열의 학맥을 계승하기도 한 위백규魏伯珪(1727~1798)는 "사람이 천지의 극동, 큰 바다의 변두리에 태어나 천지의 크기에 비해 장구벌레나 게 같고, 고금의 유구함에 비해 여치나 땅강아지 같다"고 하면서 "이를 치우친 소견과 열등한 안목으로 억지로 의심한다면 자라가 비웃지 않을까 한다"고 하였다.[45] 그리고 중화계승론을 주장하면서 동시에 동국의 역사를 강조하였던 이종휘는 "천하의 중심을 알고 싶다면, (최북단에

43 李衡祥, 『瓶窩全書』 권10 「井蛙談叢」, 245쪽.

44 이중환李重煥은 천하의 중심인 곤륜산崑崙山의 한 가닥이 의무려산醫巫閭山을 거쳐 백두산에 이르렀다고 하였고,(『擇里志』 「八道總論」) 권구權榘(1672~1749)는 '아동我東'이 "지형은 중국과 형세가 비슷하고 천문은 연燕·제齊와 같은 성숙星宿에 속한다"고 하였다.(『屛谷集』 권6 「麗史彙纂疑義」, 34쪽)

45 魏伯珪, 『存齋全書』 권20 「新編標題纂圖寰瀛誌序」, 33쪽.

위치한) 연燕나라의 북쪽과 (최남단에 위치한) 월粵나라의 남쪽이 그곳"이라고 하고, 결국 "중심이란 것은 정해진 곳이 없다"고 단언하였다.[46] 이들의 주장은 한결같이 장자莊子식의 논법을 동원하고 있다는 점에서도 흥미롭지만, 서양의 새로운 지리지식을 바탕으로 한 것임에도 틀림이 없다.

그러나 이들의 경우 역시 서양에서 유래한 지리지식을 부분적으로 응용했을 뿐, 당시 서학이 주장하던 것과 동일한 지평의 지리 인식에 다달았다고 보기는 여전히 어렵다. 그들은 한편으로 서양식 세계지도를 놀란 눈으로 접했지만, 다른 한편으로 그것을 중국 고대의 추연鄒衍의 지리설에 견주어 이해하거나[47] 소중화주의적 관념이 강하게 투영된 원형천하지도를 서양식 세계지도로 오인하는 예를 보이기도 하였다.[48] 이것은 그들의 지리 인식이 소중화주의적, 중화계승론적 문화의식에 긴박되어 있었음을 보여주는 것에 다름 아니다. 당시는 앞서 로드리게스가 했던, "천주학이 중국에도 있었는데 진시황의 분서 때문에 전해지지 못했을 것"이라는 말을 믿기보다, 그것을 변형하여 "서학이 본래 중국에서 발명된 것인데 진시황의 분서 때문에 서양으로 옮겨 갔다"고 하는 서학중원설西學中源說을 믿는 것이 더 자연스러운 일이었다. 지리 인식의 근본적인 전환을 위해서는 그것에 이르는 다른 경로가 필요하였다.

18세기 후반의 일부 지식인들 사이에는 세계지도뿐 아니라, 우주론

46 李種徽, 『修山集』 권10 「題東國輿地勝覽後」, 30쪽.

47 李種徽, 『修山集』 권4 「利瑪竇南北極圖記」, 356쪽.

48 魏伯珪, 『存齋全書』 권20 「利瑪竇天下圖」, 61쪽. 이에 대한 설명은 다음을 참조. 오상학, 앞의 글, 142쪽; 임종태, 「서구 지리학에 대한 동아시아 세계지리 전통의 반응－17~18세기 중국과 조선의 경우」, 『한국과학사학회지』 제26권 2호, 한국과학사학회, 2004, 328쪽.

적 차원의 지구설을 새로운 지리 인식의 주요 논거로 활용하는 경향이 형성되었다. 홍대용은 땅이 둥근 이상 더 이상 정계正界와 횡계橫界 · 도계倒界의 구분이 절대적인 것이 아니라 관점에 따라 상대적인 것이라고 주장하였고,[49] 정약용은 어느 곳이든 그 지점을 중심으로 해 뜨는 동쪽이 있고 해 지는 서쪽이 있기 마련인데 왜 중국만 '중'이 되고 동국은 또 왜 '동'이 되는지를 모르겠다고 하였다.[50] 세계지도가 본래 서양인들의 항해경험에 많이 의존하고 표현에서도 평면적 성격을 벗어나지 못한 반면, 지구설은 보다 원리적이고 입체적인 성격을 갖는 것이었다. 이 때문에 저들은 지리 인식의 전환에 좀 더 철저할 수 있었고, 나아가 중국 문화의 상대화나 변방문화의 재평가와 같은 새로운 문화의식의 확립에도 뚜렷한 진전을 이룰 수 있었다. 그럼으로써, 최한기崔漢綺에 이르러 동양과 서양을 새로운 보편문화를 형성해가는 과정의 동등한 지위의 동반자로 인정하게 하는 길을 열어 놓았다.[51]

5. 동국의식의 진로, 그리고 남는 문제

동국의식은 지리적으로 세계 중심의 동쪽 변방임을 자처하는 집단적 자기의식이다. 그럼에도 불구하고 문화의식으로서의 동국의식은

49 洪大容, 『湛軒書』「內集補遺」 권4 「毉山問答」, 21쪽.

50 丁若鏞, 『茶山詩文集』 제1집 권13 「送韓校理致應使燕序」, 13쪽.

51 최한기는 다음과 같이 온 세계가 동의하는 보편적 인도人道의 가능성을 낙관한다. 崔漢綺, 『人政』 권6 「人道褒貶」, 20쪽. "一褒而天下皆褒, 乃大同人道之褒. 一貶而天下同貶, 乃大同人道之貶. 若半天下褒, 而半天下貶, 非大同人道之褒貶也. 五倫修行, 天下豈有不褒者, 五倫傷害, 天下豈有不貶者乎?"

자기 비하보다는 자기 긍정의 성격이 강하고, 심지어는 경우에 따라 자기 과대의 성격을 띠는 것이기도 하였다. 그것은 동국이 보편문화로서의 중화를 전수받았다는 소중화의식에 근거를 둔다. 병자호란과 명・청교체를 경과한 이후, 소중화의식은 중화의 적통을 계승했다는 중화계승의식으로 강화되어 갔다. 중화계승의식은 한편으로 문화적 자존의식으로서 자국의 역사와 문화에 대한 관심의 증대를 불러일으키기도 하였다. 그러나 그것의 좀 더 주된 면모는 사회・문화를 극도의 도덕중심주의적 강박 속에 유폐시켜 갔다는 점에서 찾을 수 있다. '중화는 예의일 뿐'이라는 주장은 바로 이러한 경향을 추동하는 역할을 하였다.

조선 후기, 특히 18세기 사회를 마치 중화계승의식(또는 그 극단적 형태로서의 '조선중화주의')이 지배했던 것처럼 바라보는 시각은 재고의 여지가 있다. 당시는 병자호란과 명・청교체로 인한 정신적 공황과 함께, 서학과 청조문물로 말미암은 새로운 지적 자극이 주어지기도 했던 시기이다. 지리 인식의 측면에서 보자면, 16세기 이래 극도로 위축되었던 세계지리에 대한 관심과 지식이 18세기에 이르러 서양식 세계지도의 영향으로 점차 복구・강화되어 갔다. 문화의식으로서의 소중화의식도 이러한 세계지리 인식과의 조응을 모색해 가고, 드디어 중화를 상대화하거나 변방문화를 긍정적으로 재평가하는 등의 새로운 관점이 싹트기 시작하였다. 결국 이 시기에 이르러 도덕중심주의에 기반하는 문화보편주의로의 길(中華繼承論)과는 별도로, 세계 지리지식과 결합된 문화상대주의로의 길(華夷無分論)이 열렸고, 동국의식은 그 두 갈래의 길을 함께 걷기 시작하였다. 19세기 중반의 이항로와 최한기는 그 두

길 각각의 최후의 이정표에 해당하는 인물들이었다고 할 수 있다.

조선시대의 동국의식에 대한 탐구가 갖는 현재적 의의는 그것이 현대 한국인의 집단적 자아의식의 성격을 해명하고, 나아가 그 향후 진로를 새롭게 모색하는 데 유의미하다는 데 있다. 이 글은 이러한 작업의 단초를 여는 데 만족하는 것으로서, 그것의 본격적인 탐구를 위해서는 다음과 같은, 좀 더 거시적 차원의 문제 설정과 접근이 새롭게 필요할 것으로 보인다.

첫째, 한국 민족주의와 동국의식의 관계 문제 : 동국의식은 근대 한국 민족주의의 모대에 해당한다. 한국의 민족주의는 동국의식으로부터 얼마간 벗어나고, 또 얼마간 그 흔적을 유지하면서 형성되어 왔다고 할 수 있다. 앞서 언급했듯이, 18세기 이래로 동국의식은 이미 문화보편주의와 문화상대주의라는 두 길로 분화·전개되었다. 민족주의와의 관계를 중심으로 보자면, 전자는 중화(또는 유교문화)라는 이름의 보편을 전유함으로써 민족을 형성하고, 후자는 중화라는 보편을 해체하고 특수를 쟁취함으로써 민족에 접근하였다는 추론이 가능하다. 과연 한국 민족주의는 어느 길에 얼마나 의존했는가? 일본의 경우, '무위武威'와 '천황일통天皇一統'의 질서를 근거로 독자적인 화이론을 주창하고 중국적 세계관으로부터 일탈함으로써 민족주의에 접근해 갔다고 하지만,[52] 그러한 논법이 한국의 경우에도 준용된다고 할 수 있는가?

둘째, 유교의 보편문화적 성격에 대한 탐구 : 중화계승론자들은 중

52 손승철, 「조선중화주의와 일본형화이의식의 대립」, 『일본연구』 제11집, 한국외대 일본연구소, 1996, 95쪽.

화를 도덕 또는 인륜질서로 압축하여 이해하고, 그것이 지역이나 인종에 관계없이 보편적 가치를 갖는 것으로 생각하였다. 또, 그들과 다른 길을 걸었던 최한기 역시 오륜이 대동大同의 인도人道로서 동서양이 모두 상찬하는 것이라는 낙관적인 전망을 피력하였다. 그러면 과연 유교적 가치에서 지역성과 인종성을 탈각하는 일은 실제로 얼마나 가능한가? 그리고 그것은 얼마나 보편의 위상을 획득할 수 있는가? 과연 동중서董仲舒의 '애민愛民'은 현대의 '인권'에 상응하고, 공자의 '인仁'이나 맹자의 '의義'는 근대의 '자유·평등·박애'를 대신하거나 극복할 수 있는가? 현대 중국은 유교를 자국내 민족 통합의 유력한 기제로 사용하고 있고, 향후 국제사회의 동향에 따라 유교적 가치와 전범이 새로운 보편으로 시도될 여지도 없지 않다. 이에, 향후 한국의 유교적 전통의 향배와 관련하여 유교적 가치의 보편성 문제에 대한 탐구가 요청된다고 할 수 있다.

참고문헌

權榘, 『屛谷集』.
權近, 『陽村先生文集』.
徐兢, 『宣和奉使高麗圖經』.
安鼎福, 『雜同散異』.
魏伯珪, 『存齋全書』.
柳夢寅, 『於于野談』.
尹愭, 『無名子集文稿』.
尹鳳九, 『屛溪先生集』.
李穡, 『牧隱文藁』.
李圭景, 『五洲衍文長箋散稿』.
李種徽, 『修山集』.
李重煥, 『擇里志』.
李衡祥, 『국역 병와집』, 민족문화추진회.
______, 『甁窩全書』.
李喜經, 『雪岫外史』.
丁範祖, 『海左先生文集』.
丁若鏞, 『茶山詩文集』.
崔恒, 『太虛亭文集』.
崔錫鼎, 『明谷集』.
崔益鉉, 『宋元華東史合編綱目』.
崔漢綺, 『人政』.
韓元震, 『南塘先生文集』.
洪大容, 『湛軒書』.

洪直弼,『梅山先生文集』.
黃景源,『江漢集』.
『孝宗實錄』.

구만옥,「16~17세기 조선 지식인의 서양 이해와 세계관의 변화」,『동방학지』122호, 연세대 국학연구원, 2003.
김동택, 「대한매일신보에 나타난 '민족' 개념에 관한 연구」,『대동문화연구』61집, 성균관대 대동문화연구원, 2008.
김태년, 「南塘 韓元震의 '正學' 形成에 대한 연구」, 고려대 박사논문, 2006.
손승철,「조선중화주의와 일본형화이의식의 대립」,『일본연구』제11집, 한국외대 일본연구소, 1996.
오상학,「朝鮮時代의 世界地圖와 世界 認識」, 서울대 박사논문, 2001.
유봉학,「18~19세기 燕巖一派 北學思想의 연구」, 서울대 박사논문, 1992.
이찬,「한국 고지도의 발달」,『문화역사지리』9호, 한국문화역사지리학회, 1995.
임종태,「서구 지리학에 대한 동아시아 세계지리 전통의 반응-17~18세기 중국과 조선의 경우」,『한국과학사학회지』제26권 2호, 한국과학사학회, 2004.
허태용,「朝鮮後期 中華繼承意識의 展開와 北方古代史認識의 강화」, 고려대 박사논문, 2006.

정옥자,『조선 후기 조선중화사상연구』, 일지사, 1998.

郭爲 等, 김홍경 편역,『음양오행설의 연구』, 지서원, 1993.
기무라 간, 김세덕 역,『조선 / 한국의 내셔널리즘과 소국의식』, 산처럼, 2007.
기시모토 미오 · 미야지마 히로시, 김현영 · 문순실 역,『조선과 중국 근세 오백년을 가다』, 역사비평사, 2003.
이-푸 투안, 고동회 · 심승희 역,『공간과 장소』, 대윤, 1995.

宮紀子,『モンゴル帝國が生んだ世界圖』, 日本經濟新聞出版社, 2007.
島薗進 等,『コスモロジーの「近世」』, 岩波書店, 2001.
山口正之,『朝鮮西教史』, 雄山閣, 1967.

18세기 후반~19세기 전반 조선 지식인의 어문語文 인식*

음성언어에 대한 관심 증대와 그 의의

조성산

1. 지식체계의 변화와 음성언어

18세기 후반에서 19세기 전반은 조선의 지식체계가 많은 변화를 보이던 때였다. 이는 조선의 지적 수요와 함께 사고전서四庫全書의 편찬 등 청淸나라의 문화사업 수용에도 중요한 원인이 있었다. 조선 지식인들 사이에서는 변화된 대청의식對淸意識을 통하여 청나라의 발전된 문물을 인정하고 수용하고자 하는 의식이 확산되어 갔다. 이에 더하여 서학西學을 통한 서양문물의 도입도 조선의 지식체계를 자극하였다. 물론 이를 수용하고자 하는 조선 사상계의 내적 변화를 간과할 수 없다. 이처럼 당시 풍성하게 제기된 지식담론에 대한 문제들은 19세기

* 본고는 『한국문화』 47집(서울대 규장각한국학연구원, 2009)에 수록된 논문 「18세기 후반~19세기 전반 조선 지식인의 語文 인식 경향」을 수정한 글이다.

중반기까지 사상계에 많은 영향을 끼쳤다.

본고는 당시 제기된 여러 문화적 변화들 가운데 '음성언어'와 그로 인해 야기된 문제들에 대해서 주목하고자 한다. 18세기 후반에서 19세기 전반은 새롭게 음성언어에 대한 관심이 증대하였고 언문일치言文一致에 대한 인식의 강화, 물명 유서物名 類書의 활발한 편찬, 문체文體의 변화, 향어鄕語와 방언方言・속어俗語 사용 등 다양한 문제들이 대두하고 있었다.[1] 이러한 일련의 변화들은 각각 별개의 문제로서 이루어진 것이 아니라 음성언어에 대한 관심이라는 측면에서 상호 연관성을 가지고 진행되었던 것으로 보인다. 본 글은 이러한 문제의식에서 18세기 후반에서 19세기 전반기 조선에서 이루어진 음성언어의 문제들을 다루어보고자 한다.

음성언어는 문자언어와 상호 보조적이며, 그러한 점에서 음성언어와 문자언어 어느 것이 우월하다고 말할 수는 없다.[2] 음성언어와 문자

---

1 최근 들어 이 시기 언어문자관에 대한 연구들이 활발히 진행되고 있다. 조선 후기 지식인들은 언어, 문자에 접근하는 방식에 있어서 계파별로 차이를 보였는데, 소론계는 성운학・문자학에 강세를 보였고, 남인계열에서는 어휘 사용 문제에, 경화의 노론계열에서는 인식론적・예술적 감수성을 수반하는 매체로서의 언어에 깊은 관심을 기울였다는 연구,(김동준, 「소론계 학자들의 자국어문 연구활동과 양상」, 『민족문학사연구』 35, 2007, 10쪽 참조) 연암그룹・정약용・홍길주의 언어문자관을 비교한 연구,(박수밀, 「조선 후기 언어 문자관의 토대와 전개」, 『한국한문학연구』 40, 2007) 박지원・박제가・홍양호・홍희준・홍경모의 언어문자관을 언문불일치 문제, 화어華語, 훈민정음訓民正音 인식과 관련해서 살펴본 연구가 있었다.(이군선, 「朝鮮士人의 言語文字 認識」, 『東方漢文學』 33, 2007) 본 연구는 이러한 기존의 연구들을 토대로 당시 일어난 어문語文 상황의 제반 문제들이 '음성언어'에 대한 관심과 밀접한 관련성을 갖는 것으로 보고 논의를 전개시키고자 한다.

2 자크 데리다Jacques Derrida는 플라톤 이래로 표의문자를 비판하고 표음문자가 로고스에 가장 적합한 매체라는 특권을 부여해 온 서구 형이상학의 '음성중심주의' 경향을 지적하였다.(이에 대해서는 자크 데리다, 김성도 역, 『그라마톨로지』, 민음사, 1996; 자크 데리다, 김웅권 역, 『그라마톨로지에 대하여』, 동문선, 2004 참조)

언어는 각각의 기능을 나누어 가지고 있는 것이다. 본 글이 음성언어의 문제에 주목하고자 하는 이유 또한 음성언어의 우월성을 논하는 데 있지는 않다. 본고는 한문이라는 상징과 기호의 문자언어 세계에 가변적인 음성이 인식되면서 어떠한 결과물들을 만들어내고 있었는지에 초점을 두고자 한다.[3] 특히 이점은 동아시아 한자 문화권에서 중요하게 인식되어야 한다. 주류 정치와 문화가 모두 한자라는 문자언어 체계 속에서 발전되어온 점을 생각해 보면,[4] 음성언어에 대한 자각과 인식은 한문체계 변화의 중요한 단서가 될 수 있었다.[5]

음성언어는 발생의 측면에서 볼 때 문자언어보다 먼저 존재하는 것으로서 문자언어로 구현되지 않는 디 내면적인 소통을 가능케 하는 중요한 도구임에는 재론의 여지가 없을 것이다. 같은 문자언어로 구성되었다고 하더라도 그것이 재현되는 음성언어에 따라 문자의 어감은 확연히 달라질 수 있다. 음성언어가 가요歌謠 등을 통하여 지식보다는 감

---

3 물론 한문漢文은 표의적인 성격을 가지는 동시에 표음적인 언어이기도 하다. 언문諺文 또한 이러한 두 가지 측면을 가지고 있다. 본고는 이러한 점을 충분히 염두에 두면서, 한문과 언문이 상대적으로 어떠한 성격을 더욱 가지고 있는가에 주목하고자 했다. 그러한 점에서 한문을 표의적으로, 언문을 표음적으로 규정하고 논의를 전개하였다. 이는 그 언어의 성격을 상대적인 관점에서 규정하는 것이다.

4 박제가朴齊家의 다음과 같은 말은 이러한 모습을 잘 보여준다. 朴齊家, 『貞蕤閣集』 권2, 「六書策」. "臣聞書者與道俱生者也 道無形無體則書以視之 道無方所則書以導之 道無言語則書以達之 故世無離水之魚 亦無離書之道矣"

5 이 문제와 관련해서 "서구의 형이상학에서 음성이 로고스의 일차적 담지체였다고 한다면 중국에서는 문자가 그러한 역할을 담당했고, 그런 점에서 청말 지식인의 음성중심주의는 문자에 담겨있는 로고스의 해체를 시도했다는 점에서 중요한 의미를 지닌다고 할 수 있다"는 언급(백지운, 「근대 중국 언어운동의 스펙트럼」, 『역사비평』 70, 2005, 354쪽)과 "18세기 일본 국학자의 음성중심주의에는 중국의 문화 지배에 대한 정치적인 투쟁이나 무가武家 체제에 대한 부르주아적인 비판이 함의되어 있다"는 주장(가라타니 고진, 이경훈 역, 「에크리튀르와 내셔널리즘」, 『유머로서의 유물론』, 문화과학사, 2002, 74쪽)은 동아시아에서 있었던 음성중심주의 경향을 이해하는 데 중요한 시사점을 준다고 하겠다.

정感情을 전달하는 데 주로 활용되었던 것도 이러한 이유 때문이었다. 하지만 음성언어가 단지 감정의 소통 문제에만 국한되는 것은 아니었다. 음성언어가 갖는 일차적인 소통의 문제는 방언의 경우에서도 보이듯이 그 음성언어를 공유하는 공동체의 긴밀도를 높여주는 역할도 할 수 있었다. 음성언어가 갖는 세세한 어감들을 이해하면서 상호 소통과 이해를 통하여 하나의 '음성언어 공동체'가 만들어질 수 있었다. 그 점에서 음성언어는 공동체 형성과도 긴밀한 관련성을 갖는다.[6]

이러한 음성언어에 대한 문제가 18세기 후반 이후 본격적으로 조선에 제기되는 것은 중요한 의의를 갖는다. 본 글은 당시 제기된 언문일치言文一致와 물명 유서物名 類書의 편찬, 문체의 변화와 방언·향어·속어 사용 문제들을 차례로 검토하면서 이것이 당시 증대된 음성언어에 대한 관심과 어떠한 방식으로 관계하였는가를 살펴보고자 한다. 이 과정을 통하여 18세기 후반에서 19세기 전반 음성언어의 문제가 어떻게 조선에 제기되고 이후 한문 중심의 지식체계와 어떠한 형태로 관계하였는지를 검토할 수 있을 것이다. 나아가 19세기 중화체계의 붕괴와 새로운 질서의 모색과정에서 조선의 지식인들이 처할 수밖에 없었던 언어적 상황들이 좀더 선명히 드러날 수 있을 것이다. 언어가 지식과 정보의 수용에 일차적으로 중요한 매개라는 점을 상기해 볼 때, 당시의 언어적 상황에 대한 고찰은 중요한 의미를 갖는다.

6 음성언어는 근대 내셔널리즘의 형성과 밀접한 관련성을 갖는 것이었다. 이 문제에 대해서는 가라타니 고진, 위의 글을 참조할 수 있다.

2. 음성언어音聲言語에 대한 관심 증대

1) 명청교체明淸交替와 음성언어音聲言語 인식의 계기

조선 후기 음성언어에 대한 문제는 우선 『청구영언靑丘永言』(1728)이나 『해동가요海東歌謠』(1755)의 편찬에서 볼 수 있는 것처럼 조선 고유의 노래와 가요에 대한 관심과 깊은 관련성을 가졌다. 김만중金萬重(1637~1692)이 여항閭巷 촌부의 노래가 사대부의 문자보다 더욱 진실하다고 하고,[7] 유득공柳得恭(1749~1807)이 여항의 이어俚語가 사대부의 글보다 자신의 성정性情을 솔직히 표현할 수 있다고 한 것은[8] 한문이 모두 포섭해내지 못하는 음성언어, 즉 구어의 영역을 정확히 지적해낸 것이었다.[9] 한문으로 모두 담아낼 수 없는 조선의 고유한 정서들을 담아낼 수 있는 가요에 대한 관심은 음성언어가 이 시기 기능하고 있었던 지점들을 잘 보여준다.[10]

이러한 가요의 존재는 문어로서의 한문체계와는 다른 위치에서 그것과 병존하고 있었던 조선 고유의 음성언어의 상황을 보여주는 것이

7 金萬重, 洪寅杓 역, 『西浦漫筆』, 일지사, 1987, 388쪽. "今我國詩文 捨其言而學他國之言 設令十分相似 只是鸚鵡之人言 而閭巷樵童汲婦咿啞而相和者 雖曰鄙俚 若論眞贗 則固不可與學士大夫所謂詩賦者 同日而論."

8 柳得恭, 『高芸堂筆記』「東人之歌」. "其或出於士大夫之口者 援引前事 剽襲古詩 反不如街童巷婦之純以俚語 道其性情之爲可喜."(김윤조, 「『고운당필기』 연구」, 『大東漢文學』 26, 2007, 399쪽에서 재인용)

9 이러한 김만중의 입장에 대해서는 강명관, 「『서포만필』의 민족어 문학론 비판」, 『漢文學報』 18, 2008을 참조할 수 있다.

10 金天澤, 『靑丘永言』 序(영인본), 아세아문화사, 1974, 2쪽. "我東人所作歌曲 專用方言 間雜文字 率以諺書 傳行於世 蓋方言之用 在其國俗 不得不然也 其歌曲雖不能與中國樂譜比並亦有可觀而可聽者 中國之所謂歌卽古樂府 曁新聲被之管絃者俱是也 我國則發之藩音協以文語 此雖與中國異而若其情境咸載宮商諧和 使人詠歎淫泆手舞足蹈則其歸一也."

었다.[11] 지역 음성언어의 존재는 정도의 차이는 있겠지만 어느 정도 통시대적이며 보편적인 것이었다.[12] 자신의 고유언어가 아닌 한문이나 라틴어와 같은 보편언어를 글쓰기의 주요 표현수단으로 삼을 경우 자연히 세세한 감정의 영역을 원만히 표현할 수 있는 지역 음성언어가 필요할 수밖에 없기 때문이다. 이처럼 지역 음성언어와 보편언어는 각기 별개의 영역에서 기능을 하고 있었다. 주로 지역 음성언어가 가요의 형태로 구현되면서 그것을 공유하는 공동체의 세세한 감정들을 담아냈다면 보편언어는 학문과 예술·외교의 영역을 맡았다.[13] 조선에서도 언문諺文의 향유층이 주로 여성과 아동이었던 데 비해서 한문은 지식인 남성들에 의해서 사용되었다는 사실은 이러한 양층언어체계diglossia의 상황을 잘 보여준다.[14]

이러한 양자의 균형이 근대 한글 중심의 언문일치 운동이 있기 전까지 비교적 공고하게 유지되었다는 사실에 대해서는 이론의 여지가 없을 것이다. 물론 18세기 들어 언문의 사용이 확대되면서 여성과 아동의 공식적인 문자로서 그 위상이 상승하고 일반 서민층에서도 언문으

11 이러한 공존적 상황에 대해서는 임형택, 「소설에서 근대어문의 실현경로—동아시아 보편문어에서 민족어문으로 이행하기까지」, 『大東文化研究』 58, 2007, 13~14쪽 참조.

12 여기에 다음과 같은 홍만종洪萬宗(1643~1725)의 말을 참조할 수 있다. 洪萬宗, 『洪萬宗全集』 上(영인본), 太學社, 1980, 92쪽. "我東人 所作歌曲 專用方言 間雜文字 率以諺書 傳行於世 蓋方言之用 在其國俗 不得不然也."

13 18, 19세기 언문소설이 널리 퍼지나 이것 역시 소설이라는 장르 속에서 이루어졌고, 언문은 학문의 영역에는 들어가지 못했다. 이것은 언문과 한문 사이의 경계가 공고하였음을 보여준다. 또한 다음과 같은 조재삼趙在三(1808~1866)의 말도 언문과 한문의 구별을 잘 말해주는 자료이다. 趙在三, 강민구 역, 「文房類」, 『교감국역 송남잡지』 3, 소명출판 2008, 234쪽. "蓋各自國書以便日用矣 惟書同文者經史而已."

14 양층언어체계diglossia는 한 시대, 한 사회에 공존하는 두 언어가 동등한 지위를 갖지 않고 차별적인 지위로서 존재함을 말한다. 이에 대해서는 박순함, 「兩層言語構造Diglossia 연구의 略史」, 『사회언어학』 5권 1호, 1997; Eugene A. Nida, 송태효 역, 『언어간 의사소통의 사회언어학』, 고려대 출판부, 2002, 47~48쪽 참조.

로서 한문체계를 아우르려는 모습조차 보였던 것이 사실이다.[15] 이는 언문이라는 한문에 대비되는 의미에서의 음성언어가 확대되어 가는 구체적인 모습이라고 할 수 있다. 하지만 본 글은 언문에 주목하기보다는 한문체계 속에서 이루어진 음성언어의 문제를 주로 다루고자 한다. 그 이유는 한문이라는 가장 보수적인 영역에서조차 음성언어를 수용하지 않을 수 없었던 상황들을 살펴보는 것이 이 시기 음성언어의 확대를 살피는 데 더욱 유효할 수 있다고 생각하기 때문이다.

조선 후기 한문체계에서 음성언어 인식을 논하는 데에는 우선 명청교체明淸交替로부터 야기된 특수한 정치·사상적 상황을 고려해야 한다.[16] 명청교체 이후 중화의 정체성 논의는 다양한 형태로 전개되었다. 그 가운데 오랑캐의 음성언어에 오염되지 않은 순수한 중화의 음성언어를 찾기 위한 노력은 중요한 한 부분을 차지하였다. 당대 지식인들에게 있어서 중화문화의 구현과 음성의 문제는 무척 긴밀한 연관성을 가졌던 것이다. 이에 대해서 박지원朴趾源(1737～1805)은 중화문화가 주변에 펼쳐 나간 것이 수천 년이었지만 주변 지역이 여전히 외이지풍外夷之風을 벗어버리지 못한 것은 그 성음聲音이 중화와 일치하지

15 이에 대해서는 이종묵, 「조선시대 여성과 아동의 한시 향유와 이중언어체계Diaglosia」, 『震檀學報』 104, 2007 참조.

16 음성에 대한 관심은 명청교체明淸交替 이후뿐만 아니라 조선 전기 사회에서도 이루어졌다(음성에 대한 관심과 훈민정음 창제에 관련한 정치적 문제에 대해서는 정다함, 「麗末鮮初의 동아시아 질서와 朝鮮에서의 漢語, 漢吏文, 訓民正音」, 『韓國史學報』 36, 2009를 참조할 수 있다). 그러한 점에서 조선 후기라는 특정한 시기에만 일어난 현상이라고 할 수는 없다. 오히려 다양한 시기에 일어난 문화현상이었다. 이러한 음성중심주의 경향은 근대뿐만 아니라 고대사회에서도 보이며, 이것은 '제국으로부터 국가가 자립하는 과정'과 깊이 관련 맺고 그러한 점에서 '정치적'인 동기를 갖는다고 보는 견해에 대해서는 가라타니 고진, 앞의 글; 가라타니 고진, 송태욱 역, 『일본 정신의 기원』, 이매진, 2003, 12～30쪽 참조.

않았기 때문이라고 지적한 바 있었다.[17] 이러한 인식을 통해서 볼 때, 그들에게 중화문화의 구현과 음성의 문제가 얼마나 중요한 관련성을 가졌던 것인지를 짐작해 볼 수 있다.

청나라 고증학자들은 성음聲音의 문제에 대해서 깊은 관심을 기울였다. 고염무顧炎武(1613~1682), 강영江永(1681~1762), 대진戴震(1723~1777), 단옥재段玉裁(1735~1815) 등으로 대표되는 청대 음운학자들은 한결같이 고음운古音韻 연구를 중시하였다.[18] 그들이 고음학 연구에 집중하게 된 데에는 고염무에게서 보이듯이 명청교체로 야기된 중화의 정체성 규명 문제가 깊이 게재되어 있지 않았나 생각된다.[19] 모토오리 노리나가本居宣長(1730~1801)로 대표되는 일본의 국학자國學者들 또한 성음 문제에 깊은 관심을 가지고 일본의 고유한 성음을 찾기 위하여 노력하였다.[20] 그

17 朴趾源, 『燕巖集』 권15 別集 熱河日記 「銅蘭涉筆」. "原始秘書言 高麗之學 始於箕子 日本之學 始於徐福 安南之學 始於漢立郡縣而置刺史 被之以中國之文學 後至五代末 節度使吳昌文方盛 自中國流衍外夷 數千年間 其文皆不免於夷狄之風 窘竭鄙陋 不足以續聖敎者 蓋其聲音不同 其奇妙幽玄之理 非筆舌之可傳 故不相合 此可謂切論 吾東不知叶音之妙 故柳眉菴號能知音 而其諺解毛詩 不從叶音 詩多絶韻."

18 이들에 대해서는 濮之珍, 김현철 외역, 『중국언어학사』, 신아사, 1997, 432~569쪽 참조.

19 청대 고증학이 경전의 텍스트 비평을 통해서 송학宋學을 비판하고 고대 유학의 본원을 밝히고자 했던 노력들은 이단異端에 손상되지 않은 순수한 중화의 모습을 복원하고자 하는 목적과 깊은 연관을 갖는 것이었다. 이에 대해서는 벤저민 앨먼, 양휘웅 역, 『성리학에서 고증학으로』, 예문서원, 2004, 89~103쪽; Kai-wing Chow, *The Rise of Confucian Ritualism in Late Imperial China*, Stanford University Press, 1994, pp.69~70・184~186 참조. 이와 관련해서 고염무顧炎武의 고음古音 연구도 중화의 순수한 모습을 상정해 보려는 노력과 관련이 깊다. 다음과 같은 말은 이러한 측면을 잘 보여준다.(「音學五書序」, 『顧亭林詩文集』 권2, 中華書局, 1959) "炎武潛心有年 旣得廣韻之書 乃始發寤於中而旁通其說 於是據唐人以正宋人之失 据古經以正沈氏唐人之失 而三代以上之音 部分秩如 至賾而不可亂" 이러한 고염무의 입장에 대해서는 코모리 요이치, 정선태 역, 『일본어의 근대』, 소명출판, 2003, 40~41쪽 참조.

20 本居宣長과 관련해서는 이창종, 「本居宣長의 日本優越主義와 言語認識에 관한 硏究」, 『일본학보』 37, 1996; 조관자, 「가라고코로漢意를 배제한 공동선共同善의 안과 밖」, 『日本思想』 3, 2001; 김태호, 「모토오리 노리나가本居宣長와 민족주의」, 『日本思想』 5, 2003 참조.

과정에서 일본의 고유한 가요歌謠 연구에 집중하는 모습도 보였다.

조선의 음운학자들의 경우에는 일부 지식인들을 중심으로 조선의 한자음(東音)이 갖는 중화적 성격에 주목하였고 이에 대해서 상당한 자부심을 가졌다.[21] 그들의 주장을 보면 중국은 오랑캐의 침입을 받는 과정에서 삼대三代로부터 이어온 중화의 성음을 잃어버렸고, 따라서 현재 중국음은 상당히 오염되어 버렸다고 주장하였다. 반면에 조선의 한자음은 기자箕子 이래의 고대 중화음을 상당 부분 보존하고 있다고 생각하였다. 이는 조선의 고유한 한자음이 결국 다른 어느 나라의 한자음보다 더욱 중화적이며, 그러한 이유 때문에 조선이 가장 중화적 속성을 가지고 있다는 주장이었다. 조선이 상고적上古的 중화中華를 가장 온전히 보존하고 있다는 주장은 중국·일본과는 구별되는 자신들만의 독특한 중화적 정체성을 보여주는 대목이다. 이러한 조선, 중국, 일본의 음성 문제에 대한 관심은 음성이 그들의 정체성 규정 문제와 얼마나 긴밀하게 관련하고 있었는지를 보여준다.

한자를 문자로서만이 아니라 음성을 통하여 사유하면서 정확한 중화의 음을 인지해야 한다는 문제의식이 강하게 생겨났다. 물론 여기에는 중국의 고음古音을 따르는가, 아니면 중국의 현재음現在音을 따르는가 하는 문제가 있기는 했지만 양자 모두 한자의 소리를 중시여기고 이를 배우고자 한 점은 공통되었다. 고음이든 현재음이든 중화의 한자음을 그대로 따르고자 한다는 측면에서 보면 이러한 태도는 중화주의와 긴밀하게 연관되어 있었다. 중화의 음성까지 온전히 닮고자 했다는

---

21 이에 대해서는 조성산, 「조선 후기 소론계의 東音 인식과 訓民正音 연구」, 『韓國史學報』 36, 2009, 90~99쪽 참조.

점에서 중화의 한문체계를 존중하고 완결한다는 의미를 갖고 있었기 때문이다.

하지만, 그러한 의미와 함께 그 동안 기호와 상징으로서 주로 인식되던 한자에 음성의 의미가 적극 부여되는 것은 모순되게도 한문체계의 균열을 야기하는 단서가 될 수도 있었다. 한자는 기본적으로 표의문자로서 자신의 고유한 기능을 담당했지 표음언어의 체계는 아니었다.[22] 그런데 여기에 음성언어의 의미가 강하게 부여되는 것은 결국 한문체계가 고유하게 가지고 있었던 원래의 기능을 혼란스럽게 만드는 결과를 초래할 수 있었던 것이다.

왜냐하면 음성언어는 본질적으로 통일적이고 보편적인 것보다는 특수하고 지역적인 문제와 밀접하게 관련을 맺고 있었기 때문이다.[23] 중세시대에서 음성언어는 지역의 편차로 인해 통일되기가 거의 불가능한 것이었다. 음을 같게 하는 것은 성인聖人이 천자天子의 지위에 있어도 불가능하다는 당대인들의 인식은 이를 잘 보여준다.[24] 음성언어가 시대적 변화와 지역적 차이 없이 동일한 모습으로 존재할 수는 없었다. 그런데 이와 같이 현실적으로 균질화할 수 없는 음성을 가지고 한문체계를 사유하는 과정에서 기존 한문체계의 변화하지 않는 절대

---

22 한자가 갖는 표의문자로서의 역할과 기능에 대해서는 이보경, 『근대어의 탄생』 12, 연세대 출판부, 2003, 12쪽 참조. 이와 함께 한자가 고대 중국의 통치질서 확립 과정에서 어떻게 기여하였는가에 대해서는 다음 글을 참조할 수 있다. 마크 에드워드 루이스, 최정섭 역, 『고대 중국의 글과 권위 *Writing and Authority in Early China*』, 미토, 2006. 이러한 견해에 대해서는 다음 논문에서 도움을 받았다. 하영삼, 「'言'과 '文' 系列 漢子群의 字源을 통해 본 中國의 文字中心의 象徵體系」, 『중어중문학』 38, 2006, 4쪽.

23 가라타니 고진, 앞의 책, 2003, 18쪽.

24 柳得恭, 『古芸堂筆記』 권5, 「東音勝華音」(영인본), 아세아문화사, 1996, 203쪽. "劉元卿賢奕篇曰 書之同文 有天下者 力能同之 同音 雖聖人在天子之位 勢亦有所不能也."

적 이미지가 사라져가고 한문체계를 상대화・객관화하여 인식할 수 있는 계기가 마련될 수 있었다.[25]

사실 중국은 상호 소통이 어려운 방언의 체계를 가지고 있었다.[26] 한漢나라 때 양웅揚雄(B.C.53~A.D.18)에 의해서 『방언方言』이라는 책이 나올 정도로 중국은 당시부터 지역 방언에 대한 문제의식이 있었다. 따라서 집권층이 하나의 국가로서 통치하기 위해서는 문자언어가 중요한 기능을 할 수밖에 있었다. 문자는 그 무엇보다 효율적인 통치의 도구가 될 수 있었다.[27] 이 당시 이러한 중국의 방언 현황에 대해서 많은 언급들이 등장하였던 것은 음성언어 인식과 관련해서 주목할 필요가 있다.

홍대용洪大容(1731~1783)은 조선의 다른 풍속은 중국과 비슷하여 소중화小中華라고 불리지만 유독 조선의 언어는 이풍夷風을 면하지 못하였다고 하자 중국인 손유의孫有義가 위로하듯 중국 또한 동서남북의 말이 같지 않다는 사실을 전하였고,[28] 이희경李喜經(1745~1805) 또한 중국 학자 이정원李鼎元의 말을 빌어 조선뿐만 아니라 광동廣東, 운남雲南 등의 언어도 서로 같지 않음을 언급하기도 하였다.[29] 이해응李海應(1775~1825)은 자신의 연행록 『계산기정薊山紀程』에서 "중국 방언은 각 지방마다 같지 않고 중국음도 집마다 다르고 사람마다 같지 않다"[30]고 하였

25 이 부분에 대해서는 코모리 요이치, 앞의 책, 27쪽 참조.

26 최영애, 『중국어란 무엇인가』, 통나무, 1998, 68~69쪽.

27 이보경, 앞의 책, 12쪽.

28 洪大容, 『湛軒書』 外集 권7, 燕記 孫蓉洲. "余曰 弊邦慕尙中國 衣冠文物 彷彿華制 自古中國或見稱以小中華 惟言語尙不免夷風爲可愧 蓉洲曰 久仰貴邦人物俊雅 風俗醇厚 不減中華 至于土音 又何害焉 且以中國言之 東西南北 語亦不類 而朝廷取士用人 亦并不以此而別"

29 李喜經, 『雪岫外史』 권1(영인본), 아세아문화사, 1986, 46쪽. "余嘗与李墨莊談話難其言語之相殊 李曰非獨貴邦言語相殊 今廣東雲南諸省言語亦殊 不可解云."

다. 이러한 그들의 언급을 볼 때, 그들이 음성의 문제를 통해서 중국 음성언어의 비균질성을 사유하고 있었음을 짐작할 수 있다.

2) 음성언어音聲言語와 '조선적인 것'의 관련성

이 시기 한문체계 속에서 음성의 문제를 제기하고자 한 시도들은 다양한 영역으로 확대되었다. 한문체계에서 음성적 측면에 대한 당대인들에 대한 관심은 광범위하게 포착된다.[31] 예컨대, 이희경李喜經은 『시경詩經』 삼백 편은 모두 음音을 가져 악樂이 될 수 있었다고 하면서 후세 시에서는 악樂이 탈각되면서 시도詩道가 없어졌다고 탄식하였다.[32] 『시경』을 단순히 의미만을 추론하는 텍스트가 아닌 음성의 측면에서 바라본 것이다. 유득공柳得恭은 숙부인 유금柳琴(1741~1788)의 묘지명에, 유금이 중국에 다녀온 후 가歌와 행行의 성운聲韻에 사성四聲을 번갈아 쓰는 묘미를 알았다고 하면서 지금 사람들이 이를 차츰 알아듣고서는 다시는 이전처럼 비루하게 되지 않았다고 하였다.[33] 또한 그는 후세에 길

30 李海應, 『薊山紀程』 권5 「言語」. "中國方言 各自不同 (…중략…) 華音亦多訛謬 如家字去字 數音並行 家異而人不同 此類不可勝記 欲學華語者 不可將何適從矣."

31 한시에서의 민요 취향의 대두도 이러한 문제와 깊은 관련성을 갖는다고 할 수 있을 것이다. 이 문제에 대해서는 이동환, 「조선 후기 한시에 있어서 민요취향의 대두」, 『한국한문학연구』 3, 1978 참조.

32 李喜經, 『雪岫外史』 권1, 43쪽. "詩之爲道 皆爲樂章 故三百篇皆可以被之音而爲樂 自漢以下 所賦之詩 或徒爲詩 未必皆協於樂 樂府則別以爲樂而作 但李太白七言古詩 皆爲樂而作 故名之曰樂府 杜詩則未必爲樂 然則後世之詩与樂判作二道 而詩道亡矣."

33 柳得恭, 『泠齋集』 권6 「叔父幾何先生墓誌銘」. "始東詩人專攻近體 不甚爲七言歌行 或爲之而聲韻不諧 訖未自覺也 公游燕中 與綿州李調元深相交而歸 (…중략…) 調元乾隆進士 翰林轉吏部員外郎 以文章鳴世 尋棄官歸成都 聲伎自娛 天下高之 友人李德懋及同志數輩踵入燕 因吏部之弟中書舍人鼎元 以游乎吏部之友 當世鴻儒紀昀 祝德麟 翁方綱 潘庭筠

이 남고 싶다면 시를 지을 것이 아니라 노래를 짓는 것이 나으며, 중국어를 조금 이해하게 되면 칠언절구를 짓는 데 크게 유익할 것이라고 하였다. 그러면서 『노걸대老乞大』·『박통사朴通事』 등 중국어 학습서를 공부할 것과 중국에 다녀올 것을 권하였다.[34] 이희경의 경우에도 중국음의 중요성을 강조하여 우리나라 사람들이 중국음을 모르기 때문에 범기犯忌하는 것이 많아도 스스로 알지 못한다고 하였다.[35] 이러한 그들의 언급은 음성언어의 중요성을 강조하는 것이었다.

박제가朴齊家(1750~1805)의 다음과 같은 말은 음성언어에 대한 자각과 관심이 어떠한 모습으로 당시 지식인들에게 나타났으며,[36] 시정여항市井閭巷의 이언俚言에 대한 발견이 어떠한 방식으로 가능하였는지를 잘 보여준다.

> 정情은 성聲이 아니면 도달하지 못한다. 성聲은 자字가 아니면 행해지지 못한다. 세 가지 것이 하나로 합쳐져서 시詩가 된다. 비록 그렇지만 자字는 각각 그 뜻을 가지고 있지만 성聲은 아직 반드시 언言을 이루는 것은 아니다. 이에 시의 도는 오직 자字에 속해 있어 성聲은 나날이 이에서 벗어난다. 대저 자字와 성聲이 분리됨은 마치 물고기가 물에서 분리됨과 같고 자식이

鐵保諸人之間 與之揚扢風雅 始得歌行韻四聲迭用之妙 今之人稍稍聞而爲之."

34 柳得恭, 『高芸堂筆記』「詩以六經三史爲根本」. "君欲爲可傳之道 勿作詩而作歌可也 我東人元不易爲詩 略解華語 有極妙處 大有益於七絶 然則傳奇又不可不看 老乞大朴通事 又不可不讀 中國又不可不一二番往來."(김윤조, 앞의 글, 396~397쪽에서 재인용)

35 李喜經, 『雪岫外史』 권1, 44쪽. "我國則不識華音 故多皆犯忌 而不自知也."

36 박제가의 소리와 글자를 일치시키려는 주장에 대해서는 박수밀, 『18세기 지식인의 생각과 글쓰기 전략』, 태학사, 2007, 255~263쪽의 연구에서 논의된 바 있다. 본고는 박제가가 글자보다는 소리의 문제를 제기하고 이를 강조하고자 했다는 점을 더욱 부각하여 설명하고자 한다.

어미에게서 벗어남과 같다. 나는 그 생취生趣가 나날이 마르고 천지의 이치가 사라질까 두렵다. 대저 고시古詩 삼백 편은 또한 오히려 글자가 있으되 그 올바른 성聲을 얻을 수는 없다. 삼가 생각건대, 옛날에는 言이 나오고서 자字가 이루어졌던 까닭에 그 조어허사助語虛辭는 모두 곡진曲盡한 맛이 있었다. 지금 그 예악형정禮樂刑政의 기구와 조수초목鳥獸草木의 이름은 모두 이미 파괴되고 흩어져 다시 고증할 수 없다. 비록 가령 지금 사람으로 하여금 삼대三代의 선비와 갑자기 서로 만나게 한다면 그 국속國俗의 제도와 방음方音의 차이는 만이蠻夷가 중국中國에 들어간 것 정도뿐만이 아닐 것이다. 그런데도 오히려 또한 절절하게 그 말을 외우고 감탄하여, "이는 진정한 관저關雎요 진정한 아송雅頌이다"라고 말한다. 나는 이는 단지 금인今人의 자음字音일 뿐 옛날의 원성原聲은 아니라고 생각한다. 대저 지금의 이른바 '무격巫覡의 가사歌詞'나 '창우倡優의 웃음'과 '시정여항市井閭巷의 이언俚言'은 또한 사람들을 감발感發·징창懲創시키기에 족하다. 아마도 오히려 고시古詩의 유의遺意가 있어서인가! 그러나 붓을 들어 번역하면 언言은 같지 않음이 없겠지만 삭연索然히 그 정情을 얻지 못하는 것은 성聲과 자字가 길을 달리하기 때문이다.[37]

박제가는 정情은 음성이 아니면 도달하지 못하며 음성은 글자가 아니면 행해지지 못한다고 하였다. 음성과 글자는 서로 떨어질 수 없는 관계인 것이다. 그는 고시古詩 삼백 편은 글자가 있지만 올바른 소리를 얻을 수 없다고 하였다. 『시경』은 그것을 만들어내었던 사람들의 음성

37 朴齊家, 『貞蕤閣文集』 권1 「柳惠風詩集序」.

언어로 읽을 때 그것의 깊은 맛을 음미할 수 있는데 지금은 그것이 불가능함을 지적한 것이다. 단순히 그것의 내용과 의미만을 번역하는 데에만 그치면 『시경』의 의미, 즉 문자를 넘어서 있는 음성으로 구현될 때에만 느낄 수 있는 깊은 의미들을 온전히 이해할 수 없게 된다. 이러한 자각은 시정여항市井閭巷의 이언俚言과 같은 조선의 음성언어가 갖는 가치를 새롭게 사유할 수 있는 단서를 마련해 주었다. 박제가는 무당의 가사나 광대의 웃음, 시정여항의 이언은 또한 사람들을 감발感發시키기에 족하니, 이것은 여기에 아마도 '고시古詩의 유의遺意'가 있기 때문일 것이라고 하였다. 고시의 유의란 옛날에 『시경』이 사람들을 감발시켰던 그것을 의미한다.

박제가는 이어 무당들의 가사나 배우들의 웃음, 시정여항의 속된 말을 문자로서 번역해 버리면 그 정情을 얻지 못하니 이는 음성과 글자가 길을 달리하기 때문이라고 하였다. 한문을 음성으로써 사유하고자 하는 노력이 조선의 고유한 음성언어를 새롭게 인식하는 문제와도 연결될 수 있었던 것이다. 중국 경전이 당대 중국의 음성언어로써 구현되어야 하듯이 우리의 노래는 우리의 음성언어로써 구현되어야 했다.[38] 박제가는 음성은 글자 밖에 있고 그러한 의미에서 '상달上達'이라고 규정하였다.[39] 글자를 넘어서 있는 음성의 복합적 의미를 표현한 말이다. 그는 음성과 글자의 관련성에 대하여 깊이 사유하면서 사물의 진

---

38 이러한 문제의식은 김만중의 경우와도 연결되어 있다. 김만중은 천축天竺의 예를 들어 천축의 찬불사讚佛詞는 천축의 음으로 읽혀야 그 아름다움을 알 수 있다고 하였다.(金萬重, 앞의 책, 388쪽) 이를 통해 볼 때 자국 음성언어의 가치 발견은 중국어를 포함해서 외부의 언어를 음성적 측면에서 사유하지 못한다면 나오기 어려운 것이었다.

39 朴齊家, 『貞蕤閣文集』 권1 「柳惠風詩集序」. "文出乎字而聲成於字外 故曰字者下學 而聲者上達."

정한 의미를 구현하는 데 음성이 무엇보다 중요함을 말하고자 하였다. 박제가는 유득공이 자字와 성聲을 두루 겸비했다고 칭찬하였다.[40] 박제가와 유득공은 중국어뿐만 아니라 만주어, 몽고어, 일본어 등에 능통했고 방언에 대해서도 깊은 관심을 보였다.[41] 이러한 그들의 학문 관심은 그들이 가졌던 어문 인식의 일단을 잘 보여준다.

이처럼 한문체계의 음성언어에 대한 인식은 조선의 고유한 음성언어에 대한 자각과도 연결되어 있었다. 앞서 김만중, 유득공뿐만 아니라 성해응成海應(1760~1839)도 정철鄭澈(1536~1593)의 「사미인곡思美人曲」을 한문으로 번역한 일을 소개하면서 동인東人의 가곡歌曲을 방음方音으로 읽을 때에는 처완감상悽惋感傷의 뜻이 분명해지지만 한문으로 번역해버리면 삭막索漠해져서 사람들을 감동시키기 어려워진다고 지적하였다.[42]

이와 같은 음성언어에 대한 인식은 당대 많은 지식인들에 의해서 제기된 『시경』의 국풍國風이 담고 있던 이념과도 긴밀한 관련성을 갖는다. 이것은 음성언어가 강조된, 곧 여항閭巷의 고유한 속어俗語를 채록한 것이라는 점에서이다. 이 문제와 관련하여 시조와 위항시를 긍정하고자 한 인물들은 『시경』의 국풍이 당대의 민속가요임을 근거로 들면서 자신들의 작업이 갖는 정당성을 강조하였다.[43] 이는 음성언어 문제

---

40 朴齊家, 『貞蕤閣文集』 권1 「柳惠風詩集序」. "吾友柳惠風之爲詩也 可謂兼至而備美者矣 乃能因字於古而通聲於今 其形於中而動於外者 若樹出花而鳥自鳴也 不自知其所以然 則聲與字之殊 又不足論矣."

41 김윤조, 「『高芸堂筆記』 연구」, 『大東漢文學』 27, 2007, 201~205쪽 참조.

42 成海應, 『研經齋全集』 권1 「思美人曲解」. "鄭松江竄江界作此詞 蓋寓戀君之心也 淸陰金先生愛誦之 朝夕輒歌咏 其家兒童亦皆傳誦 坯窩金公以詞賦體譯之 有楚辭九章之音 余又因之以雜歌謠體翻之 然東人歌曲 素無腔調 若和方音讀之 得其悽惋感傷之意 雖婦人孺子亦能解其旨意 若翻以雅言則殊覺索漠 不能動人."

가 조선의 고유성, 풍토성의 문제와 깊은 관련을 맺고 있음을 보여준다. 유득공은 "국풍은 후세의 가요歌謠나 사곡詞曲과 같아서 반드시 독서를 한 뒤에야 지을 수 있는 것이 아니"라고 하였다.[44] 그러하기에 국풍은 학문적인 보편성보다는 지역정서를 담아낸 풍토성을 강하게 갖지 않을 수 없었다. 결론적으로 음성언어의 자각과 관심은 풍토성, 고유성으로 대표되는 특수성의 문제와 깊은 관련성을 갖는 것이었다.

3. 언문일치言文一致 인식의 대두

1) 언문불일치言文不一致의 문제

18・19세기 동아시아의 활발한 지식소통과 함께 제기된 언문일치의 문제는 음성언어에 대한 이 시기의 고민과 깊이 연계되어 있었다. 18세기 후반 조선은 청나라로부터 많은 양의 서적들을 들여왔고, 이것은 지식인 사회를 자극했다. 이러한 지적 자극 속에서 다양한 문예사조와 사유들이 생성되었다. 조선의 북학파北學派는 이러한 과정 속에서 형성되었다. 그들 이외에도 많은 지식인들은 중국 서적을 탐독하고 중국의 명사들과 교유하려는 모습을 보였다. 지적 네트워크가 국내를 넘어 중국에까지 확산되면서 그들 사이에는 같은 문자를 공유했다는 '동문同文의식'

---

43 김홍규, 『朝鮮後期 詩經論과 詩意識』, 고려대 민족문화연구소, 1982, 187~188쪽.

44 柳得恭, 『高芸堂筆記』 「詩以六經三史爲根本」. "其十三國風 多出於民間 此如後世之歌謠詞曲 不必讀書而後可能也."(김윤조, 「『고운당필기』 연구」, 『大東漢文學』 26, 2007, 396~397쪽에서 재인용)

과 한 시대를 함께 산다는 '병세竝世의식'이 형성되는 상황이었다.[45]

하지만 그들은 중국인들과 만나는 과정에서 소통의 비효율성을 느끼지 않을 수 없었다. 문자로써 이루어지는 '필담筆談'은 그들에게 동문의식과 병세의식이라는 보편주의적 감성을 줄 수 있었지만, 그와 함께 중국과 조선 사이에 엄연히 존재하는 '차이'에 대해서도 느끼게 하는 이중적인 계기를 제공했다. 그들은 중국인과 만나는 과정에서 조선의 언문불일치 문제에 대해서 인식하였다.[46] 언言과 문文이 불일치하기에 세세한 감성을 곧바로 표현하는 데 어려움이 많을 수밖에 없었던 것이다.[47] 동문의식과 병세의식이라는 보편주의 관념이 발달하면 할수록 차이에 대한 자각과 이로 인해 발생하는 불편함도 함께 커졌다. 이는 중국인과 음성언어로써 대면하며 자각하게 된 사실이었다. 즉 음성언어에 대한 깊은 자각 없이는 언문일치에 대한 의식도 발생하기 힘든 것이었다.

중국 사람들은 음성언어로 말하는 것이 곧 그대로 문장이 되는데 반해서 조선인들은 음성언어와 문자언어가 불일치하므로 불편한 번역의 과정을 거쳐야 하며, 이럴 때 선진 지식의 수용은 그만큼 어려운 것이 될 수밖에 없었다. 그러하기에 그들은 이점을 개선하고자 하였다. 박제가는 조선의 언문불일치 문제를 다음과 같이 제기하였다.

---

45 이에 대해서는 김영진, 「朝鮮後期 明淸小品 수용과 小品文의 전개양상」, 고려대 박사논문, 2003, 75~85쪽; 정민, 『18세기 조선지식인의 발견』, 휴머니스트, 2007, 32~33쪽 참조.

46 류준필, 「구어의 재현과 언문일치」, 『문화과학』 33, 2003, 164쪽.

47 이에 대해서는 박지원의 다음과 같은 말을 참조할 수 있다. 朴趾源, 『燕巖集』 권14, 別集 『熱河日記』 「鵠汀筆談」. "及入皇京 與人筆談 無不犀利 又見所作諸文篇 則皆遜於筆語 然後始知我東作者之異於中國也 中國直以文字爲言 故經史子集皆其口中成語 非其性別於人也 爲之强作詩文 則已失故情 言與文判爲二物故也 故我東作文者 以齟齬易訛之古字 更譯一重難解之方言 其文旨黖昧 辭語糊塗 職由是歟."

한어漢語는 문자의 근본이다. 천天을 곧장 천이라 부르는 것과 같이, 다시 한 번 거쳐서 언諺으로 풀이하는 간격이 없다. 그러므로 사물을 이름하는 데 있어서 더욱 분별하기가 쉽다. 비록 글을 모르는 부녀자나 어린아이도 보통 쓰는 말이 모두 문구文句가 되며, 경經·사史·자子·집集도 입에서 말하는 대로 나온다. 생각건대 중국은 말로 인해서 글자가 나왔고 글자를 찾아서 말을 풀이하지 아니한다. 그러므로 외국에서 비록 문학을 숭상하고 독서를 좋아하는 것이 중국과 가깝다고 하더라도 종국에는 간격이 없지 아니한 것은, 언어라는 커다란 꺼풀을 벗어버릴 수 없기 때문이다. 우리나라는 중국과 매우 가깝고 성음이 대략 같으니 온 나라 사람이 본국 말을 버린다고 해도 불가할 것이 없다. 대저 그러한 연후에야 이夷라는 한 글자를 면할 수 있을 것이며 온 동쪽 수천 리 땅이 스스로 하나의 주周·한漢·당唐·송宋나라의 풍기風氣를 열 것이다. 어찌 크게 쾌한 일이 아니겠는가![48]

박제가의 이러한 의식은 그가 중국 문물에 벽癖이 있다고 할 정도로 심취했던 것에도 이유가 있을 것이다.[49] 하지만 『북학의北學議』에 흐르는 '중국의 문물을 적극 받아들여 조선의 현실을 개선해야 한다'는 논조를 이해할 필요가 있다. 박제가의 이러한 말은 중화주의에 근원한 중세 보편주의적 시각에서 보면 커다란 문제를 야기하는 것은 아니었다. 조선의 풍속을 주周·한漢·당唐·송宋나라 수준의 중화 문화로 변모시키고자 하는 것은 중화를 내면화한 조선의 지식인들 대부분이 원칙상 공유하는 목표였기 때문이다.

---

48 朴齊家, 『北學議』 內篇 「漢語」.
49 洪吉周, 『縹礱乙幟』 권14 「睡餘演筆 下」. "楚亭癖於北學."

이러한 시각에서 볼 때, 박제가의 언급은 조선의 언문불일치 문제를 해결하기 위한 다양한 방편 속에서 나온 말로 볼 수 있다.[50] 박지원과 이희경 또한 박제가와 비슷한 맥락에서 조선의 언문불일치 문제를 제기하였다.

> 중국은 글자로 인하여 말을 익히게 되고 우리나라는 말로 인하여 글자를 익히게 된다. 중화와 이적의 구별은 여기에 있다. 그 이유는 곧 말로 인하여 글자를 익히게 되면 말은 말대로 글자는 글자대로가 되어 가령 천자天字를 읽을 때 '하늘 천漢捺天'이라고 하면 이 글자 이외에 다시 일종의 난해한 언諺이 있게 되는 것과 같다. 어린아이가 이미 '하늘'이 무슨 말인지 모르는데, 또한 어찌 천자天字를 알 수 있을 것인가![51]

박지원 또한 박제가처럼 조선의 언과 문이 불일치함으로써 나타나는 불편함에 대해서 인지하고 있었다. 이러한 언문불일치의 불편함을

---

50 언문불일치에 대한 자각은 유형원柳馨遠(1622~1673)에게서도 발견된다. 하지만 시대사조로서 언문불일치에 대한 자각이 폭넓게 자각되는 것은 18세기 후반에서 19세기 전반기라고 할 수 있다. 유형원은 세종이 향어鄕語 사용을 금지하고 한어漢語 중심의 언문일치를 이룩하려고 하였으나 실패하였다고 하면서 화어華語를 배워 익힐 것을 강조하였다. 柳馨遠, 『磻溪隨錄』 권25, 續篇上 「言語」. "本國言語文字 旣爲二途 東方諺文 亦有音無義 政事經學以及事物名數 多礙滯難通 至於事大之際 國家機務 徒憑舌人 是豈小事哉 夫人聲之輕重遲疾 風氣所拘 固有不同者 東方之音 輕淸而淺促 然中國之地 四方之人 亦奚必均齊哉 唯其同其音 而一其語 語之而無不通 是則天下之人 無有所異也 昔我莊憲大王一新百度 有意於是 旣設承文院 令文官始出身者 必習漢語吏文 又撰四聲通攷 以卞其音 又令凡百名物 皆稱以漢語 至今尙有傳習者 然日用言語 仍其鄕談 故衆楚一齊之勢 不能漸變 而終至還廢 今則文官之通漢語者 絶無矣 如欲追先王之志 而變夷爲夏 卽民間言語 縱難一變 凡諸文字 皆從華音 士子所習經書諺解 一以洪武譯音 使之講誦 如此則言語雖異 字音則同也 如未能然 則京外學校之士 必使本經外 依上式講習 漢語稍待能通 然後陞次 而凡在五品以下官 皆令歲一試講 以升降其資 可也."

51 朴趾源, 『燕巖集』 권40, 別集 『熱河日記』 避暑錄.

인지한 박지원은 이어 "실상 중국에서는 부인이고 어린 아이 할 것 없이 문자로 말을 삼고 있으므로 비록 눈으로는 '정자丁字'도 모르지만 입으로는 봉황새를 읊조리니 경經·사史·자子·집集이 그들에게는 보통 말이다"[52]라고 하면서 중국의 언문일치를 부러워하였다. 그러면서 자신의 계집종 사례를 들어 중국말이란 그리 어렵지 않다고 하였다.

> 내 집에는 일찍이 아주 어리석은 계집종이 있었는데, 마땅히 떡을 얻어야 할 상황인데 다른 음식을 얻으면 이를 기뻐하고 감사하며 말하기를, "파촉巴蜀 또한 관중關中이지요"라고 했다. 이는 본래 항간에 돌아다니는 속담으로 계집종은 본래 파촉과 관중이 어딘지 몰랐고, 단지 이것이 피차彼此의 차이가 없는 경우에 해당한다는 것만을 인지했다. 이를 통하여 비로소 중국말이 그렇게 어렵지 않고 반드시 정현鄭玄의 집 여종들을 천고千古에 없다고 쳐줄 것도 없음을 알 수 있었다.[53]

위에서 정현의 집 여종들을 천고千古에 없다고 쳐줄 것도 없을 것이라는 말은 정현의 집 여종들이 모두 시를 이야기할 수 있었다는 것을 세상에서 미담으로 여겼다는 고사를 의식한 말이다. 박지원은 자신의 계집종이 파촉과 관중이 어딘지 알지 못하지만 이 말을 어떤 상황에서 사용할지는 정확히 아는 것을 보고서 중국말이 그렇게 어려운 것이 아님을 알았다고 하였다. 이는 천자天字에 '하늘'이라는 설명을 붙일 필요

---

52 朴趾源, 『燕巖集』 권40, 別集 『熱河日記』 避暑錄. "其實中國婦人孺子 皆以文字爲語 故雖目不識丁 而口能吐鳳 經史子集 乃其牙頰間恒談也."

53 朴趾源, 『燕巖集』 권40, 別集 『熱河日記』 避暑錄.

없이 천天을 그대로 천으로 인식하듯이 '파촉도 관중'이라는 말 또한 어떠한 부가적인 설명 없이 곧장 이해하는 것을 두고 한 말이다. 그럴 때 중국어는 그렇게 어려운 것이 아니었다. 박지원의 이러한 논리를 따라가 보면 박지원 또한 박제가와 꼭 같지는 않다고 하더라도 조선의 언문불일치 문제를 결국 중국어를 통하여 해결하려는 입장을 가졌던 것은 아닌가 생각된다.[54] 같은 북학파의 일원이었던 이희경 또한 조선의 언문불일치를 커다란 불편으로 여겼고,[55] 이를 극복하기 위하여 중국의 음을 배워야 함을 역설하였다.[56] 그도 박제가 · 박지원과 같은 생각을 가지고 있었던 것이다.

그 밖에 이유원李裕元(1814~1888)의 경우에도 김창업金昌業(1658~1721)의 말을 빌어서 중국말은 비록 일상적인 대화나 시골사람의 말이라고 하더라도 시문에서 벗어나지 않는다고 하면서 중국의 언문일치를 부러워하였다.[57] 그는 현토懸吐하는 것이 한문의 습득을 더욱 어렵게 하고 있다고 말하기도 하였다.[58] 이는 한문을 중국인처럼 학습해야 한다

---

54 이것은 박지원이 박제가의 『北學議』에 써준 서문에서도 그러한 면을 엿볼 수 있다. 朴趾源, 『燕巖集』 권7, 別集 鍾北小選 「北學議序」. "試一開卷 與余日錄 無所齟齬 如出一手 此固所以樂而示余 而余之所欣然讀之三日而不厭者也 噫 此豈徒吾二人者得之於目擊而後然哉 固嘗研究於雨屋雪簷之下之下 抵掌於酒爛燈灺之際 而乃一驗之於目爾 要之不可以語人 人固不信矣 不信則固將怒我 怒之性 由偏氣 不信之端 在罪山川." 박지원은 『북학의』가 자신들의 오랜 연구와 토론의 결과로 나온 것임을 밝히고 있다.

55 李喜經, 『雪岫外史』 권1, 41쪽. "余初入中原 (…중략…) 雖婦人女子 出口之言 皆是文也 豈有言與文之異致哉 且其言也 五音分明 轉翻起落之際 自有條理 又有兩音雙聲 非但用之於言也 施之管絃鐘鼓 無不吻然諧和 是其天地正音 自有其音也 我國則不然 言與文各殊 則不可不文有其義 而文之音 又與中國不同 雖有四聲之不混 而一韻之內 字音互異 又無雙聲兩音之文 果未知何世何人創得文音 而有此乖謬也."

56 李喜經, 『雪岫外史』 권1, 42쪽. "今若欲學中國丕變風俗 莫如先解華音而餘皆自化矣."

57 李裕元, 『林下筆記』 권35 「薜荔新志」. "金老稼齋 燕行 見一店曰 何在窮僻處乎 其主女笑曰 花香蝶自來 華語 雖常談俚語 不出於文 故無識村女之問答 皆如是 至於官話 尤是文字之解 各省中 福建話不好云."

는 주장이었다.[59] 이와 비슷한 의식은 이항로李恒老(1792~1868)에게서도 보였다. 그는 토음土音은 우리의 음이며 언어言語는 중국의 음인데 토음을 통하여 언어를 배우고 언어를 통하여 문장文章을 배우니 이것이 우리의 문장 습득이 어려운 이유라고 하였다.[60]

조선의 언문불일치 문제를 해결하고 중국으로부터 효율적으로 선진문물을 수용하기 위한 방편으로 제기된 박제가의 전면적인 한어漢語 사용 주장은 현실적으로 불가능하다는 것과 함께 중화를 지향하던 지식인들에게도 다음과 같은 심각한 문제를 야기할 수 있었다. 그것은 중국의 현재 음이 과연 하夏·은殷·주周 시대의 이상적인 정음正音인가 하는 것이었다. 그것이 정음이 아니라면 그것이 구현해내는 중화문물은 허위가 될 수도 있었다. 박제가 또한 이 문제를 의식해서 "중국과 같지 않으면 음이 옛 것이라도 소용이 없다"고 했으며, "옛 음의 변화는 음운학자에게 맡기면 된다"고 하여 이러한 예민한 문제들을 피해가려고 했다.[61] 그에게는 이상적인 중화를 구현한다는 명분보다는 부국富國이라는 현실적 목적이 좀더 강했다고 할 수 있다.

박제가·박지원 등의 언문일치 주장과의 연장선상에서, 한문을 통

58 李裕元,『林下筆記』권34「華東玉糝編－讀書兼方言」. "我國讀書之法 音義外 又添方言一事 每句讀下 輒以方言收聲 此所謂吐也 是以經傳皆有諺解 其功倍於中國 此所以學業成就者難矣."

59 이에 대해서는 유득공柳得恭도 지적하였다.『古芸堂筆記』권5,「鄕語半華語半」, 178쪽. "讀書亦然 章句之外 別作剩音 謂之吐 兢兢遵守 不敢差誤 似源於薛弘儒候 以方言解經也 在新羅以上 初學經史時 則或可也 今不必然."

60 李恒老,『華西集』附錄 권5「洪大心錄」. "我國人語 只是土音 不成言語."; 李恒老,『華西集』附錄 권6「柳基一錄」. "土音是我國音 言語是中國言 自土音學言語 自言語學文章 故我國人文章甚難."

61 朴齊家,『北學議』內篇「漢語」. "不與中國同 則音雖古而無用 但令文與話 爲一足矣 若夫古音之變 付之一韻學者之考證 可也."

하여 세계의 보편적인 언어체계를 구축할 수 있다는 의견도 활발히 제시되었다. 최한기崔漢綺(1803~1877)의 경우에는 한문 중심의 세계 문자체계를 구상하였다.[62] 이러한 의식의 연장선상에서 박규수朴珪壽(1807~1876)는 서양 사람들이 한문을 습득하고 공부하는 것을 높이 평가하기도 하였다. 그는 서양인들이 말라카와 싱가포르에 각각 영화서원英華書院과 견하서원堅夏書院을 세우고 『논어論語』와 『효경孝經』 등 유교경전을 수입・번역하고 있는 사실을 들면서 이 세계 어느 곳의 인류이든지 같은 문자를 쓴다면 오랑캐도 중화로 변할 것이라고 하였다.[63] 그들은 한문체계의 확산을 전망하고 있었던 것이다. 이는 18세기 후반 중국어 중심의 언문일치 인식의 연장선상에서 이해할 수 있다.

여성과 아동을 중심으로 언문諺文을 문자로서 인식하고자 하는 경향이 조선 후기 들어 확산되어 갔지만, 여전히 지식인들은 한문을 중심으로 하는 문자체계를 구상하고 이를 통하여 언문일치의 필요성을 느끼는 경우가 많았다. 중요한 문제는 한문漢文이냐, 언문諺文이냐가 아니라 비로소 언문일치의 필요성이 적극적으로 인식되기 시작했다는 사실이다. 한문이 단순히 문자로서만 사유될 때에는 언문일치의 필요성과 언문불일치의 문제점을 심각하게 인지하지 못했다. 하지만 한문체계에 음성의 문제가 매개되면서 지식인들은 조선의 언문불일치를 지식소통의 커다란 장애로서 느끼게 된 것이다. 그들은 중국에서 중국

62 崔漢綺, 『神氣通』 권1, 體通 「四海文字變通」. "勢將使寡效衆 使散效聚 則西域諸國同行華夏文字 而音則雖異 字義字形同則可以通行 且英華堅夏兩書院專事翻譯 則西國之效華夏易 使華夏變西文難 是非可以彼善乎 此此善乎彼論之也 惟取其同文通行之義也 西方諸國或有斯意者耶 雖非一年二年之所成 將有俟於後世."

63 김명호, 『환재 박규수 연구』, 창비, 2008, 391~392쪽.

인들의 음성언어가 바로 문자화되는 과정을 목도하면서 조선의 언문불일치 현실을 적극적으로 자각하기 시작하였다.

그들의 이러한 한어漢語를 통한 언문일치 주장은 앞서 언급했듯이 중세의 중화주의와 보편주의적 시각에서 볼 때에는 이해되는 바가 있었다. 중화의 음성을 온전히 구현해 내는 것은 그들이 구상한 중화주의 체계를 이룩하는 데 필수불가결한 사항이었기 때문이다. 그들이 한어를 평상시 사용하면서 중국의 원래 음을 따르고자 한 것은 그들이 지향하는 이러한 구상과 밀접한 관련성을 갖는 문제였다. 이 문제는 원칙적으로 많은 지식인이 동의하는 문제였으며, 북학파 지식인들의 경우 좀 더 적극적으로 이러한 문제를 제기한 것으로 볼 수 있다.

박제가의 주장이 현실화되지 않았기 때문에 한어를 통한 언문일치의 결과가 어떠한 방향으로 나타났는지는 현재로서 짐작할 수 없다. 하지만 설사 이것이 현실화되었다고 하더라도 중국과는 같이 되지 않았을 것임은 자명하다. 앞서 언급했듯이 음성언어는 본질적으로 균질화・동일화되기 어렵기 때문이다. 이는 각 지역의 다양한 방언을 가지고 있었던 당대 중국의 언어환경을 보아도 분명한 사실이다. 그러한 점에서 볼 때 아마도 중국과는 구별되는 조선식의 한자음과 언어구사가 발생하였을 것이다. 조선 전기 『동국정운東國正韻』을 통하여 중국과는 다른 조선식 한자음의 표기체계가 강구되는 것은 이것의 증거가 될 수 있다. 『동국정운』이 중국음을 그대로 사용하지 않고, 조선식의 한자음 체계를 구하고자 한 것은 음성이 갖는 이러한 고유한 특성 때문이었다.[64]

이처럼 박제가가 음이 중국과 같지 않다면 소용이 없다고 했지만,

현실적으로 온전히 중국과 같이 되기는 불가능한 것이었다. 오히려 당대에 조선의 한자음을 정음正音으로 규정하고 새로운 기준으로 설정하고자 하는 움직임까지 이 시기 있었던 것을 보면[65] 언문일치는 변형된 보편성의 영역으로 나아갈 소지가 다분히 있었다. 중국어를 그대로 우리말로 삼고자 할 때, 불가피하게 중국 어느 시대의 언어와 음성을 이상시하여 구현할 것인가 하는 논쟁이 일어날 수밖에 없는 것이다.

이는 종국에는 중국을 상대화하는 방향으로 흘러갈 수밖에 없는 일이었고 어떠한 방식으로 결론이 나든 조선만의 언어 체계라는 변형된 보편성, 즉 새로운 특수성의 영역으로 옮겨갈 소지가 있었다. 여기에 언문일치 문제가 보편성의 강조인 듯 보이지만 다시 특수성의 문제로 귀속되는 이유가 있다. 이후 살펴볼 물명 유서物名 類書 편찬은 이 시기 언문일치 문제의식의 부분적인 결과물이다. 물명 유서의 편찬과 그 결과물들은 음성언어의 문제가 어떻게 특수성의 영역으로 귀결되는지를 잘 보여주었다.

---

64 이에 대해서는 다음 『동국정운東國正韻』의 서문을 참조할 수 있다. 『東國正韻』 序(영인본), 大提閣, 1973, 3쪽. "夫音非有異同 人有異同 人非有異同 方有異同 蓋以地勢別而風氣殊 風氣殊而呼吸異 東南之齒脣 西北之頰喉是已 遂使文軌雖通 聲音不同焉 矧吾東方表裏山河 自爲一區 風氣已殊於中國 呼吸豈與華音相合歟 然則語音之所以與中國異者 理之然也 至於文字之音 則宜若與華音相合矣 然其呼吸旋轉之間 輕重翕闢之機 亦必有自牽於語音者 此其字音之所以亦隨而變也."

65 이 문제에 대해서는 조성산, 앞의 글, 90~99쪽.

2) 물명 유서物名 類書의 편찬

18세기 말과 19세기 초엽에 들어서면서 많은 물명 유서物名 類書들이 편찬되었다.[66] 『물명고物名攷』, 『청관물명고靑館物名攷』, 『재물보才物譜』, 『물보物譜』, 『광재물보廣才物譜』, 『시명다식詩名多識』 등 다양한 물명 유서들이 만들어졌던 것이다. 이러한 유서의 등장 배경에는 당시 유행한 명물도수지학名物度數之學 등의 영향 관계를 우선 상정해 볼 수 있다.[67] 하지만 더욱 본질적으로 유서의 편찬에는 언문불일치 속에서 야기된 언어 구사의 어려움이 중요한 배경이 되었다. 다음은 이를 잘 보여준다.

> 중국의 언어는 문자와 다름이 없다. 우리나라는 곧 언어와 문자가 판연히 서로 상관하지 않아 조석朝夕으로 항상 칭하는 바와 기용의식器用衣食 가운데 쉽게 알 수 있는 것을 왕왕 문자로서 쓸 수 없는 것이 있고 또한 그 뜻에 어두워 혼용하는 경우도 있다. 작문作文이 비록 아름답다고 하더라도 오히려 고루함을 면하기 어렵다. 그러므로 성문聖門의 공부工夫는 또한 격물格物에서부터 시작하여 종국에는 평치천하平治天下의 커다람에 이른다. 그러니 문장을 구하고자 하는 자는 명물도수의 상세함에 있어서 깊은 공부를 하지 않을 수 없는 것이다.[68]

---

66 홍윤표, 「十八・九世紀의 한글 類書와 實學—특히 '物名攷'類에 대하여」, 『동양학』 18, 1988, 481~483쪽 참조.

67 李晩永, 『才物譜』 序(金允秋)(영인본), 아세아문화사, 1980, 3쪽. "吾友李成之 才高學博 老猶不解 病世之學士 以名物度數爲不急 而卒然有所値 齎恨於固陋者有之."

68 洪祐健, 『原泉集』 권5 「談文」.

홍우건洪祐健(1811~1866)은 중국의 음성언어는 문자와 다름이 없지만 우리는 음성언어와 문자가 불일치하여 일상적인 소소한 단어들을 문자로 옮기지 못하는 것이 많다고 하였다. 언문불일치가 표현의 한계를 야기한 것이다. 이러한 점은 정약용丁若鏞(1762~1836)의 『물명고物名攷』 서문에서도 확인할 수 있다.

> 위의 『죽란물명고竹欄物名考』 1권은 내가 편집한 것이다. 중국中國은 말과 글이 일치하므로 한 물건을 입으로 부르면 그것이 바로 문자가 되고, 한 물건을 문자로 쓰면 그것이 바로 말이 된다. 그러므로 이름과 실재가 서로 어긋나지 않고 아언雅言과 속언俗言이 구별되지 않는다. 우리나라는 그렇지 않다. 시험 삼아 마유麻油 한 가지를 논하더라도, 방언으로는 참길음參吉音이라 하고, 문자文字로는 진유眞油라고 하는데, 사람들은 오직 '진유'라고 하는 것이 아언雅言인 줄만 알고, 향유香油・호마유胡麻油・거승유苣藤油 등의 본명本名이 있는 줄은 모른다. 또 어려운 것이 있다. 내복萊菖은 방언으로 무채蕪尤菜라고 하는데, 이것은 무후채武侯菜의 와전임을 모르고, 숭채菘菜는 방언으로 배초拜草라고 하는데, 이것은 백채白菜의 와전임을 모른다. 이런 예로 말하자면 중국에서는 한 가지만 배워도 이미 족하지만, 우리나라에서는 세 가지를 배워도 오히려 부족하다. 내가 물명物名을 편집하는 데 있어서는 본명本名을 위주로 하고 방언으로 해석하여, 유별類別로 정리하고 모은 것이 모두 30葉인데, 누락된 것도 반이 넘는다. 그러나 규모는 이제 정해졌으니, 아마 아이들이 이를 이어서 완성할 수 있을 것이다.[69]

69 丁若鏞, 『與猶堂全書』 第一集 詩文集 권14 「跋竹欄物名攷」.

이를 통하여 언물불일치 문제로 야기된 표현상의 한계를 해결하기 위하여 각종 어휘 관련 서적들이 편찬되는 정황을 포착할 수 있다. 이로써 보면 당시 물명 유서의 편찬에 대한 관심은 한문을 원활하게 구사하기 위한 방편으로 활용되는 측면이 강했다. 언문불일치를 해결하기 위하여 어휘에 대한 관심이 증대되어 갔고 이는 그들이 지향했던 한문체계의 완결과 깊은 관련성을 가졌던 것이다. 다음 이유원의 언급에서 이러한 사실을 다시 한 번 확인할 수 있다.

> 우리나라에서는 천문天文, 지리地理, 신체身體, 복용服用, 궁실宮室, 초목草木, 조수鳥獸, 충어虫魚 등을 모두 방언方言으로 부른다. 그러므로 글을 대하면 당황하여 하나로 하지 못해 실로 '글은 글대로 말은 말대로'라는 탄식이 있으니 천자天字의 경우 '하날'이라고 주注를 내는 따위가 바로 이것이다. 유산酉山 정학연丁學淵이 『물명고物名攷』를 편찬하였는데, 그 예는 마치 불서佛書를 당나라 방융房融이 받아 기록한 것과 같으니 피리를 재보거나 쟁반을 두드려 보는 병통은 면하였다.[70]

이유원은 우리나라 사람들이 천문, 지리, 신체, 복용 등 일상의 생활용어들은 방언으로 불러서 '한문화'시키지 못하여 '말은 말대로이고 글은 글대로'라는 탄식이 있다고 하였다. 그는 이러한 말과 글의 이원적 상황을 개선하고자 『물명고物名攷』와 같은 서적들이 편찬되었음을 언급하였다.[71] 이를 통하여 일상생활용어에서는 방언을 사용하고, 학문

70 李裕元, 『林下筆記』 권33 「華東玉糝編－方言」.

71 이러한 모습은 유득공柳得恭에게서도 보인다. 유득공은 농기農器의 속명俗名을 한문으로

과 외교에서는 한문을 사용하는 이중언어체계를 교정·보완하고자 물명物名 관련 어휘서들이 활발히 편찬되고 있었음을 알 수 있다. 이는 겉으로 보면 분명히 한문체계의 확장이었다. 박제가의 다음과 같은 말은 이러한 물명 유서의 편찬이 가졌던 정치적·사회적 의미를 명료하게 보여주었다.

> 조종조祖宗朝에 한어漢語를 교습시키고, 조회할 적에 본국 말을 금하는 패牌까지 설치하였다. 더욱이 백성들로 하여금 한어漢語로 소송하게 하였으니, 어찌 다만 중국과 교빙交聘하는 데에 통용하는 말로서 이용하려는 것뿐이었는가! 대개 장차 크게 한 번 해보려는 것이었는데, 미처 다 변화시키지 못하였던 것이다.[72]

박제가는 조종조에 중국어를 단순히 외교 목적뿐만 아니라 조선의 일상생활에까지 확장시켜 중국과 다를 바 없는 중화문명 국가를 이루려 하였다고 언급하였다. 이러한 박제가의 언급은 물명 유서의 편찬이 의도한 목적과도 일치하는 것이었다. 언문불일치 문제를 해결하고 일상생활에까지 한문의 사용을 확장하여 명실상부한 중화문명의 국가를 이룩하려고 하는 것이 당시 물명 유서 편찬의 주요한 목적이었던 것이다. 『물보物譜』를 편찬한 이재위李載威(1745~1826)가 한문 어휘 사용의

번역하는 글에서, '지금 풍속에 매일 사용하는 농기계를 모두 방언方言으로 불러서 막상 글을 쓰고자 할 때에는 어느 글자를 써야할지 몰라 하는데, 우연히 『농정전서農政全書』를 보고서 열일곱 종을 훈역訓譯하여 아이들에게 주었다'고 하였다. 柳得恭, 『古芸堂筆記』 권5 「農器俗名譯」, 201쪽.

72 朴齊家, 『北學議』 內篇 「漢語」.

일상성을 강조한 것은 이러한 측면을 잘 보여주었다. 그는 구체적인 사례들을 들어서 한문 어휘를 잘 알지 못할 경우 일상생활에 많은 장애가 따름을 강조하였던 것이다. 예컨대, 그는 음식 관련 어휘들과 예 관련 용어들을 정확히 모를 경우 겪게 되는 불편함을 언급하였다.[73]

이처럼 일상생활의 어휘들까지 한문체계 속에 포섭하고자 하는 것은 이 시기 중화문명을 내면화하고자 하는 노력이 어떠한 모습으로 나타나고 있었는지를 보여준다. 기존에는 정치와 문헌·제도 부분이 중심이었던 유서類書가 이 시기에 오면 일상생활의 물명物名에까지 확장되었던 것은 이러한 변화된 세태의 반영이었다.[74] 하지만 이러한 부분은 비록 결과적이기는 했지만, 한편으로 기존 한문세계의 위상이 변화하고 있었음을 보여주는 것이기도 하였다. 왜냐하면 물명 유서의 편찬은 한문 중심의 언문일치의식으로서 일면 한문체계의 확장처럼 보이지만, 그러한 측면으로만 볼 수 없는 정황들이 곳곳에서 발견되었기 때문이다. 이는 다음 두 가지 측면에서 그러했다.

첫째, 일상생활용어에까지 한문이 침투하는 것은 곧 한문의 위상이 변화하는 것을 의미하였다. 학문과 외교 등의 문자로서 존재하던 한문이 이제 일상생활에까지 들어오고 그러한 과정에서 한문은 예전에 누리던 지위와는 다른 차원의 위상이 요구되었다. 다시 말해서 예전 학문과 외교의 언어로서의 한문이 일상생활용어로 들어가는 것은 한문체

73 李載威, 『物譜』 序(영인본), 文雅社, 1974, 1~2쪽. "苟名物之不明 則不獨金根杕杜之差 貽笑萬代 或錯餌伏神 誤食蟛蜞者有焉 所以資生者 反以殘生可不愼歟 夫衣食者 人生之大端 故吉凶之禮 奉生送死之際 亦不出冠婚燕饗襄殮祭奠之間 苟不講於罍爵肴羞冠服堂室制制 則禮無所措矣."

74 앞서 홍윤표의 연구는 '물명고'류'物名攷'類의 유서들이 실생활에 필요한 물명物名에 한하여 표제항標題項을 선택하고 있음을 지적하였다. 홍윤표, 앞의 글, 486쪽.

계의 확장인 동시에 한문체계의 권위가 기존과는 다른 방향으로 전개될 것임을 시사하는 것이었다.[75] 이는 '일상성'이 의미하듯이 그 권위는 기존에 비해서 불가피하게 반감될 수밖에 없었다. 또한 한자가 조선의 일상 생활용어들을 구현하는 과정에서 불가피하게 중국에 없는 조선식 한자가 나올 수밖에 없었다. 이 시기에는 이옥李鈺(1760~1812)의 경우에서 보듯이 조선식 한자도 당당히 중국의 한자체계에 포함될 수 있다는 자부가 생겨났다.

> 일찍이 『강희자전康熙字典』을 보니 륵자㔹字가 실려 있었는데, 이에 대해서, '조선 종실의 이름'이라고 하였다. 또한 답자畓字가 있었는데 "고려 사람들의 수전水田을 칭한다"라고 하였다. 우장주尤長洲(=尤侗)의 악부樂府에는 아국我國의 속어俗語를 많이 일컬었다. 그러니 자네는 어찌 훗날 중원에서 널리 채집하는 자가 내가 일컬은 물명物名을 기록하고 주석하여 조선朝鮮의 경금자絅錦子가 말한 것이라고 하지 않을지 알겠는가! 우습도다![76]

이옥은 『강희자전』에 보이는 륵자㔹字와 답자畓字는 모두 조선과 고려의 한자라고 하면서 우장주尤長州의 악부樂府에는 아국我國의 속어俗語를 많이 일컬었으니 훗날 중국에서 널리 채집하는 자가 자신이 말한

75 여기에서 신성로마제국의 Charles 5세가 말한 다음과 같은 말을 상기할 필요가 있다. "I speak Spanish to God, Italian to women, French to men, and German to my horse."(이 문장은 박순함, 앞의 글, 63쪽에서 재인용) 이는 중세시대에 언어가 사용되는 대상과 영역이 각각 존재했음을 시사해 준다. 이를 통하여 볼 때, 방언으로 영위되던 일상생활에 한자를 사용한다는 것은 언어생활에 많은 변화를 야기할 수밖에 없는 일이며 그 언어가 가지는 권위에도 상당한 정도의 변화를 불가피하게 가져올 수밖에 없었다.

76 李鈺, 『藝林雜佩』 俚諺引 三難.

물명物名을 기록하여 조선의 경금자絅錦子(=이옥)가 말한 것이라고 하지 않겠는가 하였다. 이옥은 조선의 사물들을 한자화 하는 과정에서 조선식의 한자도 중국의 한자와 대등한 지점에서 파악될 수 있는 지위를 얻게 되었음을 인지하고 이를 과감하게 인정하고자 한 것이다.

이것은 한자의 탈중심화가 진행되고 있었던 상황들을 보여주며 바로 이전 세대인 유득공이 조선의 속자俗字를 부정적으로 파악한 것과는[77] 구별되는, 이에서 한 단계 발전한 것이었다. 이옥뿐만 아니라 홍길주洪吉周(1786~1841) 또한 태太, 목木, 답畓, 남매娚妹, 시가媤家 등 조선식 한자 표현에 대해서 비리하게 여길 필요가 없다고 하였다.[78] 이제 한자는 중국만이 독점하는 것이 아니라 조선도 그에 대한 일정한 지분을 가질 수 있는 것이었으며, 우리 주변의 일상용어들을 친근하게 설명할 수 있는 언어가 되어갔다. 이는 19세기 전반 일어난 중요한 인식의 전환이었다.

둘째, 한문과 조선의 고유 언어들을 대응하는 과정에서 언문이 상당부분 활용되고 있었다는 점에 주목할 필요가 있다. 『물명고』의 경우 많은 부분 언문으로 주석을 달았고, 나아가 한자보다 언문을 기준에 두고 분류한 최초의 문헌인 『언음첩고諺音捷考』가 나오기도 하였다.[79] 이처럼 한문 어휘들을 설명하는 과정에서 언문이 적극 활용되고 있었던 것이다.[80] 조선의 고유한 소소한 것들을 한문체계 안으로 포섭시키

77 柳得恭, 『古芸堂筆記』 권3 「俗字」, 309쪽 참조.

78 洪吉周, 『孰遂念』 第15觀 「擧業念界」. “今之以黃豆爲太 以棉布爲木 以準爲丁 以梃爲乶 田畓之畓 有頉之頉 娚妹之娚 媤家之媤 以至于右謹陳所志矣段 使道分付內辭緣等語 俱用之於高文大冊碑碣序記 何不可之有.”

79 홍윤표, 앞의 글, 488~489쪽.

80 그러한 교섭과정은 한자와 언문의 대응을 통해서 언문을 통한 세계의 표현도 가능하다

는 과정에서 기존과는 대별되는 한문과 언문의 교섭이 활발히 이루어진 모습을 짐작해 볼 수 있다. 언문이 모국어인 한, 언문을 통하여 한문을 체득할 수밖에 없었고 이 시기 한문을 통하여 언문을 포섭하고자 하는 과정에서 언문과 한문의 교섭은 이전과는 비교할 수 없이 활발해졌다. 그 과정에서 한문으로 온전히 전달될 수 없는 조선의 고유한 영역들이 발견되기도 하였다. 정동유의 다음과 같은 말은 그러한 상황이 어떻게 나타나고 있었는지를 보여준다.

> 대저 개나리가 신이辛夷가 된 것도 이미 뜻밖인데, 지금 개나리와 이름이 같은 물건도 아울러 신이라고 이름하니 어찌 정말 뜻밖의 일이 아니겠는가! 이미 물명物名에 대하여 몽매하기가 이와 같다면 차라리 언문諺文으로 쓰는 것이 어찌 잘못을 줄이는 방법이 아니겠는가![81]

정동유는 물명物名을 한자로 표기하는 데 어려움이 있다면 언문으로 표기하는 것이 오히려 잘못을 줄일 수 있을 것이라고 하였다. 이는 한문 표현의 정확성을 강조하는 과정에서 모순되게도 한문으로 온전히 담아낼 수 없는 의미의 영역들이 발견되고, 그와 함께 그것을 표현할 수 있는 언문의 가치를 새롭게 발견하게 되는 과정을 보여준다. 『물명고』를 지은 유희柳僖가 『언문지諺文志』를 통하여 언문의 가치를 강조하는 것은 이것과 관련이 깊었다. 유희는 정동유의 말을 빌어서 언문이

는 것을 의미할 수 있었다. 이에 대해서는 류준필, 「근대 계몽기 어문현실과 정약용 －조선 후기 어문 인식의 근대적 굴절 양상 연구 서설」, 임형택 외편, 『흔들리는 언어들』, 성균관대 대동문화연구원, 2008, 193쪽 참조.

81 鄭東愈, 『晝永編』 二.

갖는 표현과 소통의 정확성을 설명하였다.[82] 결국 음성언어에 대한 관심을 통하여 언문불일치 문제의 자각, 언문불일치를 극복·보완하기 위한 물명 유서의 편찬, 물명 유서의 편찬을 통하여 일상생활용어에 대한 관심, 다시 이 과정에서 언문의 효용에 대한 새로운 인식이 연쇄적으로 일어나는 정황을 짐작해 볼 수 있다. 정동유와 유희가 한문 어휘에 대하여 깊은 관심을 표명하는 동시에 언문에 대해서도 깊은 연구를 진행하였던 것은 이러한 상황들을 잘 보여주는 대목이다.

요컨대, 동문同文의식의 확대과정에서 단순히 학문과 외교 영역을 넘어서 일상생활에서도 다양한 한문 어휘를 구사하고자 하는 의식이 지식인들 사이에서 증대하였다. 다시 말해서 한문을 통한 언문일치를 위해서 일상적 사유와 생활에까지 한문은 중요한 표현의 수단과 도구가 되어야만 했다. 이는 기존에 학문은 한문이, 일상생활은 방언이 담당하는 양층언어체계가 변화하고 있었음을 의미했다. 이것은 언뜻 보면 한문체계의 확대였지만 소소한 생활의 어휘들을 한문체계 속에서 구현하려고 하는 과정에서 한문의 권위도 기존에 비해서 반감될 수밖에 없었다. 그리고 한문으로 온전히 표현해 낼 수 없는 영역에서 언문이 사용될 수 있는 공간도 새롭게 형성될 수 있었다. 이는 한문체계의 권위가 어떠한 방식으로든 그대로 유지되기는 어려웠을 정황들을 보여주며, 또한 이는 기존 한문체계가 만들어낸 사회적 관계에서도 동일하게 적용될 수 있는 문제였다.

82 柳僖, 『諺文志』 序(영인본), 한양대 국학연구원, 1974, 1쪽. "鄭丈東愈工格物 嘗語不佞 子知諺文妙乎 夫以字音傳字音 此變彼隨變 古叶今韻 屢舛宜也 若註以諺文 傳之久遠 寧失眞爲慮 況文章必尙簡奧 以簡奧通情 莫禁誤看 諺文往復 萬無一疑 子無以婦女學忽之."

4. 백화문학白話文學과 방언方言 · 향어鄕語 · 속어俗語

1) 백화문학白話文學의 확대

이 시기 음성언어의 문제는 언문일치의 영역뿐만 아니라 백화문학白話文學과 방언方言 · 향어鄕語 · 속어俗語의 사용에서도 살펴볼 수 있다. 18세기 후반은 문체반정文體反正 등 글쓰기에 대한 다양한 고민이 표출되던 시기였다. 새로운 문체의 글쓰기 문제가 고민되고 제기되는 것은 기존 진한고문체秦漢古文體와 당송고문체唐宋古文體 등의 고문古文에 입각한 정형화된 문언적 글쓰기가 이 시기에 오면 다양한 현실적 요구와 솔직한 욕망들을 표현하는 데 점차 한계에 부딪치게 됨을 의미했다. 그러므로 세부적인 감정과 욕망을 표현하기 위해서 다른 종류의 글쓰기가 고민되었던 것이다. 명대明代 『수호전水滸傳』, 『서유기西遊記』, 『금병매金甁梅』 등 음성언어에 가까운 백화문학白話文學이 조선에 전래되는 것은 우연이 아니었다.

그러한 점에서 조선에서도 중국에서와 같이 백화문학白話文學의 수요가 급격하게 창출되고 있었던 것으로 보아야 한다. 물론 중국과 조선의 차이를 염두에 두어야 하나, 조선에서도 백화문학에 많은 관심을 기울인 것은 주목해야 하는 현상이다. 앞서 박제가 등의 한어漢語를 통한 언문일치 주장 속에는 중국인처럼 자신의 의사를 자유자재로 표현하고 싶어하는 의식이 담겨있었다. 그리고 그러한 의식에는 기존 문체에 대한 불만과 의사표현에 있어서 좀더 효율적인 문체를 찾고자 하는 생각도 함의되어 있었다. 기존 문언적文言的인 문체는 틀에 짜여져 있어서 복잡다단한 감정들과 사물의 세부적인 상황들을 전달하는 데 많은 한계를 노정하였던 것이다.

그 점에서 그들이 명청소품明淸小品의 대표적 작가들인 원굉도袁宏道(1568~1610)와 김성탄金聖嘆(1608~1661) 등을 수용하면서 정조正祖가 '촉급促急'하다고 표현한[83] 한문구사로 나아갔던 것은 당연한 현상이었다. 명말 원굉도의 『원중랑집袁仲郎集』은 18세기 후반 조선의 지식인들에게 널리 읽혔다.[84] 원굉도는 양명좌파였던 이탁오李卓吾(1527~1602)의 제자로서 활달하고 세밀한 현실묘사로 지식인 사회의 광범위한 호응을 얻었다.[85]

많은 지식인들은 『원중랑집』에 담긴 새로운 아이디어를 수용하고 이를 새롭게 발전시켰다. 또한 원굉도의 글쓰기와 동궤에 있던 김성탄의 작품들도 박지원을 포함하여 조선의 많은 지식인들에게 중요한 영향을 끼쳤다.[86] 정조는 근래 잡서雜書를 좋아하는 자들이 『수호전』을 『사기史記』와 같이 여기고 『서상기西廂記』를 『모시毛詩』와 같이 여기니 가소롭다는 표현을 쓰기도 할 정도로 김성탄의 작품은 널리 읽히고 있었다.[87] 다양한 인물묘사와 세태에 대한 세부적인 풍자, 그리고 구어

---

83 正祖, 『弘齋全書』 권164, 日得錄 四 文學 四. "教筵臣曰 文章與世道上下 代各不同 而至於明末之文 噍殺促急 傾巧破碎 不忍正視 此專由於時勢風氣之使然."

84 조선 후기 한문학과 원굉도와의 관계에 대해서는 심경호, 「조선 후기 한문학과 袁宏道」, 『한국한문학연구』 34, 2004; 남정희, 「조선 후기 공안파 서적 수용실태의 탐색」, 『한국고전연구』 12, 2005; 강명관, 『공안파와 조선 후기 한문학』, 소명출판, 2007 참조.

85 원굉도의 문학사상에 대해서는 이기면, 『원굉도의 문학사상』, 한국학술정보, 2007 참조.

86 이 부분에 대해서는 다음 연구들을 참조할 수 있다. 한매, 「김성탄 문학비평에 대한 조선 후기 문인의 수용양상」, 『비교문학』 29, 2002; 한매, 「조선 후기 金聖嘆 文學批評의 수용양상 연구」, 성균관대 박사논문, 2003; 정선희, 「朝鮮後期 文人들의 金聖嘆 評批本에 대한 讀書 談論 硏究」, 『東方學志』 129, 2005.

87 正祖, 『弘齋全書』 권163, 日得錄 三 文學 三. "近日嗜雜書者 以水滸傳似史記 西廂記似毛詩 此甚可笑."

에 가까울 정도로 자유로운 문장표현 등은 조선 지식인 사회에 많은 공감을 얻었던 것이다. 이는 기존 글쓰기, 특히 모범적인 문체였던 한구정맥韓歐正脈으로 표현되는 의리 지향적인 글쓰기와는 구별되었다.

더욱이 이러한 글쓰기는 정확한 의사소통과 풍부한 어휘 사용의 문제와도 결합하고 있었다. 이상황李相璜(1763~1841)은 패관소품을 비판하는 「힐패詰稗」라는 글을 남겼다. 흥미롭게도 이 글에는 당시 사람들이 인식했던 패관소품이 갖는 장점들이 잘 드러나 있었다. 이상황은 패자稗者의 말을 빌어서 패관소품의 장점들을 다음과 같이 소개하였다.

> 패자稗者가 말하기를, "패관소품을 읽으면 대개 기자奇字와 오어奧語를 취하게 된다." (…중략…) 패자가 말하기를, "패관소품을 읽으면 장차 다식광문多識廣聞하게 된다." (…중략…) 패자가 말하기를, "문장 가운데 가장 형용하기 어려운 곳은 항상 패신覇臣과 얼자蘖子가 버림받아 떠돌며 고생하는 부분에 있는데, 오직 패관소품만은 이를 핍진逼眞하게 묘사할 수 있으니 성조聲調가 청초淸楚하고 기상氣象은 처암凄黯하여 사람들로 하여금 읽게 하면 자신도 모르게 알연戛然하고 마음을 움직이게 하니 패관소품이 나온 뒤로 문장의 묘함은 극진해졌다."[88]

패자는 패관소품 문학의 장점으로 다식광문多識廣聞에 도움이 되고 핍진逼眞한 사물묘사가 가능하게 되고, 성조聲調가 청초하고 기상氣象은 처량하여 사람들의 마음을 움직이게 할 수 있다고 하였다. 패관소

88 李相璜, 『桐漁遺集』「詰稗」.

품 문학 속에는 의성어, 의태어 등 다양한 형용사가 등장하여 사물에 대한 핍진한 묘사가 가능하게 되는 것은 음성언어가 가지고 있었던 기능, 즉 글로 다하기 어려운 사물의 정밀한 형용과 관련이 있었다. 또한 패자는 글에 소리가 첨부되어 사람들의 마음을 움직이게 하고 다양한 일상의 어휘들이 등장함으로써 다식광문에 이를 수 있다고 하였다. 다식광문은 앞서 언급한 물명 유서 편찬의 목적과도 같은 것으로서 패관소품체의 문장이 당시 조선의 지식인들이 추구하던 어문語文에 관련된 문제의식들과 얼마나 밀접하게 결합하고 있었던가를 보여준다.

2) 방언方言·향어鄕語·속어俗語의 사용

이 시기에는 문체의 문제와 함께 조선의 방언方言·향어鄕語·속어俗語에 대한 관심도 함께 표출되고 있었다. 속담俗談 등 일상의 음성언어적 표현들을 한역화하려 노력하고 이에 대해서 새롭게 관심 갖는 것은 이 시기 특징적인 경향 가운데 하나였다. 이덕무李德懋(1741~1793)는 「열상방언洌上方言」을 통하여 고유한 속담들을 한역화 하였다.[89] 정약용 또한 속담을 한역하여 「이담속찬耳談續纂」을 지었다.[90] 홍길주는 "우리나라 속담에도 글 속에 넣을 만한 것이 아주 많은데, 이를 쓰는 사

89 李德懋, 『青莊館全書』 권62 「洌上方言」.

90 丁若鏞, 『與猶堂全書』 第一集 雜纂集 권24 「耳談續纂」. "王氏耳談者 古今鄙諺之萃也 經史所著 頗有脫漏 今復收錄 石泉申承旨綽亦以十餘語採而助之 因念星翁百諺 卽吾東鄙諺而皆不叶韻 今取可韻者韻之 因又收其脫漏 先仲氏在玆山海中 亦以數十語寄之 今會通爲編 名之曰耳談續纂 嘉慶庚辰春 鐵馬山樵書."

람이 없다"[91]고 하면서 사람을 쉽게 깨우치는 데 있어서는 속담이 옛글보다 낫다고까지 인식하였다.[92] 유한준兪漢雋(1732~1811)은 시정市井에 산재해 있는 언諺이 지극히 비야卑野한 듯 하지만 신묘하고 사물을 핍진히 잘 묘사하고 있다고 극찬하면서 「언기諺記」를 지었다.[93]

또한 동언東諺에 대해서 적극적으로 인식하려는 경향도 이 시기 생겨났다. 홍길주는 동언에 관심을 가져 「동언소초東諺少鈔」라는 자료집을 남겼다. 홍길주가 생각하기에 어떤 나라에서든 반드시 고유한 언諺이 존재하고, 이는 자신의 나라로부터 본다면 비리鄙俚하지만 다른 나라에서 보면 기이奇異하고 고아高雅할 수 있는 것이었다. 중국 언어 또한 꼼꼼히 따져 보면 항상 변화해왔고, 그러한 점에서 각 시대에는 각각의 언諺이 존재했다고 하였다. 결국 변화하지 않는 절대적인 언어가 존재하지 않는다면 조선의 언諺 또한 비리하다고 말할 근거는 없다는 주장이었다.[94] 그는 「동언소초」에서 임금, 서라벌, 미리, 사나이, 아우 등의 동언이 갖는 의미에 대하여 고찰하였다.

서유본徐有本(1762~1822)은 「은반殷盤」과 「주고周誥」의 난해한 구절들은 사실 당대의 방언方言이었다고 하면서, 방언 사용의 이유를 '효유지

---

91 洪吉周, 『沆瀣丙函』 권5, 叢秘紀 一 『睡餘瀾筆』 上. "東諺可入文章者甚多 而無用之者."

92 洪吉周, 『沆瀣丙函』 권5, 叢秘紀 一 『睡餘瀾筆』 上. "縛線針腰 驅牛鼠穴 余嘗取用於雜著術中 此等說 古人書中非不具有 而悟人之易 諺勝於古書."

93 兪漢雋, 『自著』 권27 「諺記」. "東方之諺衆矣 散在街衢閭巷之口 至俚也而神未嘗不流 至野也而機未嘗不動 逼理妙切事情 配道常依物則 托微之君子不能捨也 余乃采其辭 具著于篇 名曰諺記."

94 洪吉周, 『孰遂念』 第15觀 「學業念界」. "諺鄙俚又多轉訛 博識者病之 然國必有諺 自其國視之則鄙俚 自異邦視之則奇雅 且承用旣久 烏得無轉訛 中國言語亦多轉訛者 如伯叔爲兄弟之序 而后世沿伯父叔父之稱 遂稱諸父曰伯曰叔 此類纂多 嘗謂古人無文字俗言之別 秦漢時言語稱謂 必非唐虞殷周之舊 則此亦秦漢時俗諺也 秦漢人皆用之於文章 推而上之 夏殷之以我爲台 必不自蒼頡時已然 其亦夏殷之俗諺也 唐虞之以事爲采 必不自虙戲時已然 其亦唐虞之俗諺也 乃典謨誥訓用之 而不以爲俚."

속曉諭之速'과 '풍동지광風動之廣'에서 찾았다.[95] 이는 방언이 갖는 표현의 적확성과 이해의 효율성에 주목한 언급임과 동시에 방언의 균등성을 말하는 것이었다. 『서경』의 구절이 당대의 방언이라는 주장은 방언의 의미를 새롭게 규정해 줄 수 있는 것으로서 앞서 홍길주가 모든 시대와 모든 지방에는 각각의 언諺이 존재한다는 것과 같은 의미이다. 서명응徐命膺(1716~1787)은 『방언유석方言類釋』(1778)의 서문에서 중국의 말도 향어鄕語로서 규정하면서 청나라, 몽고, 일본의 말과 같은 지위에서 다루었다.[96] 이것은 방언에 대한 당대의 인식을 엿볼 수 있는 대목이다.

방언에 대한 변화된 인식은 이옥의 다음 글에서도 잘 나타나있다. 그는 「삼난三難」에서 자신의 생각을 전달하는 데 조선의 향명鄕名이 한문漢文보다 더욱 효율적이라면 이를 쓰지 않을 이유가 없다고 주장하였다.

> 아아! 가령 그 물건을 이름하는 경우 모두 석席, 등경燈檠, 필筆, 지紙라고 한 것처럼 반드시 그 물건에 합당하다면 나 또한 내 의견을 버리고 남의 의견을 따를 것이며, 반드시 향명鄕名을 억지로 전하여 힘써 이기고자 하지 않을 것이다. 그런데 푸른 깃을 가리켜 비취翡翠라 하고, 슬픈 울음소리를 듣고 두견새라 하는 것과 같은 데 이르러서는 내가 비록 솜씨가 둔하고 혀가 어눌하여 언문시諺文詩를 짓는다고 하더라도 반드시 법유法油를 사고 청

---

95 徐有本, 『左蘇山人文集』 권3(영인본), 「上答仲父明皐公書」, 아세아문화사, 1992. "先儒謂殷盤周誥聱牙難解之句 皆是當時方言 夫殷庚之籲衆戚周公之詔庶頑大庭播脩之辭 雜以方言 而不以爲嫌者 欲其曉諭之速 而風動之廣也 愚謂儒家之有語錄 亦猶盤誥之用方言也 又何可少之哉."

96 徐命膺, 『方言類釋』(영인본), 홍문각, 1985, 7쪽 「方言類釋序」. "上之二年 戊戌既撰奎章韻瑞 復命臣率舌官洪命福等 博采漢淸蒙倭之方言 今時所用者 分門彙類以我國諺文釋之 且附以中州鄕語 名曰方言類釋."

포靑泡를 먹고자 하지는 않을 것이다. 그러니 내가 어찌하여 향명을 쓰지 않을 수 있겠는가? 탄식할 만한 것은 창힐蒼頡이나 주황朱皇이 이미 일찍이 우리를 위하여 따로 문자를 만들지 않았고, 단군과 기자도 또한 일찍이 글자로써 말을 가르친 적이 없었다. 그러니 수다한 향음鄕音 가운데 혹 문자로서 이름하지 않은 것들이 있었는데, 문자로 이름할 수 있을 만한 것을 내가 무엇이 두려워 이를 하지 않겠는가? 이것이 내가 반드시 향명을 쓰게 된 이유이다. 내 어찌 촌스럽고 어리석어서이겠는가? 내 어찌 괴팍해서이겠는가? 또한 내가 어찌 참람되서이겠는가? 그대가 이미 나를 참람되다고 했다면 나는 청컨대 참람함을 피하지 않고 큰 소리로 말하겠다.[97]

이옥은 가장 적확한 표현을 쓰기 위해서 향명鄕名을 사용하지 않을 수 없는 대목이 있고, 이를 위해서 향명을 자연스럽게 쓸 수 있다는 논리를 폈다. 이러한 의식은 중국 고전의 문구만을 고아한 표현으로 알아온 기존 인식과는 커다란 대조를 이루는 것이었다. 이 시기에는 조선 고유의 의성어와 향토적인 말들이 시어 속에 활발히 사용되는 모습이 등장하였다. 정약용이 시 속에서 방언과 향토적인 의성어 등을 시어에 도입함으로써 한시의 새로운 국면을 열었다던가,[98] 기속시紀俗詩에 토속적 시어와 전고가 상당 부분 사용되고 있었던 데에서 이러한 모습을 살펴볼 수 있다.[99]

이처럼 향어와 방언이 한문체계 속에 들어가는 것은 한문체계로 포

---

97 李鈺, 『藝林雜佩』 俚諺引 三難.

98 인권환, 『韓國民俗學史』, 열화당, 1986, 27쪽; 진재교, 『이조 후기 한시의 사회사』, 소명출판, 2001, 428쪽.

99 김명순, 「朝鮮後期 紀俗詩 硏究」, 경북대 박사논문, 1996, 119~155쪽.

섭되는 것인 동시에 향어와 방언의 위상이 그만큼 상승하여 간다는 것을 의미하기도 하였다. 앞서 홍길주의 말처럼 동언東諺을 비리하게 여길 근거가 없게 된 것이다. 이는 앞서 살펴보았듯이 물명 유서의 편찬 과정에서 오히려 조선 고유의 언어들이 재발견되고, 한문체계 속에 포섭하기 어려운 조선의 고유한 언어들이 인식되는 과정과도 흡사하다.

한문체계의 확대가 모순되게도 중국식 한문체계로 포섭되지 않는 조선의 고유한 영역들을 발견하게 만드는 것으로 연결되고 있었던 것이다. 이 과정을 통하여 한문과 조선 고유의 음성언어들이 착종되었고, 조선식의 한문이라는 특수성이 점차 만들어졌다. 그리고 이것은 중국 한문체계의 층층들 또한 사실은 각 시대의 방언인 언諺이라는 음성언어에 기반하고 있었다는 인식 속에서 나름의 보편성을 획득하고 있었다.

요컨대, 기존 한문표현의 문제를 새로운 문체로 극복하려고 하는 성향, 속어와 방언을 수용하고 잘못된 용례를 바로잡아 한문 사용의 효율성을 제고하려는 경향 등은 모두 음성언어에 대한 문제와 깊은 관련성을 가졌다. 한문을 좀 더 구어적으로 만들고 조선의 방언과 향어, 속어를 적극 한문이라는 문어체계 속에 이입하고자 하는 시도들은 한문체계의 성격 변화뿐만 아니라 그것으로 만들어진 사회적 관계들도 변화시킬 수 있었다. 그러한 점에서 이러한 현상은 이제 한문 사용이 점차 기존과는 다른 새로운 지점으로 나아가고 있었음을 말해주었다.

5. 음성언어 공동체의 단초

조선 후기 활발하게 등장하는 음성언어에 대한 논의들은 명청교체明淸交替 이후 중화의 고유한 음성언어를 규명하려는 경향에서 그 연원을 찾아볼 수 있다. 이적夷狄의 음성언어에 오염되지 않은 순수한 중화의 음성언어를 찾아보려는 노력이 한문체계에 음성의 문제를 본격적으로 부여하였던 것이다. 그 과정에서 이상적인 한자음을 찾고자 하는 노력이 진행되었다.

하지만 이러한 한자음의 규명은 한자가 가지고 있었던 중요한 장점, 즉 시대와 지역과 관련 없이 일관성을 유지하던 문자로서의 권위를 반감시켜 한문체계를 상대화·객관화시키는 계기를 마련하였다. 왜냐하면 음성은 특성상 보편적·균일적이라기보다는 지역적·특수적일 수밖에 없기 때문이었다. 한시漢詩의 민요풍이나 국풍國風에 대한 관심, 한문체계 속에 포섭되지 않는 조선의 고유한 음성언어에 대한 문제의식들이 이 시기 활발하게 등장하였다.

본고는 이 시기 이루어진 음성언어의 논의 가운데 언문일치 문제와 문체·방언·향어 등의 문제들을 다루고자 하였다. 조선 후기 지식인들은 중국 지식인들과 음성언어로서 대면하는 과정에서 언言과 문文이 불일치한 조선의 현실을 자각하고 이를 중국의 음성언어를 통하여 일치시키고자 하는 문제의식을 가졌다. 학문과 외교에 국한된 한문체계가 일상생활의 영역에까지 영향을 끼치게 된 것이다. 그러한 과정에서 물명 유서物名 類書의 편찬도 이루어졌다. 언문불일치의 불편함을 개선하고자 일상생활용어의 한문화 작업이 활발하게 시도되었던 것이다.

문체文體 또한 구어적인 형태로 변화하면서 핍진한 사물묘사가 유행하였다. 그리고 적확한 표현을 위해서 조선의 향어, 방언 등도 사용되었다. 이는 조선의 음성언어적 표현들이 한문체계 속에 포섭되는 과정이었지만, 또 한편으로는 한문체계가 조선의 음성언어를 통하여 변화하는 이중의 과정이었다.

본고는 음성언어 문제를 통해서 발생한 여러 국면들을 통하여 궁극적으로는 중화라는 보편성과 조선이라는 특수성이 어떻게 결합하고 균열하였는지를 밝혀보고자 하였다. 한자라는 기호의 체계에 음성이 부여되면서 한문체계를 상대화하여 볼 수 있는 시야가 확보되었고, 또한 이를 통하여 조선의 고유한 음성언어가 갖는 특이성도 인지할 수 있게 되었다. 또한 언문일치 문제에 대한 자각과 이를 위한 물명 유서의 편찬도 활발히 진행되었다. 나아가 구어체로의 문체 변화와 조선의 구어적 표현에 대한 관심도 새롭게 일어났다. 이는 한문체계라는 중세적 보편성을 음성언어라는 특수성이 어떻게 균열시키고 변형시켜 갔는지를 보여주는 것이었다. 음성언어에 대한 관심 증대는 한문체계라는 기호의 체계를 균열시키고 자신들의 고유한 음성언어에 기초한 표현을 증대시킴으로써 자신들의 음성언어 공동체로 나아가는 데 중요한 매개 역할을 할 수 있었다.

참고문헌

金萬重, 『西浦漫筆』.

金天澤, 『靑丘永言』 序, 아세아문화사, 1974.

朴齊家, 『貞蕤閣集』.

朴趾源, 『燕巖集』.

趙在三, 강민구 역, 『교감국역 송남잡지』 3, 소명출판, 2008.

洪大容, 『湛軒書』.

洪萬宗, 『洪萬宗全集』 上, 太學社, 1980.

김동준, 「소론계 학자들의 자국어문 연구활동과 양상」, 『민족문학사연구』 35, 2007.

김윤조, 「『고운당필기』 연구」, 『大東漢文學』 26, 2007.

김태호, 「모토오리 노리나가本居宣長와 민족주의」, 『日本思想』 5, 2003.

박수밀, 「조선 후기 언어 문자관의 토대와 전개」, 『한국한문학연구』 40, 2007.

박순함, 「兩層言語構造Diglossia 연구의 略史」, 『사회언어학』 5권 1호 , 1997.

백지운, 「근대 중국 언어운동의 스펙트럼」, 『역사비평』 70, 2005.

이군선, 「朝鮮 士人의 言語文字 認識」, 『東方漢文學』 33, 2007.

이종묵, 「조선시대 여성과 아동의 한시 향유와 이중언어체계Diaglosia」, 『震檀學報』 104, 2007.

이창종, 「本居宣長의 日本優越主義와 言語認識에 관한 硏究」, 『일본학보』 37, 1996.

임형택, 「소설에서 근대어문의 실현경로―동아시아 보편문어에서 민족어문으로 이행하기까지」, 『大東文化硏究』 58, 2007.

정다함, 「麗末鮮初의 동아시아 질서와 朝鮮에서의 漢語, 漢吏文, 訓民正音」, 『韓國史學報』 36, 2009.

조관자, 「가라고코로漢意를 배제한 공동선共同善의 안과 밖」, 『日本思想』 3, 2001.

조성산, 「조선 후기 소론계의 東音 인식과 訓民正音 연구」, 『韓國史學報』 36, 2009.
하영삼, 「'言'과 '文' 系列 漢子群의 字源을 통해 본 中國의 文字中心의 象徵體系」, 『중어중문학』 38, 2006.

최영애, 『중국어란 무엇인가』, 통나무, 1998.

Nida, Eugene A, 송태효 역, 『언어간 의사소통의 사회언어학』, 고려대 출판부, 2002.
가라타니 고진, 이경훈 역, 「에크리튀르와 내셔널리즘」, 『유머로서의 유물론』, 문화과학사, 2002.
__________, 송태욱 역, 『일본 정신의 기원』, 이매진, 2003.
데리다, 자크, 김성도 역, 『그라마톨로지』, 민음사, 1996.
__________, 김웅권 역, 『그라마톨로지에 대하여』, 동문선, 2004.
마크 에드워드 루이스, 최정섭 역, 『고대 중국의 글과 권위 Writing and Authority in Early China』, 미토, 2006.
벤저민 앨먼, 양휘웅 역, 『성리학에서 고증학으로』, 예문서원, 2004.
濮之珍, 김현철 외역, 『중국언어학사』, 신아사, 1997.
코모리 요이치, 정선태 역, 『일본어의 근대』, 소명출판, 2003.

Kai-wing Chow, *The Rise of Confucian Ritualism in Late Imperial China*, Stanford University Press, 1994.

심대윤의 복리사상과 유학의 세속화*

김문용

1. 심대윤과 복리사상

심대윤沈大允(1806~1872)은 생애와 사상 양쪽에서 조선시대 사상사의 돌출적 존재임에 틀림이 없다. 그는 명문 소론가의 후예였지만 증조부가 1755년 을해옥사로 사형을 당한 이후 집안이 폐족에 처해지고, 호구책으로 안성 읍내에서 상업·목공·약방 등을 경영하며 살았다. 이러한 상황에도 불구하고 학문을 병행하여 『맹자』를 제외한 사서·오경의 주석서를 저술하고, 문집 3권 등 다수의 저작을 남겼다. 그중에서 복리를 긍정하고 이익 추구를 정당화하는 『복리전서福利全書』가 특별히 주목된다. 이 저작이 특별히 주목을 받는 것은 그 주제와 논지 자체

* 본고는 『시대와철학』 21집 3호(한국철학사상연구회, 2010)에 수록된 논문을 수정·보완한 글이다.

외에, 그것이 그의 실제 영리 경험과 연관되어 있다는 사실 때문이기도 하다.

『복리전서』는 1862년, 심대윤이 57세에 지은 글이다. 34~35세에 경전 연구와 저술을 본격적으로 시작하고, 예禮 관련서 등 일부를 제외한 대부분의 저술이 57세 이전에 이루어졌음을 감안하자면 『복리전서』는 그가 경학을 통해 발견하거나 확인한 사상적 핵심을 정리한 저작이라고 할 수 있다. 그런 만큼 주제와 논지가 분명하고, 12개 장의 구성 역시 체계적인 편이다.[1] 선유들의 저작에서 임의로 끌어온 일부 표현이나 주장이 천착의 맛없이 반복・착란되어 있기도 하고, 불필요하거나 정리가 부족해 보이는 장이 남아있기도 하지만, 독창적인 저작으로서의 가치를 의심할 만한 것은 아니다. 이에 그 중심 주제와 논지, 그리고 『복리전서』 안팎의 관련 주장 전체를 아울러 복리사상이라 명명하고 검토 대상으로 삼는다.

심대윤의 복리사상이 본격적으로 조명을 받기 시작한 것은 1990년대 중반에 그의 저작이 대량으로 발굴・소개되면서부터이다.[2] 누가 보기에도 복리사상은 그의 기구한 생애와 더불어 저작 전체를 통해 두드러지는 요소였다. 그동안 경학 저작들에 대한 분석이 더해짐으로써

1 『福利全書』는 서문과 다음의 12장으로 구성되어 있다. 「著天地人物鬼神之所自生」, 「明天人感應之理」, 「言性心情之體用」, 「明人道名利忠恕中庸」, 「明人道三綱五倫」, 「明人道勤勞事業」, 「明幽明始終之理」, 「明鬼神之情狀」, 「明釋經傳之訓」, 「記嘉言善行」, 「記禍福之致」, 「記鬼神之事」.

2 심대윤의 생애와 사상은 1953년 다카하시 도오루高橋亨에 의해 언급된 이후, 1990년대 중반에 이르기까지 한 두 경학 저작에 대한 검토가 더 이루어진 것을 제외하면 그다지 주목을 받지 못해왔다. 여기에는 다카하시의 언급이 주로 양명학과의 관련성 문제에만 집중되었던 데에도 원인이 있을 것으로 생각된다. 참조 : 高橋亨, 「朝鮮の陽明學派」, 『朝鮮學報』 4輯, 朝鮮學會, 1953.

복리사상의 규모와 성격의 해명에 진전이 이루어지기도 했다. 그럼에도 불구하고 아직 그 사상사적 위상에서부터 설득력 있는 견해가 확립되어 있지는 못한 실정이다. 자료 발굴과 인물·사상의 소개에 크게 공헌한 임형택은 복리사상의 사상사적 위상과 관련하여 조선 후기 실학이나 탈유교의 맥락에서 조심스럽게 예비적 논단을 남긴 바 있다.[3] 그리고 심대윤에 관한 연구논문을 가장 많이 생산한 장병한은 실학은 물론, 과감하게 근대성 문제를 거론하기도 하였다.[4] 그러나 후자의 논의가 지나치게 성글고 단순하다는 점은 차치더라도, 과연 복리사상을 실학과 근대성이라는 기존의 인식 틀에 꿰맞추는 것 외엔 다른 방법이 없는가 하는 데서부터 의문을 지우기 어렵다.

본고는 19세기 사상사에서 심대윤의 복리사상이 차지하는 위상에 대해 새로운 조망을 얻는 데 목표를 둔다. 이를 위하여 먼저, 『복리전서』를 포함한 그의 저작 전체에서 관련 언급을 추출하여 복리사상의 논리와 구조를 재구성한다. 이제까지 복리사상의 내용이 단편적인 언급 위주로 소개되어 왔음에 비추어서도 이 작업은 의미를 가질 것이다. 다음으로 전통적인 의리지변義利之辨의 맥락에서 복리사상의 이론·학술사적 의미를 검토한다. 이는 의리지변에 함축된 이익과 도덕의 이항 대립적 사유의 향방이 곧 유학의 향방을 결정하는 중요한 요소라는 점

3 임형택, 「19세기 서학에 대한 경학의 대응」, 『동양학국제학술회의논문집』 5집, 1995, 22쪽. "심대윤의 학적 위치는 실학파의 계보에 입적시키긴 어렵지만 거기에 기맥이 닿고 있다."; 임형택, 「해제」, 『沈大允全集』, 2005, 13쪽. "욕欲을 긍정하고 이利를 종지로 삼아서 구축한 심대윤의 학문 체계는 그 성격이 과연 유교적인 것이냐는 의문까지 제기해 볼 수 있을 듯싶다."

4 장병한, 「백운 심대윤의 근대성 사유체계 일고찰―19세기 실학 정신과 근대성과의 관련성 파악을 중심으로」, 『한국실학연구』 18호, 한국실학학회, 2009.

에 착안한다. 마지막으로 사회・문화사적 측면에서 복리사상을 검토하고 그 주요 특성으로 세속성이라는 개념을 제안한다. 여기서는 복리사상 자체에 대한 이해를 넘어, 그것을 통해 조선 후기 사상사의 새로운 이해에 도달할 가능성까지 염두에 두고 검토를 진행하고자 한다.

2. 복리사상의 논리와 구조

심대윤에게서 복리는 복과 이익, 두 개념의 합성어이다. 복과 이익은 삶의 물질적・일상적 과정과 관련한 긍정적 요소라는 점에서 서로 유사하다. 그러나 그의 설명에 따르자면, 복(또는 禍福)은 '하늘' 또는 귀신이 주관하고 이익(또는 利害)은 사람이 직접 주관하는 것이라는 점에서 차이가 있다.[5] 또, 복은 종래의 유학적 세계관에서 대체로 논란의 여지없이 긍정되어 온 반면에, 이익은 이른바 의리지변義利之辨을 통하여 주로 부정적으로 취급되어 왔던 가치라는 점에서도 차이가 존재한다. 심대윤은 대체로 복과 이익, 화복과 이해 문제를 병렬하거나 번갈아가며 논의를 진행하지만, 그 과정에서 좀 더 두드러지는 것은 이익과 이해 문제이다. 이익 또는 이해의 문제야말로 심대윤 사상의 의의를 부각시키는 핵심 요소라고 할 수 있다.

우리는 이익을 중심으로 몇 가지 관련 용어의 의미 연관을 확인하는

5 沈大允, 『福利全書』, 133b. "천도天道에는 화복禍福이 있어서, 선善에 복을 주고 음淫에 화를 준다."; 『福利全書』, 143a쪽. "귀신은 화복의 주主이다. 사람은 양계陽界의 용用을 행하여 천지만물 이해利害의 권한을 주동하고, 귀신은 음계陰界의 용用을 행하여 천지만물 화복禍福의 권한을 주동한다."

것으로부터 논의를 시작할 필요가 있다.

> 음식은 이익(利)의 근본이다. 이익은 생양生養의 근원이다. (색色은 음식의 짝이고, 명예(名)는 이익의 자식이므로 따로 언급하지 않는다) 사람이 욕구하는 것은 더없이 크고, 하늘이 보배롭게 여기는 것은 더없이 무겁다. 천지간에 가득한 것은 이것일 뿐이다. 음식이 없으면 이익이 없고, 이익이 없으면 생양이 없고, 생양이 없으면 만물이 없고, 만물이 없으면 천지가 없다.[6]

음식은 생명체를 길러내는 데 소용되는 것, 즉 이로운 것이다. 다시 말하자면, 음식의 이로움이 없을 경우 생명체, 나아가 만물과 천지 어느 것도 존재할 수 없다. 음식이 이익의 근본이고, 이익이 생양의 근원이라고 한 것은 바로 이러한 의미이다. 그는 나아가, 음식 이외에, 생명체를 낳고 길러내는 데 필요한 것으로 색을 하나 더 든다. "음식과 남녀는 사람의 큰 욕구이다."[7] 음식과 색은 짝을 이루면서, 사람의 생양에 필요한 대표적인 두 요소, 즉 이익의 대표적인 두 원천이 된다. 한편, 음식과 색에서 연원하는 이익이 생양에 필요한 것인 이상, 사람은 그 이익을 추구하기 마련이다. 이익의 추구, 즉 이익에 대한 욕구는 생래적이고 보편적이다. 이익의 추구에 버금가는 것으로 예를 하나 더 들자면 명예에 대한 욕구를 들 수 있다.[8] 그는 "사람이 이익을 좋아하는 것과 명예를 좋아하는 것은 천성"이라고도 하고,[9] "욕구는 하늘이 명한

6 沈大允, 『白雲文抄』 권1 「食戒」, 35a쪽.
7 沈大允, 『福利全書』, 138d쪽.
8 인용문의 소주小註에서 명名을 이利의 자식이라 한 것은 명名에 대한 욕구가 이利에 대한 욕구에서 파생하는 것임을 의미한다고 볼 수 있다.

본성"이라고도 하였다.[10]

요컨대, 음식과 색은 이익의 대표적인 두 원천이고, 이익과 명예는 욕구의 대표적인 두 대상이다. 이러한 욕구가 천성이고 천명인 이상, 누구나 가지고 있는 것이고 바꾸거나 증감할 수 없는 것이다. 그런 만큼 욕구는 인간의 존재와 활동 전반에 대한 규정력을 갖는다. "욕구는 성・심・정의 중심主이다. 언동言動・시청視聽・사려思慮・식색食色이 욕구가 있기 때문에 일어난다. 사람이면서 욕구가 없다면 어떻게 사람이겠는가!"[11] 욕구야말로 인간의 정신적・육체적 존재와 활동 전반을 추동하는 힘이라고 할 수 있다. 이러한 의미에서 그는, "사람으로서 명예를 좋아하지 않으면 곧 금수와 같고, 사람으로서 이익을 좋아하지 않으면 곧 금수만도 못하다"[12]고 주장한다. 사람과 동물이 욕구 대상의 범위에서 차이가 있지만, 욕구가 그 존재와 활동의 기본 추동력이라는 점에서는 마찬가지인 것이다.

> 천지의 마음이 이익(利)을 위주로 하고 해악(害)를 멀리한다는 것은 무슨 말인가? 천지의 마음은 생生을 좋아할 뿐이다. 생을 좋아함은 이익의 지극함이다. (…중략…) 사람과 동물의 본성이 이익을 좋아하고 해를 싫어한다는 것은 무슨 말인가? 본성(性)이라는 것은 하늘이 명한 것이다. 생을 좋아하고 죽음을 싫어하며, 얻음을 좋아하고 잃음을 싫어하며, 성공을 좋아하고 실패를 싫어하며, 편안함을 좋아하고 위태로움을 싫어하므로 호리好

---

9 沈大允, 『福利全書』, 135b～c쪽.
10 沈大允, 『福利全書』, 134b쪽.
11 沈大允, 『福利全書』, 134b쪽.
12 沈大允, 『福利全書』, 135b쪽.

利・오해惡害라고 한다. 이는 만물과 내가 함께 가지고 있는 것이다. 호리・오해할 수 있기 때문에 선善이라고 한다.[13]

천지의 마음으로 표현되는 자연의 의지는 선하다. 왜냐하면 자연은 끊임없이 생명활동을 영위하는 존재이고, 생명활동은 그것 자체로 선한 것이기 때문이다. 한편, 생명활동은 이익의 산출을 전제로 한다. 생명활동이 유지된다는 것은 무엇인가로부터 끊임없이 이익이 만들어져서 제공되고 있음을 의미한다. 따라서 인간이든 동물이든 이익을 추구하고 해악을 멀리하는 것은 생명활동의 유지를 위한 것이고, 그러한 의미에서 선한 것이다. 이익에 대한 욕구가 그저 천성일 뿐만 아니라 본래적으로 선한 것이라는 생각, 여기에 이르러 복리 추구의 정당화를 위한 기본 논리가 확립된다고 할 수 있다.

그러나 여기에는 아직 보완해야 할 장치들이 있다. 심대윤 스스로, "욕구가 있기 때문에 선을 행할 수도 있고 악을 행할 수도 있다"[14]고 하여 앞서와 모순되는 언급을 남기기도 하였다. 인간의 생명활동을 충동하는 욕구는 분명 선한 결과만을 야기하는 것은 아니다. 게다가 사람들 사이의 욕구 충돌로 인해 야기될 상황은 복리 추구의 정당화에 결정적인 위해 요인이 될 수 있다. 어떤 면에서는, 이 점을 고려하고 방안을 마련하는 일이야말로 그의 복리사상 전개 과정의 핵심에 해당한다고 할 수 있다.

---

13 沈大允, 『白雲文抄』 권3 「柳君名字說」, 24a~b쪽.

14 沈大允, 『福利全書』, 134c쪽.

사람들과 더불어 이익을 도모하는 것(與人同利)은 지공至公의 도道이다. 이익이라는 것은 다른 사람에게 이로우면 나에게 해롭고, 나에게 이로우면 다른 사람에게 해로워서 양쪽이 다 이로울 수가 없다. 어떻게 사람들과 더불어 이익을 도모할 수 있는가? 어떤 일이 나와 남에게 모두 이로우면 곧 행할 것이요, 나에게는 이롭고 남에게는 해롭지 않거나 남에게는 이롭고 나에게 해롭지 않으면 곧 행할 것이요, 나에게는 이로움이 많고 남에게 해로움이 적거나 남에게는 이로움이 많고 나에게 해로움이 적을 경우 또한 행할 것이지만, 나에게는 이로운데 남에게는 해로움이 심하거나 남에게는 이로운데 나에게는 해로움이 심할 경우는 행해서는 안 될 것이다. 남과 나의 이해를 저울질하여 한 쪽으로 치우치지 않도록 하는 것이 동리지공同利至公의 도이다.[15]

그는 사람들과 더불어 이익을 도모할 것, 즉 '여인동리'할 것을 주장한다. 이 주장의 배경에는 무엇보다 나와 남의 이해관계가 상호 충돌할 가능성에 대한 고려가 깔려있다. "무릇 일이란 한 번에 양쪽이 이롭기 어렵다."[16] "모든 사람이 함께 바라는 것(同欲)은 혼자 차지할 수 없으니, 혼자 차지하면 사람들이 반드시 싸우기 때문이다."[17] 그는, 이러한 상황에서 이익을 다투면(爭利) 이익을 더불어 도모하는 것(同利)보다 이로움이 적다고 말한다.[18] 이익을 더불어 도모한다는 것은 나와 남의 이익을 공평하게 추구하는 것이다. 음식을 절제해야 그것을 오래 누릴

15 沈大允, 『福利全書』, 136c쪽.
16 沈大允, 『中庸訓義』, 26a쪽.
17 沈大允, 『白雲文抄』 권1 「食戒」, 35a쪽.
18 沈大允, 『福利全書』, 136b~c쪽.

수 있듯이, 이익도 공평하게 해야 오래 보존할 수 있다.[19] 그는 이익을 공평하게 하기 위한 방법으로, 나와 남에게 미치는 이익과 해악의 총량을 계산하고, 그에 따라 실행 여부를 가늠할 것을 제기한다.

여인동리설은 이익 추구의 정당화 논리를 보완하는 장치이면서, 동시에 복리사상 전체의 논리적 결정結晶이자 정점에 해당한다. 그는 도처에서 '여인동리'를 강조하고, 이에 입각하여, 또는 이를 고려하면서 논의를 전개해 가는 모습을 보이곤 하였다. 그런 가운데 특별히 주목할 만한 것은 윤리 덕목으로 충서忠恕와 중용中庸을 유독 강조하고 있다는 사실이다. 이때 충서와 중용이 나와 남 사이에서 이익을 공평하게 하는 데 필요한 덕목, 즉 여인동리의 덕목으로 상정되는 것임은 말할 나위가 없다. 심대윤에게서 충서와 중용은 함께 병렬되는 것이 상례이지만, 경우에 따라서는 충서 하나로 대표되기도 한다.

> 사람이 자기에게 이롭게 하고 싶어 하는 것은 본성이다. 자기에게 이롭게 하는 것(利己)은 대상에게 이롭게 하는 것(利物)에 달려있고, 나를 편안하게 하는 것(安身)은 남을 편안하게 하는 것(安人)에 달려있다. 그러므로 반드시 충서를 실행하여 다른 사람과 만물을 이롭게 한 후에야 자기를 이롭게 할 수 있다. 충서로 남을 위하는 것(爲人)이 자기를 위하는(爲己)방법이다.[20]

여기에서 그는 내 이익의 실현은 타인의 이익에 달려 있는 바, 타인

---

19 沈大允, 『白雲文抄』 권1 「食戒」, 52쪽.
20 沈大允, 『周易象義占法』, 522d쪽.

의 이익을 배려하기 위한 덕목이 바로 충서라고 주장한다. 우선, 내 이익의 실현이 어떻게 타인의 이익에 달려있다고 할 수 있는가? 이에 대해 그는 다른 글에서 다음과 같은 비유적 설명으로 답한다. 가까이 붙어 있는 두 모래우물의 한 쪽에 물을 대면 양쪽에 모두 물이 차고, 한 쪽을 터서 물을 빼면 양쪽의 물이 모두 마른다. 이렇듯 나와 남 어느 쪽이든 이익을 위해서는 상대편의 이익도 지켜져야 한다는 것이다.[21] 그러고 보면 타인의 이익을 위해 전적으로 몰입하는 태도 역시 적절치 않은 것이고, 이런 맥락에서 중용의 덕목을 요청하기도 한다.[22]

다음으로, 충서는 구체적으로 어떤 내용의 덕목이기에 타인의 이익을 배려하는 데 유용한가? 그는 주희의 충서 개념을, "자기를 다하는 충忠과 다른 사람에게 '빌려주는(貫)' 서恕"의 결합으로 설명하면서, 이것은 충서 개념의 단지 한 가지일 뿐이라고 비판하였다. 그리고 "다른 사람의 선善을 보고서 미루어 자신에게 행하고, 불선不善을 보고서 돌이켜 자기에게서 그것을 없애는 것도 충서의 도"라고 주장하였다.[23] 요컨대 그는 주희식의 개념 이외에 새로운 개념을 추가하고자 하였다. 그 의도는 이렇게 추론해 볼 수 있을 것이다. '충'과 '서'를 주희처럼 나에게서 시작하여 남에게 이르는 단계적 구분으로 생각할 경우, 남과의 소통이 아직 발생하지 않은 단계, 즉 '충'만 있고 '서'는 없는 상태가 존재할 수 있다. 반면에 심대윤처럼 '충'과 '서' 모두 남을 거울로 삼아 나를 반성하는 것이라 한다면, 나와 남의 소통을 상시화하는 장점이 있

---

21 沈大允, 『論語』, 『沈大允全集』 2책, 48d쪽.

22 沈大允, 『論語』, 『沈大允全集』 2책, 49a쪽. "충서라는 것은 與物同利하는 것이니 至公의 道이다. (…중략…) 전적으로 利人하는 사람도 문제이다. 지나치면 충서를 해친다."

23 沈大允, 『論語』, 『沈大允全集』 2책, 45b쪽.

을 수 있는 것이다. 그의 새로운 개념은 그 설득력 정도에 관계없이 그가 여인與人의 방법, 즉 남과 더불어 살아가는 방법에 대해 얼마나 고심했는가를 엿볼 수 있게끔 한다.

이상으로, 이해 문제를 중심으로 복리사상의 기본적인 논리와 구조가 모습을 드러냈다고 할 수 있다. 이제 필요한 것은 화복에 관한 논의를 보충하는 일이다. 앞서 언급했듯이, 그는 이해利害 문제는 인간 스스로가 주관하고, 화복禍福의 문제는 '하늘'과 귀신이 주관한다고 전제하였다. 그런 만큼 그 작동의 원리나 메카니즘에서 양자는 달라야 할 것으로 보인다.

화복 실현의 메카니즘을 관통하는 최고의 원리는 '복선화음福善禍淫'이다. 어떻게 해서 복선화음이 가능한가? 심대윤에 따르자면 천지·인물·귀신은 모두 기氣(또는 質)로 구성되어 있다. 기는 같은 유형끼리 서로 감응하는 성질을 가지고 있는데, 인간이 몸을 움직이고(用形) 사물을 제어하면(用物) 그 선악·근타勤惰에 따라 동류의 천지·귀신의 기가 감응하여 화복을 만들어낸다.[24] 이때 화복은 살아서는 자손을 통하여, 죽어서는 귀신을 통하여 현실화한다. 예를 들어 사람이 삼불후三不朽 즉 입덕立德·입공立功·입언立言을 행한다면 살아서는 자손이 번창하여 끊이지 않고, 죽어서는 그 귀신이 오래도록 제사를 흠향하며 멸하지 않는다.[25] 그럼으로써 오래도록 '하늘'과 함께 자손의 화복에 관여한다.

우리는 그가 구상하는 복선화음의 메카니즘에서 어떤 참신함이나

24 沈大允, 『福利全書』, 131d~132a; 沈大允, 『中庸訓義』, 2쪽.
25 沈大允, 『福利全書』, 142a.

독창성도 발견하기 어렵다. 이미 전제되고 예상됐지만, 이익 추구 정당화의 문제와 연관하여 특별한 이론적 의미를 드러내고 있는 것도 아니다. 그럼에도 불구하고 『복리전서』를 비롯한 그의 저작에서는 화복의 문제가 이해의 문제 못지않은 비중으로 다루어고 있음을 두루 확인하게 된다. 이는 사람들 사이의 이해관계를 조정하는 것만으로는 해결되지 않는, 인간의 욕구와 현실 또는 의지와 결과 사이의 불일치 현상에 대한 설명의 필요성 때문이라고 보아야 한다. 그는 당장의 현실 세계를 넘어 후대와 유계幽界로 관심 범위를 확장함으로써 그 설명과 해석의 여지를 넓히고자 했을 것이다. 그럼으로써 복리 추구의 정당성, 그리고 그 방법론적 규범(法)으로서 충서와 중용이라는 두 축을 일관되게 견지할 수 있었다고 해야 할 것이다.[26]

3. 복리사상과 의·리 이항대립적 사유의 향방

유학사에서 이익(나아가 복리)의 문제는 처음부터 도덕과의 대비, 즉 의리지변義利之辨의 틀을 통해 논의되어 왔다고 할 수 있다. "군자는 '의'에 밝고 소인은 이익에 밝다"[27]고 한 공자, "왕께서는 하필 이익을 말씀하십니까? 인의仁義가 있을 뿐입니다"[28]라고 한 맹자, "의를 중시하고 이익을 가볍게 여긴다"[29]고 한 순자, "의가 사람을 기르는 것은 이익이

---

26 沈大允, 『福利全書』, 137c쪽. "사람의 도道는 복을 구하고 화를 피하며, 명예와 이익을 모두 이루어내는 데 있으니, 그 법法은 충서와 중용이고 그 실천(行)은 삼강과 오륜이다."

27 『論語』「里仁」. "君子喩於義, 小人喩於利."

28 『孟子』「梁惠王上」. "王何必曰利? 亦有仁義而已矣."

나 재물보다 크고 두텁다"[30]고 한 동중서. 이들의 언명은 비록 이익을 전적으로 부정하지는 않더라도 그것을 끊임없이 도덕과 대립시키고, 그럼으로써 도덕의 통제하에 두고자 했던 것으로서 이후 유학의 도덕 중심적 세계관을 유지・강화하는 데 큰 영향을 미쳤다.

이익(또는 욕구)과 도덕의 이항대립적 사유는, 그 구체적인 내용과 형식의 차이를 무시할 경우, 비단 유학사에만 한정되는 것은 아니라고 보아야 한다. 유럽에는 물질욕・명예욕・지배욕 등에 기반하는 열정passion을 어떻게 조절하거나 통제할 것인가에 대한 논의 전통이 존재한다. 이에 대한 초기적이고 가장 일반적인 대처법으로는 아무래도 도덕에 기초한 강제와 억압을 들어야 할 것이다. 그러다가 17세기경에 이르러 다양한 방안이 분화해 나왔다. 그중의 하나가 열정을 선한 것과 악한 것으로 차별화하여 이들 간의 투쟁을 유도하는 방안이고, 또 다른 하나는 모든 욕망의 총체로서의 이해관계interests라는 개념을 설정하여 특정한 열정에 대립시키는 방안이다. 이 가운데 마키아벨리・홉스 등에 의해 지지되었던 후자는 이해관계가 숙고와 계산을 필요로 하며, 예측가능성을 중요한 특징으로 가진다는 점에 착안하는 것으로서, 도덕과 열정(또는 이익, 욕구) 또는 선과 악으로 이원화되어 있던 판단과 행동의 동기를 일원화했다는 점에서 주목할 만하다.[31]

유럽에서의 이러한 사례는 유학적 의리지변의 역사적 전개를 가늠하는 데, 그리고 심대윤의 복리사상의 이론・학설사적 위상을 검토하

---

29 『荀子』「成相」. "重義輕利."

30 董仲舒, 『春秋繁露』「身之養重于義」. "義之養生人, 大於利, 而厚於財也."

31 이 단락은 다음의 책을 참고하여 정리한 것이다. 앨버트 허쉬먼, 김승현 역, 『열정과 이해관계』, 나남출판, 1994.

는 데 의미 있는 시사를 준다. 유학사 내부를 자세히 들여다보면, 이익과 도덕의 이항대립적 사유가 유지되는 가운데 양자 사이의 대립을 완화하거나 봉합하려는 시도가 꾸준히 이어져 왔음을 확인하게 된다. 심대윤의 복리사상은 무엇보다도, 이익과 도덕의 결합을 추구하는 여인동리설을 핵심적인 장치로 삼는 것이었다. 그러나 '여인동리'라는 표현만으로 보자면, 그것은 당대唐代에 이미 사용되기 시작하고, 송대에 『자치통감資治通鑑』과 『대학연의大學衍義』 등에 실리면서 널리 확산되어 왔던 것이다.[32] 유사한 표현인 '여민동리與民同利'까지 감안하자면 심지어 한대漢代의 『禮記』까지 연원을 거슬러 올라간다.

요컨대 심대윤의 복리사상이 이익과 도덕의 결합을 추구했다는 사실만으로는 이론·학설사적으로 그다지 특별한 의미를 갖기 어렵다고 할 수 있다. 중요한 것은 이익과 도덕이라는 관념 자체, 또는 그 단서로서 양자 사이의 관계에 대한 사유의 변화 여부이다. 비록 미미한 수준에 불과할지라도, 이러한 측면의 변화야말로 인간 또는 세계에 대한 관점의 변화와 관련하여 중요한 의미를 가질 수 있는 것이다.

유학사에서 흥미로운 점의 하나는, 공·맹 이래로 이익과 도덕의 이항대립적 사유가 지배적이었음에 반해, 정작 『시경』·『서경』·『주역』·『예기』 등의 경문經文에는 그런 사유가 거의 나타나지 않는다는 것이다. 이익이란 본래 어떤 대상이 주체의 욕구 충족에 기여하는 상태를 지칭하는 것으로서 그 자체로 선한 가치로 여겨졌던 셈이다. 그런 가운데 공자와 그 후예들의 설명과 해석이 가해짐으로써 일부 구절

32 司馬光, 『資治通鑑』 192권; 眞德秀, 『大學衍義』 권34. "唐太宗貞觀初謂公卿曰, 昔禹鑿山治水, 而民無謗讟者, 與人同利故也."

이 유학적 의리지변 또는 이욕지변理欲之辨의 색채를 갖추고, 후대 학자들의 논의 소재로 등장하는 것을 보게 된다.

그 대표적인 예가, 공자가 썼다고 전해지는 『주역 · 건괘 · 문언전文言傳』의 "이익이란 '의'의 화해로움이다(利者, 義之和也)"와 "사물을 이롭게 쓰면 '의'를 화해롭게 할 수 있다(利物足以和義)"고 한 두 구절이다.[33] 이 두 구절은 서로 대비되는 이익과 '의'의 통일을 함축하는 것이라는 점에서 중요한 의미를 갖는다. 물론 양자를 통일하려는 시도는 다른 곳에서도 많이 발견된다. 『묵자』 · 『국어』 · 『좌전』 · 『공자가어』 등에 보이는 "의로워짐으로써 이로움을 생한다(義以生理)"[34]는 구절 등이 그 예이다. 그러나 『묵자』 등의 이 구절이 '도덕 → 이익'(의로우면 이롭다)의 논법을 취한다면, 『문언전』의 저 구절들, 특히 두 번째 구절은 반대로 '이익 → 도덕'(이로우면 의롭다)의 논법을 취함으로써 이익에 우선성을 부여했다는 점이 다르다. 그 표현 그대로라면, 이익의 추구는 도덕義의 통제를 받아야 하는 어떤 것이 아니라 오히려 도덕의 진보和義에 기여하는 것이며, 따라서 그것 자체가 선한 것으로 해석될 여지가 큰 것이었다.

『문언전』의 이 구절들은 주류 유학의 의리지변에 균열을 낳고 논의의 진전을 촉발하는 방아쇠 역할을 할 수 있었다. 그 책이 『주역』이고 그 말이 공자의 말이라고 여겨져 왔다는 점에서 더욱 그러하다. 『주자

---

33 『周易』「乾卦」. "文言曰, 元者善之長也, 亨者嘉之會也, 利者義之和也, 貞者事之幹也. 君子體仁足以長人, 嘉會足以合禮, 利物足以和義, 貞固足以幹事. 君子行此四德者, 故曰乾元亨利貞." 程頤는 "利者義之和也"를 "利는 義에 화합한다(利者 和合於義也)"로 풀이하였다. 그러나 여기에서는 주희朱熹의 문맥을 따라 '화和'를 '화해로움'으로 풀이한다.

34 『墨子』「經說下」; 『孔子家語』「正論解」; 『左傳』, 成公 2년; 『國語』「晉語一」.

어류』를 보면 실제로, 주희와 제자들 사이에서 두 구절의 해석을 둘러싼 논의가 여러 차례 반복되고 있음을 확인할 수 있다. 주희는 특히 두 번째 구절에 대해 "이해하기 가장 어렵다(最難看)"고 하면서 고심하는 모습을 보였다. 그리고 주희 이후의 많은 성리학자들은 주희의 고민을 따라가며 사유하고 같은 결론에 도달하는 경향을 보였다. 두 구절에 대한 주희의 해석을 압축적으로 보여주는 다음 기록은 주자학적 의리지변의 향방을 이해하는 데 좋은 시사를 준다.

"사물을 이롭게 쓰면 의義를 화해롭게 할 수 있다"는 말은 사물마다 그 이로움을 취하면 '의'가 화해롭지 않음이 없다는 것이다. 대개 '의'는 끊고 나누는 것이어서 화해롭지 않은 것 같이 보인다. 그러나 '의'만이 사태와 사물마다 각각 그 마땅함을 얻어 서로 방해가 되지 않고 어그러짐이 없게 할 수 있으니, 각각 그 분수의 화해로움을 얻는 것이 곧 '의'의 화해를 이루는 방법이다. 소씨蘇氏는 "이익은 '의'의 화해로움"이라 하고서 또, "'의'는 엄혹하여 화해롭지 않으므로 한갓 의롭기만 해서는 안 되고 이익을 덧붙여야만 화해로워진다"고 하였다. 만약 이렇다면 '의'와 이익은 완전히 별개의 것이 되고, '의'는 고통스러운 것으로서 사람들이 꺼려하는 것이 될 것이므로 이익을 발라 달콤하게 해야만 한다. 그러나 이것은 '의'를 모르는 말이다. '의' 속에 저절로 이익이 있다. 사람들로 하여금 모두 의롭게 한다면 그 부모를 버리지 않고 그 임금을 뒤로 하지 않을 것이니, 이것이 화해로움이 아니고 무엇이겠는가![35]

35 黎靖德撰, 『朱子語類』, 68・129쪽. "利物足以和義者, 使物物各得其利, 則義無不和. 蓋義是斷制裁割底物, 若似不和. 然惟義能使事物各得其宜, 不相妨害, 自無乖戾, 而各得其分

『문언전』의 두 구절에서 주희가 우선 논란점으로 삼는 것은 '의'가 본래 화해로운 것인가 아닌가 하는 것이다. '의'는 옳고 그름을 엄격히 나누는 일과 관련되는 것으로서 화해 또는 부드러움 같은 성질과는 무관한 듯 보이지만, 주희는 오히려 판단과 처리의 올바름이나 적절함을 의미하는 '의'야말로 이해 당사자들 사이의 분란을 방지해 준다는 의미에서 화해로운 것이라고 생각한다. 이러한 견지에서 다시 소식蘇軾의 『동파역전東坡易傳』에 나오는 구절을 문제 삼아,[36] 이익이 '의'의 엄격함을 부드럽게 보완해 준다는 소식의 생각은 '의'와 이익을 완전히 관계없는 것으로 만들 뿐이라고 비판한다. 결국 주희가 주장하고 싶어 하는 것의 핵심은 '의' 속에 이익이 있다는 것, 즉 의로우면 이로움이 저절로 따라온다고 하는 것이다.

주희는 문법을 거스르고 공자의 권위까지 슬쩍 깔아뭉개면서 이익을 도덕 속에 귀속시켜 버렸다. 이것은 그가 이익과 도덕의 통일, 그중에서도 앞서 『묵자』 등의 구절(義以生理)처럼 도덕 중심의 통일(도덕 → 이익)을 추구했음을 의미한다. 주지하듯이 그는 정이(程頤 : 伊川) · 양시(楊時 : 龜山) · 이동(李侗 : 延平) 등을 통해 이어져 온 송대 도학풍의 영향 속에서 천리와 인욕의 엄격한 대비(存天理, 遏人欲)를 주장하기도 한 인물이다. 그러고 보면 도덕을 중심으로 한 이익과 도덕의 통일이란 양자의 엄격한 대비와 의미상의 정향을 공유하는 것이라고 할 수 있다.

송대의 경우, 물론 주희식의 의리관義利觀만 존재했던 것은 아니다.

之和, 所以爲義之和也. 蘇氏說利者義之和, 卻說義慘殺而不和, 不可徒義, 須著些利則和. 如此, 則義是一物, 利又是一物. 義是苦物, 恐人嫌, 須著些利令甛, 此不知義之言也. 義中自有利, 使人而皆義, 則不遺其親, 不後其君, 自無不利, 非和而何?"

36 蘇軾, 『東坡易傳』. "義非利, 則慘洌而不和."

주희에 의해 언급되었듯이 소식은 이익이 의로움을 돕는다는 관점을 피력하였다. 그리고 왕안석은 "이익은 '의'의 화해로움이고, '의'는 본래 이익을 위한 것"[37]이라고 주장하였다. 의로움이 본래 이익을 위한 것이라는 말은 의로우면 저절로 이로워진다는 것이 아니라 의로움이 이익을 위해 존재한다, 즉 '의'보다 이익이 우선이고 중심이라는 말이다. 역시 이익과 도덕의 통일을 추구하는 것이되, 주희의 경우와는 달리 이익 중심의 통일을 의미했던 것이라고 봐야 한다. 이러한 관점은 그가 경제 문제를 중시하는 개혁가였다는 사실에도 부합한다.

이제 문제는 조선 학자들의 경우이다. 전체적으로 주자학이 영향을 미치고 있었던 만큼 그들의 의리지변 역시 주희가 제기했던 문제와 해법을 중심으로 논의가 재생산되는 경향을 보였다. 예를 들어 이황李滉은 『주역·건괘·문언전』의 구절을 둘러싼 주희의 논의를 바탕으로, '의'와 이익을 상대화하기보다 '의' 속에 이익을 포괄하는 방향으로 논점을 형성하고 있었다.[38] 이이李珥는 '의'와 이익 어느 한 쪽에만 치중하지 말고 양쪽을 함께 고려해야 함을 누차 역설함으로써 상대적으로 이익을 강조한 셈이 되었다. 그러나 그의 언급 속에는 '의'와 이익 양자 사이의 충돌 상황에 대한 이론적 배려가 특별히 두드러지지는 않는다.[39] 반면에 권득기權得己(1570~1622)가 공리公利와 사리私利의 구분을

37 李燾, 『續資治通鑑長編』 권219 「神宗」. "安石曰利者義之和, 義固所爲利也."

38 李滉, 『退溪先生文集』 권19 「答黃仲擧論白鹿洞規集解」, 21b쪽. "夫以利爲義之和, 則利不在義之外, 正義而利在其中矣. 乃復言不謀其利, 則又似利在義外爲二物, 有欲其爲此不爲彼之意. (…중략…) 蓋利雖在於義之和, 畢竟與義相對, 爲消長勝負者, 非利之故然, 人心使之然也."

39 李珥, 『栗谷先生全書』 「拾遺」 권5 「時弊七條策」, 26a~b쪽. "竊謂道之不可竝者, 是與非也, 事之不可俱者, 利與害也. 徒以利害爲急, 而不顧是非之所在, 則乖於制事之義. 徒以是非爲意, 而不究利害之所在, 則乖於應變之權. 然而權無定規, 得中爲貴, 義無常制, 合宜爲

바탕으로 이익에 대한 욕구를 긍정함으로써 주목을 받는다. 그러나 그 역시 "'의'는 본래 이롭지 않음이 없다"고 하여 기본적으로 주희나 이황 유의 논법을 벗어나는 것은 아니었다.[40]

심대윤의 복리사상은 바로 이러한 맥락 위에서 이해할 필요가 있다. 아쉬운 점은, 앞서 주희나 이황류의 언급에 직접 상응하는 치밀한 논의를 그에게서는 발견하기 어렵다는 것이다. 그의 『주역상의점법周易象義占法』에는 『문언전』의 해당 문구에 대한 주석이 길게 달려 있지만, 그는 여기에서 '의義'와 이익(利)의 경중・선후 관계를 논하기보다 충서의 중요성을 다시 강조하는 데 주력하는 모습을 보였다. 그런 가운데 하나의 문장, "충서가 미치는 바만큼 이익이 생기고, 충서가 미치지 않는 바만큼 해악이 생긴다"[41]는 문장이 눈길을 끈다. 이 말은 도덕(충서)을 중심으로, 도덕과 이익이 긴밀히 연관되어 있음을 주장한다는 점에서 주희의 '도덕 → 이익'(의로우면 이롭다)의 논법을 재현하고 있는 것으로 보인다.

여기까지는 그의 복리사상 전체로부터 예상할 수 있는 수준의 비교적 평범한 논의라고 할 만하다. 그러나 그는 다른 논의들에 비할 때 돌출적인, 「선악일본론善惡一本論」이라는 이름의 의미심장한 단편 하나를 더 남겼다.

貴, 得中而合宜, 則是與利在其中矣."

40 權得己, 『晩晦集僭疑』 권4, 1쪽. "『集註』의 '以義相對說'을 愚見으로는 '義固無不利'라고 말한다. 그러나 만약 利를 계산해서 義가 되게 한다면 義같으면서 실은 義가 아니다."(임형택, 「晩晦經學의 硏究」, 『道山學報』 2집, 1993, 77쪽 재인용)

41 沈大允, 『周易象義占法』, 523a쪽.

천하의 사물은 근본이 둘인 경우가 없다. 천하에는 악인이 선하거나 악한 일이 선한 경우가 없다. 선의 과불급이 악이 되니, 선악은 근본이 하나이다. (…중략…) 천하의 일은 선과 이익뿐이다. 선과 이익은 두 가지가 아니다. 선하면 반드시 이롭고, 이로우면 반드시 선하다. 선하면서 이롭지 않고, 이로우면서 선하지 않은 것은 없다. (…중략…) 근심은 선과 이익이 한 가지이고, 선과 악의 근본이 하나임을 알지 못하는 데 있다. 천하의 악 가운데 선에 근본하지 않고 이루어진 것은 없다. 본래 악한 것은 없다. 대개 선과 이익에 과불급이 있는 것은 자기 한 몸에 사사롭기(私) 때문이다. 다른 사람들에게 공정(公)하다면 과불급하려 해도 할 수가 없다. 다른 사람들에게 공정한 사람은 진실로 불급함이 없다. 비록 선이 만고萬古에 드리우고 이익이 사해를 덮어도 지나치다는 근심이 없다.[42]

심대윤은 여기에서 종래의 이원론적·이항대립적 사유를 근본적으로 뒤집는 시도를 감행한다. 주자학에 따르자면 선과 악은 각각 천리와 인욕이라는 서로 다른 원천을 갖는 것이었다. 악이든 선이든 하나의 근본에서 나오는 것이고, 양자의 차이는 과불급이 있나 없나의 차이에 불과하다는 그의 새로운 주장은 주자학의 도덕적 엄격주의를 와해시키는 단서가 될 수 있다. 여기에 특별히 우리의 관심을 더 끄는 것은 이러한 주장을 이익과 도덕의 관계 문제로 확장하고 있다는 점이다. 어쩌면 그는 이익·도덕의 관계 문제에 대해 사유하는 과정에서 이 주장에 이르렀을지도 모르는 일이다. 어쨌든 그에 따르면, 도덕(善)

42 沈大允, 『白雲文抄』 권1 「善惡一本論」, 33b～34b쪽.

과 이익은 원천적으로 다른 두 가지가 아니므로 서로 대립·대비되지 않는다. 도덕적이기 때문에 이롭고 이롭기 때문에 도덕적인 것이므로, 이제 도덕과 이익은 둘 중의 어느 하나가 중심이 되는 통일이 아니라 완전한 상호적 통일을 이루는 것으로 보인다.

그러면 과연 그의 이러한 시도로 주자학적 또는 유학적 의리지변이 실제로 종말을 고할 수 있었는가? 권득기는 앞에 인용한 문장의 뒷부분에서 "만약 이익을 계산해서 '의'가 되게 한다면 '의'같으면서 실은 '의'가 아니다"라고 함으로써 도덕이 이익의 문제로 환원될 수 없음을 분명히 하였다. 이 말은 역설적으로, 이익과 도덕의 상호적 통일이 실질적으로 무엇을 의미하는지 잘 보여준다. 상호적 통일이라면 어떤 도덕규범도 선험적으로 전제되는 것이 아니라 이익으로 환산될 수 있어야 한다는 것이다. 요컨대, 주희 등이 추구했던 도덕 중심의 통일과 반대되는 이익 중심의 통일이 필요하고, 그것이야말로 상호적 통일의 핵심이다. 이익 중심의 통일이란 17세기 이후 유럽의 이해관계론이 그렇듯이, 이익 여하에 따른 도덕의 개변 가능성을 용인하는 것이다.

심대윤은 일단 선악일본론을 통해 이익과 도덕의 상호적 통일을 위한 논리를 확보했다는 점에서 유학적 의리지변의 경계를 넘어서기 위한 발판을 마련하였다. 그러나 그 논리는 지나치게 단순하고 무모하리만치 낙관적인 면이 있다. 그 논리가 과연 그의 복리사상 전개에 얼마나 폭넓게 적용되었는지, 또는 새롭게 적용될 가능성을 가지는지에 대해 선뜻 긍정적인 답을 내리기 어려운 상태이다.

이러한 점에서, 그와 동시대를 산 최한기崔漢綺(1803~1877)의 의리관義利觀은 좋은 비교의 대상이 된다. 최한기는 이익에 도덕적인 것과 부도덕한 것의 구별이 존재함을 인정하고, 도덕에 주력함으로써 이익을 얻을 수 있다는 점도 인정하였다. 그런데 그의 문제의식은 기본적으로, 도덕적인 논의가 성행하면서 이익이 지나치게 공격 받는 상황을 개선하는 데 있었다. 그리하여 그는 도덕을 거짓으로 가장해서라도 이익을 추구하다 보면 도덕적인 이익으로 차차 전환해 갈 수 있다고 보고, 우선 이익 추구를 촉진해야 한다고 주장하였다.[43] 심대윤의 견해와 비교할 때 이 주장은, 비록 이익과 도덕의 관계 문제와 관련한 논리적 진전은 부족하더라도, 이익과 욕구를 낡은 도덕으로부터 해방하는 현실적인 힘에서는 오히려 더 긍정적이라 할 수 있을 것이다.

4. 복리사상의 세속성

심대윤의 복리사상은 이론・학설사의 측면에서도 가치가 없지 않다. 그러나 사상 내용이나 그 형성 배경으로 볼 때 그것을 순수 이론・학설사의 맥락에만 위치시키는 것은 그 역사적 의미를 축소시키는 일이다. 명말 이후의 중국이나 에도시대 중기 이후의 일본에서는 상업과 수공업이 발달하고, 이와 병행하여 이익・이윤 추구를 긍정하거나 상인정신을 반영하는 사상이 출현하였다. 이 점은 정도의 차이는 있을지라도 조선 후기 사회 역시 마찬가지였다고 봐야 한다. 18세기부터 이어져 온

43 崔漢綺, 『推測錄』 권5 「義利」. "利有義不義. 義之利可取, 不義之利不可取. 牽於利欲, 假義而取, 霸者之利. 主於義而利在其中, 王者之利.(註釋 : 自黜霸之論熾盛, 攻利太甚. (…중략…) 假義之利, 猶勝於不義之利, 推假而測眞, 漸有所進, 可至於義之利也. 故惟患趍利之不進, 不患人之趍利也.)"

유수원柳壽垣(1694~1755)이나 박제가朴齊家(1750~1805) 등의 상업진흥론은 그 단면에 해당한다. 심대윤의 복리사상은 이렇듯 동아시아의 사회・문화가 변화하고, 이에 조응하여 유학이 이론과 이념을 재조정해 가던 과정의 산물이었다고 볼 만하다.

18세기 전반기 일본에서는 세키몽신가쿠石門心學가 출현하였다. 개창자인 이시다 바이간石田梅岩(1685~1744)은 상인이 재물을 통상하는 직분에 힘써서 이익을 얻는 것은 무사가 녹봉을 받는 것과 다르지 않다고 하여, 상인의 이익 추구를 긍정한 인물이었다. 뿐만 아니라 그는 마음의 능동성을 강조하는 심학을 수립하고, 심학사心學社라는 사설 교육기관을 설립하여 서민 교육을 실천하였다. 이곳의 교육에서 중시된 교육 내용 가운데 하나가 훗날 근대 일본사회에 광범위하게 수용된 근면・검약・겸양・효행 등의 일상적 생활규범이었다. 이 생활규범은 사람들의 통념을 형성하고, 사람들은 이 통념의 프리즘을 통하여 사유하고 실천하였다. 민중사 연구자인 야스마루 요시오安丸良夫는 이 규범을 통속도덕이라고 명명한다. 통속도덕은 17세기 말엽 이래 주체성을 획득해 가던 일본 민중의 자기의식을 이루기도 하고, 근대 이후 급속히 성장한 일본 자본주의의 이데올로기적 상부구조를 형성하기도 하였다.[44]

통속도덕이라는 개념은 심대윤의 복리사상에 담긴 사회・문화적 성격을 이해하는 데 좋은 시사를 준다. 복리사상은 전통 경학에 연원과 근거를 두는 측면 못지않게 그것으로부터 일탈하고, 전문적 학술

---

44 安丸良夫, 『日本の近代化と民衆思想』, 平凡社, 12~13쪽.

영역을 벗어나 서민의 생활 영역과 관계하는 측면이 있다. 그것에는 유수원이나 박제가, 그리고 정약용이나 최한기의 학문·사상과 다른 어떤 것이 존재한다. 물론, 그의 복리사상을 직접 통속도덕으로 규정하는 데에는 문제가 있다. 우선, 복리사상은 기본적으로 경학에 기반하는 하나의 사상체계로서, 몇 개의 생활규범으로 환원하고 단순화하기 어렵다. 그것은 교육을 통하여 대중적으로 확산된 바가 없고, 그런만큼 역사적 행로와 기능에서도 통속도덕과 다르다. 그리고 그의 사상은 심학이 아니라 기학氣學에 가깝다는 점에서도 차이가 있다.[45]

자세히 보자면 사실 통속성이란 용어에서부터 재고의 여지가 있다. 통속성은 전문성에 반대되는 평범함·저속함 등의 부정적 느낌을 강하게 함축한다. 심대윤의 복리사상에 이러한 성격이 없다고는 할 수 없지만, 그 못지않게 활력·강인함 등의 긍정적 이미지를 포함한다. 이에 통속성을 대신할 수 있는 것이 세속성이다. 이때 세속이라는 용어는 전통적인 용례 그대로, 사람들의 통상적인 생활공간 또는 그 공간의 풍속이나 습관을 지칭한다. 그것은 통치자들의 특수 공간과 대비되는 민간, 종교적 특수 공간과 대비되는 속세 등과 의미 영역이 많이 중복된다. 현대에 와서 종교적 신성성과의 대비가 강해졌지만, 이 점을 고려하더라도 큰 문제가 되지는 않는다. 유학 그중에서도 특히 주자학의 종교성을 전적으로 부인할 수 없고, 심대윤의 복리사상이 주자학적 세계관으로부터의 일탈을 중요한 면모로 가지고 있었음이 분명하기 때문이다.

---

45 다카하시 도오루는 심대윤을 양주음왕陽朱陰王의 사례로 소개하였다.(高橋亨, 앞의 글) 이 규정은 그의 사상보다는 가계에 따른 것으로서 앞으로 좀 더 면밀한 검토가 필요하다.

세속성을 기준으로, 심대윤의 복리사상이 갖추고 있는 성격을 추출해 보자면 다음과 같은 것들이 있다.

첫째, 복리사상은 서민적 실천도덕을 내장한다. 심대윤은 올바른 학문이란 그 요체가 "이해利害와 화복禍福, 시비와 선악의 원인을 밝혀서 나아가고 피하며, 취하고 버리는 데 있을 뿐"[46]이라고 하였다. 시비와 선악도 중요하지만 그것과 병행하여, 아니 그것보다 앞세워 이해와 화복을 거론한다. 이러한 관점을 적용한 저술이 바로 『복리전서』이다. 그는 이 책이 '고명한 자' 이외에 '우매한 자'도 십분 고려하고 있음을 분명히 하였다. "많이 숙독하고 열심히 실천하여 마음에 다른 생각이 끼어들지 않으면 천재千災와 만악萬惡이 소멸하고 제복諸福과 백상百祥이 저절로 오리라."[47] 서문의 이러한 언급은 『복리전서』가 논지를 논증하고 설명하는 이론서를 넘어 서민의 실천적 지침서를 의도한 것임을 알 수 있게 한다.

이에 따라 그는 도덕이나 규범도 고원高遠·난행難行한 것을 버리고 쉽고 가까운 것을 취해야 한다고 주장하였다. 『복리전서』의 후반부에서 갖가지 구체적인 규범이나 덕목을 나열하고, 선행善行의 사례를 예시해 보인 것은 이러한 맥락에서 이해될 수 있다. 그에게는 충서와 중용조차 일상의 영역에서 실천할 수 있는 쉽고 가까운 덕목으로 인식되는 것이었다.[48] 그는 군주의 대의大義와 경·대부·백관의 충성에 대해 언급한 이후, 서민의 충으로 "법령을 삼가 받들고 산업에 진력하며,

46 沈大允, 『中庸訓義』, 19b쪽.
47 沈大允, 『福利全書』「福利全書序」, 131b쪽.
48 沈大允, 『白雲文抄』 권1 「辯學」, 7b쪽.

조세를 내고 공납을 빠트리지 않으며, 싸움과 송사를 피할 것"을 언급하였다.[49] 복리사상은 이렇듯 서민을 고려하고, 서민을 주체로 설정하는 실천도덕론의 성격을 강하게 띠고 있다.

둘째, 복리사상은 근로와 분수를 강조한다. 심대윤은 일하지 않고 먹을 것을 얻으면 하늘에게 도적 같은 백성(盜民)이라고 하면서 노동할 것을 강조하였다. 사람의 세상살이는 여섯 말이 끄는 마차가 지나가듯 빠른데, 어릴 때와 늙었을 때, 질병 앓을 때를 빼고 제대로 사는 것은 수십 년에 불과하다. 그는, 생전의 이해利害·영욕·안위·우락憂樂과 사후에 자손이 이어지고 끊김(延促), 귀신으로 사는 기간(久速), 명예를 남기느냐 마느냐(顯滅) 등이 모두 이 수십 년 사이의 부지런함과 게으름에 달려있다고 주장한다.[50] 이와 관련하여 그는 분수를 강조하기도 한다. 사람은 자질과 지위와 시절에 따라 분수가 다른데, 자기 업을 즐기고 자기 직에 부지런하며, 몸을 삼가고 과로를 절제하는 것 등이 모두 분수를 지키는 일이라고 보았다.[51] 분수를 지키며 직분에 힘쓰지 않고, 기도하여 복 구하기나 좋아하는 것은 쇠망해 가는 때 패가망신하는 사람이나 하는 짓일 뿐인 것이다.[52]

셋째, 복리사상은 풍속에 대한 방법론적 긍정을 용인한다. 심대윤은 기본적으로 풍속의 교정을 책무로 하는 사士의 입장을 벗어나지 않는다. 복리사상은 사 입장에서 강구된 풍속 교정의 한 방법론이라 할 수 있다. "사람이면서 도가 없으면 금수가 무지한 것보다 못하고, 금수보

49 沈大允, 『福利全書』, 137b~c쪽.
50 沈大允, 『福利全書』, 140c~d쪽.
51 沈大允, 『福利全書』, 141b쪽.
52 沈大允, 『福利全書』, 156a쪽.

다 못하다면 차라리 생명 없는 것이 더 낫다. 아, 백성은 가르침이 없으면 안 된다. 지금 경전의 요지를 취하고 그 표현을 다듬어 알기 쉽게 함으로써 만세의 어리석은 남녀를 위한 진경眞經으로 나침반이 되게 하려 한다."[53]『복리전서』 서문의 이러한 기술은 전형적인 사의식士意識의 발로에 가깝다.

그러나 그의 사의식에는 남다른 면모가 있다. 그는 작금의 풍속에 대해 비분강개하며 변통 없이 꼿꼿한 태도만 견지하는 개사介士와 사태의 경중을 참작하여 취사선택할 줄 아는 지사智士를 구별한 후, 지사의 입장을 자임한다.[54] 그리고 이러한 입장에서, 풍속을 따라가며 상도常道를 회복하고(反經) 사람들과 함께 그 문제를 해결해 갈 것(同濟)을 주장한다. '풍속을 따라가고' '사람들과 함께', 이것은 풍속 교정을 위한 방법으로 먼저 풍속 안으로 들어가 사람들과 같은 입장이 되어야 함을 말한다. 풍속에 대한 방법론적 긍정이라 할 이러한 견해는 「풍속론」이라는 단편 속에서 다음과 같이 쉽고 분명한 비유로 설명되기도 한다.

> 내가 전에 어린 종을 따라 행차하는데 공납 행렬을 만났다. 말 천 필 백 필이 달려가니까 구경하는 어린 아이들 천 명 백 명이 모두 같이 달려간다. 사람들이 달려가는 것을 보고서 어린 종 역시 따라가고 싶어 하더니 갑자기 일어나 뛰어 갔다. 그를 잃어버릴까 싶어 나도 그를 따라갔다. 내가 따라가는 것을 뒤돌아보더니 어린 종은 더 열심히 달려간다. 그치지 않고 달려가다가 지치고 시들해진 후에 불러서 멈추게 하니 그때서야 멈추었다.

53 沈大允, 『福利全書』, 131a쪽.
54 沈大允, 『白雲文抄』 권3 「與柳君夏元書」, 35b쪽.

그림자와 메아리를 따라서 경쟁하듯 내달리는 세상 사람들은 모두 이 어린 종과 같은 것이 아닌가! 그들을 멈추게 하고자 하는 군자들이 나처럼 좇아가며 부르는 이가 적다.[55]

이렇듯 우선 사람들에게 다가갈 것을 주장하는 그의 복리사상은 자연스럽게 네 번째 특성, 즉 풍속의 한 요소인 숙명론을 수용하고 활용하는 데로 이어진다. 복리사상은 윤리와 도덕을 화복 · 이해의 관점에서 설명해 내고, 복리를 위해 근로할 것을 독려한다는 점에서 다분히 계몽주의적이다. 그러나 그것은 인간의 이성과 노력이 돌파하기 어려운 한계 즉 운명을 설정하고, 이를 논리 전개 과정에 중요한 장치로 활용한다는 점에서 신비주의적 성격 또한 적지 않다. 여기에서 운명은 기본적으로 도덕과 복리 사이의 불일치 상황을 설명하기 위해 동원되는 수단이다. 운명은 자질材 · 지위位 · 때時의 세 요소로 구성되는데, 자질은 충서와 격물치지를 통하여 어느 정도 변화가 가능하지만, 지위와 때는 그렇지 않다. 이것들은 천지와 귀신의 작용으로 빚어지는 변화의 법칙, 즉 기수氣數의 영향을 받는 것으로서 인간으로서는 어쩔 수 없는 것이다. 더욱이, 아주 긴 시간대에 걸쳐 진행되는 대기수大氣數는 천지도 극복할 방법이 없으므로 현실을 편안히 받아들이는 수밖에 없다.[56] 복선화음의 이치는 바로 이러한 운명론의 문제점을 보완하기 위한 장치로서 의미를 가지는 것이었다.

요컨대 심대윤의 복리사상은 서민적 실천도덕을 내장하고, 근로와

55 沈大允, 『白雲文抄』 권2 「風俗論」, 40a~b쪽.
56 沈大允, 『論語』, 49c쪽.

분수를 강조하며, 풍속을 방법론적으로 긍정하고, 숙명론을 수용한다는 점에서 세속적이다. 이 몇 가지 성격들이 복리사상의 세속성을 구성하고 특징짓는 요소들이다. 그러나 이것들이 곧 세속성 일반의 필요조건인 것은 아니다. 세속성의 구체 내용은 시대와 지역에 따라 다양하게 구성될 수 있다.

대만의 왕어민王爾敏은 19세기 말부터 20세기 전반기에 걸쳐 산 홍콩의 웡스차오翁仕朝(1874~1944)라는 인물을 사례로 '유학의 세속화'를 논한 바 있다. 그는 평생에 걸쳐 도예道藝를 전습하고 유행儒行을 실천하며, 아동들에게 과거 공부와 문예를 지도하고, 신지식을 탐구하고 세상사를 살피는 등, 유학자로서의 본분을 행하였다. 아울러 세속의 풍교風教를 짊어지고 마을 내부 집단 간의 관계와 일상 의례의 유지를 위해 노력하고, 민간의 수요에 따라 각종 술수를 다루고 향촌의 집사 역할을 담당하였다.[57] 왕어민은 이러한 사례의 연원을 한대漢代 이래로 민간에 흩어져 생활하던 유생들의 전통에서 찾았다. 그들은 비록 군경・제사群經・諸史에 대해 새롭게 발명하는 바도 없고 저술을 남기는 바도 없이 초목처럼 스러져감을 면하기 어려웠지만, 유학 전반에 대한 지식을 쌓고 예법을 지키며 향민의 교화에 힘써 왔다는 것이다.[58]

왕어민이 말하는 세속화는 주변화의 의미를 강하게 함축한다. 박학홍유博學鴻儒의 중앙 무대로부터 소외되어 있던 향촌의 유생들이 그래 왔듯이, 신문명을 향해 내닫던 주류적 추세로부터 떨어져 있던 웡스차

57 王爾敏, 「儒學世俗化及其對於民間風教之浸濡」, 『明清社會文化生態』 제2편, 臺灣商務印書館, 1997, 40~58쪽.

58 위의 책, 39쪽.

오 역시 주변화된 존재들이다. 그들의 존재가 주변화된 만큼 그들의 학문이나 사상 역시 퇴영적인 면이 강하다. 심대윤 역시 가문의 몰락으로 인한 신분적·경제적 낙척落拓 상황에 처해 있었다는 점에서 주변화된 인물임에 틀림이 없다.[59] 그러나 복리사상으로 대표되는 그의 사상·의식에서는 퇴영적인 느낌이 그다지 강하지 않다. 19세기 조선 사회에 폭발적으로 증대한 향촌 유생들의 문집들과 비교할 때, 심대윤의 글에는 비록 거친 표현과 생경한 주장이 들어있기는 해도 저들의 경우에 두드러지는 상투적이고 고루한 느낌이 매우 적다.

심대윤의 복리사상이 세속을 반영했다고 할 때, 그것에 특별히 활력·강인함 등의 긍정적 이미지를 부여한 것은 세속의 어떤 측면인가? 둘을 들어 본다면, 하나는 그가 '세속의 패란世俗之敗亂'[60]이라 했을 때의 사회·문화적 상황 전체이고, 다른 하나는 그중에서도 그의 영리 활동과 관련한 시장의 상황이다. 전자는 학술의 피폐와 풍속의 교란 등으로 구체화할 수 있는 것으로서, 재래의 문제 상황에 기독교(西學)가 유포됨으로써 위기의식이 가중되고, 그 만큼 그의 사의식도 강화될 수 있었다. 후자와 관련해서는, 그가 살던 안성 읍내가 조선의 3대 시장 또는 15개 대시장 가운데 하나로서 상품의 유통뿐 아니라 유기鍮器·주물·갓·목기 등 상품 생산을 병행하는 번화한 곳이었다는 사

59 沈大允, 『白雲文抄』 권3 「東邱子自解」, 56a~b쪽. "오호! 선비가 이때 태어나서 도덕의 광휘와 명성의 발양을 욕망함이 그치지 않는다. 그러나 내가 행세하지 못하는(不齒) 가문에 태어나고 게다가 빈궁하여, 중인衆人들이 함께 욕하고 멀리 내치는 것은 아니더라도, 옛날 일의 여파가 누가 될까 두려워한다. 안으로는 강력한 친척이 없고, 밖으로는 당의 지원이 없다. 기구한 땅에 처하여 때에 거슬리는 도를 지키고 쓸 모 없는 것(不須之具)이나 안고 있으니 고달픔이 당연하구나."

60 沈大允, 『論語』, 104d쪽.

실을 감안할 필요가 있다. 특히 이러한 저잣거리에서의 영리 활동은 안정적인 농촌 환경에서 생활하던 향촌 유생들의 경우와는 물론이고, 박제가나 정약용 같은 학자관료들의 경우와도 다른 특별한 사상적 활력을 그의 복리사상에 불어넣었다고 할 수 있다.

5. 세속화와 조선 유학의 19세기적 미래

심대윤은 복리를 긍정하고, 이익 추구를 정당화하였다. 그리고 사람들 상호 간의 이해 충돌을 고려하여 쟁리爭利를 피하고 여인동리與人同利할 것을 주장하였다. 어떤 면에서 여인동리는 그다지 낯선 주장일 수 없다. 그 말이 당대부터 전해오던 것이라는 점 외에, 공자 이래로 어떤 유학자도 이익 추구를 전적으로 부정했다고 할 수 없고, 그런 한에서 여인동리는 도덕 중심적 세계관을 가지고 있던 유학자들의 불가피한 선택이었다고 할 수 있기 때문이다. 그럼에도 불구하고 심대윤의 복리사상이 주목받을 수 있는 것은 복리와 화해禍害를 선과 악의 구도로 받아들이는 일부의 통념[61]을 거부하고, 복리를 긍정하는 관점에서 일관되게 논의를 구축해 갔기 때문이다.

이렇게 보자면 심대윤의 복리사상이 유학의 틀을 넘어서는가 여부

61 주희朱熹의 제자인 진순陳淳은 이러한 통념이 확산되는 데 중요한 역할을 한 인물이라고 볼 수 있다. 陳淳, 『北溪字義』「義利」. "義利界分, 最要別白分明." 그리고 그러한 통념은 조선의 학자들에게서도 누누이 목격된다. 正祖, 『弘齋全書』 권79 「經史講義」 「孟子四」 「梁惠王」, 11a쪽. "(鄭)晩錫對, 義利二者, 如薰蕕冰炭之不相合, 無論後義先利, 先義後利, 一涉於利, 則便非義理之正也."

의 문제는 고민할 여지도 없는 단순한 문제가 된다. 그는 유교 경전을 최대의 지적 원천으로 삼는 경학자였고, 도덕을 가치판단의 중요한 준거로 삼은 사상가였음에는 틀림이 없었기 때문이다. 그럼에도 불구하고 그가 이익·도덕의 이항대립적 사유를 넘어서 양자의 완전한 상호적 통일을 지향하는 데까지 이름으로써 전통적 의리지변義利之辨의 틀을 벗어날 발판을 마련했다는 사실은 주목할 만하다. 이 문제는 심대윤의 복리사상이 유학적인가 아닌가보다는, 유학적 세계관의 본질은 무엇인가, 유학은 과연 어디까지 확장 가능한가의 문제와 관련하여 숙고할 필요가 있을 것으로 생각된다.

그러면 조선 후기 실학과의 연계 가능성은 어떻게 보아야 할 것인가? 그는 도처에서 실實·실리實理·실리實利를 강조하고, 이와 병행하여 직접적이든 간접적이든 주자학의 이론이나 사상적 지향에 대한 비판적 언급을 적지 않게 남겼다. 이러한 의미에서 심대윤의 복리사상을 실학의 범위 안에 포함시키는 것도 무리는 아니다. 그러나 그것은 종래에 인정되어 온 실학의 두 계열 또는 세 계열 가운데 어디에도 순순히 접맥되지 않는, 세속성으로 요약되는 좀 더 뚜렷한 성격을 띠고 있는 것이었다. 이러한 상황에서 그것을 실학이라고 규정하는 일은 실학사를 좀 더 풍부하게 하는 것 외에, 심대윤의 사상 자체나 조선 후기 사상사 전체를 이해하고 해석하는 데 과연 얼마나 더 의미가 있겠는가?

심대윤의 복리사상에 드러나는 세속적 성격은 유학이 지식 엘리트의 영역을 벗어나 서민적 생활공간과 좀 더 긴밀히 결합되는 과정에서 형성되었다. 그것이 심대윤의 개인적 처지와 경험을 통해서 구체화되었을 것임에는 틀림이 없지만, 그의 처지와 경험 역시 19세기 조선 사회에서 분리된, 예외적이거나 우연적인 것만은 결코 아니었다. 거기에는 분명 그의 개인적 처지와 경험을 사상·이론적으로 일반화할 수 있게 하는 어떤 공통의 환경이 존재했다고 봐야 할 것이다.

아직 그 방향과 정도에서 논란의 여지가 있기는 하지만, 19세기 조선 사회가 산업구조와 신분제를 포함하여 여러 방면에서 변화 과정에 있었음은 부인할 수 없는 사실이다. 사회·문화적 측면에서 그 변화는 서당·양사재養士齋·향교·서원 등의 교육기관이 늘어나고, 한문이든 한글이든 글을 읽고 쓸 줄 아는 식자 계층이 확대되며, 제례를 위시한 유교적 예속禮俗이 양반 계층 너머로 꾸준히 확산되는 방향으로 진행되고 있었다. 학자들 사이에 문집 발간이 폭발적으로 늘어나고, 학맥이 촘촘해지고 비대해 지는 것도 그러한 사회·문화적 변화와 맥락을 같이하는 것이었다. 요컨대 19세기 조선 사회에서 학문으로서의 유학은 지속적으로, 그것도 비교적 빠른 속도로 지반을 확대해 가고 있었다. 유학의 세속화는 그 과정의 한 현상으로서, 19세기 유학사 전개의 새로운 가능성으로 존재했다고 할 수 있다.

참고문헌

『論語』, 『孟子』, 『荀子』, 『周易』, 『墨子』.
董仲舒, 『春秋繁露』.
司馬光, 『資治通鑑』.
蘇軾, 『東坡易傳』.
黎靖德 撰, 『朱子語類』.
陳淳, 『北溪字義』.
李燾, 『續資治通鑑長編』.
李滉, 『退溪先生文集』.
權得己, 『晩悔集僭疑』.
正祖, 『弘齋全書』.
崔漢綺, 『推測錄』.
沈大允, 『沈大允全集』.

임형택, 「19세기 서학에 대한 경학의 대응」, 『동양학국제학술회의논문집』 5집, 1995.
______, 「晩悔經學의 硏究」, 『道山學報』 2집, 1993.
______, 「해제」, 『沈大允全集』 1, 성균관대 대동문화연구원, 2005.
장병한, 「백운 심대윤의 근대성 사유체계 일고찰－19세기 실학 정신과 근대성과의 관련성 파악을 중심으로」, 『한국실학연구』 18호, 한국실학학회, 2009.
허영란, 「1910년대 경기남부 지역 상품유통구조의 재편」, 『역사문제연구』 2호, 역사문제연구소, 1997.

김대길, 『朝鮮後期 場市硏究』, 국학자료원, 1997.

허쉬먼, 앨버트, 김승현 역, 『열정과 이해관계』, 나남출판, 1994.

高橋亨, 「朝鮮の陽明學派」, 『朝鮮學報』 4輯, 朝鮮學會, 1953(다카하시 도오루, 조남호 역, 『조선의 유학』, 소나무, 1999에 재수록).

王爾敏, 『明淸社會文化生態』, 臺灣商務印書館, 1997.
安丸良夫, 『日本の近代化と民衆思想』, 平凡社, 1999.

—2부—

19세기 정치문화와 사회구조의 변동

19세기 지배질서의 변화와 정치문화의 변용*

인정 원망仁政 願望의 향방을 중심으로

배항섭

1. 19세기 민중의식과 정치문화론적 접근

19세기에 빈발한 민란에 대한 대부분의 연구가 민란 발발 배경 가운데 하나로 "의식의 성장"을 지적하고 있다. 그러나 민중의식에 대한 접근방법이나 내용 면에서 설득력 있는 결과를 내놓지는 못하였다. 민중운동의 전개과정을 내재적으로 분석하여 접근하기보다는 생산력의 발전과 경제적 모순의 심화, 신분제의 동요 등 사회경제적 변화를 곧바로 의식의 성장으로 연결시키는 환원론적인 이해가 대부분이기 때문이다.[1] 그것은 당시 사회의 객관적 조건, 특히 사회경제 구성상의 모

* 본고는 『한국사학보』 39집(고려사학회, 2010)에 수록된 논문을 수정・보완한 글이다.

1 농민항쟁을 단순히 경제구조의 반영으로만 설명하는 데 대해서는 망원한국사연구실 19세기농민항쟁분과, 『1862년 농민항쟁』, 동녘, 1988, 27쪽에서 비판이 제기된 바 있다. 경제주의적・환원론적 이해에 대한 비판은 스튜어트 홀, 「문화연구에서 그람시의 적절성」,

순이나 계급구조 분석을 기초로 민중의식을 파악하는 방식이었다.

1990년대에는 그 동안 진전된 향촌사회사 연구를 토대로 단순히 토대반영론적인 시각이 아니라 부세수취체제의 변화나 향촌사회 질서 변화와 관련하여 민중의식을 해명하고자 했다. 예컨대 안병욱은 부세수취에 대응하는 과정에서 연대의식과 대동의식이 형성되어 나간 점을 지적하였다.[2] 또 최근에는 이전 시대에 비해 열려 있었던 정조대의 소원제도가 19세기에 들어 폐색된 것이 민란을 유발시킨 중요한 원인의 하나였다는 견해가 제시되었다.[3] 이러한 견해들은 민중의식을 토대반영론과는 다른 맥락에서 접근할 수 있는 가능성을 보여주고 있다.

민중의식과 관련하여 가장 주목되는 것은 정창렬과 조경달이 제기한 문제의식이다. 정창렬은 지방관리와 대민大民은 물론 '지주화된 기관'으로 전변하고 있던 국가에 의해 민본이념이 허구화하고 있는 데에 항의하며 민본이념의 실체를 채워줄 것을 요구한 것이 민란이라고 이해하였다.[4] 여기서 주목되는 점은 당시 농민들의 의식세계를 지배이념과의 관련 속에서 이해하려 했다는 점이다. 그러나 정창렬은 민본이념이 민중에게 수용되고 그것이 민란의 의식적 기반으로 되어 가는 과정과 논리에 대해서는 구체적으로 분석하지 않고 있다.[5]

『읽을꺼리』 6, 2000 참조.

2 안병욱, 「19세기 민중의식의 성장」, 『1894년 농민전쟁연구』 3, 1993, 250~254쪽.

3 한상권, 『조선 후기 사회와 소원제도』, 일조각, 1996, 4·347~349쪽; 한상권, 「19세기 민소의 양상과 추이」, 『국가이념과 대외인식』, 아연출판부, 2002 ; 하라 다케시, 김익한·김민철 역, 『직소와 왕권』, 지식산업사, 2000, 135~146쪽.

4 鄭昌烈, 「조선 후기 농민 봉기의 정치의식」, 『韓國人의 生活意識과 民衆藝術』, 1983, 55~63쪽.

5 정창렬은 또 다른 글에서 민중의식(평민의식)이 성립되는 배경을 농업생산력의 발전과 상업의 발달, 그에 따른 농민층분화 전개 등 사회경제적 변화에 대응시켜 파악하기도 했다.(정창렬, 「백성의식, 평민의식, 민중의식」, 한국신학연구소 편, 『한국민중론』, 1984, 163~166쪽)

조경달은 최근의 연구에서 국가의 지배에는 폭력만이 아니라 지배에 대한 어떤 합의시스템=조화의 논리가 필요했으며, 조선에서는 그것이 유교적 민본주의였다고 하였다. 그러나 이 민본주의는 덕치德治 내지 인정仁政과 주구誅求 사이의 애매한 위치에 머물렀고, 민의 신분상승과 수령-이향체제에 의한 새로운 수탈체계의 등장으로 애매한 균형은 붕괴되었다. 민란은 스스로 사士의식으로 무장해 나간 민중들이 붕괴된 균형의 복원과 이전 정치문화로의 회귀를 요구하는 것이었다. 나아가 1894년의 동학농민전쟁은 단순히 이전 정치문화로의 복귀가 아니라 유교적 민본주의의 원리에 가탁하여 새로운 "공동성共同性"을 창출한 급진적 변혁시도인 것으로 파악했다.[6] 민중의식을 지배-피지배 간의 조화의 논리, 곧 정치문화라는 맥락 속에서 파악하는 조경달의 견해는 민중의식을 지배이념과 관련하여 파악하려던 정창렬이 단초를 보인 문제의식을 한층 진전시키고 구체화시킨 것이다.

조경달이 "동의를 전제로 한 강제와 사회문화적 컨센서스consensus를 내용으로 하는 헤게모니hegemony 개념과도 관련이 있는 것"이라고 이해한 "정치문화political culture"라는 개념은 정치학에서 먼저 사용된 것이지만, 역사학 분야에 수용되어 확산되는 것은 비교적 최근의 일이다. 이 개념은 1980년대 후반 프랑스 혁명 200주년 기념을 둘러싼 연구에서 베이커K. M. Baker 등이 본격적으로 사용하기 시작하였고,[7] 이후

6 趙景達, 「政治文化の變容と民衆運動－朝鮮民衆運動史の立場から」, 『歷史學硏究』 859 (增刊號), 2009. "공동성"이란 자립할 수 없는 사람들의 집합인 질서공간이고, 소농의 자립은 공동성을 배제하고는 성립할 수 없으며, 공동성을 유지하려는 사람들의 행동에는 집단적 자율성이 추구된다고 하였다.

7 K. M. Baker et al., *The French Revolution and the creation of modern political culture v.1-The Political Culture of the Old Regime*, Oxford : Pergamon Press, 1987. 프랑스 혁명 200주년을 기념하여

E. P. 톰슨 등이 민중문화나 모럴 이코노미moral economy의 다른 표현으로써 정치문화라는 말을 사용하면서 확산되었다.[8]

"정치문화"론은 어떤 사회에서 살아가는 사람들의 정치적 생각과 행동 방식을 다양한 역사적 경험 속에서 형성하고 공유해 나가는 문화적 규범이나 가치관이라는 맥락에서 접근하는 것이다. 여기에는 경제환원론적인 이해에 대한 거부의 의미가 내포되어 있었다. 민중운동이나 민중의식에 대해서도 다만 계급관계나 사회구성상의 모순이라는 측면에서 접근하기보다는 그들의 생각과 행동을 정당화할 수 있는 근거가 필요했다는 시각으로 접근한다.

이 점에서 정치문화론은 민중의식이나 민중운동에 대한 경제환원론적인 억압-저항의 이항대립적 도식에서 벗어나 그것을 보다 넓은 사회적 변화 속에서 파악할 수 있는 단서가 될 수 있다고 생각한다. 정치문화론적인 접근은 지배층과 피지배층 양자 모두의 생각과 행동을 규정하고 양자를 연결해주는 통로역할을 했던 가치관이나 규범에 주목하기 때문이다. 이를 통해 민중운동이 어떤 논리에 의해 발발하고 전개되어 갔는지, 반대로 지배층은 이에 대응하면서 어떻게 지배논리

출간된 이 책은 모두 4권으로 기획 · 출간된 책들 가운데 하나이다. 이 책들이 가진 의미와 여기서 보이는 전통적 해석과 수정적 해석 간의 경합 등에 대해서는 최갑수, 「프랑스 혁명과 근대 정치문화의 창출」, 『프랑스사연구』 1, 한국프랑스사학회, 1999 참조.

8 베이커에 따르면 정치문화란 "어떤 커뮤니티에서 정치를 특징짓는 일련의 담론과 실천을 말하는 것"이며, "개인이나 집단이 서로 정당하게 요구하고 주장할 수 있는 상호 입장을 규정하"고, "역사적으로 창조된 것이며, 정치행동을 지탱하고, 거기에 의미를 부여하고, 따라서 정치행동 과정에서 변형된다"고 하였다. 또 다른 논자들은 정치문화란 아직 완벽하게 정의된 적이 없는 용어이며, 일반적으로는 어떤 집단의 경험, 이해, 과거관, 타자의식에 의해 형성된 이념 · 목표 · 언동의 아말감amalgam을 가리키기는 것으로 받아들이기도 한다.(近藤和彦, 「政治文化 何がどう問題か」, 『國家像 · 社會相の變貌』, 青木書店, 2003 참조)

를 확립해나갔는지를 파악하려는 것이다. 따라서 민중의식에 대한 접근도 권력-민중 간의 복합적인 상호작용이나 민중문화와 지배문화 사이의 교섭과 상호침투 과정 속에서 이해할 수 있다. 또 민중도 권력에 대한 저항이라는 시공간에서만 일시적으로 등장하는 것이 아니라, 국가권력이나 향촌지배층과의 일상적 관계 속에서 이루어지는 넓은 의미의 정치과정에 항상적으로 관여하는 존재로서 재발견될 수 있다. 특히 정치문화를 고정적·정태적인 것이 아니라 역사적 형성물로 파악하기 때문에, 민중의식을 사회경제적·정치적 질서의 변화에 연동된 다이나믹스Dynamics(동역학)이라는 맥락에서 이해하는 데도 유용한 접근방법이다. 이 점에서 '정치문화'는 그람시가 말하는 '상식good sense'과도 닿아있는 개념이다.[9]

"정치문화" 개념을 통해 민중운동과 민중의식에 접근했다는 점에서 조경달의 글은 매우 신선한 문제제기이다. 그러나 한편으로는 동의와 사회문화적 컨센서스가 형성·변화되어 나가는 과정에 대한 검토가 미흡하다고 생각한다. 정치문화는 구체적인 경험 속에서 형성되는 것이고, 내부적·외부적 환경에 따라 새롭게 조정되어 나가는 것이기 때문이다.

본고는 이러한 문제의식을 토대로 민중의식과 정치문화를 향촌지

9 그람시는 대중들의 일상적인 의식이나 통속적 사고를 '상식good sense'이라고 불렀다. 상식은 '전통적인 지혜 혹은 시대의 진실'로서 스스로를 드러내지만, 실제로는 철저하게 역사의 산물이자 '역사적 과정의 일부'이며, 인민 대중의 실천적 의식이 실제로 형성되는 개념과 범주들의 지형, 혹은 이미 형성되어 있으며 '당연한 것으로 여겨지는' 지형이며, 고정되어 있고 비유동적인 것이 아니라, 일상의 삶으로 들어온 과학적 사고와 철학적 견해들로 풍부해지면서 지속적으로 스스로를 변형시킨다고 하였다.(스튜어트 홀, 앞의 글, 177~178쪽)

배층 및 국가권력과 민중의 상호 교섭과 침투를 동반하는 하나의 정치 과정 속에서 파악하고자 한다. 이를 위해 여기서는 조선왕조의 지배이념과 그 실현을 위한 제도와 정책들, 민중의 교육경험 등을 통해 지배권력과 민중 간에 어떠한 논의와 경합이 일어났는지, 그를 지탱한 정치문화에는 어떤 변화가 초래되었는지에 대해 살펴보고자 한다. 이러한 작업은 최근 식민지 시대를 대상으로 이루어지고 있는 "공공성" 논의를 역사적 맥락과 속에서 새롭게 접근할 수 있는 하나의 단서가 될 것이다.

2. 지배 이념으로서의 인정仁政

어떤 체제가 장기적으로 지속하면서, 특히 피지배층들로부터 어려운 삶의 조건들을 인내하고 국역을 부담할 만큼의 "충성심"을 이끌어내기 위해서는 그 사회의 구성원들을 설득하고 지배를 정당화할 수 있는 이념이 공유되어야 한다.[10] 그것은 반드시 근대적인 헌법이나 법령과 같이 전 구성원의 합의를 전제로 하거나 명확하게 공표된 것도 아니었을지라도 말이나 문서 등에 의해 구성원들에 대한 하나의 약속으

10 특히 조선왕조의 경우 서구나 일본, 이란 등과 달리 전사와 농민이 분리되어 있었던 것이 아니라 병농일치적이었다.(러쉬톤 굴본 편, 김동순 역, 『봉건제의 이해』, 민음사, 1996; 조르주 뒤비, 최생렬 역, 『전사와 농민』, 동문선, 1999) 군사적 임무가 하나의 특권이었고, 군사력 장악한 계층이 특권계층이었던 다른 나라와 달리 조선에서는 지배계층인 양반은 오히려 군사적 임무를 수치로 여겨 그로부터 벗어나 있었고, 군사력을 담당한 것은 – 비록 병역 부담의 실역實役은 형해화되었고, 대체로 군포를 납부하는 부담에 그쳤지만 – 오히려 피지배층인 농민들이었다는 사실은 농민에 대한 "헤게모니적" 지배가 불가결하였음을 시사한다.

로서 제시되었다. 물론 피지배층에게 그것을 수용하도록 하기 위해서는 이를 정당화할 수 있는 현실적 정치행위가 뒤따라야 한다. 정치적 담론에만 머물고 실천이 뒷받침 되지 않을 경우 체제의 장기적 지속은 불가능할 것이다.

지배이념과 그에 입각한 정치적 실천이 누적되면서 구성원들 사이에 그것이 수용되면서 어떤 "상식"이 형성되면, 그것은 거꾸로 지배이념과 괴리된 현실을 비판하거나 그에 대한 지배층의 책임을 물을 수 있는 근거로 전유되는 것이 일반적이었다.[11] 이러한 점은 자본주의 국가에서도 마찬가지였다.[12] 이는 곧 피지배층의 의식이나 상식도 지배이념에 의해 규정되지만, 지배이념이나 그에 입각한 정치적 행위도 지배이념을 전유한 피지배층의 의식이나 상식으로부터 자유로울 수 없었음을 의미한다. 이와 같이 지배이념과 그를 전유한 민중의식의 상호관계 속에서 형성된 것이 정치문화였다. 물론 지배-피지배층 간의 상호관계

---

11 유럽 중세에서도 농민들은 새로운 정치적 혹은 도덕적 용어를 만들어 내기보다는 이미 존재했던, 노동의 존엄함이나 농민의 신에게 가까운 존재와 같은, "보편적" 관념이나 언어를 이용하였다. 예컨대 독일농민전쟁에서도 농민들은 그들의 불만을 종교적인 언어로 표현하였다. 이들은 오직 신만이 정당하게 사람을 소유할 수 있고 신만이 유일한 주인이 된다고 말하며 수도원의 인신적 지배에 저항했다.(Paul Freedman, *Images of the Medieval Peasant*, Stanford University Press, 1999, pp.283~300) 또 신비주의운동도 그것이 정통파든 이단파든 항상 지배이데올로기의 원천이었던 복음서나 교회의 설교에 근거를 두었으며, 그런 점에서 그것은 혁명적 이데올로기는 아니었지만, 그에 입각하여 사유재산에 대한 단죄와 사도적 생활의 권장, 혹은 재산을 공동의 소유에 둘 것 등을 훈계하였다.(Michel Mollat・Philippe Wolff, 瀨原義生 譯, 『ヨーロッパ中世末期の民衆運動－青い爪, ジャック, そしてチオンピ』, ミネルヴァ書房, 1996, 317~319쪽) 일본 근세사회의 백성일규를 연구한 화이트도 엘리트들은 박애, 호혜주의, 그리고 공동체 복지, 검약, 겸손, 그리고 근면의 가치를 제안하였지만, 빈민들은 그것을 부유한 자들에 대한 공격을 정당화하는 기제로서 이용하였다고 하였다.(James W. White, *Ikki-Social Conflict and Political Protest in Early Modern Japan*, Cornell Univ. Press, 1995, pp.112~121)

12 James C. Scott, *Weapons of the weak-everyday forms of peasant resistance*, Yale University Press, 1987, p.339.

속에서 이루어지는 정치 과정과 연동되면서 정치문화도 지배-피지배층 간의 상호 교섭과 침투를 수반하면서 변화해나갈 수밖에 없었다.

조선 왕조를 개창한 건국 주체세력이 내세운 지배 이념은 민유방본民惟邦本(민본)과 인정仁政이었다. 인정 내지 덕치德治는 민본·위민爲民 정신에 입각해서 백성에 대한 애정을 통치윤리 내지 통치수단으로 삼는 것으로,[13] 민본의 내용을 채우는 정치적 실천 행위라는 의미를 가진다. 태조 이성계는 왕위에 등극한 직후 백관들에게 "자애로 백성들을 무육撫育하기를 힘써야 할 것이니, 이것이 곧 인정仁政"이라 하였고[14] "백성들을 근심하는" 정사政事로서 인정을 강조하였다.[15] 태조가 내세운 이 명분은 조선 왕조 후기까지도 이어져 태조의 위화도 회군은 "폭정을 대신하여 인정"을 하기 위한 거사로 기억되었다.[16]

덕정德政으로 표현되기도 한[17] 인정은 소원제도와 휼형제도를 일층 정비한 영·정조 연간에 더욱 강조되었다. 인정은 곧 왕도를 행하는 길이자[18] 정치의 근본이고,[19] "사私"가 아니라 오직 "공公"에 의해서만 온전해질 수 있다는 점을 강조한[20] 이 시기에 거론된 인정의 구체적 내용은 난장으로 도둑을 다스리는 형정을 제거하는 것,[21] "기근이 들면

---

13 한영우, 「정도전의 정치개혁사상」, 『창작과비평』 통권 26호, 1972 겨울, 790쪽. 유가에서 말하는 仁은 모든 사람의 생명 속에 내재해 있고, 또한 모든 가치의 근원이며, 道德本心이다.(천병돈, 「선진유가의 仁」, 『양명학』 12, 2007 참조)

14 『태조실록』, 태조 1년 10월 11일.

15 『태조실록』, 태조 2년 2월 15일.

16 『영조실록』, 영조 25년 3월 13일.

17 『영조실록』 부록, 영조 대왕 行狀.

18 『영조실록』, 영조 38년 4월 2일.

19 『정조실록』, 정조 7년 3월 1일.

20 『승정원일기』, 고종 14년 3월 4일.

21 『영조실록』, 영조 46년 6월 18일.

진휼하고, 인재 등용과 민막民瘼 조사, 요역徭役을 가볍게 하고 휼형恤刑을 베푸는 것” 등이었다.[22] 또 인정은 반드시 민생들의 항산恒産으로부터 시작된다는 점이 강조되었다.[23] 특히 “농자천하지대본農者天下之大本”이라 하였듯이 농사가 가장 중요했는데, 그것은 나라의 근본은 백성에게 있고(國之本在民) 백성들의 하늘은 식량에 있기(民之天在食) 때문이었다.[24] 이것은 “먹을 것을 달게 여기고, 입을 것을 아름답게 여기며, 생업에 편안해 하고, 풍속을 즐겁게 여기는 것은 다 같은 인정人情이다”라고 한 데서도[25] 확인되듯이 민이 가진 생활인으로서의 속성을 수용한 현실적 인식이었다.

인정의 반대는 학정虐政 내지 폭정이었으며, 침학지정侵虐之政, 탐학貪虐, 침폭侵暴, 도탐학렴饕貪虐斂 등으로도 표현되었다. 대표적인 학정은 정해진 조세와 이외의 수탈이나 강압에 의한 수탈, 곧 가렴주구였다.[26] 또 반정反正을 통해 중종이 왕위에 오른 다음에는 연산군의 정사가 폭정으로 규정되었고,[27] 인조반정 이후에는 광해군의 정사가 폭정으로 규정되었다.[28]

인정은 정사를 이끌어 가는 기본 준칙이 되었으며, 모든 정사는 인정 여부를 기준으로 그 옳고 그름이 판단되었다. 민본과 인정은 조선 왕조가 존립할 수 있는 근거가 되는 지배이념이었고, 관리들이 정사政

---

22 『弘齋全書』, 제26권 綸音 1.
23 『정조실록』, 정조 2년 윤6월 23일.
24 『영조실록』, 영조 7년 1월 5일.
25 『일성록』, 철종 8년 1857년 5월 10일.
26 예컨대 『인조실록』, 인조 7년 윤4월 20일; 인조 25년 4월 5일; 『정조실록』, 정조 6년 4월 15일; 『고종실록』, 고종 17년 11월 11일 등 참조.
27 『인조실록』, 인조 12년 7월 14일, 인조 7년 윤4월 20일.
28 『중종실록』, 중종 12년 10월 6일.

事를 베푸는 규범적 실천논리였다. 물론 조선왕조의 통치행위가 인정 혹은 덕치에 의해서만 이루어진 것은 아니었다. 맹자도 법치보다 덕치를 중요하게 생각하면서도 '선善'만으로는 다스릴 수 없다고 하였듯이,[29] 조선 왕조에서도 통치행위는 덕치에 의해서만 이루어진 것은 아니었다. 덕치와 함께 법치가 병행되었다.[30] 또한 모든 피지배층이 그 이념을 수용하거나 동조한 것은 아니었고, 그것이 피지배층의 생활 속에 항상 관철되었던 것도 아니었다. 국왕이나 왕실부터 민인들을 단지 수탈의 대상으로 여겼으며, 관리들은 "백성들의 부모"가 아니라 오히려 원수였다.[31] 사족들도 역시 마찬가지였다.[32]

그러나 민본과 인정을 지배이념으로 내세운 이상, 그에 대한 외면이나 방기는 피지배층의 원망과 항의를 초래하였으며 때로는 국가의 존립을 위태롭게 하기도 하였다. 그것은 누구보다 지배층 스스로가 잘 알고 있었다. 1862년 민란이 발발하기 5년 전 당시의 우의정 조두순趙斗淳은 인정을 배반한 탐묵貪墨이 "마침내 민民과 국國을 둘로 나누"게 할 것이며 나라에 화가 되어 요원의 불길처럼 하늘을 뒤덮을 것임을 경고했다.[33] 여기서 지배층도 탐묵이 없는 정사, 즉 인정을 민과 국이 일체가 되는 조건, 민이 지배를 수용하고 조선왕조를 자신의 나라로 받아들이는 조건인 것으로 이해하고 있었음을 알 수 있다.[34] 이것은

---

29 여기에 대해서는 심재우, 「동양의 법사상의 재조명」, 『동아법학』 23, 1997 참조.

30 조선왕조의 법치와 덕치에 대한 최근의 연구로는 이석규, 「조선초기 응지상소에 나타난 제도론」, 『조선시대사학보』 39, 2006; 최진덕, 「주자학적 예치의 이념과 그 현실」, 김상준 외, 『유교의 예치이념과 조선』, 청계, 2007 참조.

31 李瀷, 『星湖僿說』 8 人事門 生財.

32 국왕, 왕실, 관리, 사족에 의한 수탈상에 대해서는 김태영, 「한국 중세사에서의 국가체제와 농민」, 『인문학연구』 1, 경희대 인문학연구소, 1996 참조.

33 『일성록』, 철종 8년 1857년 5월 10일

또한 인정이 베풀어지는 한 피지배층 측에서도 지배를 거부하지 않을 것이라는 이해와 닿아 있는 것이기도 했다.

지배이념으로 제시한 민본과 인정이 피지배층에게 수용되기 위해서는 그것이 제도화되어야 했다. 그를 통해 피지배층을 설득할 수 있을 정도로 그 내용을 채워나가야 했고, 지배층 스스로 실천해나가는 모습을 보여야 했다. 조선왕조는 유교적 소양에 대한 시험을 통해 지배이념을 충분히 습득한 자들로 관리들을 충원했으며, 각종 법규와 제도에서 인정을 실현하려는 의지를 드러냈다.[35] 다양한 청송제도와 소원제도를 마련하여 억울함을 풀어주고자 한 것도 인정을 실현하고자 하는 노력의 하나였음은 물론이다.

이러한 정치이념의 표방은 단순한 수사나 허위의식에 그치는 것이 아니었다. 국왕과 지배층은 끊임없이 인정이 가진 지배이념으로의 중요성과 막중한 의미를 스스로에게 재심문하였고,[36] 관리들도 인정이 정사의 핵심임을 거듭 확인하였다. 예컨대 17세기 초 이원익이 목천현감으로 부임하는 조카에게 수령으로서 지켜야 할 일을 훈계하며 보낸 편지의[37] 핵심 내용은 인정과 공평무사한 일처리였다. 이러한 규범과 실천윤리는 사족들의 일상생활 속에서도 강조되었다. 17세기 중반

34 1894년 동학농민전쟁 직전 영의정 심순택沈舜澤이 난민亂民들이 소란을 일으키는 것은 모두 관리와 백성이 서로 믿지 못하는 결과이며, 만일 탐오하는 관리를 엄하게 징계하지 않는다면 앞으로도 고을마다 소란이 그칠 날이 없을 것이라고 경고한 것도 마찬가지 맥락에서 이해된다.(『고종실록』, 고종 31년 2월 30일)

35 한 예로 인정仁政은 최하층 신분이었던 노비에게까지 미쳤다. "입역入役하는 비婢가 임신하였을 경우에는 해산 전에 한 달, 해산 후에 50일 휴가를 주고, 그 남편에게도 해산 후에 15일의 말미를 준다"는 규정이 있다.(『經國大典』 刑典, 公賤)

36 『세조실록』, 세조 4년 11월 5일; 『영조실록』, 영조 47년 11월 13일.

37 李元翼, 「李相國梧里戒其甥李德沂書」. 정구복, 『고문서와 양반사회』, 일조각, 2002, 122~127쪽에 번역문이 실려 있다.

윤선도가 남긴 가훈에는 하층민에 대한 "어진 행위"가 제1의 급무로 지적되어 있다. 또 가난한 노비에게는 신공을 감해줄 것, 노비의 의식을 넉넉히 해 줄 것, 윗사람의 도는 오직 너그러움이 바탕이 되어야 한다는 점 등[38] "인정"의 또 다른 표현이라고 할 수 있는 "덕의德義"가 가家차원의 실천윤리 내지 규범으로서 강조되고 있다. 17세기 후반의 이유태 역시 "다른 사람의 위급한 사정을 불쌍히 여기지 않고 잘 갚을 사람만 골라 빌려주게 되면 이것은 궁핍한 사람을 구휼하여 도와주는 도리가 아니다"는 정훈을 남겼다. 이유태는 또 곡식이 쌀 때 사두었다가 비쌀 때 내다 팔아 그 이윤으로 일용日用에 보태거나 밭을 사도 좋다고 하면서도, 그 한도를 지킬 것과 여유가 있더라도 다른 사람에게 빌려주어 이자를 받는 일은 절대로 해서는 안 된다는 것을 강조하였다. 의義에 해가 되기 때문이라는 것이다.[39] 이러한 덕의의 규범은 1908년 『상학계商學界』에 실린 바, '치부격언致富格言' 18개조 가운데 "무익無益한 사事에는 결코 재낭財囊의 구口를 개開치 말라", "재화로 하여금 낭저囊底에서 부패케 말(운용하야 이익을 생生케함이 제일이다)" 것을 강조한 이익추구의 가치관과는 성격이 전혀 다른 것이다.[40] 이와 같이 인정에 입각한 일련의 정치적 행위나 가훈의 실천은 규범과 가치를 재생산하고 내면화해 나갔으며, 이는 곧 민본과 인정, 덕의德義가 하나의 정치문화로 형성되어 가는 과정에 다름 아니었다.

---

38 위와 같음, 128~133쪽. 이러한 '정훈'은 널리 퍼져 있었고, 19세기 후반까지도 이어졌던 것으로 보인다. 영남 유생 배찬裵瓚(1825~1898)은 집안의 노복이나 고아雇兒들을 은의恩誼와 대의大義로서 대하고, 음식도 그들과 같은 것을 먹어야 한다는 '정훈'을 남기도 있다.(『錦溪先生文集』(영인본), 경인문화사, 1995, 375쪽)

39 李惟泰, 「政訓」, 이해준 편, 『초려 이유태의 향약과 정훈』, 신서원, 1998, 257 · 299쪽.

40 「致富格言」, 『商學界』 2, 1998.2, 14쪽.

3. 교육경험과 신분상승을 통한 유교문화의 확산

민중의 교육경험은 조선 초기부터 이른바 교화를 위해 실시된 관학에 의해서도 일부 이루어졌다. 조선 중기부터는 면 단위마다 훈장을 두고 동몽들을 가르치기도 했다.[41] 그러나 18세기 후반에 평민층이 대거 서당을 운영할 수 있는 기틀을 마련하면서 본격적으로 확대되었다.[42] 『동몽선습』의 언해본의 출간을 비롯하여 평민들을 위한 교재가 본격적으로 선보였고,[43] 평민 출신의 훈장이 등장하였으며, 사족들도 이를 권장했다.[44] 사족들 가운데서도 평민들을 위해 서재를 짓고 직접 교육하는 사례도 나타났고, 곡식을 거두어 계를 조직하고 훈장을 모셔서 교육하기도 하였다.[45] 서당은 19세기에 들어 더욱 확산되었다. 19세기 탐관오리의 부정부패를 고발하는 장편 가사인 「거창가」에는 다음과 같이 당시 서당의 실태를 묘사하였다.

> 여리에도 모두 서당을 두어 십실잔동十室殘洞이라도 오히려 현송弦誦을 들을 수 있습니다. 일곱 살 배기 아이도 오히려 공맹을 외우니 그 애친충군의 마음은 조야를 구분할 필요가 없으며, 아울러 예에도 통달해 있습니다.[46]

과장된 표현이겠지만, 유교의 충효사상과 예학이 조야, 노소를 구분

---

41 김무진, 「조선 후기 서당의 사회적 성격」, 『역사와 현실』 16, 1995, 230~232쪽.
42 권오석, 「서당교재에 관한 서지적 연구」, 『서지학연구』 10, 1994, 941쪽.
43 위의 글, 945·961~965쪽.
44 김준형, 『조선 후기 단성사족층 연구』, 아세아문화사, 2000, 145~146쪽.
45 위의 책, 215쪽.
46 조규익, 『거창가—봉건시대 민중의 저항과 고발문학』, 월인, 2000, 191쪽.

할 것 없이 내면화해나가고 있었음을 엿볼 수 있다. "유교의 대중화"라고 할 만한 시대상으로 읽힌다. 실제로 관직 등요에 신분 차별이 없어진(1882년) 다음이기는 했지만, 1887년 비교적 사족의 지배력이 약했던 강원도 정선 군수로 부인한 오횡묵이 조사 한 바에 따르면, 정선 읍내에서 실상이 파악되는 마을 2개동(95호)에 설치된 서당은 4개, 학동수는 110명에 달하였다. 1호당 1명 이상의 학동이 서당에서 교육을 받고 있었음을 알 수 있다.[47]

또한 유학자들에 의해 소학이 대중적으로 보급되었고 동몽서의 편찬도 활발해졌다. 서당교육의 교학이념은 무엇보다 『주자가례』와 『소학』이 제시하는 예교禮敎를 향촌사회에서 실현하는 것이었다.[48] 교재는 고급 경전류보다는 주로 『천자문』, 『동몽선습』, 『통감』, 『소학』 등 유학을 접근하기 위한 초보적 교재나 초급적인 계몽서였다.[49] 19세기 후반에는 주로 척사론적 입장에 있던 유학자들이 보통교육론을 제기하면서 서구사상의 위협을 유교적 교화를 통해 막으려는 의도에서 귀천에 구분 없이 유교적 소양을 가르치고자 하였다. 이들은 노비신분도 당대에 한해야 한다거나, 토지가 백성들에게 분배되어 온 역사적 전통을 분명히 하는 한편 사회적 지위는 귀천으로 나누어지는 것이 아니라 덕德에 의해 나누어진다고 역설하였다.[50]

1884년에 나온 박재형의 『해동속소학海東續小學』은 효에 중점을 둔

---

47 정선문화원 편, 『국역 정선총쇄록』, 경인문화사, 2002, 67·97~99쪽.
48 정순우, 「18世紀 書堂硏究」, 韓國精神文化硏究院大學院 박사논문, 1985, 12쪽.
49 이만규, 『조선교육사』, 을류문화사, 1947, 250쪽.
50 노관범, 「19세기 후반 청도 지역 남인학자의 학문과 『소학의』 대중화」, 『한국학보』 104, 2001; 구희진, 「19세기 중반 유자들의 보통교육론과 동몽서 편찬」, 『역사교육』 92, 2004.

『소학』과 달리 군신관계와 충忠에 중점을 두었다. 특히 관리의 도리로서 절의를 지키면서 국왕을 바르게 이끌 수 있는 강직한 기상을 중시하였다. 아울러 사士뿐만 아니라 백성, 노비의 선행에 대해서도 언급하여 모든 신분의 사람이 사의 윤리를 보편윤리로 체득하는 것을 목표로 하고 있었음을 보여준다.[51] 이러한 과정을 통해 가례나 충효 등 유교적 규범과 가치가 확산되었고, 이를 통해 평천민들에게도 유교적 규범과 실천윤리가 내면화되어 갔을 것으로 보인다.

한편 교육경험의 확대와 병행하여 평천민들의 신분상승도 이루어졌다. 이들은 족보 위조나 호적대장상 직역을 상위 신분으로 바꾸는 등 다양한 경로를 통해 신분을 상승시켜 나갔다. 평민의 경우 신분상승을 하더라도 18세기 말까지는 대개 중인층에 머물러 있다가 19세기에 들어오면서 유학 등의 호칭으로 직역을 바꾸면서 호적상 양반 신분으로 상승해나가는 것이 일반적이었다. 물론 호적상 직역이 양반신분으로 바뀐 것만으로 향촌사회에서 사족으로 대접받을 수 있는 것은 아니었다. 사회적으로 온전한 대접을 받기 위해서는 양반들의 사회생활이나 관습의 체득, 문중과 동성촌락의 구성 등 다양한 조건들이 구비될 필요가 있었기 때문이다.[52] 따라서 호적상 유학이 되었다 하더라도 동계에는 노비와 함께 「서민적庶民籍」에 기재되는 등 여전히 향촌사회에서의 위세는 취약하였다.[53] 그러나 신분을 상승시켜간 평민층은 중

51 구희진, 위의 글, 172·184·189~190쪽. 또한 여기서는 대외적 위기가 교육의 내용을 효보다 충을 우선시하는 한편, 신분적 차별이나 경제적 차이를 해소하는 쪽으로 향하게 하였음을 엿볼 수 있다.
52 김성우, 「18~19세기 '지배양반' 되기의 다양한 조건들」, 『대동문화연구』 49, 2005 참조.
53 김준형, 앞의 책, 133쪽.

서층中庶層과 함께 이른바 신향층新鄕層을 형성하면서 구래의 사족들의 권위에 도전해 나갔고, 향촌사회에서 지위도 점차 공고해져 갔다. 그 때문에라도 이들은 일상생활 속에서 양반층의 생활문화를 체현해 나가야 했다.

뿐만 아니라 19세기가 되면 호적상 유학으로 신분상승을 하지 않았던 평민층이나 노비들까지도 양반층의 가족문화를 수용해나가는 현상이 나타났다. 최근 경상도 단성 지역을 분석한 권내현의 연구에 따르면, 16세기부터 입양의 흔적이 발견되지만, 입양이 보편화되는 것은 유력양반의 경우에도 종법질서에 입각한 가족제도가 형성되기 시작한 17세기, 여타 양반층은 18세기를 기다려야 했다. 이러한 변화는 곧 이어 서계庶系나 경제적으로 여유가 있는 중인층으로 파급되었고, 18세기 후반 이후 경제적으로 성장한 일부 평천민들도 가계계승을 위한 입양을 수용해 갔으며, 19세기와 근대시기를 거치며 부계 중심의 가족질서는 더욱 확산되어 갔다.[54] 노비의 경우에도 19세기 전반이 되면 가계계승을 위해 입양하는 사례가 나타나며,[55] 사실상 노비가 사라지는 1920년 단계가 되면 노비출신들의 가계 계승욕구나 상례 관습도 양반들의 그것에 근접하게 된다.[56] 이러한 사정은 늦어도 19세기 이후에는 노비들 가운데도 양반의 가족의례를 모방하는 경향이 확산되고 있었음을 보여준다.[57]

---

54 권내현, 「조선 후기 입양의 확산 추이와 수용 양상」, 『역사와 현실』 73, 2009 참조.

55 이영훈, 「18·19세기 대저리의 신분구성과 자치질서」, 안병직·이영훈 편, 『맛질의 농민들』, 일조각, 2001, 267~268쪽.

56 김필동, 「한말~일제하까지 촌락의 신분관계의 변화－전남 구례군 오미동 류씨가의 사례」, 김귀옥 외, 『한국사회사연구』, 나남출판, 2003, 163~164쪽.

57 이미 18세기 후반에 "여항閭巷 하천下賤들의 복식服飾이 분수에 넘치"고,(『정조실록』, 정

서당을 통한 유교교육의 확산과 가례의 생활화는 곧 조선왕조가 유교적 통치이념을 표방한 유교적 규범과 실천윤리가 그만큼 보편화하고 있었음을 보여준다. 그러나 유교윤리의 내면화는 단지 지배층의 의도, 곧 평천민을 교화시켜 기존의 지배체제에 순응케 한다는 의도대로만 귀결된 것은 아니었다. 앞서 언급했듯이 그것은 피지배층이 지배이념을 전유함으로써 지배층의 사회적 정치적 행동을 심문할 수 있는 계기가 될 수도 있기 때문이다.

이러한 모습은 우선 19세기 상인商人 출신의 유학자 심대윤沈大允(1806~1872)을 통해 엿볼 수 있다. 안성 읍내에서 상업商業・목공木工・약방藥房 등을 경영하면서도 사서 등을 읽으며 학문을 병행하여 스스로 사士의식을 강화해나가며, 유교가 '통속화'하는 과정의 일단을 보여주는 것으로 이해되는 인물이다.[58] 심대윤이 보여주는 사士에 대한 인식은 '통속화' 해나간 유교가 평민들에 의해 전유되는 모습을 잘 보여준다. 그는 당시 사의 문제점을 다음과 같이 지적하였다. "① 고지식하고 진부하여 물정을 모른다. ② 성性이 나면서부터 귀해서 사람을 멸시한다. ③ 말이 경박하고 번지르르하고 허황하여 신의가 없다. ④ 체면치레와 자잘한 절차가 까다롭고 엄해서 민民들이 가까이 하지 않는다. ⑤ 근골이 나약하여 추위와 더위, 기갈과 비바람을 참지 못한다. ⑥ 사물에 대해 잘 알지도 못하고 기예도 없어서 어디에도 쓸 데가 없다. ⑦ 평소에 민

조 즉위년 11월 19일) 19세기 후반이 되면 관혼상제나 복식과 저택에도 상하귀천의 법도가 없어졌다는(『승정원일기』, 고종 14년 3월 4일) 개탄이 나오는 것은 바로 그러한 시대상을 표현한 것이었다.

58 김문용, 「沈大允의 福利思想과 유학의 통속화」, 고려대 민족문화연구원 HK한국문화연구단 19세기연구팀, 『문화로 읽는 19세기』, 2009(발표문) 참조.

에게 원망을 사서 민이 보복하려 한다."[59] 사에 대한 심대윤의 평가에서 강조해 두고 싶은 점은 사가 사로서 마땅히 갖추어야 할 덕목을 가지지 못한 현실을 사의식을 갖춘 평민이 준엄하게 비판하고 있다는 것이다.[60]

지배이념이 피지배층에 의해 지배층을 비판하는 무기로 전유된 가장 극적인 사례는 동학농민전쟁을 알리는 「무장포고문」을 통해 엿볼 수 있다.[61] 「무장포고문」의 내용은 1896년에 일어난 의병의 격문과 구별이 불가능할 정도로 유교적 언어로 가득 차 있다. 그 첫머리는 『동몽선습童蒙先習』 서문의 첫문장, "天地之間萬物之衆에 惟人이 最貴하니 所貴乎人者는 以其有五倫也라 然卽 父慈子孝하며 君義臣忠하며 夫和婦順하며 兄友弟恭하며 朋友輔仁然後에야 方可謂之人矣니라"라는 구절과 매우 유사하다. 포고문에는 부부, 형제, 붕우에 대한 윤리가 빠져 있고, 군신, 부자간의 의리에 대해서만 명시하되, 그 순서가 『동몽선습』과 달리 군신의 의리가 부자간의 의리의 순서가 바뀌어 군신간의 의가가 부자간의 의리에 앞서 언급되고 있는 점에서 차이가 있다. 지배체제의 문란에 따른 총체적 위기상황이 군신관계를 핵심요소로 하는 국가라는 공동체에 대한 관심을 증대시키고 있었음을 엿볼 수 있다.[62]

---

59 「白雲文抄」 自警文, 『沈大允全集』 (1), 27쪽. 심대윤과 그의 문집 내용에 대한 소개는 임형택, 「심대윤전집 해제」, 『沈大允全集』 (1), 성균관대 대동문화연구원, 2005 참조.

60 19세기에 들어 평민인 화가나 아전 등이 편집한 『호산외기壺山外記』, 『이향견문록里鄕見錄』, 『희조질사熙祖軼事』 등에는 학행 · 덕행 · 충효 면에서 사대부에 비해 전혀 손색이 없거나 오히려 뛰어난 평천민들을 소개하고 있다.(허진경 편역, 『평민열전』, 웅진북스, 2002; 유재건, 실시학사 고전문학회 역, 『이향견문록』, 글항아리, 2008) 여기에도 사의 품격과 덕목을 갖춘 평천민들의 시선으로 사士답지 못한 사족을 비판한다는 의식이 개재되어 있었다고 생각한다.

61 「隨錄」 「茂長縣謄上東學人布告文」, 『東學農民戰爭史料叢書』(이하 『총서』) 5, 157~159쪽; 「茂長布告文」, 『東學亂記錄』 上, 142~143쪽; 「梧下記聞」, 『총서』 1, 52~54쪽.

앞서 언급했듯이 『동몽선습』은 천자문을 익힌 학동들이 바로 다음 단계로 배우던 교재이다. 일설에 의하면 전봉준 역시 고부에서 학동들을 모아 『동몽선습』을 비롯한 초보적 교재를 가르치기도 했다.[63] 『무장포고문』의 앞머리에서 유교적 교양에 초보적인 인물들에게도 매우 익숙한, "상식"화하여 있던 구절을 내세운 것은 자신들이 거의擧義한 정당성을 유교적 이념에 입각하여 명확히, 또 널리 알리려는 의도에서 나온 것으로 보인다. 운동의 지도층은 그들의 연설이나 명령이 다수 민중의 심성에 합치하고 있을 때 비로소 그들을 동원할 수 있으며, 그들로부터 권위를 부여받을 수 있다는 것을 인식하고 있었기 때문이다. 따라서 지도부에서 작성하고 발포한 문건일지라도 거기에는 나반 지도부의 생각만이 아니라, 많은 사람들의 이해를 고려한 요구조건이나 목표가 제시되었으리라는 점은 쉽게 추측이 간다. 「무장포고문」 발포 이후 농민군의 수가 지속적으로 증가한 점 역시 「무장포고문」이 민중의 의식을 외면하지 않았음을 의미한다. 르페브르가 말한 심적 상호작용과 유사한 이러한 과정을 통해 「무장포고문」은 개개의 민중들에게 운동의 목표를 선명히 하고 의식을 공유하는 데 영향을 미쳤을 것으로 생각된다.[64] 이러한 사정은 유학의 초심자들이 익히는 『동몽선습』 정도의 유학적 소양은 이미 적지 않은 하층민들에게도 하나의 "상식"으

62 이는 농민군들의 거의擧義가 국가의 존망과 관련된 일이었기 때문인 것으로 생각되지만, 앞서 언급한 『해동속소학海東續小學』과 마찬가지로 대외적 위기의식이 반영된 것으로 보인다. 민중들이 지배이념을 수용하면서도 자신들의 시국에 대한 감각과 이해에 따라 전유하고 있었음을 보여준다.

63 菊池謙讓, 『朝鮮近代史』, 계명사, 1939; 역사문제연구소 동학농민전쟁백주년기념사업 추진위원회, 『동학농민전쟁연구자료집』 (1), 여강출판사, 1991, 171쪽.

64 G. 르페브르, 김기실 역, 『혁명적 군중』, 한그루, 1983, 45쪽.

로 정착되어 있었고, 농민군은 그 상식에 의지하여 지배층의 비판하고 인정을 회복하려는 자신들의 행동을 정당화해나가고 있었음을 의미한다.

4. 사족의 몰락과 새로운 질서의 요구

18세기에 들어 한편에서는 관에서 주도하는 향촌사회 통제책이 시행되었고, 19세기에는 수령-이향지배체제라는 새로운 향촌사회 지배체제가 확립되었다.[65] 사족들의 향촌 지배력은 현저히 떨어졌으며, 사족이 향촌질서를 유지해나가는 핵심 기구의 하나였던 향청의 직임이 오히려 비천한 직위로 전락하였다.[66] 이러한 원인은 사족에게도 책임이 있었다. 앞서 언급한 심대윤의 지적처럼 사족이 사士로서의 본분을 다하지 못하고 있었기 때문이다. 수령권을 강화한 정조가 국왕 중심의 국정운영을 구상하는 데도 기본적으로 사족에 대한 부정적인 인식이 자리 잡고 있었다.[67] 정조는 사족층을 대표하는 산림山林에 대해서도

---

65 이에 대해서는 김인걸, 「조선 후기 향촌통제책의 위기」, 『진단학보』 58, 1984; 김인걸, 「19세기 전반 관주도 향촌통제책의 위기」, 『국사관논총』 6, 1989; 고석규, 「19세기 전반 향촌사회 지배구조의 성격」, 『외대사학』 2, 1989; 고석규, 「19세기 농민항쟁의 전개와 변혁주체의 성장」, 한국역사연구회 편, 『1894년 농민전쟁연구』 1, 역사비평사, 1991 참조.

66 고석규, 위의 글, 1989, 98~99쪽.

67 여기에는 소농의 성장과 그들을 보호하려는 국왕들의 의지도 반영되어 있었다. 18세기에는 다양한 목민서들과 법률지침서들도 많이 편찬되었다. 민정民政 및 법률지침서의 적극적인 편찬은 한편으로 지방사회 운영에 대한 중요성이 강조되고, 지방사회를 효과적으로 통제하려는 목적 때문이었다.(심재우, 「조선 후기 목민서의 편찬과 수령의 형정운영」, 『규장각』 21, 1998, 89~91쪽) 그러나 대부분의 '목민서牧民書'들이 소농보호를 강조하고 있었다는 데서도 알 수 있듯이 거기에는 소농들의 사회적 성장이 반영되어 있다고 생각한다. 또 영조연간(1771년)에 편찬된 『동국문헌비고』의 「전부고田賦考」를 분석한

붕당을 양성하여 쓸데없는 분란만 야기하는 존재로 인식하고 있었으며, 사족에 대해 국가를 함께 이끌어 갈 주체로 생각하기보다는 오히려 국가운영의 방해자로 인식하고 있었다.[68]

사족이라 하더라도 중앙권력을 장악한 핵심세력의 지원이 없이는 관직도 별 의미가 없었다. 중앙권력에 배경이 없는 지방관은 부임과 교체가 잦았고, 관직이 없이 지내는 기간이 길었다. 향리층도 이들에 대해 농간을 부리기 쉬운 존재로 받아들여졌으며, 그 때문에 쫓겨나는 사태도 적지 않았던 것으로 보인다.[69] 19세기에는 이보다 더 심했다. 암행어사가 행차했을 때 파척罷斥된 수령의 태반은 세력이 없는 음관蔭官들이고, 현달한 벌족은 열에 한두 명도 없는 실정이었다.[70] 단성의 김인섭은 1844년(20세) 문과에 급제하여 별검, 전적, 정언, 지평 등 중앙의 요직을 거쳤으나, 안동 김씨 세도권력이 전횡을 일삼던 19세기 중반 남인 출신의 그에게 관직은 별의미가 없었다. 출사는 잠시였고 대부분은 상경과 귀향을 반복하는 삶이었다. 오히려 서울에서 관직 생활을 하는 동안 그는 재산을 잠식하였다. 이에 그는 1858년 관직을 버리고 귀향하고 만다. 이후 그가 단성민란을 주도한 사실은 잘 알려져 있다.[71]

송양섭에 따르면, 내용의 주종은 부세감면 및 균등화 조치, 농업 및 농민보호에 있었으며, 이는 중간수탈을 배제하고 민에 대한 부담을 줄여주고자 한 당시의 각종 시책과 관련이 있다고 하였다.(송양섭, 「『東國文獻備考』「田賦考」에 나나난 사회경제정책과 이념」, 『진단학보』 106, 2008)

68 우인수, 「18~19세기 산림의 기능 약화와 성격 변화」, 『대구사학』 55, 1998.

69 18세기 후반 한미한 관리의 불안정했던 관직생활에 대해서는 노혜경, 『조선 후기 수령 행정의 실제』, 혜안, 2006 참조.

70 『순조실록』, 순조 2년 7월 6일. 이러한 실정에 대해 대왕대비는 "어찌 현달한 벌족들은 모두가 양리良吏이고 미약한 음관蔭官들은 전부 잘못 다스리는 관원이겠는가"라고 개탄하였다.

71 정진영, 「19~20세기 전반 한 몰락양반가의 중소지주로의 성장」, 『대동문화연구』 52, 2005 참조.

이에 반해 향리를 비롯한 지방관아의 이교층은 수령권에 기대어 사족의 통제를 벗어났을 뿐만 아니라 향청보다 우위에 서기도 했다.[72] 사족들도 빈부구곤貧富俱困한 현실 속에서 부세부담이 가중되었고, 향리들의 독촉에 토지를 팔아 급전을 마련하기도 했다. 장교나 군졸들이 세족이나 사대부 집에 들이닥쳐 의관을 부수거나 구타하였으며, 내정까지 들이닥쳐 부녀자를 놀라게 하였다. 면임들이 횡행하면서 대도大盜보다 더한 위세를 떨치는 광경이 연출되었다.[73] 이러한 사정에 대해 정약용은 "백 년 이래로 작록이 변두리 지방까지 주어지지 않아서 옛 사대부의 자손들이 몰락하고 가산이 없어져서 모양을 이룰 수 없게 되자 사족士族이 실권을 잡아서 갖가지 꾀로 이들을 모함하고 박해하여 여러 대로 억눌려 살던 수치를 보복한다"고 표현하였다.[74] 이에 따라 사족들 가운데는 부패한 수령에 대해 "적괴賊魁"라는 극단적 표현을 쓸 정도로 적대시하는 분위기도 형성되었다. 민란을 일으킨 후 수령이 도주하자 향회를 개최하고 자신들이 직접 좌수와 향임, 이방 호장 등을 향회에서 뽑아 감영에 알린 것도[75] 수령-이향체제 성립 이후 자신들을 업신여긴 수령과 이향층에 대한 적대감의 표현이었다.

향촌 사회 내에서도 사족의 지위는 크게 위축되었다. 경제력에 기반하여 신반으로 진출한 평민들은 경제력이 필요한 향내의 공적 사업 등을 지원하며 영향력을 행사했으며, 구향이 자신들을 양반으로 인정하지 않으면 자신들도 불손不遜하게 대하여 결국 싸움으로 이어졌다. 사

72 김용덕, 『향청연구』, 한국연구원, 1978, 123~124쪽.
73 김준형, 앞의 책, 164~165 · 259 · 269쪽.
74 『牧民心書』, 禮典 辨等.
75 김준형, 앞의 책, 276~278쪽.

족들은 신반新班과 향리층으로부터 업신여김이나 모멸을 당하기 일쑤였다.[76] 사족들은 평민들로부터는 물론 노비들로부터도 그 권위를 도전받았다. 예컨대 상민 간에는 물론이고, 노비들과도 산송 문제 등으로 분쟁을 하여야 했고, 관비와 분쟁이 일어났을 때는 오히려 관비를 보호하려는 수령 때문에 불이익을 당하기도 했다.[77] 또한 이들은 집권세력을 등에 업은 서얼과 산송을 벌이다가 이겼던 산송이 뒤집어지는 수모를 당하기도 했다.[78] 사족의 지위 하락과 이에 따른 경제적 어려움은 사족간의 공동적 자구노력마저 와해되어가던 19세기 후반에 이르러 머슴과도 2인계를 맺으며 각자 도생圖生의 길을 찾고 있었던 데서도 확인된다.[79]

다양한 사정으로 양반 내부의 계층분화가 일어나고, 노비들도 도망내지 격감하였기 때문에 양반 가운데는 직접 작벌斫伐하거나 부자父子가 함께 농사를 지어야 했고, 양반집 부녀자들도 직접 직조하거나 물을 길어야 하는 형편으로 전락하기도 했다. 몰락한 사족 가운데는 다른 곳으로 이사해 가서 어렵게 살면서 언행이 상민과 같아졌고, 이에 따라 상민에게 능욕 당하기 일쑤였다. 도망한 노비나 양처 소생이 다른 지역으로 가서 양반행세를 했던 사례가 다반사였던 시대분위기를[80] 함께

76 신영우, 「19세기 영남 김산의 양반지주층과 향내 사정」, 『동방학지』 70, 1991, 45~47쪽.

77 박병호, 「공정성의 개념과 실천」, 한국정신문화연구원 편, 『조선양반의 생활세계』, 백산서당, 2004. 조선 후기에는 평천민들도 사회의식이 성장하여 소송을 통하여 자신의 권리를 찾으려 하였기 때문에 관아마다 소송이 답지하였다.(전경목, 「산송을 통해서 본 조선후기 사법제도 운용실태와 그 특징」, 『법사학연구』 18, 1997)

78 김경숙, 「조선 후기 산송과 상언·격쟁」, 『고문서연구』 33, 2008, 269~270쪽.

79 이에 대해서는 이영훈, 앞의 글 참조.

80 지승종·김준형, 「사회변동과 양반가문의 대응」, 『근대사회변동과 양반』, 아세아문화사, 2000, 73~74쪽; 김준형, 앞의 책, 112~119쪽.

고려할 때 사족의 사회적·경제적 지위 하락은 더욱 실감이 간다. 사족들은 문중계 등을 조직하여 이러한 변화에 대처하고자 하였으나,[81] 19세기 들어 사족들이 부세운영상 지녔던 특권이 점차 사라지고, 각종 잡역을 부담하게 되었으며, 향리층은 물론 평민들로부터 침해를 받게 되었다.[82]

이와 같은 향촌 지배질서의 변모와 그에 따른 사족층의 지위 하락은 또 다른 문제를 야기하였다. 그것은 사족과 평천민의 관계, 관과 평천민과의 관계, 그에 따른 평천민이나 사족의 권력관에도 변화를 가져왔으며, 향촌사회에 대한 관권의 정치행위에도 변화를 요구하였다.

이규대가 분석한 강원도 삼척군 도하면의 동계의 사례는 그러한 사정을 잘 보여준다. 삼척 도하면에는 송정, 지흥, 천곡, 용정, 시변, 하평 등 6개의 동理이 있었다. 1796년 무렵 이 동들은 부세부담의 균등을 위해 대리大里인 3개의 동이 소리小里인 3개동을 각기 하나씩 끌어안는 방식으로 하여 3개의 동계가 구성되어 있었다. 동계 단위로 부과되는 부세액은 각 동 내의 마을들이 가진 세력에 따라 불균등하게 배정될 소지가 다분하였고, 도하면에도 19세기 중반까지는 예외가 아니었다. 각 동계 안에서는 각종 동역이 사족 중심의 대리와 하층민 중심의 소리 간에 차등적으로 운영되고 있었고, 특히 하리에 편중되어 있던 동별

81 해남 윤씨가의 사례 연구에 의하면 다수의 문중계가 19세기에 만들어 지며, 19세기 후반에는 소농층의 성장과 종손가의 영세화가 문중조직의 활성화를 가져온 것으로 파악하였다.(김현영, 「호남지방 고문서를 통해 본 조선시대의 가족과 친족」, 정구복 외, 『호남지방 고문서 기초연구』, 한국정신문화연구원, 1999, 270~272쪽) 단성 상산 김씨의 경우에도 1870연대 말부터 문중 소유 토지가 많이 늘어나고 있었다.(김준형, 위의 책, 231~232쪽)

82 이해준, 「고문서를 통해 본 호남지방의 촌락」, 정구복 외, 『호남지방 고문서 기초연구』, 한국정신문화연구원, 1999, 222~233쪽; 최주희, 「19세기 재지사족층의 친족결집 노력과 내적 균열 양상」, 『한국사학보』 38, 2010, 138~147쪽.

별역別役은 분정 대상이 아니었기 때문에 이를 둘러싸고 대·소리 간에 갈등·분쟁이 일어날 소지가 잠재해 있었다. 결국 19세기 중반 이후 소리에서는 불균등하게 배정되던 잡역이나 별역別役 등 동역부담을 대리, 나아가 일면 전체와 분정할 것을 요구하는 등장等狀이나 서목書目, 품목稟目 등을 수령에게 제출하였고, 분동分洞을 요구하기도 하였다. 이러한 요구의 배후에는 적어도 국역부담 면에서는 신분에 무관하게 균등해야 한다는 대동지역大同之役이라는 의식이 자리 잡고 있었다. 이러한 과정을 거치며, 동역분담이 동별로 균등하게 조정되거나, 호역에서 결역으로, 곧 담세능력을 기준으로 변화기도 했다.[83] 이에 대해서도 관에서 일정하게 수용하거나 완전히 배척할 수 없었다는 점은 적어도 국가에 대한 부세 부담 면에서는 사족이나 평민이나 평등해야 한다는 균세의 논리가 관-민 사이에 하나의 정치문화로 형성되어 가고 있었음을 보여준다. 이는 17세기에 들어 사족 중심으로 하계를 흡수하여 만들었던 상하합계로 상징되는 향촌질서와는 전혀 다른 모습이다. 소민들의 성장을 반영하는 것이지만, 여기에는 정치문화라는 면에서 또 다른 중요한 의미가 내포되어 있었다.

무엇보다 사족의 몰락과 사족 중심의 향촌자치질서의 파탄, 그에 따른 동계간의 자율적 조정 능력의 상실은 모든 갈등 해결의 책임을 관으로 전가시키는 결과를 초래했다. 그동안 관과의 갈등은 대리大里, 혹은 대리가 중심이 된 동계가 관권과 교섭을 통해 조정해 왔다. 사족은 한편으로는 국가를 대신하여 민중을 통제하고 관리하는 역할을 수행

---

83 삼척 도하면의 사례에 대해서는 이규대, 「19세기 동계와 동역」, 김호일 편, 『한국 근현대 이행기 사회연구』, 신서원, 2000 참조.

하기도 했지만, 다른 한편으로는 민중의 원망을 체현하고 대변하는 역할을 담당하는 중간적 사회세력이었다.[84] 사족들은 농민들과 함께 향촌사회에서 거주하며, 동계 등 촌락운영을 함께 해나가는 과정에서 일종의 모럴 이코노미를 공유하고 있었다. 단성의 김인섭의 사례에서 확인되듯이 사족들은 수령이나 감사를 대상으로 환폐 등에 대해 개인적 서신을 발송하거나 등장을 써서 대표를 파견한 행위, 직접 정소활동을 벌이는 등 향촌 주민들을 대표하여 관과 교섭하고 그를 통해 향촌과 관권 사이의 문제를 해결해 나가는 역할을 담당하기도 했다. 그 과정에서 수령으로부터 각 촌마다 찬반여부의 여론조사를 수행하여 정책을 결정하자는 양보나 합의를 이끌어 내기도 했다.[85]

이러한 모습은 사족이 관과 향촌사회 간의 조정이라는 "정치"를 수행해 나가고 있었던 저간의 사정을 보여준다. 수령-이향지배체제의 성립과 사족의 몰락은 결국 이러한 기능을 크게 위축시켰다. 사족세력의 후퇴에 따라 이제 관권은 사족이라는 중간세력의 조정을 받을 수 없는 속에서 하층민과 직접 대면해야 했다. 뿐만 아니라 대리와 소리 간의 갈등도 직접 조정해야 하는 입장이 된 것이다. 더구나 대·소리 간에는 갈등에도 불구하고 부당한 수취나 이서배의 중간수탈에 대해서는 동계 차원이나 수개 면이 집단적으로 등소를 하는 등 연합적인 대응 내지 저항이 여전히 활발하게 전개되었다. 그 만큼 관권의 부담이 커진 것이다.

중간자로서의 자율성을 상실한 사족들은 이후 관권과 결탁하여 향

84 김광억, 「관계의 망과 문화공동체」, 한국정신문화연구원 편, 앞의 책, 2004, 268~269쪽.
85 김준형, 앞의 책, 271~272쪽.

촌 민중을 수탈하는 위치에 서기도 했지만, 일부는 민중 측에 서서 관권에 저항하는 입장을 취하기도 했다.[86] 전자의 사례는 이미 일찍부터 보인다. 17세기 후반 관직에 있다가 평안도 영변에 유배 중이던 이유태는 "그 나라에 살면서 그 나라의 대부를 비방하지 않는다"는 정자의 말을 인용하며, 고을 수령이 비록 학정을 한다고 해도 절대로 입 밖에 내서는 안 되며, 이웃고을 수령의 득실에 대해서도 다른 사람과 어울려 평가하고 논해서는 안 된다는 정훈政訓을 남겨 자손들을 경계하였다.[87] 이러한 사족의 태도는 그들의 지위가 위축되면서 더욱 심해졌다. 기본적으로 "스스로 해결할 수 있는 능력이 없으면 나서지 말라"는 태도를 보이던 19세기 사족들의 거향관居鄕觀은[88] 그러한 사정을 대변한다. 예컨대 1862년 1월 공주 부전동 주민들이 웅진포구에서 행패를 부리는 사령들을 단속해달라는 소지를 관찰사에게 올릴 때 부전동 사족들은 여기에 참여하지 않았다.[89] 사족들의 지위가 위축됨에 따라 하민들의 고통을 덜어주기 위해 사족들이 할 수 있는 여지가 축소되고 있었음을 보여준다.

김인섭이 단성민란을 주도한 것은 후자의 전형적인 모습이었다. 앞서 언급했듯이 관직에서 물러나 귀향한 김인섭은 사족층의 위축과 그

86 물론 양자의 역할이 전혀 별개의 것은 아니었고, 많은 경우 동일한 사족이 상황에 따라 양자의 입장을 넘나들기도 했을 것으로 보인다. 예컨대 단성사족 김인섭은 민란을 주도하였다가 유배를 가기도 했지만, 이후 향촌 사람들을 동원하여 대규모 보를 수축하기 위해 향촌사람들을 동원하기도 했다. 민란을 주도할 정도로 그의 인망이 널리 수용되었기에 가능한 것으로 볼 수도 있지만, 역시 토호적 성격을 배제하기 어려울 것이다.(정진영, 앞의 글 참조)

87 李惟泰, 「政訓」, 이해준 편, 앞의 책, 268쪽.

88 김인걸, 「조선 후기 재지사족의 거향관 변화」, 『역사와 현실』 11, 1994, 174쪽.

89 임선빈, 「조선 후기 동계조직과 촌락사회의 변화—공주 浮田大洞契를 중심으로」, 『동방학지』 80, 1993 참조.

에 따른 수령-이향층의 발호를 체감하는 한편, 그를 시정하려는 노력을 전개했다. 사士로서의 본분을 버리지 않고 있었던 것이다. 김인섭은 1859년 6월에는 관정에 들어가 수령의 불법탐학을 성토하였고, 1861년에는 현감 임병묵林昺默이 포흠곡逋欠穀을 일소한다는 명목으로 탐학을 자행하자 향민과 더불어 의정부에 진정하기도 하였다. 1862년에는 민란을 주도하였다가 그의 아들 김령은 1년간 유배생활을 하였고, 김인섭은 의금부에 구금되어 형장을 당하기도 했다.[90]

이 점에서 수령-이향체제의 성립은 곧 관권과 향촌사회의 중간에서서 중재역할을 하던 중간적 존재였던 사족이 그 기능을 잃어가는 과정에 다름 아니었다. 나아가 사족이 중재자로서의 역할을 포기하고 오히려 민란의 주도자가 되어 관권에 저항했다는 사실은 조선사회를 지탱해오던 지배시스템의 중요한 한 축이 붕괴되었음을 의미한다. 동일한 이념을 공유하고 함께 체제를 이끌어 가던 국가권력과 지방사족 간에 심각한 균열이 일어난 것이다. 또한 수령-이향의 향촌사회에 대한 불법적 수탈을 완충해줄 사족층의 몰락은 소민들과 관권 간의 마찰이 그 만큼 격화될 가능성을 열어 놓는 것이기도 했다. 수령-이행지배체제로 대변되는 향촌사회의 질서 변화가 가지는 지배시스템 면에서 가장 중요한 의미는 바로 여기에 있었다.

향촌질서의 변화는 다른 한편 국가권력과 수령권에 대한 압박을 초래하였다. 민간으로부터 제기되는 분쟁을 조정하며 함께 대처해나갔던 사족이 쇠락하면서 대부분의 갈등이 국가권력과 수령에게 그 조정

90 정진영, 앞의 글 참조.

과 해결을 의뢰하는 상황이 되지 않을 수 없었기 때문이다. 이와 같이 수령권 강화와 사족 지배력의 약화, 소민층의 성장에 따른 새로운 향촌질서의 형성은 그에 따른 새로운 분쟁조정 방안과 능력을 권력에 요구하고 있었으며, 그것은 곧 새로운 정치문화가 예비되어 가는 과정이기도 했다. 이러한 변화는 "법치적 질서"의 강화나 더욱 정교한 관료제 운영 등을 추동하는 힘이 될 수도 있었으나, 권력의 통제력이 약화되어 있던 당시로서는 기대 난망이었다. 무엇보다 인정이 방기되고 있었기 때문이다. 그것은 18세기 영·정조 연간에 이루어졌던 형정刑政과 상언·격쟁에 대한 처리 절차, 암행어사 제도 등의 후퇴에서도 알 수 있지만,[91] 무엇보다 소원제도의 폐색을 통해 확인할 수 있다.

5. 세도정권의 성립과 정치문화의 향방

1) 소원제도와 정치문화

"민본民本" 이념에 입각한 "인정仁政"의 구현을 통치이념으로 제시한 조선 왕조는 초기부터 "인정"을 실현하기 위한 각종 제도를 마련하였다. 그 가운데 대표적인 것이 신문고를 비롯하여 격쟁擊錚·상언上言 등 소원訴冤제도였다. 여기에는 민인들 간에 발생하는 분쟁이나 원억冤抑에 대한 원활한 처리가 사회적 통합이나 질서유지를 위해 불가결하

91 심재우, 「18세기 獄訟의 성격과 형정운영의 변화」, 『한국사론』 34, 1995; 심재우, 앞의 글, 1998; 김경숙, 앞의 글; 한상권, 앞의 책, 301~337쪽 참조.

다는 인식이 전제되어 있었다. 백성들의 원억을 해결해주고, 민의상달을 목표로 한 소원제도 가운데 최초의 것은 신문고였다. 그러나 신문고를 울리는 데는 그 내용이나 절차 면에서 많은 제한이 있었다.[92] 이에 따라 백성들은 자신들의 원억을 해결하기 위해 새로운 방안을 모색하기 시작했다. 대표적인 것인 격쟁과 상언이다. 격쟁은 궁궐에 난입하거나 국왕이 동가動駕할 때 징이나 꽹과리를 쳐서 이목을 집중시킨 다음 국왕에게 원억을 직소直訴하는 것이다. 상언 역시 국왕에게 직소하는 것이지만, 글로 써서 올리는 것을 말한다. 이 가운데 양반이 아닌 양인백성들이 주로 이용한 것은 격쟁이었다.[93]

상언이나 격쟁 등 소원제도가 가장 활발하게 시행된 것은 정조 연간이었다. "민본"과 "인정"을 강조하면서 왕권강화를 추구한 정조는 즉위 직후부터 능행이나 동가할 때 수시로 대민접촉을 하여 그들의 어려움을 직접 듣기도 하는 한편,[94] 1785년(정조 9년)에는 그 동안 금지되어왔던[95] 백성들의 고충民隱에 관한 격쟁과 상언을 허용하는 획기적인 조처를 취하였다.[96] 부세에 관련된 문제를 비롯한 민은民隱에 대한 격쟁은 곧 수령이나 관리들의 부정이나 불법행위에 대한 고발로 연결되기 때문에 그 동안 관리들이 국왕에 대한 직소제도를 반대해온 가장 큰 이유가 되어왔다. 대신을 비롯한 관료들은 이에 크게 반발하였고 원정

92 『經國大典』, 刑典 訴冤.

93 조선시대 상언·격쟁에 대한 자세한 분석은 한상권, 앞의 책 참조.

94 김문식, 『정조의 제왕학』, 태학사, 2007, 300~305쪽.

95 1557년(명종 12년) 신문고를 쳐서 상언할 수 있는 사안을 형륙급신刑戮及身·부자분간父子分揀·적첩분간嫡妾分揀·양천분간良賤分揀으로 한정하였고 이는 격쟁·상언에도 적용되었다.(『受敎輯錄』, 刑典 告訴)

96 『大典會通』 刑典, 訴冤.

을 공정히 처리하지 않았을 뿐만 아니라, 격쟁한 사람에 대한 보복을 일삼았다.[97]

이와 같이 거듭되는 대신·관료들의 반대에 따라 결국 정조는 격쟁의 내용에 관한 규제를 강화해나갔지만, 정조 연간에 이루어진 소원제도의 활성화는 정치문화의 면에서 중요한 의미를 가진다. 신문고를 비롯한 다양한 소원제도의 시행과 활성화는 "인정"의 실현이나 왕권을 강화하려는 국왕이나 지배층의 의도에서 나온 것이다. 그러나 그 제도를 실현하는 것은 백성들이었기 때문에 제도의 실현과정에서 예기치 못한 결과를 낳기도 했다. 예컨대 조선 전기부터도 표지에는 부자, 적첩嫡妾, 양천을 분간하는 것, 혹은 형륙 및 신등身等의 일인 것처럼 썼지만, 그 내용은 그와 관련 없는 상언이 적지 않아서 국왕이 그에 대한 처리를 고민하기도 했다.[98] 이런 방법으로라도 국왕에게 직소해야 할 사정들이 적지 않았음을 의미하지만, 한편 거기에는 "위에 저촉되는 말"이 들어 있는 등[99] 국왕까지도 그 자장 안으로 들어 올 수 있었음을 의미한다. 더구나 문서로 된 상언이 아니라 격쟁의 경우 그 주체가 제한이 없었고, 발괄白活하는 과정에서 돌출적인 발언이 나올 수도 있었다.

또한 관리들의 부정부패에 대해서 뿐만 아니라 관리와 직접 관련이 없는 어떤 분쟁해결을 요구하는 소지나 등장도 권력에 대해 일정한 행위를 구하는 의사표시였다는 점에서 정치적 의미를 가진다. 실제로 다양한 방법에 의한 민인들의 인정요구와 행동은 지배층의 의도 여부와

97 『일성록』, 정조 6년 4월 11일; 『일성록』, 정조 22년 3월 24일.
98 『성종실록』, 성종 24년 7월 6일.
99 『성종실록』, 성종 5년 7월 29일.

관계없이 정치적 영향력을 행사하며 정치에 구체적으로 개입하는 상황을 초래하였다. 그 대표적인 모습이 직소에 의한 수령의 처벌이었다. 민은에 대한 상언 격쟁을 허용하기 이전인 영조 연간에도 임피 백성 두 사람이 상경하여 대궐 앞에서 호소하자 영조는 그들을 만나 연유를 들어주었다. 이들은 신구 포흠에 대한 징납과 군포 때문에 고통을 받던 임피 백성들을 대표하여 전곡을 거두어 상경한 장두狀頭들이었다. 이들은 법외의 일로 대궐 앞에서 소란을 피운 죄로 유배되었지만, 임피 현령 김치량金致良은 삼 년의 유배형을, 감사 박도원朴道源은 파직 처분을 당했다.[100] 이러한 사정 속에서 민인들은 관리의 불법과 수탈이 단지 국왕에게 직소하는 것만으로도 해결되는 과정을 실감하게 되었다.

이것은 동시에 민중의 소원이 정치과정에 작용하게 되었음을 의미하는 것이다. 정치문화로서의 인정의 구체적인 내용과 감각은 시대에 따라 특정 제도나 법의 운용에 따라 달라지는 것이다. 예컨대 1880년 전정언前正言 허원식許元栻이 올린 상소에는 "전부田賦를 10분의 1로 받는 것은 백성과 나라가 모두 만족해지는 법인데 근래에 거둬들이는 신하가 제멋대로 가결加結하거나 작전作錢하는 그릇된 규례를 만들어서 1결의 값을 30, 40냥으로 함부로 징수하기까지 하였고, 진주에서 100여 냥을 거두는 것 또한 더욱 심한 학정"이라고 하였다.[101] 여기서 법에 의해 규정된 1/10세는 전세부담과 관련하여 지배층과 피지배층이 모두 충분히 만족하지는 못했을지라도 서로 양해할 수 있는 수준, 민인

---

100 『영조실록』, 영조 37년 11월 14일.
101 『고종실록』, 고종 17년 11월 11일.

들의 입장에서는 납득할 수 있는 인정의 최소치였다고 생각된다.

정조 연간에 활성화된 소원제도는 인정과 그에 입각한 소민보호의 논리가 적어도 민중 사이에는 구체적 정사政事의 모습으로 자리 잡아 나갔음을 의미한다. 격쟁・상언의 경험이 누적되는 속에서 민본과 인정仁政은 민에 의한 이의제기와 그에 대한 권력의 응답, 곧 불법한 관리의 처벌과 제도나 정책의 시정이라는 구체적 경험으로 실감되었다. 여전히 민중은 정치의 객체였지만, 소원만으로도 정치 과정을 밑으로부터 제어해나갈 수 있는 회로를 발견한 것이다. 그 회로가 항상은 아니었지만, 때로는 민중 삶 속에 인정을 되돌려주기도 했으며, 그 빈도가 가장 높았던 시대가 정조 연간이었다. 제도적으로 정착되지는 못했지만, 그러한 정치과정은 이제 지배층이나 민중 모두에게 누구도 벗어나거나 회피할 수 없는 하나의 "정치문화"로 성립되어 있었던 것이다. 정치문화라는 면에서 정조대의 소원제도가 가지는 민중사적 의의는 바로 여기에 있다.

그러나 소원제도의 활성화가 반드시 왕권의 강화로만 연결되는 것은 아니었다. 그것이 널리 알려지고 활발해질수록 하나의 정치적 행위로서 구조화되면서 국가권력에 대한 압력으로 변할 수 있었기 때문이다. 소원이 제대로 해결되지 않거나 제도가 약화될 경우 그에 대한 불만도 고조될 것이고, 나아가 민은의 해결을 위해 집단적으로 새로운 방법을 추구할 수도 있었기 때문이다. 직소를 활성화시킨 정조 연간에도 즉위 초부터 관료들에 의해 그에 대한 반대가 제기되었다.[102] 정조

102 시독관侍讀官 이재학李在學은 정조에게 "조가朝家와 법사法司에서 시행하는 억강부약抑强扶弱 정책이 너무 지나쳐서 빈궁한 사족들이 상천常賤들에게 능멸과 모욕을 당하"는 폐단

또한 이 제도를 충분히 정착시키지 못한 채 홍거하고 말았다. 따라서 그것을 추진할 주체, 국왕에 의한 강력한 추진력이 사라졌을 때 소원제도는 약화될 수밖에 없었다.[103] 19세기 세도정권의 성립은 소원제도의 전개 과정에서 그런 의미를 가진다.

2) 세도정권의 성립과 인정의 방기

격쟁과 상언은 19세기에 들어서도 꾸준히 이어졌지만, 그 양상 면에서 커다란 차이를 보인다. 가장 뚜렷한 차이는 격쟁·상언의 횟수가 현저히 감소한다는 점이다. 이는 무엇보다 1809년에 정조대에는 인정되었던 민은民隱과 관련된 격쟁과 상언을 금지하였기 때문이다.[104] 이러한 정책은 순조 이후에도 이어져 철종 연간(1858년)과 고종 연간(1889년)에도 거듭 확인되었다.[105]

앞서 언급했듯이 정조 연간에 시행된 형사제도의 개선이나 수령에 대한 통제, 상언·격쟁에 대한 처리 절차 등에서도 후퇴하였음은 물론이다. 민란이 극에 달하였던 1889년 영부사領府事 송근수는 민란이 발발하는 원인을 설명하는 가운데 수령들이 민은을 생각하지 않고 박할

이 생겼다고 하여 직소의 활성화를 간접적으로 비판하였다.(『정조실록』, 정조 즉위년 11월 19일)

103 김문식은 이와 관련하여 정조 대에는 "인치人治를 위주로 하고 제도적 장치를 충분히 갖추지 못한" 점과 "국왕 중심적 사고와 과도한 열정이 공론의 형성을 위축시킨 측면"에서 한계가 있으며, 정조 사후 세도정치가 나타나게 된 데는 자신의 견제세력을 용납하지 않은 정조의 책임도 있다고 지적하였다.(김문식, 앞의 책, 462~463쪽)

104 한상권, 앞의 글, 89쪽.

105 『일성록』, 철종 9년 8월 18일; 『승정원일기』, 고종 26년 6월 20일.

剝割과 후렴厚斂·횡징橫徵만 일삼는 다는 점과 함께, 족징族徵을 당해 가산을 탕진하고도 국왕에게 호소할 길도 없다는 점을 지적하였다.[106] 정확한 지적이라고 생각한다. 민본이념에 입각한 소민 보호에 대해서는 거듭 천명되었지만,[107] 인정을 실현할 수 있는 중요한 통로였던 국왕에 대한 직소는 막혀버렸다. 인정仁政이 실종된 것이다.[108]

한편 소송이나 소지, 등소를 제출하는 일은 일종의 청원으로 여겨졌고, 수령의 지배를 받는 사람이라면 누구나 소지를 낼 수 있었다. 신분 제한도 없었고, 노비가 상전을 상대로 소지를 내어 승소하기도 했다. 또 등장等狀이라 하여 집단적으로 소지를 낼 수도 있었다.[109] 물론 민인들의 욕구를 충족시키기에는 턱없이 불비했으며, 그마저 완전히 자유로운 것도 아니었다. 향촌사회 내부로부터의 규제도 있었고, 관아에 들어가는 것 자체가 고통이었다. 또한 관속들의 부당, 부정한 행위에 대해 그 억울함을 호소해야 할 곳은 그러한 부당행위를 저지른 장본인인 지방관아였다. 그것이 얼마나 불합리한 일인가는 민인들도 잘 알고 있었고, 국왕 역시 인식하고 있었다. 법외의 격고나 격쟁이 그토록 빈번하게 발생한 것은 바로 이 때문이었다. 특히 19세기에 들어오면서 더욱 커다란 불만을 야기했다. 가장 큰 민원의 대상이던 이서배들이 민원을 조사하는 납득할 수 없는 일이 비일비재했기 때문이다.[110]

---

106 『고종실록』, 고종 27년 10월 2일.

107 『순조실록』, 순조 27년 1월 1일; 『철종실록』, 철종 10년 2월 25일.

108 물론 19세기에 들어 인정이 완전히 사라졌다는 것은 아니다. 예컨대 형정刑政의 경우 19세기 중엽의 사회적 혼란에도 불구하고 인정仁政에 기반한 정조대의 형사정책을 모범으로 삼았기 때문에 인정이 어느 정도 실현되었다는 견해가 있다. 그러나 역시 18세기에 비해 후퇴하였음을 점을 부인하지는 않고 있다.(타나까 토시미쯔田中俊光, 「『秋曹審理案』을 통해 본 19세기 중엽 조선의 형사정책」, 『법사학연구』 35, 2007 참조)

109 김선경, 「민장치부책을 통해 본 조선시대 재판제도」, 『역사연구』 1, 1992 참조.

납득은 공정한 절차와 심리에 의해 적절한 조치가 취해졌다고 믿을 수 있을 경우에 이루어진다. 소송이나 상언·격쟁 등의 소원제도가 활발했다는 점은 거꾸로 그를 통한 결과가 어느 정도 납득되었음을 의미한다. 납득되지 않을 때 그 제도는 더 이상 원래의 기능을 수행할 수 없게 되는 것이다. 납득 여부는 지배자와 피지배자가 계급적 사회 정치적 지위를 넘어 어느 정도 공감하는 가치나 세계관, 곧 당시의 정치문화에 의해 정해졌다.

인정이 지배이념으로서 수용되고, 또 그것이 지배를 정당화하는 데에 유효한 의미를 지니기 위해서도 인정을 표방하는 "정치"에 대한 납득이 필요했다. 지배층이 부패하거나 인정을 위해 설치된 제도나 법규가 제대로 작동되지 않을 때, 지배층과 피지배층의 거리는 멀어진다. 지배이데올로기를 내면화한 민중들은 그것을 자신들의 경험 속에서 독자적인 방식으로 전유하고, 전유한 이념으로 지배층의 행태를 관찰하고 거기에 이의를 제기한다. 그것이 누적될 때 위기의 국면이 도래하는 것이다. 지배-피지배층 간의 거리를 좁히고 공유된 정치문화에 입각하여 "정치"를 납득시키려고 노력한 대표적인 인물이 정조였다. 그 이후 19세기 들어서는 그러한 노력이 크게 약화된 것이다.

소원제도에 대한 대안이 성립되거나 소원의 여지를 없애는 정사가 베풀어지지 않는다면 잔뜩 고양된 인정에 대한 향유의식은 그에 대한 민인들의 반발 초래할 수밖에 없었다. 오히려 영조와 정조가 국왕중심의 정국운영을 추구하면서 강화해 간 수령권은 세도 정권의 성립과 함

110 『牧民心書』 刑典, 恤囚. 수령들에 의한 송사의 불공정성에 대해서는 박병호, 앞의 글, 464~466쪽 참조.

께 시작된 소수 벌열 가문의 권력 독점과 맞물리면서 지방 사족의 소외와 수령권 강화를 더욱 부채질하여 정치질서의 불균형을 초래하였다. 이에 따라 지방관과 향리층의 불법과 탐학은 도를 넘어섰고, 민들의 불만도 고조되었다. 결과에 대한 불만은 특히 서로 양보하기 어려운 사안, 곧 조세 문제와 관련될 때 더욱 심해질 수밖에 없다. 가장 많은 민인들의 이해가 걸려있었고, 전 주민에게 매우 심각한 영향을 미쳤기 때문이다. 국왕이 아무리 "인정"을 베풀었다 하더라도 민인들의 입장에서는 여전히 불만이 남을 수밖에 없다. 더구나 그것이 명백히 부당한 것이거나 혹은 타당한 근거 없이 강요될 때 민인들은 쉽사리 받아들이려 하지 않았다. 19세기는 바로 그러한 시기였다. 출구 없는 민중의 불만은 폭발을 준비하고 있었다.

6. 지배질서의 변화와 새로운 정치문화의 형성

1) 인정 원망仁政 願望의 전환–소원訴冤에서 대집행代執行으로

개별적・집단적 소원에는 민중사회가 직면한 여러 문제가 담겨있다. 이를 통해 지역의 사회상이나 사회관계, 생활상이나 민중의식의 일단을 파악할 수 있다. 지역에서 이루어지는 등장들은 부세와 관련된 것이 많았고 수령에게 자신들의 어려움을 정중하게 호소하고 그 해결을 청원하는 것이지만, 그것은 결국 당시 시행되던 지방 차원의 정사政事에 대한 민중들의 시정요구였다. 정소나 상언・격쟁은 다만 국왕이나 지방관에 대한 환상에서 나온 것은 아니었다. 자신들이 처한 위기를 스스로의 힘으로 해결하려는 노력 속에서 나온 것이고, 민중들의 정치적 의견의 표명이고 정치에 대한 참가라는 성격이 내포되어 있다. 실제로 또 거듭되는 소원과 요구는 당국의 정책에 변화를 가져오기도 하였다.[111]

이 점에서 제도화된 소원은 한편으로는 무분별한 소원과 성가신 고발을 억압하려는 의도를 가지고 있지만, 다른 한편 권력과 피치자가 서로 교섭하고 소통하는 통로로서의 의미도 가지고 있었다. 그 통로는 또한 정치문화가 작동하는 공간이기도 했다. 또한 앞서 언급했듯이 지배이념의 내면화가 반드시 지배층이 원하는 결과를 가져온 것은 아니었다. 오히려 지배이념의 내면화와 그에 따른 정치문화는 민중이 국왕과 지배층에게 민본이념과 그에 기초한 인정의 실현을 요구하거나 지배층들이 보이는 행위의 당부當否를 물을 수 있는 준거가 되었다.

더구나 19세기가 되면 향촌사회에서 평민의 지위도 상승하였다. 동계에도 신분에 관계없이 다수의 동민이 참여하였고, 사족중심적 동계의 핵심적 특징 가운데 하나인 하민에 대한 통제 기능은 크게 약화되어나갔고 19세기 후반에는 거의 소멸되었다. 향촌통제 내지 지배기구로서의 성격을 가지던 동계가 생활공동체로 활성화되던 촌락자치조직으로 변화하였고, 부세에 대한 대응 조직으로서의 기능과 관련하여 결속이 강화되고 있었다.[112] 19세기 중엽 공주 지역 사례연구에 따르

111 예컨대 세종대 부민고소금지법이 만들어졌으나, 민들이 거듭하여 법령을 어기고 수령을 고발하자, 결국 세조 연간에는 탐오하고 학민虐民하는 수령에 대한 고소가 자연스럽게 하나의 관행으로 자리 잡게 된 것은 그 대표적인 사례일 것이다.(최이돈, 「조선 초기 守令 告訴 관행의 형성과정」, 『한국사연구』 82, 1993 참조)

면 동계가 사족 간의 결사체적 성격조차 제대로 가지지 못했을 뿐만 아니라 계원인 사족 상호 간의 분쟁조차 철저히 관권에 의존할 정도로 자율성을 상실하고 동리 내의 하민들에게 행사할 수 있는 영향력을 상실해갔다.[113] 하민들로서는 그 동안 사족들에게 위임해두었던 각급 정소, 반탐학 소원이나 운동을 이제 민중 스스로가 해결해나가야 해야 했다. 물론 단성 김인섭의 사례에서 알 수 있듯이 모든 사족들이 향촌 문제에서 완전히 손을 뗀 것은 아니었지만, 부세를 비롯한 관권과의 문제나 동리 간 문제, 동리 내부의 문제 등을 더 이상 사족이나 대리大里에만 맡겨둘 수 없게 된 것은 분명하다.

19세기에 들어 세도정권이 성립되면서 통치기강이 문란해지고 관리들의 부정과 부패가 더욱 기승을 부리면서 민중들의 원성은 높아만 갔고, 변란變亂이나 도시하층민의 저항도 빈발하였다.[114] 불만과 억울함을 호소할 길이 없게 된 민중은 인정을 회복하기 위해 새로운 방안을 모색하기 시작했다. 1841년 경주 민인 수백 명이 상경하여 대궐문 앞에서 "관리가 축낸 것인데 백성에게 무슨 관계가 있는가?" 하며 "온 경내境內가 보전할 수 없을 듯"이 원통함을 호소한 데서 알 수 있듯이 집단적인 상경시위도 그 한 방법이다.[115] 그러나 그 결과 역시 조정의 미봉책으로 끝나거나, 소용이 없었다. "총애하는 기생이 정사政事에 간

112 이용기, 「19세기 후반 반촌 동계의 기능과 성격 변화」, 『사학연구』 91, 2008.

113 임선빈, 앞의 글, 42~46쪽.

114 이이화, 「19세기 전기의 민란연구」, 『한국학보』 35, 1984.

115 『헌종실록』, 헌종 7년 9월 7일. 19세기 전반 민은民隱에 대한 민중의 호소와 민은을 둘러싼 민중과 관권의 대립양상이 집단화해나가는 모습에 대해서는 한명기, 「19세기 전반 반봉건항쟁의 성격과 그 유형」, 한국역사연구회, 『1894년 농민전쟁연구』 2, 1992, 122~128쪽 참조.

여하여 아문牙門의 기율이 전도되고, 간사한 비장裨將이 재산과 뇌물을 제멋대로 농간을 부려 영고營庫가 판탕板蕩되었으며”, 백성들이 우박으로 인한 재해를 호소하자 장두狀頭인 백성을 잡아 곤장을 치는 학정이 이어져도 호소할 길이 없게 된 것이다.[116]

그런 속에서도 인정을 베풀겠다는 국왕의 교지는 수시로 내려 왔으며, “진서와 언문으로 번역하여 방방곡곡에 배포하여 우부우부愚夫愚婦로 하여금 모두 조정의 민휼憫恤하는 은덕을 알도록 하라”는 지시가 덧붙여졌다. 수령들은 관하 진포를 통해 배포하였으며, 다대포진의 사례에서 알 수 있듯이 이문移文이 마지막으로 도착한 곳에서 관할 수령에게 되돌려 올려 보냄으로써 이문이 모든 관할 지역에 회람되었음을 확인하였다.[117] 이러한 국왕의 교지에는 다음과 같은 내용도 들어 있었다.

> 아! 오늘날 백성을 가깝게 하는 관원은 (…중략…) 백성의 살을 깎고 백성의 고혈을 짜내어 사복만 살찌우기를 일삼고 완악하여 법을 두려워하지 않으며, 도백이 된 자는 또 따라서 감싸며 보호하여 계문하지 않고 난만爛漫하게 한데 결합한다면, 이는 대행 자성의 죄인이다. 내가 마땅히 그 죄에 의거 죄줄 것이다.[118]

민중은 정조 연간의 소원을 통해 탐묵한 관리들을 축출시키고 인정 회복을 경험했고, 그 과정에서 지배권력에 대한 기대를 높여갔다. 그

116 『순조실록』, 순조 8년 12월 17일.
117 부산광역시사편찬위원회, 『萊府日記・多大鎭公文日錄』, 1995, 152・229～231쪽.
118 『철종실록』, 철종 8년 9월 6일.

러나 그 기대는 지배자에 의해 외면되었고 학정이 그들을 괴롭혔다. 그것은 이미 성립해 있던 정치문화에 비추어 볼 때 일탈에 다름 아니었다. 따라서 인정을 배반한 탐관오리는 국왕의 말대로 합당한 벌을 받아야 했다. 그러나 더욱 심해지는 탐관오리들의 탐학과 불법을 목도하면서도 인정을 회복할 마땅한 수단을 찾지 못하던 민중에게 "내가 마땅히 그 죄에 의거하여 죄를 줄 것"이라는 국왕의 교지는 다만 지나가는 성언으로만 들리지는 않았을 것이다.

19세기 후반에는 이미 민인들이 탐학한 지방관에 대해 "조정에 사람이 없어서 이런 족속을 보냈으니 임무를 빼앗아 다시 오지 못하게 해야 한다"는 말로 스스로 어그러진 질서를 바로잡으려는 의시를 보이고 있었다. 또 "불법한 신하들은 평안히 지내기 때문에 가정苛政이 개혁되지 않는다"라고도 하였다.[119] 정조 연간의 경험과 달리 불법한 관리들이 징치되지 않는 현실에 대한 불만이다. 불법한 탐관오리로 지목한 관리는 파직되는 것이 당연하고, 그래야만 인정이 회복된다는 '상식'이 민인들에게 이미 획득되어 있었음을 시사한다. 그러나 탐관오리들이 오히려 평안히 지내고 학정虐政이 이어지는 현실 속에서 인정의 회복을 호소할 길이 없게 된 민중의 행동은 자신들이 직접 수령을 쫓아내고 인정을 회복하려는 방식으로 비화하였다. 민란이 바로 그것이었다.

물론 민란이 일어나는 것이 쉬운 일은 아니었지만 민란을 일으킨 민중은 적지 않은 지역에서 국왕의 신임을 증명하는 수령의 인신印信과 병부兵符를 빼앗거나, 수령을 들어내어 고을 경계 밖으로 내쳐버렸

119 姜瑋, 擬三政捄弊策, 『姜瑋全集』 上, 568・570쪽.

다.[120] 민중이 지방관을 파면한 것이다.[121] 여기에는 국왕을 대신하여 죄를 묻고 인정을 회복한다는 대집행의 의식이 깔려 있었다고 생각된다. 이 점에서 민란은 인정회복의 회로를 상실한 민중이, 정조 연간에 확립된 정치문화를 토대로 스스로의 힘으로 불법한 관리를 축출함으로써 인정을 회복하려는 행동이었다.

한편 민란이 빈발하여 곳곳에서 수령이 구타당하거나 이서배가 사상당하는 사태가 벌어졌다. 주모자를 효수하고 기타 지도자를 정배하는 등 난민에 대한 엄격한 처벌을 내렸지만, 다른 한편 민란을 조성한 탐관오리에 대해서도 파직, 정배 등의 처분을 내릴 수밖에 없었음은 물론이다.[122] 민인들이 인정이라는 지배이념을 근거로 또 그것의 회복을 지배층에게 요구할 때 지배층의 입장에서는 그것을 부정하기가 매우 곤란하였던 것이다. 방본邦本인 민들을 인정으로 화육化育한다는 지배이념을 부정하는 결과가 되기 때문이다. 나아가 국왕 스스로 민인들에게 인정을 베풀지 못한 점에 대해 "사죄"하여야 했고, 다시 한번 인정을 약속함으로써 혼란을 정리하고 질서를 회복하였다.

> 이것이 어찌 본심으로 하고 싶어서 그렇게 한 것이겠는가? 첫째는 내가 부덕한 탓으로 도솔導率하는 방도를 극진히 하지 못한 것이고, 둘째로는 백성을 다스리고 적을 막는 신하가 조가朝家에서 백성을 어린아이 보살피듯 하는 뜻을 잘 대양對揚하지 못한 탓이다. 스스로 돌아보건대 얼굴이 붉어져

120 위의 책, 568쪽.
121 조경달, 허영란 역, 『민중과 유토피아』, 역사비평사, 2009, 69쪽.
122 물론 대부분은 연줄을 동원해 바로 사면되었으며, 오히려 영전하기도 했다.

마음을 가눌 수가 없다. 이 백성들은 열성조列聖朝에서 휴양休養시키고 생식生息시켜 왔으니, 진실로 끝없는 징염徵斂과 절제 없는 부극이 없다면 어찌 이 지경에 이르렀겠는가? 수신帥臣과 수신守臣은 잡아가둔 뒤 무겁게 감단勘斷하여 남쪽 백성들에게 사죄하도록 하라.[123]

국왕 역시 자신을 인정의 주체로 인식한 위에 그 책무를 다하지 못한 점을 "사과"하고 있다. 이보다 20년 뒤인 1882년 임오군란이 일어난 뒤에도 이러한 모습은 여전하였다. 구식군인들은 궁궐을 쳐들어가 영의정을 비롯한 고위 관료들을 죽이고 왕비까지 참살하려 하였지만, 군란이 수습된 뒤 고종은 스스로 인정을 방기한 죄인임을 시인하는 데서 나아가 자신의 죄목을 일일이 열거한 후 스스로 자신自新하여 다시 시작할 기회를 달라고 용서를 구하는 방식으로 질서를 회복하고 있다.

임금의 자리에 오른 이래로 토목공사를 크게 벌렸고 백성들의 재물을 억지로 긁어 들여 가난한 사람이나 잘 사는 사람이나 다 같이 곤궁을 겪게 하였으니 이것은 나의 죄이다. 자주 화폐를 고치고 무고한 사람을 죽인 것도 나의 죄인 것이다. 사당과 서원을 훼철하여 충현에게 제사지내지 않은 것도 나의 죄이며, 기호품을 구하고 표창을 절도 없이 할 것도 나의 죄이다. 신명에게 복을 내려주기를 비는 제사를 지나치게 믿고 궁중 창고의 제물을 허비한 것도 나의 죄이다. 사람을 등용하는 것을 넓히지 못하고 종친과 척신을 높인 것도 나의 죄이다. 대궐에 대한 단속이 엄하지 못하여 궁녀와 내

123 『철종실록』, 철종 13년 3월 10일.

시들이 혜택을 베풀 것만 바라게 한 것도 나의 죄이다. 뇌물이 공공연히 성행하고, 탐묵貪墨한 자들이 징계 받지 않고 가난한 백성들의 고통스러운 정상이 위에 보고되지 않은 것도 나의 죄이다. 저축이 오랫동안 거덜났으며 군사와 아전들을 먹여주지 못하고 공물값貢價을 오랫동안 주지 못하고 시전들이 폐업한 것도 나의 죄이다.

아, 나의 죄가 이 지경에 이르렀으니 무슨 면목으로 온 나라의 신민들을 다시 대하겠는가. 슬프고 두렵고 부끄러워 사실 임금 노릇할 생각이 없다. 너희 대소인민大小人民들은 나로 하여금 종전의 과오를 버리고 스스로 새 출발自新을 하게 하겠는가. 나는 마음을 깨끗이 씻고 전날의 교훈을 살려 앞으로는 조심하겠다. 종전에 내린 백성들에게 불편한 법령들은 다 없애버리게 하고 순량循良한 관리들을 골라 백성들을 다스리게 하며 실효 있는 방법을 강구하여 온 나라 사람들과 함께 다시 새롭게 시작하려고 생각한다.[124]

이와 같이 소원과 호소에 의해 인정 원망을 추구하던 민중은 소원과 호소의 회로가 폐쇄되다시피 한 세도정권기를 맞아 스스로의 힘으로 인정 회복을 국왕 대신 집행해나갔다. 그 결과 국왕으로부터 "인정"을 베풀지 못한 점에 대한 "사죄"를 이끌어 냈다. 위에 인용한 국왕의 「사죄문」에서 보이듯이 수탈과 뇌물의 횡행, 무고한 백성들의 죽음, 탐묵한 관리들의 방치 등으로 표현된 학정虐政의 일신, 인정의 실현은 이미 국왕도 지배층도 외면할 수는 없는 하나의 정치문화로 자리 잡고 있었으며, 그에 근거한 백성들의 인정요구는 타당한 것으로 수용되고 있었

124 『고종실록』, 고종 19년 7월 20일.

다고 생각한다. 국왕에 대한 신뢰는 인정에서 출발하는 것이다. 때문에 거듭되는 사죄와 약속에도 불구하고 실정이 되풀이될 경우 인정의 출발점으로서의 국왕에 대한 신뢰에도 균열이 갈 수 있는 조짐을 엿볼 수 있다.

2) 새로운 질서의식의 형성

집단적 격쟁과 상언이나 복궐상소로 이어지는 소원의 경험은 민중의 질서관에도 변화를 가져왔다. 앞서 언급한 포흠逋欠에 대한 징세와 군포 견감蠲減을 호소하는 임피 민인들의 복궐 호소에서 장두狀頭 두 사람은 결장決杖한 후 정배하도록 하였지만, 임피 현령과 전라감사 역시 정배하거나 파직하였다. 이러한 조치는 일종의 고육책이었지만, 당시 민중들의 의식이나 행동과 관련한 두 가지 점이 주목된다. 하나는 처벌을 각오하고 수령들의 부정부패나 조정의 부세운영에 대한 불만을 호소하고자 한 의지와 행동이다. 이는 민중의 불만이 그 만큼 절실했음을 보여주는 동시에 직접 국왕을 상대로 자신들의 불만을 해소하려고 하려는 의지가 향촌사회 내부에서 집단적으로 형성되어 가고 있었음을 말한다. 또 하나는 그러한 의지가 전곡을 모아 대표를 내세우고 그들에게 자신들의 뜻을 위임하여 상경시키는 형태로 모아졌다는 점이다. 예컨대 단성에서는 1852년(철종 3년) 환폐 문제를 호소하기 위해 향회를 열고 상경하여 대궐문에 가서 직접 호소하기로 결정하고, 각 면마다 대표 1인씩 선정하였다. 그에 소요되는 비용은 각 면에서 (1결

당 2전씩) 추렴하기로 결정한 바 있다. 이후에도 수령과 감사에게 누차 정장을 올렸다.[125]

이와 같이 집단 소송이 일상화하면서 촌락민들의 불만이나 요구를 대표하고 주선하는 자들이 나타났다. 정약용은 1797년 곡산부사로 부임하기 직전 군포를 과다하게 징수하는 이서배의 농간을 시정하기 위해 1,000여 명의 곡산민인들이 관아에 몰려가서 청원한 사건을 주도한 이계심에 대해 "백성들이 당하는 괴로움에 대해 말하기를 좋아하는" 인물이라고 평한바 있다.[126] 민중의 뜻을 대신하여 수령과 국왕에게 전달하는 인물들이 출현하고 있었음을 시사한다.[127] "읍폐邑弊와 민막民瘼을 늘 입에 올리고", "영소읍소營訴邑訴를 생애로 삼은" 1862년 진주민란의 주도자 유계춘柳繼春,[128] 읍폐를 고치기 위해 중앙과 감영에 정소를 하거나 심지어 상경하여 격쟁擊錚, 거화擧火까지 한 함평민란의 주도자 정한순鄭翰淳,[129] 영소營訴로 가산을 탕진하였다는 1868년 칠원민란의 주도자 황상기黃上基[130] 역시 그러한 인물들이었다고 생각한다. 단성 사례에서 보이듯이 그 과정은 대표자를 선출하는 일, 그에 필요한 경비와 여타의 도움을 준비하는 일 등이 수반되었을 것임은 쉽게 추측이 간다. 이는 소원의 활성화에 따라 민중에 의해 아래에서부터 자신들의 뜻을 위임할 대표를 스스로 선발하여 중앙으로 보내는, 민의

125 김준형, 앞의 책, 270~274쪽.

126 丁若鏞, 「自撰墓誌銘」(集中本), 박석무 역주, 『茶山散文選』, 창작과비평사, 1985, 31~32쪽.

127 조선 후기에는 사족들이 상언할 경우에도 상언문을 대제代製해주는 사람들이 있었다. (김경숙, 앞의 글, 269~270쪽)

128 『壬戌錄』 晉州按 使査啓拔辭, 24쪽.

129 『龍湖閒錄』 卷3, 咸坪亂傀鄭翰淳供草.

130 『日省錄』 高宗 6年 正月 10日.

상달과 관련한 새로운 질서의식이 마련되어 가는 과정으로 볼 수도 있을 것이다.

한편 인정을 회복을 목표로 한 대집행이라는 의미를 가지는 민란이 거듭되는 과정에서 또 하나의 새로운 정치질서가 민중들 속에서 싹트고 있었다. 거듭되는 민란에도 불구하고 인정은 회복되지 않았기 때문이다. 그 실상을 출신出身 황재현黃載顯은 다음과 같이 기록하였다.

> 지금 위에서는 신뢰가 없고 아래에서는 법을 지키지 않아서 백성들의 마음이 흩어진 지 오래되었습니다. 대체로 백성들의 정상은 언제나 다스리는 사람이 어떻게 하는가에 달려 있는데 팔도의 삼사로부터 360개 고을의 수령에 이르기까지 모두가 선치善治와 인정仁政을 모르고 오직 백성들에게서 빼앗지 않고는 만족할 줄 모르는 구정苟政으로 서로들 백성에게서 빼앗으려고만 하니, 온 나라의 백성들이 모조리 물과 불 속에 빠지고 말았습니다. '저 해가 언제나 없어지겠는가? 나와 함께 없어지고 말자(是日曷喪及予偕亡)'라는 말이 오히려 헐후歇后한 말이 되었으니, 곤궁해도 호소할 데 없는 그들의 심정은 차마 말로 표현할 수 없습니다.[131]

이러한 분위기 속에서 민중은 민란을 뛰어넘는 반란을 준비하였다. 민란이 지방관을 대상으로 인정을 대집행한 것이라면, 동학농민전쟁은 그 대상이 중앙집권세력으로 확대된 것이다. 동학농민전쟁에서도 농민군들이 근거한 정치문화의 핵심은 인정이었다. 이를 근거로 농민

131 『고종실록』, 고종 18년 3월 23일.

군은 "탐욕만 부리고 학정을 하는 방백과 수령들이 어찌 역적이 아닙니까?"라고 되물을 수 있었다.[132] 나아가 전주화약에 앞선 5월 4일 농민군 측이 홍계훈洪啓薰에게 제시한 '소지所志'에서 밝혔듯이 "탐관이 비록 학정虐政을 하지만 나라에서는 듣지 못하"여 "백성들이 보존하기 어려운 상황에서"는 자신들이 직접 "탐관들을 하나하나 베어 없애는 것"이 오히려 정당한 것임을 주장할 수 있었던 것이다.[133] 여기에서는 왕민이기에 인정의 세례를 받는 것도 당연한 것이며, 왕민이기에 국왕=국가가 위기에 처했을 때 국왕을 대신하여 그 위기를 구하는 행동, 곧 탐관오리의 제거를 대집행代執行할 수 있었다는 의식이 획득되어 있었음이 보인다. 농민군의 행동 근저에는 국왕을 제외한 중앙집권세력 이하 방백수령이 이르기까지 인정을 배반한 모든 역적들을 인정이 회복될 때까지는 일시적으로 부정해버리는 급진적 의식이 자리 잡고 있었던 것이다.

동학농민군의 「무장포고문」에는 인정이 베풀어지는 사회가 요순과 문제文帝와 경제景帝의 정치政治로 이미지화되어 있다. 또 농민군은 "아태조我太祖의 혁신정치로 돌아가면 그친다"는 격문을 붙이기도 했다.[134] 앞서 언급했듯이 태조는 조선 후기까지도 "폭정을 대신하여 인정仁政"을 펴기 위해 조선왕조를 개창한 것으로 기억되던 인물이었다는 점이 주목된다. 태조의 치세를 혁신적이었던 것으로 인식하는 것은

132 『駐韓日本公使館記錄』 1, 14쪽.

133 이 '소지'에서 농민군은 "탐관이 비록 학정虐政을 하지만 나라에서는 듣지 못하고 백성들이 보존하기 어려운 상황에서 탐관들을 하나하나 베어 없애는 것이 무엇이 죄가 됩니까?"라고 초토사에게 되물었다.(「兩湖招討謄錄」, 『총서』 6, 66~67쪽)

134 「고부민요일기」, 『駐韓日本公使館記錄』 1, 58쪽.

인정과 민본이념이 붕괴되고, 나라가 위기에 처한 절망적 현실을 부도덕하고 비정상적인 것으로 규정하고 그를 극복하려는 과정에서 나온 것으로 보인다. 그를 통해 농민군은 인정을 회복하고 보국안민이라는 지난한 과제에 직면하여 그에 맞서고자 하였던 것이다. 태조의 치세에 대한 재인식 내지 재발견과 그에 대한 급진적 이상화는 농민군 스스로의 정치의식에 기초한 독자적인 역사의식의 발현이기도 하였다.

물론 농민군은 지배층이 내세웠으나, 이제 스스로가 그것을 내면화하고 전유한 인정이념을 무기로 하여 인정의 회복을 목적했을 뿐, 정치적 혹은 구조적 변화를 요구했던 것은 아니다. 그러나 "혁명은 현존하는 권력구조, 법, 국가, 심지어 지주의 정당성마저도 부정하지 않는 농민들에 의해 만들어질 수도 있다."[135] 이점에서 농민군이 보여주는 근왕적 인식을 '국왕환상國王幻想'으로, 또 탐관오리에 대한 비판을 '일군만민적一君萬民的' 체제를 요구한 것으로 보기는 어렵다.[136] 근왕주의는 단순히 복고적 인식의 발로가 아니라, 그와 연결된 왕토사상과 왕신사상의 표현 논리에서 알 수 있듯이 스스로의 행동을 정당화하는 근거가 되기도 했다. "국가의 위기를 좌시할 수 없다"는 농민군의 주장은 국왕의 땅에서 밭 갈아 먹고 사는 왕신이기 때문에 국가의 위기에 발언할 수 있다는 논리이며, 자신들의 행동을 정당화하는 기제였다.[137] 여기

---

135 Eric Hobsbawm, "Peasants and Politics", *Journal of Peasants Studies* 1, No.1, Oct.1973, p.12 (에릭 홉스봄, 김동택 외역, 「농민과 정치」, 『저항과 반역 그리고 재즈』, 영림카디널, 2003, 245쪽).

136 조경달은 농민군이 "철저한 민본주의를 표방했지만, 민중 자신의 일상적인 정치참여를 요구하는 투쟁은 있을 수 없고, 다만 일군과 만민 사이에 직접적인 대화가 이루어져야만 한다는 당위성에 의해 중개세력의 무력적 배제와 직접청원이라는 변혁의 절차가 정당화되었을 뿐이다"라고 했다. 그 전제가 되는 것이 국왕환상이라고 했다.(조경달, 박맹수 역, 『이단의 민중반란』, 역사비평사, 2008, 334쪽)

서 정치적 객체로 인식되던 민이 스스로를 정치의 주체적 행위자로 규정하고 있음을 볼 수 있다. 인정이 회복 불가능한 상황에 처한 현실이 농민들로 하여금 스스로를 정치의 주체로까지 생각하게 만든 것이다.

오히려 농민군의 주장 속에는 국왕환상에 의한 일군만민의 추구가 아니라 국왕상의 추락과 일군만민 시스템의 붕괴가 예비되어 있었다고 생각된다. 1893년 3월 동학교도들이 보은에 집회하여 척왜양운동을 전개할 때 그들은 스스로를 "조정의 정령政令 가운데 민국民國에 불편한 것이 있으면 회의하여 강정講定"하는 외국의 '민회民會'와 같은 것으로 인식하고 있었다.[138] 그들 스스로가 정령을 논하고 그것을 강정講定할 수 있는 주체라는 인식을 읽을 수 있다.

또한 농민군은 해산하라는 국왕의 명령에도 불구하고 농민전쟁을 일으켰다. 이는 국왕의 윤음을 받아든 선무사만 도착하여도 곧장 해산하거나 심지어 주모자가 스스로 자수하여 죽음을 맞이하기도 했던 민란의 투쟁양상이나 의식과 크게 다른 것이다. 이러한 변화는 거듭되는 민란 속에서 중앙권력까지 이어지는 학정과 부패의 사슬을 깨달은 데서 나온 것이다. 민란에서와는 달리 민막民瘼의 근원이 민본과 인정이데올로기를 내팽개치고 탐람貪婪에 몰두하는 집권세력에 있음을 정확히 지적하여 의식의 면에서도 명백히 고을 단위를 벗어나고 있었다.[139] 이것은 기포 당시에 "전라全羅 일도一道의 탐학을 제除하고 내직

137 이러한 사례는 동서양 각국의 중세나 근대이행기 민중운동에서 보인다.(배항섭, 「"근대이행기"의 민중의식 – "근대"와 "반근대"의 너머」, 『역사문제연구』 23, 2010 참조)

138 「聚語」, 『東學亂記錄』 上, 122~123쪽.

139 「東匪討錄」, 『韓國民衆運動史資料大系 1－1894年의 農民戰爭篇』, 320·321쪽; 『駐韓日本公使館記錄』 1, 20쪽; 「內亂實記 朝鮮事件」, 『총서』 25, 192~193쪽; 「東京朝日新聞」, 明治 27年 6月 8日, 『총서』 22, 354·355쪽; 「万朝報」, 明治 27年 6月 7日, 『총서』 22, 40

內職으로 매작賣爵하는 권신을 병축屛逐하면 팔도가 자연 일체로 될 것"이라고 한 전봉준의 인식과 상통하는 것이기도 하다.[140] 민란에서 농민들이 제기한 폐막의 내용은 "이포吏逋와 탐관貪官"에 관한 것, 지방관아 차원에서 수령과 이서배의 부정부패에 대한 응징이었다. 국왕과 중앙 집권층은 여전히 농민들이 기대야 할 인정회복의 주체였다.

그러나 거듭되는 민란을 거치면서도 "이포와 탐관" 문제가 해결되지 않자, 이제 민중은 중앙집권세력 마저 인정의 주체가 아니라 학정의 주체, 이포와 탐관을 초래한 근본원인임을 구조적 모순 속에서 깨닫게 되었다.[141] 그래서 자신들이 직접 스스로의 힘으로 모순의 근원인 중앙집권세력을 축출함으로써 인징과 민본이념을 회복하려 한 것이다. 여기에는 "총명이 가려진" 국왕이 그들을 제거하지 못하고 있다는 판단이 개입되어 있었다.[142] 인정을 방해하는 탐관오리는 현국왕의 통치하에서 양성된 존재들이었다. 그런 점에서 국왕 역시 탐관오리의 준동으로부터 자유로울 수 없었기 때문이다. 농민전쟁 발발 직후부터 농민군들이 대원군의 섭정 내지 감국監國 요구에도 탐관오리의 제거, 그리고 인정의 회복과 지속이 현 국왕으로는 불가능하다는 인식이 깔려있는 것이다.[143] "일군만민" 시스템을 지탱하는 "일군"의 위상이

7・408쪽 참조.

140 「全琫準供草」 再招問目, 『東學思想資料集』 1, 아세아문화사, 1979, 328쪽.

141 「東匪討錄」, 『韓國民衆運動史資料大系 1－1894年의 農民戰爭篇』, 320~321쪽; 『駐韓日本公使館記錄』 1, 20쪽; 「內亂實記 朝鮮事件」, 『총서』 25, 192~193쪽; 「東京朝日新聞」, 明治 27年 6月 8日, 『총서』 22, 354~355쪽.

142 농민군이 발포한 「무장포고문」에는 "신하된 자들은 보국報國할 생각은 하지 않고 한갓 벼슬자리만 탐내며 (국왕의) 총명을 가린 채 아첨을 일삼아 충성스러운 선비의 간언을 妖言이라 하고 정직한 사람을 비도匪徒라 일컫는다"는 내용이 들어 있다.(「隨錄」 茂長縣謄上東學人布告文, 『총서』 5, 157~159쪽; 「茂長布告文」, 『東學亂記錄』 上, 142~143쪽; 「梧下記聞」, 『총서』 1, 52~54쪽)

농민들의 의식 속에서도 추락해나가고 있었던 것이다.

이러한 모습은 체포된 뒤이기는 하지만, 전봉준이 밝힌 다음과 같은 합의제에 의한 정국운영 구상에서 더욱 선명히 드러난다.

> 일본병을 물러나게 하고 악간惡奸의 관리를 축출해서 임금 곁을 깨끗이 한 후에는 몇 사람 주석柱石의 사士를 내세워서 정치를 하게하고 우리들은 곧장 농촌農村에 들어가 상직常職인 농업農業에 종사從事할 생각이었다. 하지만, 국사國事를 들어 한 사람의 세력가勢力家에게 맡기는 것은 크게 폐해弊害가 있는 것을 알기 때문에 몇 사람의 명사에게 협합協合해서 합의법合議法에 의해서 정치를 담당하게 할 생각이었다.[144]

여기에서 보이는 전봉준의 체제구상은 일인 독재의 폐해에 대한 인식을 기반으로 '몇 명의 주석柱石의 사士'로 표현되는 명망이 있는 선비들이 정치권력을 장악하고 합의법에 의해 서로 협의하여 정국을 운영하는 일종의 연합정권聯合政權과 유사한 체제구상이었다. "합의법"에 의한 정령의 시행은 소원운동 과정에서 축적된 경험이 서구의 제도인 "민회"에 대한 인식과 결부되면서 나타난 결과였다고 이해할 수 있을 것이다.

몇 사람의 덕망 있는 선비들이 합의법에 의해 정치를 운영한다는 구

---

143 여기에는 대원군이 전봉준이 궁극적 타도대상으로 삼고 있던 민씨척족 정권과 대극에 위치하고 있었다는 점, 또 대원군의 정치사상이 "억강부약"이라는 이미지로 널리 알려져 있었다는 점도 작용하였다고 생각한다.(『東學史』, 『東學思想資料集』 2, 518~519쪽)

144 「大阪朝日新聞」, 明治 28年 3月 6日 '東學首領と合議政治', 『총서』 23, 171쪽; 「東京朝日新聞」, 明治 28年 3月 6日, 『총서』 22, 372쪽.

상은 국왕의 존재를 완전히 부정하는 것은 아니었다고 할지라도, "일군만민"적 체제에서 일군의 지위와 권한을 약화시켜 가는 과정이었음에 다름 아니었다. "국사國事를 들어 한 사람의 세력가勢力家에게 맡기는 것은 크게 폐해弊害가 있는 것"이라고 한 데서도 알 수 있듯이 인정의 실현을 위해서는 국왕의 정치적 위상도 상대화시킬 수 있다는 의식이 마련되어 갔던 것이다. 말하자면 농민군들은 인정의 실현을 추구하였으나 거듭되는 민란을 통해서도 그것이 이루어지지 않자 중앙권력의 축출을 대집행하려 하였다. 그 과정에서 농민군들은 삼대三代나 태조 시절을 급진적으로 이상화하면서 그를 목표로 인정 회복을 추구했다. 이 과정에서 국왕을 완전히 부정하지는 못했지만, 객관적으로는 국왕이라는 존재를 상대화하고 새로운 정치질서를 열어가는 의식이 싹트고 있었다고 생각한다. 농민군의 정치의식은 여전히 인정이라는 정치문화의 회로 속에 머물러 있었다. 그러나 지배이념의 내면화와 전유를 통해 형성해나간 의식, 곧 스스로의 힘으로 인정을 회복해야 한다는 의식, 스스로가 인정회복의 주체라는 자각은 국왕에 대한 충성의 논리보다 인정회복을 위한 제도적 장치를 더 중요하게 여기는 정치의식을 형성해 나가고 있었던 것이다. 그것은 이미 일군만민 체제하의 지배이념인 인정仁政을 토대로 작동되던 것과는 다른 차원의 정치질서나 정치문화가 농민군에 의해 아래로부터 준비되어 가고 있었음을 의미한다.

7. 19세기 정치문화의 전환

18세기 후반은 정치문화 면에서 중요한 의미를 가진다. 무엇보다 민중의 교육경험이 확대되고 신분이 상승함에 따라 유교적 가치관과 규범이 민중에게도 확산되었기 때문이다. 이는 평천민층에게도 유교적 가치관이 확산되고 내면화해 나가는 중요한 계기가 되었다. 지배이념의 내면화가 반드시 지배층이 원하는 결과를 가져온 것은 아니었다. 지배이념의 확산은 확실히 지배층이 원하는 바였고, 그에 입각한 통치논리가 민중에게 내면화해 나가는 과정이었다. 그러나 다른 한편 민중이 왕신으로서 국역을 부담해야 하는 주체일 뿐만 아니라 조선사회를 지탱해가는 지배이념인 인정의 수혜대상자임을 자각하는 과정이기도 했다. 또한 심대윤의 사례나 동학농민군의 「무장포고문」에서 보이듯이 민중이 그것을 전유함으로써 지배층의 정사와 행위를 되물을 수 있는 의식이 만들어지는 과정, 지배층이나 그들의 정사政事를 비판하고 민본이념을 근거로 인정의 실현을 요구할 수 있는 준거가 만들어지는 과정이기도 했기 때문이다.

정치문화의 형성과 관련하여 중요한 의미를 가지는 또 하나의 경험은 영・정조 연간에 활발해진 소원제도에서 찾을 수 있다. 특히 정조연간은 격쟁・상언에 민은民隱까지 허용함으로써 민간의 불만들이 국왕에게 직접 상달될 수 있는 통로가 상대적으로 열려져 있던 시기였다. 민중은 인정을 외면하는 관리들의 정사나 불법적 행위를 국왕에게 직소하는 방식으로 해소하고자 하였다. 그렇다고 모든 문제가 자신들의 뜻대로 처리된 것은 아니었지만, 그 과정에서 새로운 "정치"를 경험하였고 경험이 누적되면서 새로운 정치문화를 형성해나갔다. 그 요체는 무엇보다 학정을 일삼던 수령들의 행태에 대한 직소直訴와 그에 응답한 해당 관리의 처벌이라는 방식을 전형으로 한 지배-피지배층 간의 교호交互와 소통이 하나의 '상식'으로 자리 잡은 것이다. 인정이념을 토대로 한 이러한 정치문화는 지배층-피지배층 간에 형성된 서로에 대한 일종의 약속이라는 점에서 모럴 이코노미와도 유사한 면이 있다. 그러나 모럴 이코노미는 공동체적 삶 속에서 민중에 의해 형성되고 그것이 지배층에게도 수용되는 방식(강요된 관용)으로 형성되고 작동되었다. 이와 달리 조선의 정치문화는 지배층이 내세운 지배이념인 인정을 피지배층이 수용·진유함으로써 형성되었다는 점에서 훨씬 강고한 것이었고, 그만큼 사회의 구조와 정치과정 면에서도 중요한 의미를 가지는 것이었다.

한편 소원제도의 활성화 역시 반드시 왕권의 강화로만 연결되는 것은 아니었다. 그것이 널리 알려지고 활발해질수록 하나의 정치적 행위로 구조화되면서 국가권력에 대한 압력으로 변하기 때문이다. 더구나 정조 연간에 활성화되었던 소원제도는 제도적으로 정착되지 못한 채 국왕 개인의 의지에 의존한 것이었다. 이에 따라 정조 사후 세도정권의 성립과 정치문란에 따라 소원제도는 약화될 수밖에 없었고, 이는 새로운 향촌지배질서로 성립된 수령-이향지배체제와 함께 새로운 정치문화를 잉태해 나갔다. 사족의 쇠락은 민간에서 발생하는 갈등·분쟁을 중재하거나 완충해줄 여과장치가 사라지거나 크게 약화되었음을 의미한다. 이에 따라 갈등·분쟁에 대한 조정과 해결은 온전히 국가권력과 수령에게 의뢰되었고, 그에 따른 새로운 분쟁조정 방안과 능력을 권력 측에 요구하였다. 이는 "법치적 질서"의 강화나 더욱 세련된 관료제 등을 추동하는 힘이 될 수도 있었으나, 권력의 통제력이 약화되어 있던 당시로서는 기대 난망이었다. 무엇보다 인정이 방기되고 있었기 때문이다.

19세기는 이렇게 형성된 정치문화를 전제로 민중이 인정의 실현을 소원訴冤이라는 방식에서 대집행의 방식으로 전환해가는 시기였다. 이는 한편으로 지배층에서 단서가 제공된 소원제도의 변화나, 정치질서의 변화에서 비롯된 사족지배체제의 몰락과 수령－이향체제의 대두, 공동납을 비롯한 조세수취제도와 연계된 민중의 지위 변화에 의해 촉발되고, 그에 연동되면서 성장해간 민중의식을 전제로 한 것이다. 관리들의 불법과 원억에 대한 민중의 소원과 권력에 의한 인정의 회복이라는 정치과정을 통해 형성되어 있던 정치문화 내지 '상식'이 끝내 외면되었을 때 민중은 직접 수령을 축출함으로써 인정을 회복하고자 하였다. 1862년에는 삼남지방을 휩쓴 민란은 바로 그 결과였다. 난민들이 요구하는 요체는 인정의 회복이었다. 또한 그것은 정조 연간을 통해 활성화된 국왕에 대한 직소 경험이 누적된 결과이기도 했다. 민란이라는 비일상적 혼란이 극단으로 치닫지 않고 곧 수습되고 사회적 통합과 질서를 회복하게 되는 것도 인정 이념에 의해서였다. 국왕은 인정의 방기에 대해 사죄하고, 인정회복을 다시금 약속함으로써 질서를 회복하고 사회를 유지해나갈 수 있었다.

민란에서는 인정회복을 위해 민중이 대집행代執行한 제거의 대상이 지방관 차원에 머물러 있었지만, 동학농민전쟁에서는 그 대상이 중앙권력 차원으로 확대되었다. 민란에서 농민들이 요구한 것은 수령과 이

서배의 부정부패에 대한 응징이었다. 국왕과 중앙 집권층은 여전히 농민들이 기대야 할 인정회복의 주체였다. 그러나 거듭되는 인정의 요구가 지방관을 대상으로 한 인정의 대집행만으로는 해결될 수 없자 민중은 결국 국왕조차도 인정을 회복할 수 없다는 의식을 드러내기 시작하였다. 1894년의 동학농민전쟁에서 그러하였다. 농민군들은 자신들의 집회를 민회民會로 지칭하고, 대원군의 섭정을 요구하거나 합의법에 의한 정치를 구상하였다. 여기에는 개항 이후 유입된 서구정치사상의 영향도 있었던 것으로 보이지만, 이전부터도 집단적 소원이 잦아지면서 민중들이 대표를 선발하여 중앙으로 보내 자신들의 뜻을 대신하게 하는 민의상달의 새로운 방식을 만들어가고 있었음을 지적해 둔다.[145]

대원군의 섭정요구나 합의법 구상의 배후에는 "총명이 가려진" 현재의 국왕으로는 탐학한 관리들을 제거하고 인정을 회복할 수 없다는 판단이 자리하고 있었다고 본다. 이는 곧 농민군이 아직 국왕을 부정하지 못했고, 여전히 인정을 토대로 한 정치문화의 회로 속에 머물러 있었지만, 객관적으로는 국왕이라는 존재를 상대화하고 새로운 정치질서를 열어가는 의식을 형성해나가고 있었음을 의미한다. 유교적 규범을 내면화하고 그것을 전유해나간 민중이 도달한바, 스스로의 힘으

145 이 점에서 근대적 정치・사회적 질서의 형성을 서양의 영향을 받은 지식인・관료의 사상에서만 찾는 것은 '근대이행기'의 정치과정을 엘리트들에 의해 위로부터 아래로 덮어씌워지는top-down 면에서만 바라보는 시각으로 지나치게 일원론적 접근이라는 혐의를 피하기 어렵다. 위기의 국면은 민중 수준에서도 새로운 질서에 대한 희원을 불러 일으켰고, 또 새로운 질서를 모색해 나가도록 했다. 그것은 이미 오래전부터 형성되어온 정치문화에 기댄 것이지만, 새로운 변화를 내포하는 것이기도 했으며 엘리트의 노선과 갈등・대립・경합하면서 '근대이행기'의 정치과정을 만들어 간 것이기도 했다. 이러한 시각은 다양한 노선이 복잡하게 얽히면서 진행된 '근대이행기'의 정치과정을 이해하고 전근대와 근대에 대한 이분법적 접근을 극복하기 위해서도 필요한 것이다.

로 인정을 회복해야 한다는 강고한 의식은 국왕에 대한 충성의 논리보다 인정회복을 위한 제도적 장치를 더 중요하게 여기는 새로운 질서의식을 형성해 나가고 있었던 것이다. 이는 곧 인정仁政 이념을 기반으로 하던 것과는 다른 새로운 정치질서나 정치문화가 농민군에 의해 아래로부터 준비되어 가고 있었음을 의미한다.

참고문헌

고석규, 「19세기 전반 향촌사회 지배구조의 성격」, 『외대사학』 2, 1989.

구희진, 「19세기 중반 유자들의 보통교육론과 동몽서 편찬」, 『역사교육』 92, 2004.

권내현, 「조선 후기 입양의 확산 추이와 수용 양상」, 『역사와 현실』 73, 2009.

김경숙, 「조선 후기 산송과 상언 · 격쟁」, 『고문서연구』 33, 2008.

김선경, 「민장치부책을 통해 본 조선시대 재판제도」, 『역사연구』 1, 1992.

김성우, 「18~19세기 '지배양반' 되기의 다양한 조건들」, 『대동문화연구』 49, 2005.

김인걸, 「조선 후기 향촌통제책의 위기」, 『진단학보』 58, 1984.

______, 「19세기 전반 관주도 향촌통제책의 위기」, 『국사관논총』 6, 1989.

노관범, 「19세기 후반 청도 지역 남인학자의 학문과 『소학의』 대중화」, 『한국학보』 104, 2001.

배항섭, 「"근대이행기"의 민중의식-"근대"와 "반근대"의 너머」, 『역사문제연구』 23, 2010.

송양섭, 「『東國文獻備考』 「田賦考」에 나타난 사회경제정책과 이념」, 『진단학보』 106, 2008.

신영우, 「19세기 영남 김산의 양반지주층과 향내 사정」, 『동방학지』 70, 1991.

심재우, 「조선 후기 목민서의 편찬과 수령의 형정운영」, 『규장각』 21, 1998.

우인수, 「18~19세기 산림의 기능 약화와 성격 변화」, 『대구사학』 55, 1998.

이석규, 「조선초기 응지상소에 나타난 제도론」, 『조선시대사학보』 39, 2006.

이용기, 「19세기 후반 반촌 동계의 기능과 성격 변화」, 『사학연구』 91, 2008.

이이화, 「19세기 전기의 민란연구」, 『한국학보』 35, 1984.

임선빈, 「조선 후기 동계조직과 촌락사회의 변화-공주 浮田大洞契를 중심으로」, 『동방학지』 80, 1993.

전경목, 「산송을 통해서 본 조선 후기 사법제도 운용실태와 그 특징」, 『법사학연구』 18, 1997.

정순우, 「18世紀 書堂硏究」, 韓國精神文化硏究院大學院 박사논문, 1985.
정진영, 「19~20세기 전반 한 몰락양반가의 중소지주로의 성장」, 『대동문화연구』 52, 2005.
정창렬, 「조선 후기 농민 봉기의 정치의식」, 『韓國人의 生活意識과 民衆藝術』, 1983.
_____, 「백성의식, 평민의식, 민중의식」, 한국신학연구소 편, 『한국민중론』, 1984.
최이돈, 「조선초기 守令 告訴 관행의 형성과정」, 『한국사연구』 82, 1993.
한명기, 「19세기 전반 반봉건항쟁의 성격과 그 유형」, 한국역사연구회, 『1894년 농민전쟁연구』 2, 1992.
한상권, 「19세기 민소의 양상과 추이」, 『국가이념과 대외인식』, 아연출판부, 2002.
홀, 스튜어트, 「문화연구에서 그람시의 적절성」, 『읽을꺼리』 6, 2000.

김귀옥 외, 『한국사회사연구』, 나남출판, 2003.
김문식, 『정조의 제왕학』, 태학사, 2007.
김상준 외, 『유교의 예치이념과 조선』, 청계, 2007.
김용덕, 『향청연구』, 한국연구원, 1978.
김준형, 『조선 후기 단성사족층 연구』, 아세아문화사, 2000.
김호일 편, 『한국 근현대이행기 사회연구』, 신서원, 2000.
노혜경, 『조선 후기 수령 행정의 실제』, 혜안, 2006.
망원한국사연구실 19세기농민항쟁분과, 『1862년 농민항쟁』, 동녘, 1988.
안병직 · 이영훈 편, 『맛질의 농민들』, 일조각, 2001.
이해준 편, 『초려 이유태의 향약과 정훈』, 신서원, 1998.
정구복 외, 『호남지방 고문서 기초연구』, 한국정신문화연구원.
조규익, 『거창가—봉건시대 민중의 저항과 고발문학』, 월인, 2000.
지승종 · 김준형, 『근대사회변동과 양반』, 아세아문화사, 2000.
한국역사연구회, 『1894년 농민전쟁연구』 1~3, 역사비평사, 1991~1993.
한국정신문화연구원 편, 『조선양반의 생활세계』, 백산서당, 2004.
한상권, 『조선 후기 사회와 소원제도』, 일조각, 1996.

르페브르, G., 김기철 역, 『혁명적 군중』, 한그루, 1983.
조경달, 박맹수 역, 『이단의 민중반란』, 역사비평사, 2008.
_____, 허영란 역, 『민중과 유토피아』, 역사비평사, 2009.

하라 다케시, 김익한・김민철 역, 『직소와 왕권』, 지식산업사, 2000.

近藤和彦, 「政治文化 何がどう問題か」, 『國家像・社會相の變貌』, 青木書店, 2003.

趙景達, 「政治文化の變容と民衆運動－朝鮮民衆運動史の立場から」, 『歷史學研究』 859(增刊號), 2009.

Hobsbawm, Eric, "Peasants and Politics", *Journal of Peasants Studies* 1, No.1, Oct.1973(홉스봄, 에릭, 김동택 외역, 「농민과 정치」, 『저항과 반역 그리고 재즈』, 영림카디널, 2003).

Freedman, Paul, *Images of the Medieval Peasant*, Stanford University Press, 1999.

Mollat, Michel・Wolff, Philippe, 瀬原義生 譯, 『ヨーロッパ中世末期の民衆運動－青い爪, ジャック, そしてチオンピ』, ミネルヴァ書房, 1996.

Scott, James C., *Weapons of the weak-everyday forms of peasant resistance*, Yale University Press, 1987.

White, James W., *Ikki-Social Conflict and Political Protest in Early Modern Japan*, Cornell Univ. Press, 1995.

조선 후기 토지소유구조 및 매매관습에 대한 비교사적 검토*

배항섭

1. 서구중심주의의 문제

조선시대 토지 소유권에 대한 이해는 일본 식민사학자들이 구축해 놓은 이른바 한국사의 정체성론을 극복하는 과정에서 진전되어 왔다. 식민사학자들은 조선시대에는 "세계사의 보편성"과 달리 토지의 사적 소유가 존재하지 않았다고 주장하였다. 식민지 시기부터 이에 반박하는 연구들이 진행되어 왔지만, 조선사회의 토지소유 문제에 대한 본격적인 재검토는 해방 이후에 이루어졌다.

정체성론 비판의 요체는 한국사도 세계사의 "보편적 발전과정"을 걸어왔음을 확인함으로써 식민사학자들의 주장이 허구적이었음을 드

* 본고는 『한국사연구』 149집(한국사연구회, 2010)에 수록된 논문을 수정 · 보완한 글이다.

러내는 데 있었다. 그리하여 이미 삼국시대부터 토지사유와 그에 입각한 지주제가 존재했고, 고려시대를 거치며 사적 소유는 한층 확대되고 강고해졌다는 점을 밝히려는 노력이 이루어졌다. 조선시대에 들어서는 소유권에 입각한 지주-전호제地主-佃戶制와 수조권에 입각한 지주-전객제田主-佃客制가 병존하였으나, 16세기에 들어 국가의 토지분급제가 폐지되면서 전주-전객제는 소멸되고 지주-전호제가 지배적인 생산관계로 된다고 하였다.[1] 이러한 견해는 이후 조선시대 토지소유와 생산관계를 이해하는 유력한 견해로 자리 잡았다. 또한 사적소유와 그를 토대로 한 지주-작인관계의 존재를 근거로 통일신라 혹은 고려시대 이후의 조선사회는 봉건사회로 비정되었다. 이어 조선 후기에 들어서는 경제 · 사회 각 분야에서 자본주의의 맹아적 현상들이 족출하고 있었다는 사실이 확인되었다.

이에 따라 식민사학자들이 주장하는 정체성론은 다파되었지만, 그것은 다른 한편 서구에 비한 조선사회의 후진성을 "실증적"으로 증명해내는 과정이기도 했다. 서구에서 이미 산업 혁명이 일어나고 있을 때 조선에서는 이제 겨우 자본주의를 향한 맹아들이 보이기 시작했음을 확인해주었기 때문이다. 서구 / 근대를 준거로 한 발전단계론적 유비가 보여주는 비대칭적 역사 인식의 전형이라 할 수 있다. 사이드Edward W. Said의 『오리엔탈리즘』이 소개된 이후 한국사 학계에도 서구중심주의에 대한 비판의식이 형성되어 왔다. 그러나 경험적 사실에 기

1 김용섭, 「전근대의 토지제도」, 『한국학입문』, 대한민국학술원, 1983; 이경식, 『조선 전기 토지제도연구』, 일조각, 1986. 식민사학자들로부터 1980년대까지의 조선시대 토지소유론에 대한 연구사 정리로는 이영호, 「조선시기 토지소유관계 연구현황」, 근대사연구회 편, 『봉건사회 해체기의 제문제』 하, 한울, 1987 참조.

반한 연구는 진전되지 못하고 있다.

본고에서는 조선 후기의 토지소유와 매매관습을 영국, 프랑스, 중국, 일본 등 동서양 4개국의 그것과 비교·검토함으로써 다음과 같은 두 가지 점을 새롭게 생각해보고자 한다.[2] 첫째, 서구중심적 한국사 인식에 관한 문제이다. 지금까지 대체로 조선시대의 지주제는 봉건적인 생산관계로 인식되어 왔다. 이는 무엇보다 지주-작인관계를 서구의 영주-농노관계에 비정함으로써 조선사회가 봉건사회임을 입증하려는 노력의 소산이지만,[3] 역시 서구를 준거로 하여 한국 역사상을 묘사하는 서구중심적 역사 인식을 보여주는 것이다. 본고에서는 조선의 토지소유구조나 매매관습이 서구나 일본과 크게 달랐으며, 서구적 경험에 근거한 "보편적 발전법칙"에 입각한 접근으로는 파악하기 어렵다는 점을 분명히 하고자 한다. 그를 통해 서구중심주의를 상대화하는 한편, 그 동안 한국사를 이해해온 인식 틀에 대한 근본적인 재검토의 필요성을 구체적으로 제시해보고자 한다.

조선시대 토지 소유권이 서구의 중세와 달리 "근대적" 내지 "일물일권적 배타적" 성격을 가지고 있었다는 점에 대해서는 박병호가 이미 1970년대에 지적한 바 있다. 그에 따르면 조선의 토지 소유권은 법적·형식적인 면에서 근대적 토지 소유권과 유사하였으며, 관념적으

2 본고에서 다루는 영국이나 프랑스, 중국, 일본의 전근대사회의 토지소유나 근대적 개혁에 대한 연구는 필자가 감당하기에는 너무 방대하다. 여기서는 본고의 논지를 분명히 하는 선에서 제한된 연구들을 중심으로 접근할 수밖에 없었음을 밝혀둔다.

3 농업의 근대화 방안을 지주제 철폐 여부를 중심으로 한 이른바 "두 가지길 이론"에 입각하여 접근하는 것도 지주제의 봉건성을 전제로 하는 것이며, 지주제의 철폐여부가 정상적인 근대를 달성하는 데 관건이라는 인식에서 나온 것이다. 근대화 과정의 농업개혁 문제를 "두 가지길 이론"에 입각하여 접근한 연구로는 김용섭, 「근대화과정에서의 농업개혁의 두 방향」, 『한국근현대농업사연구』, 일조각, 1992 참조.

로도 물건지배를 정당화하는 법적 근거인 권원權原에 의해 보호되었고, 또 그렇게 인식되었다고 하였다.[4] 이영훈도 조선의 토지소유는 조선 전기부터 일물일권적, 로마법적 소유구조를 특징으로 한다고 한 바 있으며, 최근에는 시기를 조금 늦추어 17～18세기에는 일지일주적一地一主的·근대적 사적토지소유가 사실상 성립하였다고 하였다.[5] 그러나 박병호는 "조선사회가 비근대사회였기 때문에 그에 대응하여 소유권도 비근대성을 띠고 있었다"고 하였으며, 이영훈은 대한제국기를 포함하여 조선왕조는 어디까지나 전근대국가였으며, 때문에 조선시대의 사적 토지소유도 어디까지나 전근대적 범주에 속하였다고 함으로써[6] 기껏 발견한 조선사회의 주요한 특성을 서구 중심주의의 인식틀 속으로 가두어 버리고 말았으며, 그에 따라 조선의 토지 소유권이 가진 의미를 더 이상 천착하지 않았다.

둘째, 한국, 중국, 일본 등 동아시아 국가 간에도 동질성뿐만 아니라 간과할 수 없는 차이가 있었다는 점을 밝힘으로써 동아시아 역사상에 대한 최근의 이해를 재검토할 수 있는 계기로 삼고자 한다. 앞서 언급한 "자본주의 맹아론"의 핵심 논지 가운데 하나는 토지소유의 양극분해론이다.[7] 이는 토지소유가 점차 대토지를 집적한 지주와 토지 없는 농민 혹은 영세농으로 나누어지고, 이어 지주의 토지를 대량으로 차경하는 부농과 그에 고용된 농업노동자가 나타나면서 차지농-농업노동

4 박병호, 「근세의 토지소유권에 관한 고찰」, 『한국법제사고』, 법문사, 1974.
5 이영훈, 『한국 시장경제와 민주주의의 역사적 특질』, 한국개발연구원, 2000, 27쪽.
6 이영훈, 「한국사에 있어서 토지제도의 발전과정」, 『고문서연구』 15, 1999, 12～14쪽.
7 김용섭, 『조선 후기농업사연구』 Ⅰ, 일조각, 1970; 김용섭, 『증보판 조선 후기 농업사연구』 Ⅱ, 일조각, 1990.

자라는 새로운 생산관계가 발생함으로써 농업에서 근대화가 완성된다는 서구적 경험을 차용한 논리이다. 이에 대해 최근에는 조선 후기에 들어 토지소유의 양극분해보다는 오히려 상층농의 비중과 경지면적이 감소하고 하층농이 경작자 수나 경작면적 면에서 증가한다는 반론이 제기되고 있다.[8] 또한 양극분해론의 대안으로 소농사회론이 제시되고 있다.[9]

이 가운데 미야지마 히로시는 양극분해론을 비롯한 조선사회에 대한 기왕의 연구들이 서구중심주의에 기반해 있다는 점을 비판하면서 그 대안으로 "동아시아 소농사회론"을 제시하였다. 그는 한국과 중국, 일본을 아우르는 동아시아 '소농사회'의 핵심적 특징으로 토지지배의 국가적 집중, 농민경영 면에서 세계 최고수준의 발전 정도 등을 들고 있다.[10] 매우 중요한 문제제기라는 생각에는 의문이 없다. 그러나 동아시아사를 서구와는 다른 독자적인 모델로서 유형화하려는 생각이 앞선 나머지[11] 동아시아 삼국의 동질성을 강조한 반면 차이들에 대해서는 지나치게 단순화하거나 과소평가하였다는 혐의가 간다. 이 글에서는 특히 토지소유나 매매관습 면에서 한국, 중국, 일본 간에도 간과할 수 없는 차이가 있었다는 사실을 구체적으로 드러냄으로써 현재 논

---

8 이영훈, 「조선 후기 농민분화의 구조 · 추세 및 그 역사적 의의」, 『동양학』 21, 1991; 김건태, 「조선 후기 지주제하 농민층 동향」, 『경제사학』 22, 1997; 「17~18세기 전답소유규모의 영세화와 양반층의 대응」, 『한국사학보』 9, 2000; 宮嶋博史, 「유교의 제민사상과 소농사회론」, 『국학연구』 14, 2009.

9 이영훈, 앞의 글, 2000; 宮嶋博史, 위의 글.

10 宮嶋博史, 「東アジア小農社會の形成」, 『長期社會變動ーアジアから考える』 6, 東京大學出版會, 1994; 宮嶋博史, 「동아시아 소농사회론의 사상사 연구」, 『한국실학연구』 5, 2003.

11 宮嶋博史는 '소농사회론'은 동아시아의 특질을 유럽을 기준으로 보는 것이 아니고 유럽과는 다른 독자적인 모델로서 유형화하려는 것이라고 밝혔다.(宮嶋博史, 위의 글, 2003, 123쪽)

의되고 있는 동아시아사상을 재점검하는 기회로 삼고자 한다.

토지는 가장 중요한 삶의 근거였을 뿐만 아니라, 대부분의 사람들이 토지와 관련을 맺으며 살아갔던 전근대사회에서 토지소유구조나 매매관습에서 보이는 특징은 사회적 관습이나 문화 형성에 커다란 영향을 미쳤고, 근대이행 과정에서도 중요한 의미를 지닐 수밖에 없다.[12] 기왕의 연구들에서는 이러한 점에 대한 고려나 자각이 미흡했다고 생각한다.

2. 불·영·중·일의 토지소유구조와 매매관습

1) 프랑스

중세 프랑스에서 토지는 크게 영주 유보지 혹은 본령지로 불리던 영주 직영지domaine와 망스manses : mansi라 불리던 농민들의 보유지로 구성되어 있었다. 토지보유농tenanciers은 자신의 보유지를 세습할 수 있었고, 마음대로 처분할 수 있었다.[13] 이 점에서 보유지는 하나의 물권

12 '전근대적' 소유권과 '근대적' 소유권이 가지는 법리적 의미가 동일할 수는 없을 것이다. 그러나 이 글에서는 소유 문제를 농민들의 일상생활에 직접적인 관계가 있는 현실적 문제를 중심으로 살펴보고자 한다. 소유권 개념에 대해서는 심희기의 글이 참조된다.(심희기, 『한국법사연구－토지소유와 공동체』, 영남대 출판부, 1992, 114～128쪽) 또 조선시대의 토지 소유권은 근대적 개념과 달리 토지에 대한 이용이라는 점과 깊은 관련이 있었으며, 그것은 소유권을 표현하는 '집지執持', '차지次知', '영집永執' 등의 용어가 '집지경식執持耕食'과 같이 현실적 이용을 의미하는 용어와 결합되어 나타나는 사례가 많았다는 점에서도 확인된다. 이러한 용례를 비롯하여 소유권과 관련된 다양한 용어 및 그 의미에 대해서는 박병호, 앞의 책, 195～218쪽 참조.

13 마르크 블로크, 김주식 역, 『프랑스 농촌사의 기본구조』, 신서원, 1994, 147～159쪽.

으로 존재했고, 보유농은 이에 대한 처분권과 상속권 · 사용권을 가지고 있었다. 그러나 농민들의 보유권 위에는 영주의 상급소유권이 중층적으로 얽혀 있었다. 곧 농민들이 보유한 토지는 영주에게 생산물의 일정량과 각종 부과조를 납부하는 것을 조건으로 양도받은 영대永代세습지였다.[14] 소유구조가 전형적인 중층성을 보이고 있었다.[15]

한편 보유지의 매매도 기본적으로는 보유농의 자유에 맡겨졌지만, 관습상 커다란 제약이 따랐다.[16] 16세기 프랑스의 각 지역에서는 관습법전을 편찬하였는데, 거기에는 부유층의 토지집적을 크게 제약하는 규정이 들어 있었다. 그 가운데 중요한 것은 '친족매취親族買取; retrait lignager'와 '약정매취約定買取; retrait conventionnel'였다. '친족매취'는 어떤 사람 A1이 그 소유지를 일족 외부의 사람 B1에게 매각했을 경우, 그로부터 1년 1일이 경과하지 않았다면 A1의 일족인 A2가 B1에게 토지대금 및 기타 B1이 부담한 금액을 지불함으로써 해당 토지를 B1으로부터 매취할 수 있는 관습이었다(18세기의 한 법학자 Pochier에 의하면 A2의 청구가 있을 때, B1은 A1로부터 매득한 해당 토지를 A2에게 매각해야할 의무가 있었다고한다). '약정매취'는 A1이 B1에게 토지를 매각할 때, 장래(기간의 한정은 없다) B1 내지 그의 상속인(B2)이 해당 토지를 타인 C에게 매각하고자 할

14 G. 르페브르, 민석홍 역, 『프랑스 혁명』, 을유문화사, 1993, 199~200쪽.

15 영주에 대한 토지 부과조를 면제받은 자유지 소유농도 영주재판권 등에 따라 영주의 지배로부터 완전히 벗어나지는 못하였다.(마르크 블로크, 앞의 책, 164~165쪽)

16 귀족층도 세습적 지배권을 공고히 하기 위해 가문의 세습지를 자녀들에게 분할하여 상속하지 않고 공유하려는 관행이 있었다. 따라서 세습지를 매매 또는 양도하려 할 경우 친족구성원의 동의를 필요로 하였으며, 재산의 분할을 막기 위해 차남 이하의 결혼을 제한하기도 했다. 이런 관행은 11세기에서 12세기 초에 가장 강하였으며 이후 점차 약화되었으나, 12세기 초 이래로 후술하는 바와 같은 "친족의 되사기 권리"가 대중화하여 갔다.(최생렬, 「프랑스 봉건사회구조의 변화에 관하여」, 『전통문화연구』 4, 조선대, 1996, 19~24쪽)

경우, A1 및 그 상속인(A3)은 C에 우선하여 해당 토지를 살 수 있다고 약정하는 관습이었다.[17] 이상과 같은 매취법의 배후에는 토지를 일족 내에 계속 보지시키고자 하는 강한 지향이 있었으며, 일본의 '질지청태質地請戻'나 중국의 '사두활미死頭活尾'와 서로 통하는 면이 있다.

이 제도는 나폴레옹 민법전(1804년)에는 계승되지 않았지만, 그 대신 나폴레옹 민법전에는 이전의 관습법을 이어받은 '환매법還買法=受戻法, rachat, réméré'이 규정되었다. '환매법'에서 중요한 것은 매주賣主가 장래에 매각대금을 변제함으로써 매각물을 환매還買할 수 있다는 것을 조건으로 물物을 매각하는 환매약관부매각還買約款付賣却이다. 기간이 정해진 경우도 있고 정해지지 않은 경우도 있었나. 환매 기한이 정해지지 않은 경우의 환매 가능기간은 민법전 성립 이전 시기에는 영구적이라는 학설도 있었으나, 18세기 후반 단계에 와서는 30년으로 보는 견해가 우세하였다. '환매법'의 배후에는 경제적으로 곤궁하여 어쩔 수 없이 재산을 타인에게 매각하게 된 시민의 재산을 확정적으로 빼앗는 것은 정당하지 않다는 고려가 존재했다. 나폴레옹 민법전에서는 기한이 정해지지 않은 경우의 환매가능 기간이 5년으로 단축되었다. 그것은 매주買主가 확정적으로 소유자가 될 수 있는지의 여부를 알 수 없는 불안정한 상태가 장기화하는 것은 농업과 시장거래에 유해하며, "공공의 이익"에 반한다는 판단 때문이었다. '환매법' 가운데 A가 환매를 조건으로 매각한 토지를 B가 C에게 전매하거나 전당을 했을 때 A가 공시 없이 C에게까지 환매를 요구할 수 있는 규정이 폐지된 것은 1950년대

17 水林彪, 「土地所有秩序の變革と〈近代法〉」, 『日本史講座 8－近代の成立』, 東京大學出版會, 2005, 146쪽.

에 들어 온 다음이었다.[18]

영대세습지에 대한 프랑스 농민의 강고한 소유의식과 매매관습은 프랑스혁명 당시에 소유권 박탈과 관습 파괴를 초래하는 자본주의적 질서에 대한 강한 반발로 나타났다.[19] 혁명 이후에도 '환매법'과 같은 "근대적" 시장경제 논리와 어긋나는 매매관습이 오래 동안 지속된 것도 관습을 지켜내려는 농민들에 의해 농촌공동체가 해체되지 않았다는 점, 영국에서와 같이 "양이 사람을 잡아먹는" 토지의 강제적 재통합 사태도 일어나지 않았으며,[20] 비교적 균질적 소규모 경작을 뚜렷하게 유지하고 강화하는 데 성공하였다는 점과[21] 무관하지 않을 것이다.

프랑스에서 지주제가 본격적으로 전개된 것은 프랑스혁명을 거치며 봉건제가 폐지되고 토지소유의 중층성이 해소된 다음이었다. 혁명 전 전체의 20%에 달하던 교회의 토지재산은 소멸되었고, 귀족의 토지소유도 22%에서 12%로 떨어졌다. 반면, 농민의 토지는 30%에서 42%로 늘어났고, 부르주아의 토지는 16%에서 28%로 증가하였다.[22] 이러한 변화는 무엇보다 교회와 상당한 규모의 귀족 소유지가 몰수 · 국유화되어 경쟁입찰의 방식으로 매각되었기 때문이다. 그러나 이 토지들은 부르주아나 부유한 농민들 수중으로 들어갔다. 토지소유농의 비율

---

18 위의 글, 147~149쪽.

19 최갑수, 「프랑스혁명과 농민운동 논쟁에 대한 소고」, 『역사비평』 17, 1992.

20 위의 글 참조.

21 이에 대해서는 아나똘리 아도, 「프랑스혁명과 농민 프랑스혁명과 농민운동」, 『역사비평』 17, 1992 참조.

22 알베르 소불, 최갑수 역, 『프랑스대혁명사』 하, 두레, 1984, 241~242쪽. 물론 지역별로 편차가 컸다. 혁명 직전 신분별 토지지유규모에 대한 다른 견해(귀족은 9~44%, 성직귀족은 6%, 부르주아는 12~45%, 농민 22~70%)로는 湯淺赳男, 『フランス土地近代化史論』, 東京 : 木鐸社, 1981, 42쪽 참조.

은 증가하였지만, 빈농이나 무전 농민의 대부분은 토지소유에서 배제되었다.[23] 50% 이상의 토지가 여전히 귀족과 부르주아의 수중에 남아 있었다. 이들의 토지 역시 농민들의 토지소유지가 봉건적 부과조로부터 해방되었듯이,[24] 모든 봉건적 "질곡"으로부터 해방된 자유로운 토지였다. 농민들의 토지뿐만 아니라 귀족직영지와 부르주아들의 토지 소유도 일물일권적이고 배타적인 근대적 소유로 전환한 것이다.

이에 따라 비교적 철저한 토지개혁이 이루어진 것으로 이해되는 프랑스 혁명 이후에도 토지의 절반 이상은 대토지소유자를 비롯한 지주의 수중에 남아 있었고, 그것은 대부분 지주제에 의해 경작되었다. 혁명 이후 농업경영 형태를 지배한 것은 이러한 소유구조 하에서 "자유로운" 계약에 의해 전개된 지주-작인관계였다.[25] 농민이 소유하던 대토지를 포함하면 1814년 현재 지주적 소유지 면적은 전경작지의 60%를 상회하였다.[26] 혁명은 영주적 토지소유를 폐기하는 대신 소농민적 토지소유와 지주적 토지소유(지주-작인관계)로 이루어지는 농업사회를 출현시킨 것이다. 지주의 강력한 지대징수권은 "봉건적 토지 소유권"

23 알베르 소불, 위의 책, 241~242쪽. 최근의 한 연구에 따르면 봉건폐지가 경작자에게 수입을 돌려준 것도 아니었고, 영주에게 돌아간 것도 아니었다고 하면서 명백한 승자는 이득을 세금으로 환수한 주정부였다고 한다.(D. M. G., "Sutherland, Peasants, Lords, and Leviathan-Winners and Losers from the Abolition of French Feudalism, 1780~1820", *The Journal of economic history*, Vol.62-1, Mar. 2002, pp.1~19)

24 국유화되어 매각된 귀족이나 성직자들의 토지는 모든 봉건적 부담으로부터 면제된 토지였다. 국유지 매각에 대해서는 이세희, 「프랑스혁명기와 나폴레옹 시대의 토지문제-국유화 토지 매각을 중심으로」, 『프랑스사 연구』 9, 2003 참조.

25 14~15세기 이른바 "영주제 위기"의 시대부터 농민층분화가 진행되면서 다양한 방식으로 보유지를 집적한 일부 부농층이 영세농에게 대여하는 보유지 대여rente가 이루어졌으나, 이때도 보유지는 영주에 대한 구래의 공조부담을 지녔기 때문에 토지는 영주, 부농, 영세농 3자의 권리가 중첩된 형태를 띠었다는 점에서 차이가 난다.(渡辺節夫, 『フランスの中世社會』, 東京 : 吉川弘文館, 2006, 205~206쪽)

26 이세희, 「나폴레옹 시대 프랑스 농업구조와 농민의 생활상태」, 『부산사학』 34, 1998, 179쪽.

을 대신하였으며, 지주들은 생산력의 증대보다도 지대착취나 조세전가에 의한 지대 증수增收를 선호하는 것이 일반적이었다.[27]

2) 영국

영국의 농민의 사회적 신분은 크게 자유농free tenant과 부자유농unfree tenant으로 나누어졌으며, 부자유농은 다시 관습지보유농customary tenant과 빈농cottage으로 구분되었다. 자유농은 자유상속지를 소유한 자유인 신분으로 비교적 자유롭게 토지를 상속, 양도할 수 있었으며, 이들은 가족 노동력의 규모를 넘어서는 토지를 작인들에게 임대하기도 하였다.[28] 부자유농의 관습지에는 프랑스와 마찬가지로 영주의 상급소유권이 중층적으로 겹쳐 있었다. 부자유농은 물론 자유농의 토지도 부자유농보다는 가벼웠지만, 영주에 대한 봉건적 부가조로부터 완전히 자유로운 것은 아니었다. 관습지보유농은 장원영주에 예속되어 지대와 부역의 의무가 있었으며, 토지의 상속과 양도 등 모든 경제활동에서 장원법정의 규제를 받았다.[29]

한편 프랑스에서는 13세기 무렵부터 국왕재판소의 권한이 강화되면서 농민 보유권의 세습 관습도 국왕재판소의 보호를 받게 되었기 때

27 牧原憲夫, 「近代的土地所有 概念の再檢討」, 『歷史學硏究』 502, 東京 : 歷史學硏究會, 1982, 44~46쪽.

28 자유지에 대한 지대는 관습지에 대한 지대의 1/2정도였다.(김호연, 『중세 영국농민의 사회경제적 지위』, UUP, 2004, 39쪽)

29 위의 책, 5쪽 참조.

문에 농민들의 토지에 대한 권리가 강하였다. 그러나 영국의 경우 왕권은 강하였지만, 농민의 권리는 장원재판소 외에는 호소할 데가 없었기 때문에 토지와 관련한 농민들의 권리도 프랑스와 같이 견고하지 못했다.[30] 농노는 영주의 허가 없이 그가 보유한 어떠한 것도 양도할 수 없다는 보통법Common law에 근거를 둔 원칙이 중앙이나 지방법원, 관습법, 장원조사서 등에서 수없이 강조되어 왔다. 이에 따르면 농노가 지닌 모든 것은 자연히 영주의 재산이 되며, 영주는 임의로 농노가 지닌 모든 보유물을 점유하거나 처분할 수 있었다. 따라서 농노의 보유지 양도는 "양도와 허가surrender and admittance", 곧 전보유인이 자신의 토지를 영주에게 반납하고 후보유인이 영주의 허가를 얻어야만 가능하였다. 자유농의 토지에도 마찬가지의 원칙이 적용되었다. 그러나 1381년에 발발한 와트타일러 난과[31] 흑사병의 영향으로 장원 통제의 이완, 인구증가와 토지부족, 식량 수요와 토지규모와의 불균형, 개간에 의한 자유지의 증가, 금납화의 진전, 분할 상속의[32] 영향 등으로 사적인 거래 역시 활발하게 이루어졌다.[33] 또한 이 과정에서 부역농노제는 사실상 해체되었고[34] 토지거래가 활발해지면서 농민들도 토지를

30 마르크 블로크, 이기영 역, 『서양의 장원제』, 까치글방, 2002, 125~142쪽.

31 와트 타일러 난의 배경과 과정, 결과에 대해서는 노만 콘, 김승환 역, 『천년왕국운동사』, 한국신학연구소, 1993, 270~279쪽; J.F.S. 해리슨, 이영석 역, 『영국민중운동사』, 소나무, 1989, 81~104쪽 참조.

32 중세 농노의 보유지 상속에 대한 다양한 견해에 대해서는 심재윤, 「개방농지제의 기원」, 『중세영국 토지제도사 연구』, 선인, 2004 참조.

33 부역의무가 많은 곳보다는 금납화가 진전된 곳일수록 토지거래가 활발하였다.(金豪然, 「13~14세기 영국농민의 토지거래」, 『서양사연구』 7, 1985, 183쪽) 농민들 간의 사적인 토지매매는 흑사병(14세기 중엽) 이전에도 가능했지만, 13세기 중엽까지도 토지와 분리된 농노의 인신매매가 이루어지고 있었던 만큼, 농노들의 토지소유는 매우 불안정한 것이었다.(위의 책, 163쪽)

34 富岡次郎, 「イギリスにおける農民一揆」, 『中世史講座 7－中世の農民運動』, 東京 : 學生

집중한 소수의 부농yeoman과 토지를 상실하고 임노동자로 전락한 빈농이나 토지 없는 자들로 양극화되어 갔다.[35]

16~17세기에는 농민층분화가 더욱 진전됨에 따라 내부 구성원 간의 빈부격차가 커지면서 중세적 농촌공동체도 쇠퇴하였다. 16세기에 들어 중앙집권적 체제를 강화해 나가는 한편 영국교회에 대해서도 우세한 지위를 차지하게 된 헨리 8세는 1536년과 1539년 수도원을 해체하고 그 토지와 재산을 왕실 소유로 삼았다. 국왕은 몰수한 토지를 방매하였으나, 그 수혜자는 귀족과 젠트리층이었다.[36] 특히 이 시기에는 영주와 부농층에 의한 엔클로저운동이 진행되면서[37] 농민들이 향유하던 공동방목권이 사라지고, 토지경계선을 따라 울타리나 담장이 세워지면서 하층 농민들은 더욱 심각한 타격을 받았다.[38]

농민층분화의 또 다른 요인은 앞서 언급한 바와 같이 농민들(등본보유농copyholder, 중세의 관습지보유농)의 취약한 보유권이었다. 상속권이 보장되지 않거나 토지보유세가 고정되지 않은 보유지의 경우 임차지로 전환되거나 보유세가 영주의 자의에 의해 증액될 수 있었기 때문에 보유농들은 쉽게 토지로부터 추방될 수 있었다.[39] 보유지가 임차지로 전환된다는 것은 보유농의 보유권, 곧 하급소유권=경작권이 더 이상

社, 1975, 92~93쪽.

35 이상 영국 농민의 보유지에 관한 관습과 농민층 분화에 대해서는 고동욱, 「중세 말 영국 바넷 장원에서의 토지거래의 성격과 농민층 분화」, 『서양사론』 48, 1996, 43~47쪽; 김호연, 앞의 책, 46쪽 참조.

36 J.F.S. 해리슨, 앞의 책, 156쪽.

37 엔클로저 운동에 대한 최근까지의 연구 동향에 대해서는 송병건, 『영국 근대화의 재구성』, 해남, 2008 참조.

38 富岡次郎, 앞의 글, 97쪽; 김호연, 『근대 초 영국농민의 분화과정』, UUP, 2005, 9~12쪽, 17·24·48쪽.

39 J.F.S. 해리슨, 앞의 책, 123~124쪽.

관습의 보호를 받을 수 없게 되었음을 의미한다. 더구나 16세기 후반에는 임대지가 늘어나는 가운데 임차지의 임대 기간도 점점 짧아졌고 지대는 상승하였다. 이런 변화 속에서 일부의 부농들은 장원 전체를 소유하게 되어 젠틀맨으로 신분을 상승해가기도 했다.[40] 이상과 같이 영국 농민들의 "하급소유권"은 중세 후반 이후 근대로 넘어오면서 오히려 약화되어가고 있었음을 알 수 있다. 이후 19세기 초반까지 정기적인 차지계약은 일관되게 감소하였으며, 1년 또는 임의적인 차지관계로 바뀌어갔다.[41] 이와 같이 영국에서도 토지 소유권의 중층성이 해소되고 농촌공동체가 파괴되는 과정을 거쳐 배타적 소유권이 성립되면서 지주-작인관계도 본격적으로 시작되었음을 알 수 있다.

3) 중국

중국의 '지주제'를 중세유럽의 '영주제'와 사회형태 면에서 비교해 볼 때 보이는 두드러진 점은 토지 사유와 상대적으로 자유로운 매매, 그리고 토지 소유권이 군사·행정 및 사법권과 분리되어 있다는 것이다.[42] 그러나 중국의 상대적으로 자유로운 토지매매 관행도 조선과 비교해 볼 때 많은 제약이 뒤따르고 있었다. 그러한 관행은 북방 지역보다는 강남 지역에서 현저하게 나타났다.

---

40 김호연, 앞의 책, 2005, 58~79쪽 참조.

41 牧原憲夫, 앞의 책, 44~46쪽.

42 Philip C. Huang, *The peasant family and rural development in the Yangzi Delta, 1350~1988*, Stanford University Press, 1990, p.329.

화북 지역에 비해 중소지주가 큰 비중을 차지하였던 강남의 지주제에서 중요한 특징 가운데 하나는 토지 소유권이 전저권田底權(소유권, 田骨, subsoil right)과 전면권田面權(경작권, 田皮, topsoil right)으로 중층화해 있었고, 그에 따라 영구소작제, 곧 영전제永佃制가 널리 퍼져 있었다는 점이다. 영전권(전피, 전면권)은 토지권리의 일부로서 농민들에게 완전한 소유권의 하나로 인식되고 있었으며,[43] 세습이나 매매・양도가 가능했다. 영전권을 매입한 지주는 이를 다시 타인에게 대여할 수 있었고, 때로는 그 가격이 전저권보다 더 높은 경우도 있었다. 이점에서 영전제는 일전양주제一田兩主制로 전형적인 중층적 소유구조를 보이고 있었다.[44]

영구소작제는 남송시대부터 시작한 것으로 병작 기간이 장기화해 온 결과 나타난 산물이지만, 태평천국운동 뒤에 더욱 확산되었다. 황폐해진 토지를 재개간하는 과정에서 작인이 자본을 투자하여 경작하고 지주가 이들에게 영구소작권(전면권)을 인정해주는 영구소작제가 보편화되었기 때문이다.[45] 영전제는 특히 강남 지역에서 일반적으로 행해졌으며, 그 중 쑤저우蘇州 지역은 소작제 가운데 90%, 창수常熟는 80%에 이르렀으며, 우시無錫의 경우 50%로 비교적 낮았으나, 역시 가장 보편적인 제도였다.[46] 청말민국기에는 강남 아닌 북방 지역으로도 확산되어 신개간지가 많은 지역에서는 90%에 이르기도 했다.[47]

---

43 박정현, 『근대중국농촌사회연구』, 고려대 출판부, 2004, 41쪽.

44 조강・진종의, 윤정분 역, 『중국토지제도사』, 대광문화사, 1985, 369~370쪽.

45 박정현, 앞의 책, 39~40쪽. 영작제는 양쯔강 하류의 높은 소작율을 보이는 지역과 후우지엔의 해안일대와 같이 고도로 상업화된 지역, 그리고 후난과 같은 주요 쌀 잉여지대에서 광범위하게 존재했다.(D. H. 퍼킨스, 양필승 역, 『중국경제사-1368~1968』, 신서원, 1997, 146~147쪽)

46 박정현, 앞의 책, 40~41쪽.

47 1936년에 토지위원회에서 조사한 보고서에 따르면 전국적으로 21.1%였으며, 강소

영전제뿐만 아니라 일반 소작제에 의한 계약도 대체적으로 매우 안정적이었다. 대부분의 소작지는 작인이 사망할 시 그 아들에게 계승되었다. 심지어 지주가 토지를 매도할 때 새로운 지주에게 원래 작인이 계속 경작할 수 있게 할 것을 요구하거나, 이 점을 매매계약서에 정식으로 명기하기도 했다.[48] 또 영전제하에서 지주와 작인의 관계는 느슨하였다. 지대를 납부하는 한 작인은 지주로부터 어떠한 간섭도 받지 않았으며,[49] 작인은 토지 소유권의 절반에 해당하는 재산권을 소유하고 있었기 자영농이 되기 위해 급급하지 않았다.[50] 오히려 전저권을 가진 지주가 일체의 세금을 부담해야 했기 때문에 전면권이 전저권보다 매력적이어서 많은 지역에서는 전면권이 더 인기가 있었고, 앞서 언급했듯이 더 비싸게 매매되기도 했다.[51]

한편 중국에서는 일찍부터 토지거래의 자유가 확인되고 있지만, 종법질서와 관련된 독특한 사회관습과 중층적 소유구조를 전제로 한 영작제는 토지거래에 커다란 제약이 되었다. 우선 강남 지역에서는 관습적으로 토지거래에 상당한 제한이 있었다. 종법질서하에서 형성된 의전義田, 제전祭田, 묘전墓田, 학전學田 등의 족전族田은 토지의 분할을 방지할 목적에서 만들어진 것이기 때문에 종족구성원의 동의 없이는 매

(40.9), 절강(30.6), 안휘성(44.2)은 영전제의 비중이 매우 높았다. 북방의 察哈爾, 綏遠성의 경우 90%가 넘었는데 이 지역의 경지는 새로 개간되었기 때문이다.(조강 · 진종의, 앞의 책, 373~375쪽)

48 위의 책, 366쪽.

49 위의 책, 362~363쪽. 이러한 경향은 청말민국 초기에 들면서 더욱 심화하여 중국의 지주는 하나의 계급으로서 사회적 영향력을 행사할 능력조차 없게 되었다.(위의 책, 220쪽)

50 위의 책, 320 · 374쪽.

51 로이드 E. 이스트만, 이승휘 역, 『중국사회의 지속과 변화』, 돌베개, 1999, 115~116쪽; 조강 · 진종의, 위의 책, 370쪽.

각이나 분할이 허용되지 않았다.[52] 개별 가족이 소유한 토지도 1920년대까지는 가족 전체의 재산으로 간주되기 때문에 가족의 동의 없이는 매각이나 분할이 허용되지 않았으며, 족전이나 공유지와 마찬가지로 토지거래에 제한이 따랐다.[53] 이러한 관습은 장강 삼각주 일대에서 두드러졌다. 토지를 매각할 때는 먼저 종중宗中의 구성원에게 구매할 것을 제시하고 이들이 매입을 포기할 경우 외부인에 매각할 수 있었다. 특히 전면권의 경우 친척이나 같은 마을 사람들이 우선적으로 구매하는 관습이 있었다.[54] 이러한 매매는 비용이나 수익에 대한 계산보다는 호혜성에 기반한 것이었으며,[55] 수리, 방충, 노동부조 등에서 공동체 생활을 유지하려는 생태학적 원인에서 나온 것이었다.[56] 토지매매를 둘러싼 이러한 관습은 일종의 공동체적 규제라고 볼 수 있으며, 토지매매를 크게 제약하였음은 물론이다.

토지의 매매를 제약하는 또 하나의 요인은 토지의 환매관습에서 찾을 수 있다. 청대의 토지 거래는 확실히 증가해 갔지만, 통상 몇 개의 복잡한 단계가 있었고 토지매매의 일부만이 단일적이고 절대적인 매도였다. 농민들은 일반적으로 토지 매도를 원치 않았지만, 피치 못할 사정으로 돈이 부족할 때에는 토지를 저당 잡히거나 환매를 조건으로 매도함으로써 화폐를 마련했다. 환매 조건이 부가된 토지의 경우 매도

52 조강 · 진종의, 위의 책, 184쪽.

53 Philip C. Huang, *Civil justice in China-representation and practice in the Qing*, Stanford University Press, 1996, p.56; 박정현, 앞의 책, 47~51쪽 ; 조강 · 진종의, 위의 책, 184쪽.

54 Philip C. Huang, *ibid.*, p.66.

55 Philip C. Huang, *op. cit.*, 1990, pp.309~314. 이러한 관행을 "전진전린田儘田隣"이라고 하였다.(박정현, 앞의 책, 47쪽)

56 박정현, 위의 책, 50쪽.

인은 해당 토지를 되살 수 있는 권리를 영구적으로 향유했다.[57] 설사 계약서에 환매에 관한 조건이 부가되어 있지 않더라도 매도인이 환매할 수 있는 기한은 관습적으로 30년이었다. 다만 계약을 체결할 당시에 '거래는 절매絶賣'라는 것을 명기한 때에는 환매할 수 있는 권리가 사라졌다. 서구사상이 수용된 민국법民國法에도 여전히 환매할 수 있는 권리는 30년으로 규정되어 있었다. 또한 중층적 소유권 가운데 주로 도시에 거주하던 지주가 가지고 있던 전저권은 매매가 점점 더 자유롭게 되었지만, 전면권(법률은 이 권리를 불승인했지만)의 매매는 여전히 구래의 관습에 의해 제약을 받았다. 전면권은 전통적인 관습에 따라 거래되었나. 절매 시에는 농족이나 이웃이 관습상 우선권을 갖고 있었다. 이러한 관례는 부분적으로는 가족 전체를(개인이 아닌) 재산 소유 단위로 하는 전통에서 기원한 것이었다. 장강 삼각주의 소농경제는 이러한 방식으로 상품경제의 침투에 대응했고, 토지 소유권의 안정성을 유지했다.[58]

전면권·전저권으로 분리된 중층적 소유구조 역시 토지거래를 제약하는 중요한 요인으로 작용했다. 대체적으로 자영농민이 토지의 소유권을 이전하는 과정은 우선 전저권을 저당하여 당장 필요한 자금을 융통하고, 저당 기한이 지나면 전저권을 이전하였다, 이어 전면권을 저당하고 기한이 지나도록 변제하지 못하면 전면권을 이전함으로써 토지 소유권이 타인에게 완전히 넘어갔다. 그 과정은 통상 3~8년이 소요되었다. 앞서 살펴보았듯이 특히 전면권의 매매는 전통적인 관습

57 이러한 관습은 "사두활미死頭活尾"라고도 불렸다.(위의 책, 50쪽)

58 Philip C. Huang, *op. cit.*, 1990, pp.106~108.

의 제약을 많이 받았다. 때문에 이러한 관습은 토지거래를 제약하여 태평천국운동(1854년) 이후는 물론 20세기에 들어와서도 지주 사이의 전저권 이동은 활발했지만, 전면권은 비교적 안정적이었다.[59]

한편 계약기한이 지났지만, 채무자가 채무를 변제하지도 않고, 토지 소유권을 넘기지도 않는 상황도 자주 발생했다. 이는 결과적으로 장기간의 난국을 조성했는데 이 기간 동안 채무자와 채권자는 모두 소유권에 대한 부분적인 권리를 갖고 있었다. 채권자는 이 토지를 사용할 수는 있지만 매도가 불가능했고, 채무자는 채권자가 그 토지에 대한 충분한 소유권을 행사하는 것을 제약할 수 있었다. 이러한 곤란한 상황은 수 년, 심지어는 수십 년 동안 이어지기도 했다. 청대의 법률도 환퇴할 수 없다고 명기絶賣되어 있지 않는 이상(이런 경우는 거의 없었다) 사실상 매도인에게 기한에 구애받지 않고 언제든지 토지를 환매할 수 있는 권리를 보장함으로써 원주인의 재산권을 보호하던 오랜 정책을 여전히 고수하고 있었다. 1753년에 환매할 수 있는 기한을 30년으로 제한하는 조례를 추가했지만 이런 장기의 기한은 분쟁의 씨앗을 제거하는데 별 도움을 주지 못했다.[60]

이상에서 살펴 본 바와 같이 중국 청대(민국초)의 토지소유에서 보이는 특징은 소유구조가 중층적이었다는 점, 토지거래에서도 사실상 기한에 제한이 없는 환퇴 관행이 광범위하게 이루어지고 있었다는 점이다. 이러한 소유구조와 환퇴 관행은 공동체적 규제나 토지소유에 대한

59 박정현, 앞의 책, 43~45쪽.

60 토지소유의 중층성과 매매관습에 대해서는 Philip C. Huang, *op. cit.*, 1996, pp.36~37・82~83 참조.

오래된 인식과 밀접합 관련이 있는 것이고, 근대적 토지 소유권이나 토지의 자유로운 매매와 상품화를 크게 제약하는 것이었다. 영구적인 환매권 관행, 곧 "사두활미死頭活尾" 관행은 1910년대 이후 점차 사멸하였고, 전면권과 전저권이 결합하는 양상을 보이게 되었으며, 1920~1930년대가 되면 부재지주 사이에 토지이동도 활발해졌다. 전통적인 종족 사이의 지권이동 약속도 사라짐으로써 토지는 진정한 의미에서 상품으로 될 수 있었다.[61]

4) 일본

에도막부 시기의 토지소유구조도 서구와 유사하게 중층적이었으며, 하급소유권 또는 경작권이라 할 수 있는 백성들의 소지권所持權 행사를 제약하고, 토지집적을 억지하는 전답거래법이 존재했다. 그것은 무엇보다 일시에 소유권을 완전히 이전하는 방식의 매매를 금지한 '전전영대매매금령田畑永代賣買禁令'에서 확인할 수 있다. 1643년(관영 20)에 발포된 '전전영대매매금령'은 막말까지 유지되었다. 그 이유에 대해 막부에서는 부유한 백성이 전답겸병에 의해 점점 더 부유해 지고, 가난한 백성은 전답을 팔게 되어 점점 더 곤궁해지는 것을 방지하기 위하는 것이라고 설명했다.[62] 막부체제의 근본을 이루는 연공수입을 안정적으로 확보하기 위해 무엇보다 촌락 질서의 안정을 도모한 것이다.

61 박정현, 앞의 책, 50~51쪽.
62 水林彪, 앞의 글, 125쪽.

'금령'이 유지된 이유를 농민 측에서 찾는다면 무엇보다 강고한 토지소지의식을 들 수 있을 것이다.[63]

토지 소지권의 이동은 '취태특약매매取戻特約賣買'(환퇴를 조건으로 하는 매매) 또는 '소유권분속적매매所有權分屬的賣買'(소지권이 매주賣主 또는 매주買主에 일의적으로 귀속되는 것이 아니라, 일정기간 양자에게 분속되는 매매)의 형태로만 이루어졌다. 경제적 어려움으로 급전이 필요할 경우 백성들이 "취태특약取戻特約"을 붙여 촌村 내외의 호농豪農이나 상인, 고리대금업자에게 토지를 담보로 제공하고 돈을 빌려 쓰는 형식으로 이루어진 이러한 토지거래는 관행적으로 이루어졌으며, 막부에 의해서도 승인되었다. '본물반本物返'이나 '질質' 등이 그것으로 사실상 매매라기보다는 저당에 가까웠다. '본물반'은 빌린 돈을 변제하면 언제라도 전답을 되찾을 수 있는 조건을 붙인 계약이고, '질'은 '취태특약부매매取戻特約付賣買'(돌려받는 것을 조건부로 한 매매)의 법형식으로서 에도시대 중기 이후에 널리 시행되었다.[64] 여기서는 '질'을 중심으로 에도시대 일본의 토지거래 관행에 대해 살펴보고자 한다.

'취태특약매매'가 계약되면 토지의 경작권은 채권자에게 이전되어 거기서 나오는 생산물을 이자조로 거두어들일 수 있었다. 그 대신 토지 소지에 따른 일체의 연공부담은 경작권을 가진 채권자가 담당해야 했다. 채무에 대한 변제기한을 넘기면 유질流質되어 소지권이 채권자에게 넘어가게 되어 있었지만, 그 토지에 대해서도 반환을 요청할 수

63 深谷克己, 「世直し一揆と新政反對一揆」, 安丸良夫・深谷克己, 『民衆運動 – 日本近代思想大系 21』, 東京 : 岩波書店, 1989, 443쪽; 稻田雅洋, 『日本近代社會成立期の民衆運動』, 東京 : 筑摩書房, 1990, 166쪽.

64 水林彪, 앞의 글, 125쪽.

있는 관행이 정착되어 있었다. 18세기에 들어와 정비된 막부의 '질지법質地法'에 따르면 매도한 토지를 돌려받을 수 있는 기한은 최장 20년이었다. 그러나 실제 민간에서는 매도할 때 빌린 채무액의 원금만 변제하면 매도한지 수십 년은 물론, 심지어 100년이나 지난 다음에도 돌려받는 것이 가능한 '無年季的質地請戻し慣行'이 광범위하게 시행되고 있었다.[65] 질지를 매도할 때 쓴 증문證文에 영대永代로 양여한다는 내용이 들어 있더라도 그 내용을 무시하고 되돌려 받는 경우도 많았다. 또 원지주元地主는 질지가 A→B→C로 이동하더라도 C에 대해 되돌려 줄 것을 청구할 수 있었다. 에도시대 후기에는 사실상 기한에 구애되지 않는 질지의 반환이 촌법村法·향례鄕例라는 하나의 관습으로 성립해 있었고, 오히려 막부법이나 번법藩法에 우선하는 것으로 인식되고 있었다. 질지 계약은 자유로운 상품교환의 원리에 의한 계약관념보다는 가의식家意識을 매개로 한 전근대적 성격을 강하게 띠는 것이었다. 이것은 '質地請戻し慣行'이 막부체제의 근간이 되는 소백성적 소지所持의 재생산을 지탱하는 불가결한 조건으로 인식되었기 때문이다. 따라서 질지의 반환요구에 응하지 않거나, 질지의 명의를 자신의 것으로 고친다든지 하는 부정을 저지른 지주나 촌역인에게는 "사욕에 따라 제멋대로 했다", "사욕으로 횡령했다"는 엄혹한 비판과 함께 공동체적 제재가 가해졌다. 따라서 지주적 소지가 그 자체의 논리를 관철시키는

65 질지는 일반적으로 채권자가 경영하였고, 거기서 나오는 수익이 질금質金의 이자에 해당한다는 관념이 형성되어 있었기 때문이다. 따라서 질지를 돌려받을 때 원금 이외에 이자를 지불한다는 생각이 없었음은 당연하다.(白川部達夫, 「近世質地請戻し慣行と百姓高所持」, 『歷史學研究』 552, 東京 : 歷史學研究會, 1986; 藪田貫 / 深谷克己 編, 『展望 日本歷史』 15, 東京 : 東京堂出版, 2004, 145쪽)

것이 극히 곤란하였고, 지주들도 무제한적으로 소지를 확대하려는 욕구를 강하게 가지기 어려웠다.[66]

'質地請戻し慣行'은 백성성립 및 가상속家相續의 논리를 앞세우며 19세기에 들어 더욱 강화되어 갔다. 또 질지에 대해서만이 아니라 매각된 땅에 대해서도 적용되었다.[67] 이러한 관행을 정당화하는 논리의 핵심은 막부의 재정을 지탱하는 백성의 가상속이나 촌락공동체의 성립이었다.[68] 에도시대 일본의 토지거래 관습은 무엇보다 토지 영대永代 매매가 법적으로 금지되어 있었다는 점, 공동체적 성격의 강고함과 각 촌마다 자기들에게 부과된 연공과 부역의 총량을 연대책임하에 납부해야 하는 촌청제村請制 등에 규정된 것이며, 그에 따라 촌 공동체의 집단적인 토지 관리가 이루어지고 있었다는 점과 밀접한 관련이 있었다. 특히 백성들의 토지소유는 공동체 결합의 본질적 계기였던 만큼 '無年季的質地請戻し慣行'은 '촌법村法'이라는 공동체적 규제와 깊이 결부되어 있었고, 이 점에서 일종의 공동체적 소유의 표현이라고도 볼 수 있다.[69]

소유의 공동체적 성격을 잘 보여주는 것은 일부 지역에서 시행된 할지제割地制이다. 원래 할지제는 수해나 지진 등이 발생했을 때 농민 간

---

66 '取戻特約賣買'에 대해서는 白川部達夫, 앞의 글, 149쪽 참조. 메이지 유신 직후 토지평균 풍문이 유포되었으며, 교육비 등 근대화를 위한 경비를 마련하기 위해서 토지를 국유화하고 농민에게 평균적으로 재분재하자고 하는 건의서를 제출하는 인물들이 나타나기도 했다. 이때도 호농·지주층은 "토지는 천황의 것이므로 평분平分되어도 어쩔 수 없다"고 생각할 만큼 소유의식이 매우 취약하였다.(三澤純, 「〈土地均分〉と民衆」, 藪田貫 編, 『民衆運動史 3－社會と秩序』, 東京 : 青木書店, 2000, 319·329쪽)

67 鶴卷孝雄, 『近代化と傳統的 民衆世界』, 東京大出版會, 1991, 7쪽; 白川部達夫, 앞의 글, 137쪽.

68 大塚英二, 「質地請戻し·土地取戻しと「家」.村共同體」, 藪田貫 編, 앞의 책 참조.

69 "촌에서 토지소유는 단순이 사유가 아니다. 사유의 근저에는 촌인들 총체의 소유라는 사실이 존재한다. 사유의 표면 아래에는 촌 총체의 소유관계가 잠재해 있다."(川本彰, 『むらの領域と農業』, 家の光協會, 1983, 11쪽(藪田貫·深谷克己 編, 앞의 책, 129쪽에서 재인용))

의 공조貢租부담을 공정하고 공평하게 하기 위해 창시된 것으로, 형식적 평등에 의하여 가구별로 토지가 재분배되었다. 농민층 분화가 진행된 19세기에도 할지割地가 실시되던 越前, 越後 지역의 촌들에서는 소작권이 강하였고, 작인에 의한 소작권의 매매가 이루어졌으며(영소작), 소작료도 지주와 작인 간에 결정되는 것이 아니라 촌의 결정에 따랐으며, 지대의 감면액도 촌 전체의 평균적 작황에 의해 결정되었다. 이러한 사례에서 볼 수 있듯이 촌내 경지에 대하여 촌락공동체가 관여하는 권한은 많은 근세촌락이 잠재적으로 가지고 있었으며, 자연재해가 다발하는 촌에서는 할지의 실시로 현재화하였다. 그것은 지주층 등의 개별 가家의 토지 소지권에 대한 촌락공동체의 규제라는 점에서 '質地請戻し慣行'보다 훨씬 직접적이고 강한 것이었다. 또 각 촌공동체에서는 자기 촌의 토지 소지권이 다른 촌으로 이동하는 것을 방지하고자 하였으며, 토지 소지권을 다른 촌의 사람에게 이전하고자 할 때는 촌의 승인을 거치도록 했다. 이는 한편으로 토지이동이 상당히 활발하였음을 보여주는 것이기도 하지만, 역시 토지 소유권에 대한 공동체적 규제에 의해 토지거래가 매우 제한되었음을 보여준다. 이러한 관행은 현대까지도 "촌에 의한 토지 선매권"의 형태로 이어지고 있다.[70]

이러한 관습이나 촌법이 막부의 토지매매금지령과는 다른 경제적 맥락에서 토지 소유권의 매매나 행사에 제약을 초래하였으리라는 점은 쉽게 짐작이 된다. 따라서 근대적 소유권 확립과 토지 상품화의 자

70 渡辺尙志,「近世村落共同体に關する一考察－公同体の土地關与への仕方 を中心に」,『歷史評論』451, 1987; 藪田貫・深谷克己 編, 앞의 책, 118~124쪽. 토지 소유권에 대한 공동체적 규제는 '村借'나 '村追放'에서도 보인다. 이에 대한 자세한 내용은 渡辺尙志, 위의 글, 120~121쪽 참조.

유를 위해서는 이러한 관행이 폐기되어야 했으며, 그 과정은 적지 않은 사회적 비용을 요구하였다. 명치유신 4년 후인 1872년 '지소영대매매地所永代賣買의 해금解禁'(太政官布告 第50号)에 따라 토지의 완전한 매매가 허용되었고, 근대적 법과 제도가 마련되면서[71] 질지 반환과 관련한 에도시대의 관행도 더 이상 통용되지 않게 되었다.[72] 과거의 관행을 믿고 근대적 금융기관이나 고리대금업자에게 토지를 담보로 돈을 빌렸다가 변제 기일을 넘긴 많은 농민들이 하루아침에 토지를 잃게 되었다. 이들은 이에 반대하여 과거의 관습을 회복하기 위한 투쟁을 전개하였다. 질지반환을 요구하는 부채농민들의 투쟁은 명치유신 이후 민중운동 가운데 대표적인 투쟁의 하나일 정도로 심각한 사회적 갈등을 야기했다.[73] 1884~1886년 사이에 전국 경작지의 소유권이동은 36%에 달하였다. 물론 이것이 모두 질지에 의한 것은 아니었겠지만, 부채농민소요가 가장 많이 일어난 시기는 1880년대 전반이었고, 총 60여 회 이상의 소요 가운데 1884년에 70%정도가 발생했다.[74]

이상과 같이 일본에서는 메이지 유신 이후 판적봉환版籍奉還(1869년)과 질록처분秩祿處分(1876년), 지조개정地租改正(1880년)을 거치며 중층적 소유구조가 파기되고, 질지관행에서 보이는 공동체적 규제가 더 이상

---

71 이 과정에 대해서는 稻田雅洋, 앞의 책, 138~147쪽; 暉峻衆三 편, 전성운 역, 『일본농업경제사』, 강원대 출판부, 1991, 25~36쪽 참조.

72 물론 근대적 토지소유법이 시행되었다하여도 현실적으로 실시되고 있던 관행을 일거에 바꾸지는 못했다. 질지 기한을 3년으로 정한 1873년의 '地所質入書入規則'이 발포된 지 10년이 지난 1884년에도 여전히 구래의 관습이 이어지고 있었다.(大門正克, 「農村問題の社會意識」, 『日本史講座 8－近代の成立』, 東京大學出版會, 2005, 307~310쪽)

73 鶴卷孝雄, 앞의 책; 稻田雅洋, 「民衆運動と〈近代〉」, 困民党研究會 編, 『民衆運動と〈近代〉』, 東京 : 現代企劃室, 1993; 김용덕, 「명치초 지조개정에 대한 농민저항의 형태」, 『동방학지』 60, 1988, 192~196쪽.

74 稻田雅洋, 앞의 글, 22~24쪽.

토지 매매의 자유를 제한하지 못하게 됨으로써 토지매매와 이동이 본격적으로 개시되었다. 그에 따른 경영형태는 프랑스의 경우와 마찬가지로 지주-작인관계로 귀결되었다. 근대적 소유권에 입각한 이른바 "기생지주제"가 바로 그것이었다.[75]

3. 조선의 토지소유구조와 매매관습

1) 토지소유구조

조선왕조의 토지정책은 개창 1년 전인 1391년 새로운 토지 분급법인 과전법科田法으로 표현되었다.[76] 과전은 처음에는 경기도에 국한되었으나, 점차 하삼도로까지 확대되어 갔다. 과전은 일반 민전民田 위에 설정되었다. 국가에서는 사전私田의 전주, 곧 수조권자가 전객, 곧 과전이 설정된 민전의 실질적 소유주로부터 토지를 빼앗지 못하도록 하여 소농민을 보호하는 정책을 취했다. 다른 한편 전주의 수조권을 보호하기 위해 사전의 매매를 사실상 금지하였는데, 이러한 규제는 일반 민전으로까지 확대되었다.[77] 토지를 타인에게 빌려주고 그 대가로 지

---

75 기생지주제에 대해서는 근대성여부를 둘러싸고 많은 논란이 이어졌다. 그러나 기생지주제의 반봉건성半封建性을 강조하는 미야카와도 1872년 이후 법인된 토지의 자유로운 처분이 "농업에서 상품=화폐경제를 일층 촉진하고 보편화하였"다는 점을 동시에 지적하고 있다.(宮川澄, 『近代的所有權の形成』, 東京 : 御茶の水書房, 1969, 207~208쪽)

76 물론 과전법도 애초부터 건국 공신들의 농장을 그대로 두는 등 출발부터 한계가 있었기 때문에 건국한 지 30년이 채 안 되는 1421년(세종 3년)에도 영의정이 한전·균전제限田·均田制를 주청하기도 했다.(『세종실록』, 세종 3년 5월 11일)

77 과전법에 대해서는 김태영, 『조선 전기 토지제도사 연구—과전법체제』, 지식산업사,

대를 수취하는 병작竝作은 환鰥·과寡·고孤·독獨이나 자식도 없고 노비도 없이 3·4결 이하 경작하는 자 등 특별한 경우를 제외하고는 금지되었다.[78] 처분권이 제약되고, 사용권과 수익권의 분리도 금지된 것이다. 왕토사상에 입각한 균전제 시행을 통해 자영소농층을 확보함으로써 생산 및 재정의 토대로 삼고자 했던 조선왕조 건국 당시의 이상이[79] 완전히 포기되지 않았음을 보여준다.

그러나 토지의 사적 소유권이 성장하고 매매의 필요성이 증대되어 갔기 때문에 1424년(세종 6년)에는 일반 민전의 매매를 허용할 수밖에 없었다.[80] 매매의 허용은 원래 조선 건국세력이 구상했던 토지개혁구상, 곧 왕토사상에 입각한 '토지공유제土地公有制' 내지 '왕유제王有制'를 구현하고, 균전제를 실시함으로써 자영소농민층을 확보하고 이들을 생산의 기축으로 삼으려던 구상을[81] 사실상 완전히 포기한 것이다. 반면 처분권의 핵심이라 할 수 있는 매매·양도가 가능해짐으로써 농민들의 토지 소유권은 그 만큼 성장하게 되었다. 이어 과전법이 폐지되고(1466년, 세조 12년) 현직관리에게만 토지를 분급하는 직전법職田法까지 폐지되면서(1566년, 명종 11년) 전객, 곧 민전 소유 소농민들의 소유권 행사에 제약을 가했던 전주-전객제는 소멸되었다.[82] 이에 따라 일반 민

1983; 이경식, 앞의 책 참조.

78 『태종실록』, 태종 6월 11월 23일. 부강한 자가 병작하는 전답은 경작하고 있는 가난한 백성에게 지급하여 생계를 이을 수 있도록 하기도 했다.(『태종실록』, 태종 15년 6월 25일)

79 조선 건국 당시 정도전은 왕토·왕신사상에 대해 국왕은 "天의 일을 대신하며 천민天民을 다스리는" 존재였기 때문에,(鄭道傳, 『朝鮮經國典』 上, 治典 官制) "토지의 광대함과 인민의 衆多함을 專有"할 수 있다(鄭道傳, 『朝鮮經國典』 上, 賦典 上供)고 표현하였다.

80 『세종실록』, 세종 6년 3월 23일. 세종 6년(1424년)에는 공전, 사전을 불문하고 전지매매금지 규정이 공식적으로 해제되었다.(김태영, 「조선 전기의 균전, 한전론」, 『국사관논총』 5, 1989, 120쪽)

81 이경식, 「조선 전기의 토지개혁논의」, 『한국사연구』 61·62, 1988, 219~220쪽.

전의 전주는 토지 소유권을 사실상 자유롭게 행사할 수 있었다. 결국 토지 매매의 자유를 허용한 지 100년도 채 안되어 “궁한 자는 비록 조상이 물려준 토지라도 모두 팔게”되고, “부호들이 토지를 겸병”하여[83] “부자富者는 전지田地가 천맥阡陌을 잇고, 빈자貧者는 입추立錐의 땅도 없을” 정도로, 또 5~6년만 지나면 한 읍의 땅은 모두 5~6인의 수중으로 들어갈 것이라는 우려를 불러 올 정도로 소유분화가 진행되어 갔다.[84] 토지소유의 불균등에 따라 토지소유의 균질성을 전제로 해야만 온전하게 운영될 수 있던 부세운영에는 막대한 폐단이 초래되었다.[85] 부세를 감당할 수 없게 된 농민들은 농장에 투탁投託하여 국역부담을 회피하고자 하였다. 이에 따라 국가권력이 우려해 마지않던 토지의 집중과 개별 인신의 탈점, 은루현상이 만연해지면서 국가기구의 존립을 위태롭게 할 정도로 만성적인 재정난이 야기되었다.[86] 이 점에서 조야의 지식인들에 의해 꾸준히 제기된 바, 왕토사상에 입각한 토지개혁론은 건국 세력이 구상하였으나, 사실상 허구화된 “균전책均田策”에 입각한 ‘왕토王土’와 ‘왕신王臣’의 통일적 지배를 회복하려는 노력이기도 했다.

토지매매의 자유가 허용되면서 민전民田 지주地主의 토지 소유권은 이전에 비해 크게 강화되었다. 15세기까지만 하여도 토지의 적극적인 이용과 생산력 상승을 유발하여 재정수입을 증대하려던 왕조정부는 3

82 이경식, 「조선 전기 직전제의 운영과 그 변동」, 『한국사연구』 28, 1980.
83 『중종실록』, 중종 13년 2월 21일.
84 『중종실록』, 중종 13년 5월 27일.
85 이기李沂는 다음과 같이 균전과 군역이 가지는 상관관계에 대해 정확하게 지적하고 있다. “戶役者 卽三代兵賦之制 而凡有戶者 皆得均役也 然當是時井田行 而民之財産亦相近 故雖均役而無怨言 自秦漢則 貧富之勢始大懸矣 至唐宋則士夫之家 又許免矣 其不得免者 必歸蔭戶 不得蔭者必歸逃戶 天下遂至於空虛.”(『海鶴遺書』 권2, 戶役制, 55쪽)
86 김태영, 「조선시대 농민의 사회적 지위」, 『한국사시민강좌』 6, 1990 참조.

년이 지난 진전陳田의 경우 다른 사람이 관에 신고하여 경작할 수 있게 하였다.[87] 관으로부터 소유권을 확인받았다 하더라도 3년 이상 경작하지 않을 경우, 사실상 소유권은 유지되기 어려웠던 것이다. 토지 소유권은 현실적 이용, 곧 경작여부와 밀접한 관련이 있었으며, 이 점에서 근대적인 '절대적' 소유권 개념과 달랐다.[88] 앞서 언급했듯이 토지와 노동과의 관계, 곧 토지의 이용이라는 점이 중시되었다. 더구나 16세기까지만 하여도 미간지가 많았기 때문에 토지보다는 노동력이 부족한 실정이었기 때문에 경작자의 권리도 상당히 보장되었다. 경작권은 비록 소유권에 비해 매우 낮은 가격이었지만, 물권적 성격을 가지고 매매되기도 하였다. 조선 후기에 보이는 일물일권적 소유권이 아직 확립되어 있지 않았음을 시사한다. 때문에 농장 관리를 맡은 장노庄奴가 농장주의 토지를 도매盜賣하거나, 병작인이 토지를 모점冒占하는 사례도 적지 않았다. 특히 토지가 소유주의 거주지로부터 멀리 떨어져 있는 경우 토지의 소유권이 소유주 몰래 이전되거나, 작인이 자기의 토지라고 우기거나 팔아버리는 경우도 있었다. 18세기 초반까지도 지주들이 개간지 등 소유구조가 복잡한 곳에서는 병작제보다 작개제作介制를 통해 경영한 것도 그 때문이었다.[89]

조선 후기가 되면 이미 개간되어 경작되고 있었으며, 대대로 매매양도되고 있던 토지를 양안상量案上 무주지無主地라는 이유로 궁방宮房에 절수折受하는 등 국가권력에 의한 소유권 침해가 없지 않았지만,[90]

---

87 『經國大典』, 戶田 田宅.
88 소유권 개념에 대해서는 심희기, 앞의 책, 114~128쪽 참조.
89 김건태, 『조선시대 양반가의 농업경영』, 역사비평사, 2004, 29~45 · 58 · 102~112쪽 참조.
90 논란의 여지가 있으나, 궁방전 가운데 문제가 되는 것은 유토면세지는 1787년 현재 총결

토지 소유권에는 근대적 토지소유와 매우 흡사한 할 정도의 "일물일권적 배타성"이 확립되어 있었다. 물론 그러한 소유구조나 매매관습이 근대적이었는지, 혹은 자본주의적이었는지의 여부는 국가권력과의 관계나 공동체적 규제, 토지소유에 관한 이념이나 농민들의 문화나 관습, 신분제적 지배의 존부나 강도 등을 포함하여 다양한 이론적 검토가 뒤따라야 하겠지만, 여기서는 일단 조선 후기 이래의 토지 소유권이 근대이전 서구나 일본은 물론 중국에 비해서도 매우 배타적인 일물일권적 성격을 띠고 있었음을 확인해두고자 한다.[91]

우선 조선 후기에 지주-작인地主-作人 관계에 편입된 토지 가운데 일부 발생사적 연원이 특이한 지목地目을 제외한 토지에서는 소유권이 중층적이지 않았다.[92] 이 점은 서구나 일본, 중국 강남일대의 소유구조와 크게 대비되는 특징이다. 지주에게는 토지의 사용使用・수익권受益權과 처분권이 배타적 권리로 인정되고 있었다. 반면에 직접경작자=작인에게는 지주의 소유권에 대항할 만한 권리가 없었다. 일제시기에 조사된 병작관행에 따르면 경작을 목적으로 토지를 차용한 자는 영소작永小作을 제외할 경우 그 토지를 새로 매입한 소유자에 대항할 만한 권리가 없었다. 다만, 이미 농사일을 시작한 춘분 이후일 때는 그 해의 수확이 끝날 때까지 신소유자도 차지권을 인정하지 않으면 안 되었다.[93] 이와

수의 1%에도 미치지 못한다는 의견도 있다.(이헌창, 『한국경제통사』, 법문사, 2003, 59쪽)

91 이에 대해서는 이미 다른 글에서 언급한 바가 있다.(배항섭, 「1894년 동학농민전쟁에 나타난 토지개혁구상」, 『사총』 43, 1994) 여기서는 그 내용의 일부를 수정・보완하여 재정리하였다.

92 예를 들면 궁방전宮房田이나 도지권賭地權이 설정된 일반 민전, 곧 황해도 재령載寧의 중도지中賭地, 평안도 대동大同 등지의 전도지轉賭地, 평안도 의주義州의 원도지原賭地, 전라도 전주全州의 화리禾利, 경상도 진주晉州, 고성固城의 병경竝耕 등이 그러하였다.(『朝鮮ノ小作慣行』 下, 參考篇, 30쪽)

같이 차지권은 다만 채권이었을 뿐, 지주의 소유권에 대항할 수 있는 물권이 아니었기 때문에 이작移作과 관련한 소송의 해결도 대체로 지주에게 맡겨졌다. 지주와 작인 간의 문제인 만큼 관에서도 개입할 필요가 없었기 때문이다. 작인이 지대납부 기한을 지키지 않거나, 지대를 거납하는 경우 이작은 당연하게 여겨졌다. 작인 역시 이작에 대해 억울함이 있더라도 어쩔 수 없다는 입장이었다.[94] 이에 따라 작인이 동일한 토지를 차지借地하는 기간은 대체로 3, 4년 정도에 지나지 않았으며, 10년 이상 같은 토지를 병작하는 경우는 극히 드물었다.[95] 김건태의 분석에 따르면 작인 존속율이 일반민전보다 상대적으로 높았던 문중 족답에서도 19세기 중후반으로부터 20세기 초반에 걸친 시기의 작인 존속율은 길게는 5.8년 짧게는 3.4년에 불과하였다.[96] 나아가 소유권 행사는 신분과 무관하게 법적 보호를 받았다. 『속대전續大典』에는 "혹 다른 집 비婢를 취하여 자손이 있는데도 그 노비주에게 기상己上하는 것은 제서制書를 어긴 율로써 논한다"라고 규정되어 있다.[97]

또한 서구와 달리 경작지에 대한 작인의 권리가 사실상 부재한 현실은 작인들 간의 치열한 차지경쟁을 초래했고,[98] 지주에 의한 탈경奪

93 한국법제연구원, 『國譯 舊慣習調査報告書』, 1992, 133쪽; 『朝鮮ノ小作慣行』 下, 參考篇, 80쪽.
94 조윤선, 『조선 후기 소송연구』, 국학자료원, 2002, 144쪽.
95 안병태, 「조선 후기의 토지소유」, 『한국근대경제와 일본제국주의』, 백산서당, 1982.
96 김건태, 『조선시대 양반가의 농업경영』, 역사비평사, 2004, 389~390쪽.
97 『續大典』 刑典, 私賤. 이러한 법규는 반대로 노비의 소유권이 법적 규정과 달리 노비주에 의해 침탈되는 사례가 적지 않았음을 의미한다. 실제로 노비는 자신의 토지를 매각할 때 상전의 하락을 받아야 했으며,(위의 책, 37~42쪽) 노비주의 강요로 노비의 토지가 노비주에게 귀속되는 사례도 많았다.(전형택, 「조선 후기 노비의 토지소유」, 『한국사연구』 71, 1990)
98 차지경쟁과 이에 따른 개혁론에 대해서는 이윤갑, 「18세기말의 均竝作論」, 『한국사론』 9, 1985 참조.

耕,[99] 심지어 농사가 시작된 다음에도 작인이 바뀌는 사태까지 일어났다.[100] 토지소유의 이러한 특징은 일찍부터 토지의 상품화를 자유롭게 하였다. "부조父祖의 전업田業을 능히 그대로 지켜 다른 이에게 팔아먹지 않는 사람은 10에 5정도이고, 해마다 토지를 떼어 팔아먹는 사람은 10에 7~8정도나 됩니다"는 표현은 그러한 사정을 잘 보여준다.[101]

이와 같은 토지소유의 중층성 부재는 자유로운 매매가 이루어 질 수 있는 배경이 되었으며, 서구와 달리 농민들에 대한 토지긴박도를 떨어뜨릴 수밖에 없었다.[102] 토지소유의 불균등이 심화된 원인 가운데 하나가 바로 여기에 있었다. 또 서구의 경우 토지소유가 상, 하급소유로 나누어져 있었던 만큼 토지소유의 경제적 실현인 지대수취를 위해서는 영주-농노 간에 신분적 지배-예속관계를 기초로 하는 경제외적 강제가 매개될 필요가 있었다. 그러나 조선의 경우 특히 조선 후기에는 서민지주가 등장하는 데서도 알 수 있듯이 신분적 지배예속관계가 매개될 필요가 없었다. 지대의 수취는 토지소유 그 자체가 가지는 배타적 성격에 기반한 하나의 '사회적 약속'이라는 성격이 강하였다.[103]

---

99 지주에 의해 전촌全村의 농지가 탈경이작奪耕移作되기도 한 사례는 작인들의 소유권부재를 극단적으로 표현하고 있다.(김용섭, 「광무연간의 양전지계사업」, 『한국근대농업사연구』(증보판), 일조각, 1988, 365~366쪽)

100 『各司謄錄』 48卷 「천수사록」 제1책, 226쪽; 제3책, 308·316·318쪽

101 徐應淳, 『絅堂集』 卷3, 井田論; 朴趾源, 『課農小抄』, 限民名田議; 韓國學文獻硏究所 編, 『農書 6』, 亞細亞文化社, 1981.

102 조선 초기부터 부단히 이루어진 호적의 작성, 호패법戶牌法이나 오가작통법五家作統法의 실시도 이러한 문제를 해결하기 위한 국가차원에서의 노력이었다.(김태영, 앞의 글, 1990, 55~56쪽)

103 병작반수는 이미 15세기 후반부터 '민간상사民間常事'로 인식되고 있었다. "竊以爲我國壤地褊小, 無田之民, 幾乎十分之三, 有田者有故而不能耕種, 則隣里族親竝耕而分, 乃民間常事也."(『세조실록』, 세조 4년 1월 17일)

2) 매매관습

조선시대 토지 소유권의 발달 정도를 보여주는 또 하나의 중요한 지표는 매매 관습이다. 우선 조선사회에서는 토지매매에 대한 "공동체적" 규제가 매우 약하였다. 일부 족답의 경우 거래에 대한 문중 차원의 제한이 있었으나,[104] 대부분의 거래에서는 특별한 제한이 없었다.[105] 이 점에서 토지매매가 상급소유권자인 영주, 혹은 이웃이나 동족집단, 혹은 촌락공동체으로부터 규제를 받았던 영국이나 중국, 일본과 매우 대비된다.

특히 주목되는 점은 매매관습 가운데 하나인 환퇴관습還退慣習이다.[106] 환퇴는 고려조의 관습이 이어진 것으로,[107] "환매還買", "권매權賣", "고위방매姑爲放賣, "위고방매爲姑放賣" 등으로도 표현되었으며,[108] 매매계약을 체결할 때 토지의 환매를 조건으로 매매하는 것을 말한다. 환매할 수 있는 기간을 반드시 명확히 하였으나, 기간에는 제한이 없었다. 그러나 10년 이상은 거의 없었고, 1년 내지 5년이 보통이었다.[109]

---

104 종가가 경제력을 유지시킬 목적으로 토지 등의 매각이나 분할을 금지하거나 중자손衆子孫이 다른 곳으로 이사가게 되면 구가 소유하고 있던 토지를 종가에 환속시키도록 했다. (김현영, 「호남지방 고문서를 통해 본 조선시대의 가족과 친족」, 『호남지방 고문서 기초연구』, 정신문화연구원, 1999, 270~272쪽)

105 1739년에 작성된 대구 부인동 동약에는 상한常漢 가운데 분외分外의 직임을 얻으려는 자나 무단으로 이사한 자, 야반도주한 자가 있을 경우 동중洞中 사람들에게 알려 그들이 마을 사람들에게 토지를 팔지 못하도록 규제하는 절목節目을 마련해두고 있었으나,(「夫仁洞洞約」, 김인걸 · 한상권 편, 『조선시대 사회사연구 사료총서』(2), 보경문화사, 1981, 424쪽) 매우 예외적인 사례이고 이마저 얼마나 지켜졌을지 의문이다.

106 이하 환퇴 관련 관습에 대해서는 한국법제연구원, 앞의 책, 133~134 · 276~281쪽 참조.

107 정구복, 「부안 김씨 가문의 생활모습」, 『호남지방 고문서 기초연구』, 정신문화연구원, 1999, 178쪽.

108 이 밖에 "限某年 還買", "限某年還退次放賣" 등으로 표시되기도 했다.(장창민, 「조선시대의 환퇴제도」, 『법사학연구』 26, 2002 참조)

"대서력환퇴待舒力還退"라고 하여 매도인이 자력을 회복한 때에 환매하겠다는 취지의 특약을 부기하기도 하였다. 매매계약이 체결된 이후에는 환매가격을 다시 약정하거나, 매매가를 시가時價에 따라 조정한다거나 원가에 이자를 붙이는 관습은 없었다. 매도자가 기한 내에 환매하지 않을 경우 함경도 일부 지역(회령, 경흥, 갑산)에서는 토지가격을 평가하여 먼저 지불한 대금과의 차액을 수수하는 절차가 있었지만, 다른 지역에서는 단지 영영방매永永放賣 문기를 작성하여 작성・교부하는 것으로 소유권이 매수인에게 완전히 넘어갔다.

환퇴는 기본적으로 매도인이 계속 경작한다는 특약이 없는 이상 경작권도 매수인에게 넘어가는 것이 "판례"였지만,[110] 소유권・사용권 모두 넘기는 경우, 소유권은 유보하고 사용권만 넘기는 경우, 소유권・사용권을 모두 유보하는 경우 등이 있었다. 이 가운데 세 번 째 경우에는 대체로 매년 매각한 토지의 도지賭地에 해당하는 이자를 지급하였다(전당과 유사). 어떤 경위든 소유권의 귀속이 애매한 상태에 머물게 되며, 사용권과 소유권이 모두 매수인에게 넘어가더라도 매수인은 그 토지를 마음대로 처분할 수 없었다.[111]

환퇴 여부를 둘러싼 소송에서 판단기준이 되는 것은 무엇보다 매매문기에 환퇴와 관련된 "환퇴", "권매" 등의 표현이 명기되어 있느냐의 여부였다.[112] 이는 조선 후기의 토지매매가 매우 엄격한 문서주의에

---

109 전성호, 「18~19세기 토지거래 관행 및 가격추이」, 『제40회 전국역사학대회 발표요지』, 1997, 531~537쪽.

110 조윤선, 앞의 책, 148쪽.

111 전성호, 앞의 글, 531~535쪽.

112 조윤선, 앞의 책, 64・122~128쪽.

입각해 있었으며,[113] 국가가 매매를 승인하는 것은 아니었지만, 민간의 매매 문서는 국가 차원의 소유권 확정에 1차적인 증빙문서로 인용되고 있었음을 보여준다.[114]

이상에서 알 수 있듯이 조선시대의 환퇴제도는 환퇴 가능 기한이 30년 혹은 영구적이었던 서구나 일본·중국과 크게 달랐다. 그러나 환퇴에 대한 단서가 없는 일반적인 매매관습은 환퇴제도와 전혀 달랐다. 일반적인 토지 매매에서 쌍방이 환퇴할 수 있는 기한은 문종 연간에는 10일이었으나,[115] 『경국대전』 단계에 와서는 그 기한이 15일로 늘어났으며, 100일 이내에 관청에 보고하여 그 확인서를 받아야 효력이 발휘되었다.[116] 그러나 1548년(명종 3년)에는 관청에 보고해야 하는 시한이 100일에서 30일로 줄어들었다. 그것은 "전지田地와 가사家舍를 사고 판 뒤에 환퇴를 하겠다는 소장을 비록 100일 이내에 제출하였더라도 매수인買受人이 가사를 깨끗이 정리해 놓았을 때, 그리고 전답인 경우에 흙을 잘 골라 놓은 뒤에 (…중략…) 소송을 일으켜서 환퇴하는 것은 매우 옳지 못하"다는 판단 때문이었다.[117] 이는 1746년(영조 22년)에 편찬된 『속대전』에 반영되어 "전지田地 또는 가사家舍에 있어서는 비록 15

113 동산과 달리 부동산과 선박은 문권文券을 인도해야 그 권리의 설정·이전이 성립했고, 부동산의 전당典當에도 반드시 문기나 증서를 작성 교부하는 것이 관례였다.(한국법제연구원, 앞의 책, 137~138·277쪽)

114 조선 후기에 널리 사용되던 공사公私 문서의 서식들을 예시해 놓은 『유서필지儒胥必知』에도 「권매전답불허환퇴소지權賣田畓不許還退所志」가 예시되어 있으며, 그 말미에는 매매문기에 '권매權賣'라는 조항이 들어 있음에도 불구하고 토지를 돌려주지 않은 피고에게 환퇴還退해 주라는 판결을 내리고 있다.(전경목 외역, 『儒胥必知』, 사계절, 2006, 238~240쪽)

115 이재수, 『조선 중기 전답매매연구』, 집문당, 2003, 51~52쪽.

116 『經國大典』, 戶典 賣買限.

117 「詞訟聚類」, 賣買日限, 『受教輯錄·詞訟聚類』, 法制處, 1964, 496쪽.

일을 한도로 하여 그 한도 내에 소장訴狀을 제출할 수 있으나, 30일을 경과하여도 취송就訟(재판을 받기 위해 법정에 나감)하지 아니 하는 경우에는 청송하지 않는다"고 규정되었다.[118]

여기서 주목되는 점은 환퇴에 대한 정부의 인식이 매수인의 소유권 보호에 중점을 두고 있었다는 것이다. 이 역시 앞서 살핀 프랑스나 중국, 일본에서는 어쩔 수 없이 매각해야 하는 매도인의 입장을 우선적으로 고려하였다는 점과 대비된다. 프랑스나 중국, 일본의 환매관련 관습은 조선의 환퇴와 매우 유사하였다. 그러나 조선의 환퇴제도가 매주買主의 권리를 강조하고 있는 점과 달리 프랑스에서는 경제적으로 곤궁하여 어쩔 수 없이 재산을 타인에게 매각하게 된 시민으로부터 그 재산을 확정적으로 빼앗는 것은 정당하지 않다는 이상이 존재했고, 중국이나 일본에서도 원주인의 재산권을 보호하려는 취지에서 형성된 것이었거나, 지주의 토지집적을 제한하는 관습이었음은 앞에서 살펴본 바와 같다.

한편 법전에 정해진 기한 내에 환퇴하지 않을 경우 소유권은 매수인에게로 완전히 넘어갔다. 물론 환매규정이 없을 경우, 혹은 환퇴가 억지로 빼앗는 성격을 띤다고 판단되거나 환퇴인 것처럼 꾸며 침학하는 경우에는 환퇴를 요구하는 측이 패소하였다.[119] 또 관권이나 위세를 악용하여 토지를 강제로 매득한 사실이 암행어사에게 발각되어 환매조치를 받은 사례도 있다.[120] 그러나 매주의 불리한 조건을 악용하여

118 『續大典』, 戶典 賣買限.
119 조윤선, 앞의 책, 122~128쪽.
120 『정조실록』, 정조 4년 7월 19일.

부당한 가격으로 토지를 매입하였다가 그 사실이 드러나더라도 그 사이에 전매轉賣가 이루어졌다면 사실상 환퇴는 곤란했던 것으로 보인다. 예컨대 함경 지역에서 1788, 1789년(정조 13년)에 연달아 큰 수해가 일어나자 관의 조세 독촉에 쫓긴 농민들은 본래 가격의 1/10을 받고 급히 팔 수밖에 없었고, 그 토지를 사들인 것은 부유한 민호民戶들이었다. 조정에도 이 사실이 알려졌지만, "이미 부호의 손으로 들어간 사소한 장토莊土를 도로 물리고자 하면 부유한 민호들이 혹 넘겨 팔았다고 하거나 혹 서로 바꿨다고 핑계대어 하나도 도로 물릴 수가 없다"고 한 데서 그러한 사정을 엿볼 수 있다.[121] 환퇴와 유사한 제도로는 전당이 있었다. 환퇴의 경우 매매문기가 작성·교부되면 경작권도 매수인에게 넘어가는 것이 일반적이었다. 그러나 전당을 한 경우에는 토지의 사용·수익권이 여전히 채무자에게 있었다. 다만 채권자가 이식利息을 대신하여 지대를 수취하는 경우가 있었다. 또 채무자가 기한 내에 변제하지 않을 경우 채권자는 이를 매각하거나 소유권을 자기 앞으로 돌릴 수 있었다. 물론 다시 매각문기를 작성하여 교부하는 절차를 거쳐야 했다. 그러나 실제로는 채무자가 채무 변제 기한의 연기를 신청하면 채권자가 이를 승낙하는 경우가 많았으며, 관에서도 연기한 기한이 지나도록 채무가 변제되지 않은 다음에야 비로소 입지立旨를 발급하였다. 관에서 발급한 입지는 매매문기나 기타 권리이전에 필요한 증서를 대신하는 효력을 가졌다. 이러한 사정은 기한 경과 후에는 목적물을 전당권자의 소유로 한다는 특약이 첨부된 경우에도 마찬가지였다. 다

121 『정조실록』, 정조 20년 8월 29일.

만 처분한 전당 목적물의 가액이 채권액을 초과할 경우, 특약이 있으면 그 차액을 채무자에게 반환할 필요가 없었지만, 특약이 없을 경우에는 채무자에게 반환하여야 했다.[122] 전당이 주로 경제적 어려움을 해소하기 위한 담보제도로 활용되었기 때문에 어느 정도 말미를 주었던 것으로 보인다.[123]

실제로 1894년 충청도 부여의 한 양반이 남긴 일기에 따르면 그의 동생이 시장柴場을 개간하기 위해 민경효라는 사람으로부터 5년을 기한으로 하여 매년 도조賭租 4석을 지불한다는 조건으로 9두락의 토지를 전당하고 100냥을 빌렸다. 그러나 도조를 지급할 기한을 넘기자 채권자는 곧바로 전당 잡힌 토지를 다른 사람에게 이작移作하고,[124] 그 다음해부터는 자기가 직접 그 토지를 경작하겠다고 통보하였다. 이에 대해 채무자는 "비록 문권文券을 잡혀 빚을 써서 기한이 되었다고 하더라도 어찌 1~2년 정도 지나가는 경우가 없겠는가?"라고 하며 불만을 드러냈다.[125] 이 사례에서 확인되는 것은 저당 기한이 5년이었다는 점, 이자 대신 전당한 토지의 도조를 지급하였다는 점, 전당 기한을 넘기더라도 1~2년 정도의 유예기간을 주는 것이 일반적인 관습이었다는 점 등을 보여준다.

이상과 같이 조선의 매매관습은 앞서 언급한 프랑스나 일본·중국 등과 비교해 볼 때 매우 특이한 것으로 조선사회의 독자성을 보여준다.

---

122 한국법제연구원, 앞의 책, 201~207쪽.

123 위의 책, 223쪽.

124 이작에 관한 부분은 그 사정을 구체적으로 알 수 없지만, 채무자에게 밀린 도조를 받기 위해 이작하겠다고 말을 통보한 것으로 보인다.

125 李復榮, 『南遊隨錄』, 1894년 12월 11일.

무엇보다 환퇴약정이 있는 매매의 경우에도 그 기한이 다른 나라에 비해 상대적으로 짧았으며, 환퇴약정이 없는 일반 매매의 경우 환퇴가 가능한 기한이 15일에 불과하였다. 이에 비해 중국에서는 환퇴 약정이 있는 경우는 물론이고, 없는 경우에도 사실상 환퇴 가능 기한이 영구적이었고, 대부분의 전면권 매매에는 환매 단서가 명기되었다. 일본도 마찬가지였다. 막부법에는 환퇴기한이 20년으로 규정되어 있었으나 민간의 관습에서는 그보다 훨씬 길었다. 환매약정이 없을 경우에도 심지어 100년 후에 되돌려 받은 사례까지 있었다. 프랑스 역시 환매약정이 없는 매매에서도 19세기 이전에는 환퇴기간이 사실상 영구적이었거나 혹은 30년이었으며, 1804년 이후에도 5년으로 제한되었지만, 15일에 불과하였던 조선과는 비교할 수 없을 정도로 그 기간이 길었다. 이러한 사정에 비추어 볼 때 조선의 토지소유구조나 매매관습은 서구나 중국, 일본과 달리 매우 "근대적"이었고, "시장친화적"이었다.[126]

126 오해의 여지를 없애기 위해 이러한 표현이 결코 한국 혹은 동양이 서구보다 일찍 근대를 경험하였다는, 따라서 발전단계론적 인식틀을 벗어나지 못한 "조기근대론"류의 인식에서 나온 것이 아니라, 어디까지나 서구적 경험에 입각한 발전단계론이나 근대 / 전근대의 이분법적 인식을 재검토하여야 한다는 점을 강조하려는 의도에서 나온 것임을 지적해둔다.

4. 서구중심적 한국사 이해와 동아시아 역사상의 재검토

1) 서구중심적 한국사 이해의 재검토

서구의 근대이행에서 분권적 할거성의 극복과 중앙집권적 지배체제의 성립이라는 정치적 국면과 아울러 지적되는 핵심적 국면은 중층적 토지 소유권의 불식과 일물일권적 배타적 소유권의 확보이다. 배타적 소유권의 확보야 말로 토지의 자유로운 상품화와 그에 따른 농민층 분화를 통해 농업의 근대화를 열어가는 관건이 된다는 인식 때문이다. 물론 경제적·정치적 국면의 변화가 겹쳐서 진행된다는 점도 근대이행에 대한 또 하나의 중요한 이해이다.

그러나 이상에서 살펴본 조선 시대의 토지소유구조는 이러한 서구적 경험의 적용이 불가능하다는 점을 잘 보여준다. 이미 조선 전기부터 토지의 자유로운 매매가 이루어졌으며, 늦어도 조선 후기에는 사실상 배타적 소유권이 확립되어 있었기 때문이다. 지주제 역시 조선 후기부터는 보편적 현상으로 자리 잡고 있었지만, 영국이나 프랑스, 일본에서는 근대적 정치 변혁과정이나 그것이 끝난 다음에야 지배적 생산관계로 확립되었다. 토지 소유권의 중층성이 소멸되고 일물일권적 배타적 소유권이 확립되는 한편, 토지매매가 공동체적 규제 등 그것을 제한하는 관습으로부터 자유롭게 된 것은 서구나 일본, 나아가 중국의 경우에도 "근대적" 내지 자본주의적 질서의 형성과 밀접한 관련을 가지는 현상이었다. 서구나 일본의 경우 지주제 역시 배타적 소유권이 확립된 "근대" 이후에 본격적으로 전개되었다. 이와 달리 조선에서는 이러한 현상이 자본주의적 질서와는 무관한 "전근대"에 발생하였다. 그러면서도 배타적 소유권이나 자유로운 매매가 자본주의적 질서를 창출해 나가지도 않았고, 영국과 같이 농민층이 대토지소유자와 영세농, 무토민으로 양극분해되거나 이른바 "자본가적 차지농"을 형성해나가지도 않았다.[127] 이와 같은 현상이 인류사의 경험 속에서 어떤 의미를 가지는가를 이해하기 위해서는 서구중심적 역사 인식을 넘어서는 새로운 인식틀이 요청된다. 이에 대한 본격적인 해명은 현재 필자의 능력 밖의 문제이지만 여기서는 이와 관련하여 다음과 같은 몇 가지

---

127 이에 대해 미야지마는 유교의 제민齊民이념이 현실적 기반을 발휘하고 있었기 때문인 것으로 추측했다.(宮嶋博史, 앞의 글, 2009, 315쪽) 조선왕조에서 제민이념이 어떤 식으로 작동되었는지에 대해서는 제도나 정책 등과 관련하여 장기적인 맥락에서 해명되어야 할 문제이지만, 사회경제적 현실을 지배이념과 관련하여 접근하고자 한 점에 매우 중요한 의미를 가진다고 생각한다. 그러나 이에 대해 필자는 몇 가지 점에서 유보하고자 한다. 우선 미야지마의 반론은 갑술양전(1634년)과 경자양전(1720년) 사이의 토지소유변화를 토대로 한 것이다. 그 기간 동안 1결 이상 소유자의 비중은 15.4%에서 5.1%로, 소유면적 비중은 54.7%에서 30.1%로 감소하는 반면, 25부 미만의 소유자는 53.9%에서 73.1%로, 소유면적은 13.6%에서 27.9%로 그 비중이 증가한다. 1결 이상 소유자와 25부 미만 소유자의 두당 소유면적은 대략 16 : 1의 비율로 두 기간 사이에 큰 변화가 없다. 이런 정도의 소유분화를 "제민적齊民的"이라고 할 수 있는가? 또 1903년 광무양전사업 당시 용인군 이동면 농민의 계층별 농지소유 규모를 분석한 이영호에 따르면 1정보 이하의 소소유자 층은 전체 소유자의 82%에 달하지만 소유규모는 전체 토지의 33%정도에 불과한 반면, 3정보 이상의 대소유자는 4%에 불과하지만 전체 토지의 36%를 소유하고 있었다.(이영호, 「대한제국시기의 토지제도와 농민층분화의 양상—경기도 용인군 이동면 「光武量案」과 「土地調査簿」의 비교분석」, 『한국사연구』 69, 1990, 105쪽) 물론 지역이나 시기면에서 직접적인 비교가 불가능하지만, 이러한 사실은 17세기에서 18세기에 걸친 하향균등화의 방향이나 속도가 지속적이거나 빠르게 진행되지는 않았음을 시사한다. 또한 토지를 전혀 보유하지 못한 농민들까지 포함할 경우 토지소유의 불균등성은 더욱 심하였을 수도 있다는 점에 유의할 필요가 있다. 아울러 갑술-경자의 시기는 최정점에 달했던 농장경영이 약화되면서 병작제가 확산되는 시기와 겹치며, 저습지개간 등 신전 개간 작업도 일단락된 시점이었다.(이태진, 「15·16세기 低坪·低濕地 개간동향」, 『국사관논총』 2, 1989) 뿐만 아니라 사족층 사이에도 아직 장자 단독상속이 완전히 확립되어 있지 않은 시기였다. 따라서 대토지소유자의 수나 소유면적도 분할상속에 따라 감소했을 개연성이 크다. 이런 점을 고려할 때 계층별 소유규모에서 보이는 갑술-경자 연간의 차이에는 제민적 이념보다 사회경제적 요인이 더 중요하게 작용하였을 개연성이 있다는 점을 지적해 둔다.

점을 지적해두고자 한다.

우선 조선의 지주제를 서구의 영주―농노관계와 동일한 생산관계로 간주하여 조선사회를 봉건사회로 이해하는 방식은 재고되어야 한다. 조선의 지주제(지주―작인관계)는 영주―농노관계와 달리 작인에 대한 토지긴박이나 여타의 인신적 예속으로부터 자유로운 관계이며, 사실상 신분과 관계없는 하나의 사회적 계약이었기 때문이다.

아울러 지주제의 철폐 여부를 중심으로 한 이른바 "두 가지 길 이론"도 재검토 되어야 한다. "두 가지 길"은 토지의 중층성을 전제로 하여 상급소유권이 배타적 소유권을 확보해 나가는 위로부터의 길과 그 반대로 하급소유권이 상급소유권을 불식하고 배타적 소유권을 확보해 나가는 아래로부터의 길을 말한다. 양자 모두 결과적으로 배타적 소유권을 확립함으로써 토지의 자유로운 매매와 상품화를 통해 농민층의 근대적 분해를 초래하는 출발점이 되었다. 그러나 관습적으로 하급소유권인 경작권을 가지고 있었던 서구 농민과 달리 이미 배타적 소유권이 확립되어 되어 있던 조선의 작인들에게는 하급소유권이라 할 만한 어떠한 권리도 없었다. 따라서 조선의 경우 분명히 두 가지 방안의 토지개혁론이 존재하기는 했으나, 농민들이 추구한 아래로부터의 길은 하급소유권을 근거로 한 것이 아니었다. 토지소유에 대한 아무런 권리도 가지지 못하였던 농민들이 지주제에 반대할 수 있는 유일한 근거는 왕토사상이었다. 그러나 왕토사상에 근거한 토지개혁구상은 토지의 매매를 비롯한 처분권을 부정하는 것이었다. 따라서 그것은 근대적 농민층 분해와 부농의 성장을 원천적으로 차단하는 구상이었으며, 근대적인 개혁과는 전혀 다른 성질의 것이었다.

또 하나 필자가 검토한 바로는 토지소유구조와 매매관습 면에서의 특징과 그에 따라 형성된 고유한 농민문화나 가치규범은 근대이행기 민중운동에도 커다란 영향을 미쳤다. 일반적으로 근대이행기의 민중은 자신들의 삶을 지탱해주던 구래의 관습이나 규범을 지키려 하였으며, 근대적 법과 질서의 침해에 맞서 싸울 때도 정당성의 기반으로 삼았다. 농민들의 의식과 투쟁은 근대적인 법이나 질서보다 구래의 "공동체적" 관습을 우위에 둔 것이며, 이 점에서 반근대적이었다고 할 수 있다. 그러나 조선시대의 농민들은 토지제도개혁에 대한 오랜 원망을 품고 있었음에도 불구하고, 그것을 요구하는 주장을 제기하지 않았다. 이는 무엇보다 이미 배타적으로 확보된 토지 소유권과 자유로운 토지 매매, 그에 입각한 지주제와 병작반수제를 민간에서 구래로 내려오는 상사, 곧 하나의 관습으로 인식하고 있었기 때문이다. 이 점은 국가권력에 의한 불법적인 수탈이나 관료의 부정부패에 대하여 구법과 관습으로 돌아갈 것을 요구한 것과 비교해보면 더욱 분명해진다.[128]

2) "아래로부터" 바라본 동아시아 역사상

서구중심주의에 대한 비판이 제기된 지는 이미 오래되었으며, 최근에는 동아시아사에 대한 새로운 접근을 통해 서구중심주의를 비판하는 연구들이 제출되고 있다.[129] 비판들은 다양한 분야와 주제, 시각에

128 여기에 대해서는 배항섭, 「'근대이행기'의 민중의식 – '근대'와 '반근대'의 너머」, 『역사문제연구』 23, 2010, 84~91쪽 참조.

서 이루어지고 있다. 이러한 연구들은 대체로 서구적 시각으로는 포착되지 않는 동아시아 사회의 특징들을 유교와 연결하여 해석하고 있으나, 중국사의 경험들을 중심에 두고 접근하기 때문에 한국은 일본이나 베트남과 마찬가지로 주변적 위치로 밀려나 있다.[130] 또한 대체로 유교라는 지배이념과 그에 입각한 관료제나 중앙집권적 정치체제, 그리고 권력과 지배엘리트의 관계, 지배엘리트들의 사유 방식이나 존재형태 등을 정치·사회적 맥락에서 접근하는 방식으로 동아시아사회의 역사적 특징을 파악하기 때문에 그 속에서 살아간 사람들, 특히 피지배층의 생활이나 생각에 대한 관심은 취약한 것으로 보인다.

한국사 연구자 가운데 서구중심주의에 대해 자각적인 비판을 최초로 제기한 것은 미야지마 히로시였다.[131] 한국과 중국, 일본을 아우르

---

129 이러한 연구동향에 대해서는 宮嶋博史, 「근대를 다시본다」, 『창작과비평』, 2003; 리보중, 이화승 역, 『중국 경제사 연구의 새로운 모색』, 책세상, 2006; 강진아, 「동아시아로 다시 쓴 세계사—포머란츠와 캘리포니아 학파」, 『역사비평』 82, 2008; 강성호, 「전지구적 세계체제로 본 세계사와 동아시아—안드레 군더 프랑크」, 『역사비평』 82, 2008 ; 강성호, 「유럽중심주의와 포스트모더니즘을 넘어—라틴아메리카 '근대성 식민성 연구그룹'의 탈식민 전략」, 『역사비평』 84, 2008; 민병희, 「성리학과 동아시아 사회—그 새로운 설명틀을 찾아서」, 『사림』 32, 2009 참조.

130 민병희, 위의 글 참조.

131 이영훈 역시 기왕의 조선 후기사 연구의 '자본주의 맹아론'과 '농민층분해론'이 서구적 이론의 기계적 적용이라는 점을 들어 비판하면서 그 대안으로 '소농사회'를 제기하였다. 그러나 그는 17세기 후반에 성립된 '소농사회'가 18세기까지만 하여도 경제적으로 확장일로에 있었으나, 19세기에 들어 인구감소와 생산력 저하, 국가권력과 관료제의 모순으로 인해 그 역동성을 상실하였으며,(이영훈, 「한국사에 있어서 근대로의 이행과 특질」, 『경제사학』, 21, 1996; 이영훈, 앞의 책, 2000 ; 이영훈, 「조선 후기 이래 소농사회의 전개와 의의」, 『역사와 현실』 45, 2002) 한국의 '근대화'는 어디까지나 조선총독부가 전통 소농사회와 세계자본주의를 순조롭게 접합할 수 있도록 제도적 이노베이션을 수행한 다음이었다고 주장하였다.(이영훈, 위의 글, 2002, 32쪽) 또한 그의 논지는 '내재적 발전론'에 대한 비판에 초점이 맞추어져 있기 때문에 '소농사회론'을 구체적으로 전개하지는 않았으며, 식민지사회에 대한 그의 이해에서도 알 수 있듯이 미야지마와 달리 근대주의적 시각을 그대로 드러내고 있다.(한국경제사학계의 근대주의 시각에 대한 비판에 대해서는 정태헌, 『한국의 식민지적 근대 성찰』, 선인, 2007, 서장과 제2장 참조)

는 검토를 통해 "동아시아 소농사회론"을 제기한 그는 중국 중심의 접근이 아니라 세 나라를 대등한 위치에 두고 논지를 전개하였다.[132] 그는 삼국의 역사에서 공통으로 보이는 지배이념으로서 주자학과 중앙집권적 지배체제, 지배엘리트의 토지소유에 대한 특권의 부재(조선, 중국) 내지 취약성(일본) 등을 토대로 '동아시아 소농사회론'을 주장하였다. 아직 시론적인 접근에 머물고 있지만, 지배체제나 이념만이 아니라 생산력적 기반이나 그 담당주체의 존재양태에 주목하고 있다는 점에서 서구 학계의 동아시아사 이해와는 차이가 있다.[133]

그러나 앞서 언급했듯이 미야지마의 소농사회론은 동아시아사를 서구와는 다른 독자적인 모델로서 유형화하려는 생각이 앞선 나머지 동아시아 삼국 간의 차이들을 지나치게 단순화하거나 과소평가하였다는 점에서 회의적이다. 예컨대 세 나라 모두 서구 중세에 비해 중앙집권적 성격이 강한 것은 사실이지만, 그 시스템을 지탱하는 관료제나 과거

132 그러나 '소농사회론'라는 개념의 적절성에 대해서는 의문이 든다. 무엇보다 소농사회가 동아시아 삼국만이 아니라 복수적 시대와 지역에서 발견되고, 소농이 중심적 지위를 차지하는 같은 소농사회라 하더라도 그것을 형성 내지 지탱하고 있는 지배이념이나 정치시스템도 매우 다양하기 때문이다.

133 宮嶋博史, 앞의 글, 1994; 宮嶋博史, 앞의 글, 2003. '소농사회론'을 제기한 미야지마의 핵심적인 문제의식은 전통사회에 있는 것이 아니라 근대이행과정의 동아시아적 특징과 그 현대적 의미를 재고하는 실마리를 잡으려는 데 있다. 그에 따르면 동아시아가 서양의 충격에 직면했을 때 소농사회로서의 특색들이 결정적 작용을 하였다. 우선 경제적인 면에서 근대적 토지소유제도를 확립하기 위해서는 그 이전의 특권적 지배를 어떻게 폐기하는가가 큰 의미를 가진다는 점을 전제하면서, 소농사회는 특권적 토지지배가 없거나 미약했기 때문에 새로운 산업에 필요한 자본을 창출하기 데 결정적인 의미를 가지는 근대적 토지소유제도를 쉽게 확립할 수 있었다고 이해했다. 정치면에서는 토지지배가 국가에 집중되어 있었기 때문에 국가에 대항할만한 정치주체가 존재하지 않았고, 민이라는 존재 역시 저항권의 주체로서는 인정되지만, 어디까지나 정치적 객체에 머물러 있었다는 점에서 정치변혁 면에서 제약이 따랐으며, 이러한 제약은 오늘까지도 이어지는 것으로 파악했다.(宮嶋博史, 앞의 글, 2003, 132~133쪽) 소농사회와 근대이행과 관련된 문제는 또 다른 차원의 접근이 필요하므로 여기서는 그 대강을 소개하는 선에서 그치기로 한다.

제를 비롯한 각종 제도나 관습 면에서 보이는 차이, 특히 한·중과 일본 간의 차이는 '소농사회'라는 동일한 틀로 설명하기에는 그 간극이 너무 넓고 깊다고 생각된다.[134] 근대이행기에 보이는 정치적 영역의 특징에 대한 해석이 일본의 경험에 지나치게 치우쳐 있는 듯한 점도 같은 맥락에서 이해된다. '소농사회론'을 전개하면서 국가권력, 제도적 변화에 초점을 두고 있기 때문에 여전히 지배이념이나 체제와 소농들의 관계, 소농들의 사회적 존재형태, 근대로의 이행에 대한 소농들의 대응이나 변화과정에 대해서는 본격적으로 파고들지 않고 있다.[135]

본고에서 살펴본 바와 같이 조선과 중국 일본 간에는 토지소유와 매매관습 면에서 무시할 수 없는 차이가 있다. 토지소유와 매매관습에 대한 비교사적 검토는 "위로부터"의 시각으로 접근한 동아시아사 연구가 놓치고 있는 부분을 확인해준다. 법이나 제도, 관습은 농민들의 문화와 가치규범을 규정하는 중요한 요소이고, 전통적 문화와 가치규범은 당시는 물론 이후에도 농민들의 생각과 행위에 커다란 영향을 미친다. 문화를 어떤 특수한 역사적 사회의 실천, 재현, 언어 그리고 관습이 기반하고 있는 실질적인 지형이라고 할 때, 그 지형의 핵심을 이루는 것 가운데 하나가 사회·경제적 제관계와 그에 규정된 관습임은 말할 것도 없다. 예컨대 농민들이 살아가던 촌락사회의 존재양태, 곧 국가권력과의 관계, 공동체적 결속의 강도, 내부 구성원 간의 관계 등은 농

134 명의 영향이 매우 컸던 조선 전기부터도 중국과 조선 사이에도 "삼강오상三綱五常"이라는 규범을 공유한다는 점에서는 다름이 없지만, 풍토가 다르기 때문에 사족 제도나 노비제도, 부모 사후에 그 무덤을 지키는 여묘廬墓살이, 친영親迎제도 등 각종 제도나 관습 면에서 서로 다른 점이 많았다는 점이 충분히 인식되고 있었다.(『명종실록』, 명종 9년 9월 27일)

135 또한 민을 정치의 객체로만 파악한 점은 정치의 의미를 지나치게 단순화하고 있다는 인상을 지우기 어렵다.

민들의 문화와 가치규범에 커다란 영향을 미친다. 또 이 글에서 다룬 토지소유나 매매와 관련해서도 촌락공동체의 공유지가 많을 경우 공동체적 결속 – 그 반대급부로서 공동체적 규제 – 이 그 만큼 강할 수밖에 없으며, 토지가 공동체 구성원들에게 주기적으로 재분배될 경우에도 역시 농민들의 문화적 가치규범에 평등주의적 요소를 강하게 각인할 수 있다. 반면에 공유재산이 없거나, 토지의 사적 소유권이 발달하고 토지의 매매와 집적이 자유롭다면 내부 구성원 간의 결속력이 약화되고 평등주의 이념 역시 취약할 수밖에 없었을 것이다.[136]

5. 전근대 / 근대의 이분법을 넘어

한국사 연구에서도 서구중심적 역사인식에 대한 비판이 제기되고 있으나, 아직까지 경험적 사실에 입각한 작업은 거의 없으며, 기왕에 제시된 연구들에도 적지 않은 문제가 있다. 여기서는 이 글을 통해 확인한 바를 토대로 근대이행기나 "근대"에 대한 이해와 관련하여 몇 가

136 예컨대 동아시아 각국 간에는 농민들이 생활하고 또 그를 통해 문화와 가치규범을 형성해 가는 장이었던 촌락사회의 성격이라는 면에서도 커다란 차이가 존재한다. 중국과 일본의 촌락사회가 가진 개폐성의 차이에 대해서는 미야지마 스스로도 지적하고 있다.(宮嶋博史, 앞의 글, 1994 참조) 또 최근 베트남에서 개혁운동을 시작하면서 당국에서는 경영의 효율성과 생산력 증대를 위해 영세・분산화해 있는 토지의 집중을 유도하고 있지만, 당국의 의도와는 달리 지지부진하게 진행되고 있다. 그 이유에 대해 특히 베트남 북부에서는 전통적으로 공전제公田制가 시행되어 왔고, 국가권력으로부터도 매우 큰 자율성을 획득해 있었다는 제도적, 관습적 경험이 베트남 농민들의 문화와 가치규범에 '균등주의'를 강하게 각인해 놓았기 때문이라는 주장이 제기되고 있다.(吉田恒, 「農民の價値規範と土地所有－ドイモイ後の北部ベトナムにおける土地使用權集積の事例」, 東京大學 新領域創成科學研究科 國際協力學專攻 修士論文, 2008) 전근대 촌락사회의 관습에서 비롯된 문화나 가치규범이 현재 사회에도 깊은 영향을 미치고 있었음을 잘 보여주는 사례이다.

지 문제를 지적하는 것으로 결론을 대신하고자 한다.

우선 조선 후기의 토지소유구조나 매매관습은 서구에서 근대적 개혁이 일어난 이후의 그것과 매우 유사하였다. 서구나 일본의 경우 토지소유의 배타성과 시장친화적 매매관습은 "근대적" 정치적 변혁과 밀접한 관련 속에서 형성되었다. 그러나 조선의 경우 정치적 변혁과 무관하게 이미 15세기 이후, 늦어도 농장제가 쇠퇴하고 병작제가 확산되는 17세기 이후에는 그러한 소유구조나 매매관습이 성립해 있었다. 서구에서는 "근대"나 자본주의와 병행하여 이루어진 현상이 조선에서는 그와 무관하게 나타난 것이다. 또 사적 소유와 매매라는 점에서 중국은 조선보다 훨씬 빨랐지만, "근대" 직전 시기인 청대를 기준으로 볼 때 최대의 곡물생산지대인 장강 델타 지역을 비롯하여 많은 지역에서 토지소유구조는 중층적이었고, 매매관습 역시 대단히 비시장적·비자본주의적이었다. 이러한 사실은 경제적 면에서의 근대와 정치적 면에서의 근대가 반드시 추상화된 서구적 경험과 마찬가지로 함께, 혹은 밀접한 관련 속에서만 진행되는 것은 아님을 시사한다. 서구적 경험에서 도출된바, 한 사회의 모든 부문이 균질적으로 변화해나가는 '법칙'은 존재하지 않는 것이다.

또 조선시대의 지주제는 이미 배타적으로 확립된 소유권을 전제로 성립된 것이고, 지주-작인관계는 인신적 지배예속관계가 탈각된 경제적 계약관계로서의 성격이 강하였다. 이는 영국이나 프랑스, 일본에서 근대적 개혁 이후 형성·발달한 지주제와 매우 흡사한 것이었다. 따라서 조선시대 지주제의 성격을 "봉건적"인 것으로 전제한 이른바 "두 가지 길" 이론에 대해서는 재고가 필요하다. 특히 조선의 경우 농민들에 의한 "아래로부터"의 개혁구상은 서구와 달리 토지에 대한 권리가 전무한 상태에서, 왕토사상에 입각하여 지주제의 폐지를 추구한 것이다. 그것은 기왕에 확립되어 있던 토지소유의 배타성과 그에 입각한 자유로운 매매나 처분권을 부정한다는 점에서 서구적 근대 지향과는 전혀 다른 구상이었다.

조선의 토지소유구조와 매매관습은 서구와는 물론이고 중국이나 일본과도 매우 달랐다. 미야지마의 주장처럼 동아시아 삼국 간에는 유사한 점도 분명히 많았지만, 그의 '동아시아소농사회론'은 이러한 차이를 지나치게 단순화하거나 외면하였다는 혐의가 있다. 토지소유나 매매관습에서 보이는 삼국 간의 차이는 특히 근대이행기의 전략이나 그 과정에서 형성되는 새로운 정치문화의 성격과도 밀접한 관련이 있다는 점에서 새로운 접근이 요청된다.

또한 이상의 내용을 수용한다면 "국가적 규정성"의 최종적 해체, 혹은 토지소유에서 국가와 왕실의 최종적 분리 등을[137] 이유로 토지조사사업의 의미를 근대적 토지소유제도의 완성으로 보는 시각도 특정한 부분을 과대평가한다는 점에서 문제가 있다고 생각한다. "근대의 완성"이라는 면에서 국가적 규정성의 해체 혹은 국가와 왕실의 분리가 가지는 의미가 중요하지 않은 것은 아니지만, 그 점에 대한 지나친 강조는 근대이행의 문제를 위로부터만 일면적으로 접근하는 시각이다. 이러한 시각에서는 국가의 규정성이 토지소유나 매매와 관련한 농민들의 실질적인 경제생활에 어떤 의미가 있었는가 하는 점, 곧 아래로

---

137 宮嶋博史, 「토지조사사업과 근대적 토지소유권의 성립」, 『법사학연구』 12, 1991.

부터의 시각을 외면함으로써 토지조사사업이 지닌 "근대적" 의미를 지나치게 과장하기 때문이다. 그것은 결국 조선사회의 토지 소유권이 가진 "근대적" 성격을 충분히 인정하면서도 조선사회의 역사과정을 서구적 경험을 준거로 한 근대 / 전근대의 이분법적 대립구도 속에서 파악하는 발상이라는 점에서 여전히 서구중심적 역사 인식으로부터 자유롭지 못한 것이기도 하다.

마지막으로 언급해둘 점은 앞으로의 과제와 관련된 것이다. 서구에서는 근대 혹은 자본주의적 질서가 형성되는 것과 병행해서 나타나는 현상이 조선에서는 그와 무관하게 나타나게 된 것은 어떤 사정 때문일까? 또한 서구나 일본은 물론 중국과도 달리 중층적 소유구조를 가진 토지가 거의 없었던 것은 어디에서 연유하는 것인가? 지배이념이나 통치구조, 관료제의 발달 정도, "촌락공동체"의 존재양태, "촌락공동체"나 지배층과 국가권력과의 관계, 주요 농작물이나 영농 방식, 지리적 요인 등과 연결하여 살펴보아야 할 것이지만, 분명한 점은 이러한 현상에 접근할 수 있는 모델이나 준거는 어디에도 없다는 사실이다. 서구적 경험을 준거로 한 유비를 통해서가 아니라 조선사회의 구체적 · 경험적 사실에 근거한 독자적인 역사상을 새롭게 구축해나가야 할 과제가 놓여 있다.

참고문헌

고동욱, 「중세 말 영국 바넷 장원에서의 토지거래의 성격과 농민층 분화」, 『서양사론』 48, 1996.

민병희, 「성리학과 동아시아 사회－그 새로운 설명 틀을 찾아서」, 『사림』 32, 2009.

배항섭, 「1894년 동학농민전쟁에 나타난 토지개혁구상」, 『사총』 43, 1994.

_____, 「'근대이행기'의 민중의식－'근대'와 '반근대'의 너머」, 『역사문제연구』 23, 2010.

宮嶋博史, 「토지조사사업과 근대적 토지소유권의 성립」, 『법사학연구』 12, 1991.

_______, 「동아시아 소농사회론의 사상사 연구」, 『한국실학연구』 5, 2003.

_______, 「근대를 다시본다」, 『창작과비평』, 2003.

_______, 「유교의 제민사상과 소농사회론」, 『국학연구』 14, 2009.

아도, 아나똘리, 「프랑스혁명과 농민 프랑스혁명과 농민운동」, 『역사비평』 17, 1992.

이세희, 「나폴레옹 시대 프랑스 농업구조와 농민의 생활상태」, 『부산사학』 34, 1998.

이영호, 「대한제국시기의 토지제도와 농민층분화의 양상－경기도 용인군 이동면 「光武量案」과 「土地調査簿」의 비교분석」, 『한국사연구』 69, 1990.

_____, 「한국사에 있어서 근대로의 이행과 특질」, 『경제사학』, 21, 1996.

_____, 「한국사에 있어서 토지제도의 발전과정」, 『고문서연구』 15, 1999.

_____, 「조선 후기 이래 소농사회의 전개와 의의」, 『역사와 현실』 45, 2002.

장창민, 「조선시대의 환퇴제도」, 『법사학연구』 26, 2002.

전성호, 「18～19세기 토지거래 관행 및 가격추이」, 『제40회 전국역사학대회 발표요지』, 1997.

김건태, 『조선시대 양반가의 농업경영』, 역사비평사, 2004.

김용섭, 『한국근대농업사연구』(증보판), 출판사, 1988.

______, 『증보판 조선 후기농업사연구』 II, 일조각, 1990.
김태영, 『조선 전기 토지제도사연구－과전법체제』, 지식산업사, 1983.
김호연, 『중세 영국농민의 사회경제적 지위』, UUP, 2004.
박병호, 『한국법제사고』, 법문사, 1974.
박정현, 『근대중국농촌사회연구』, 고려대 출판부, 2004.
송병건, 『영국근대화의 재구성』, 해남, 2008.
이경식, 『조선 전기토지제도연구』, 일조각, 1986.
이영훈, 『한국 시장경제와 민주주의의 역사적 특질』, 한국개발연구원, 2000.
조윤선, 『조선 후기 소송연구』, 국학자료원, 2002.

르페브르, G., 민석홍 역, 『프랑스 혁명』, 을유문화사, 1993.
블로크, 마르크, 이기영 역, 『서양의 장원제』, 까치글방, 2002.
소불, 알베르, 최갑수 역, 『프랑스대혁명사』 하, 두레, 1984.
조강・진종의, 윤정분 역, 『중국토지제도사』, 대광문화사, 1985.
콘, 노만, 김승환 역, 『천년왕국운동사』, 한국신학연구소, 1993.
퍼킨스, D. H., 양필승 역, 『중국경제사－1368～1968』, 신서원, 1997.
해리슨, J.F.S., 이영석 역, 『영국민중운동사』, 소나무, 1989.
暉峻衆三 편, 전성운 역, 『일본농업경제사』, 강원대 출판부, 1991.

宮嶋博史, 「東アジア小農社會の形成」, 『長期社會變動－アジアから考える』 6, 東京大學出版會, 1994.
大塚英二, 「質地請戻し・土地取戻しと「家」・村共同體」, 『民衆運動史 3－社會と秩序』, 青木書店, 2000.
渡辺尚志, 「近世村落共同体に關する一考察－公同体の土地關与への仕方 を中心に」, 『歷史評論』 451, 1987(『展望 日本歷史, 15, 東京堂出版, 2004).
牧原憲夫, 「近代的土地所有 概念の再檢討」, 『歷史學硏究』 502, 1982.
白川部達夫, 「近世質地請戻し慣行と百姓高所持」, 『歷史學硏究』 552 : 『展望 日本歷史, 15, 東京堂出版, 2004.
富岡次郎, 「イギリスにおける農民一揆」, 『中世の農民運動』, 學生社, 1975.
水林彪, 「土地所有秩序の變革と〈近代法〉」, 『日本史講座 8－近代の成立』, 2005.
深谷克己, 「世直し一揆と新政反對一揆」, 安丸良夫・深谷克己, 『民衆運動－日本近代思想大系 21』, 岩波書店, 1989.

吉田恒, 「農民の價値規範と土地所有－ドイモイ後の北部ベトナムにおける土地使用權集積の事例」, 東京大學 新領域創成科學硏究科 國際協力學專攻 修士論文, 2008.

D. M. G. "Sutherland, Peasants, Lords, and Leviathan-Winners and Losers from the Abolition of French Feudalism, 1780～1820", *The Journal of economic history*, Vol.62-1, Mar. 2002

宮川澄,『近代的所有權の形成』, 御茶の水書房, 1969.

稻田雅洋,『日本近代社會成立期の民衆運動』, 筑摩書房, 1990.

湯淺赳男,『フランス土地近代化史論』, 木鐸社, 1981.

鶴卷孝雄,『近代化と 傳統的 民衆世界』, 東京大出版會, 1991.

Huang, Philip C., *The peasant family and rural development in the Yangzi Delta, 1350～1988*, Stanford University Press, 1990.

_____________, *Civil justice in China-representation and practice in the Qing*, Stanford University Press, 1996.

19세기 재지사족층의 친족결집 노력과 내적 균열양상*

호남 지역 선산善山 류씨가柳氏家의 친족활동을 중심으로

최주희

1. 향촌사회와 친족의 문제

전근대사회에서 '신분'은 개인의 삶과 특정 집단의 정치적 향방을 결정하는 중요한 사회적 기준이 되어왔다. 조선 후기로 접어들면서 신분은 그 자체로 고정된 사회적 지위나 직역을 수반하지 못하였으며,[1] 조선 말기까지 지속적으로 변화하면서 집단 간의 갈등 혹은 결집을 조장하는 역할을 하였다.

19세기 조선사회는 경향분기京鄕分岐가 심화되어가는 가운데 향촌사회의 운영원리 역시 변화하고 있었다.[2] 이에 중앙의 정치적 흐름에서

---

* 본고는 『한국사학보』 38집(고려사학회, 2010)에 수록된 논문을 수정・보완한 글이다.
1 송양섭, 「조선 후기 신분・직역 연구와 '직역체제'의 인식」, 『朝鮮時代史學報』 34, 2005.
2 김인걸, 「19세기 전반 官主導 鄕村統制策의 위기」, 『國史館論叢』 6, 1989.

배제되어 간 사족들은 향촌 사회 내에서 양반으로서의 가격家格을 유지하기 위한 노력을 전개해갔다.[3] 호남 지역 사족층은 기축옥사(1589년) 이후 중앙의 관직 진출에 제약을 겪어야 했음에도 불구하고, 18세기까지 영남사족과 마찬가지로 문중서원을 중심으로 한 향전鄕戰에 적극 가담하여 중앙과의 정치적 연계를 도모하고 이로써 사족세를 강화하고자 하였다.[4] 그러나 경기와 충청 지역 서인산림계가 중앙정계의 주도권을 장악해가면서 호남사족의 사회적 영향력은 점차 약화되어 갔다.[5] 담양 지역 또한 17세기까지만 하더라도 사족세가 강한 지역에 속하였으나,[6] 18세기 이후로는 선대의 학문적, 정치적 계보를 잇는 사족층이 지역에서 발굴되지 못하는 상황이었다.[7] 담양 지역 선산 류씨 역시 유희춘柳希春(1513~1577) 사후 현달한 인물을 배출하지 못한 채 유학호로서 가세家勢를 유지해갔으며, 19세기 전반에 이르러서야 '호남화족湖南華族' 혹은 '명현名賢의 후손'이라는 신분의식을 바탕으로 친족활동을 전개해갔다. 그러나 이러한 선산 류씨의 친족결집을 '문중화'

---

3 김성우, 「密城朴氏 嘯皐公派의 淸道 定着과 宗族 활동」, 『震檀學報』 91, 2001; 김성우, 「18~19세기 지배양반 되기의 다양한 조건들」, 『大東文化硏究』 49, 2005.

4 이러한 사례는 주로 '향전鄕戰'이라는 틀에서 논의되었으며, 호남 지역의 경우 나주와 장성, 영광, 남원, 무안, 함평 지역에 대한 사례연구가 제시되었다.(박지현, 「朝鮮後期 長城地方 士族의 動向」, 한국정신문화연구원 석사논문, 1993; 김문택, 「16~17世紀 羅州地方의 士族動向과 書院鄕戰」, 『淸溪史學』 11, 1994; 윤희면, 「19세기 말 전라도 남원의 司馬所 鄕戰」, 『朝鮮時代史學報』 39, 2006; 이해준, 『朝鮮後期 門中書院硏究』, 景仁文化社, 2008)

5 고영진, 『호남사림의 학맥과 사상』, 혜안, 2007, 271~273쪽 참조.

6 이해준, 앞의 책, 105~111쪽 참조.

7 19세기 말에 편찬된 『담양지潭陽誌』(BC-古朝62-12, 국립중앙도서관 소장본)의 인물조人物條를 살펴보면 16~17세기 충절과 문도로 이름난 사족층이 다수를 차지하는 반면, 18~19세기의 인물은 찾아보기 어렵다. 특기할 것은 마지막 항목인 환적조宦蹟條에는 19세기 중반까지 담양에 부임한 수령과 재임기간이 기재되어 있어 이전 시기의 『추성지秋城誌』를 비롯한 담양읍지들과 차이를 보인다는 점이다.

의 한 사례로 단정하기에는 기존 연구에서 제기한 문중화의 개념이 제한적일뿐더러,[8] 친족활동 자체도 생각만큼 순조롭게 진행되지 못하였다는 점에 주목할 필요가 있다.

재지사족들이 향촌사회에서 비슷한 방식으로 생산해냈던 족보, 문집 등의 하드웨어가 족인 모두의 합의로 구축된 것인지, 또 이것이 지역사회에서 실제 어떠한 위상을 갖고 있었는지에 대한 진전된 논의가 이루어지지 않고서는 19세기까지 사족의 친족활동을 단순히 문중화의 경향성으로 독해하는 데에 한계가 있으리라 생각한다. 그간 조선 후기 문중화 경향에 대한 논의들은 문중 내 족인들 간의 갈등을 대부분 정치적 분기 과정으로서 이해하였으며, 문중과 연계된 지역의 제 유생층과의 관계에 대해서도 구체적인 언급을 하지 않았다.

이에 재지사족의 친족활동을 향촌사회의 다양한 공동체적 결집과 그것의 변화 속에서 재고해볼 여지가 있다. 16세기 사족층이 향촌사회에서 지배세력으로 성장할 당시 다양한 결사체 — 향소, 서원, 계 등 — 이 이들에 의해 구상되고 실현되었으며,[9] 정치적 연대와 경제적 부조를 공유하였던 사족간의 연망緣網도 동리와 군현을 넘어서고 있었다. 그럼에도 불구하고 18~19세기로 접어들면서 재지사족층이 선택한 내적 결속의 방식은 대체로 '친족' 단위로 응집되는 경향을 보였다. 물론 중앙의 부세수취에 대응하는 한편, 지역 내 상호부조를 목적으로 하는 계

8 이해준은 조선 후기 문중화의 특징을 ① 지역적으로는 군현단위의 사회적 기반 위에서, ② 친족조직으로는 입향조를 정점으로 하여, ③ 자신들의 족적인 지위확보를 위하여 벌이는 활동으로 규정하였다.(이해준, 「조선 후기 '문중화' 경향과 친족조직의 변질」, 『역사와 현실』 48, 2003, 179쪽) 그러나 선산 류씨의 사례에서 보이듯이 재지사족층의 문중활동은 일정 지역에만 국한된 친족활동은 아니었던 것으로 보인다.

9 이해준, 위의 글, 171쪽 참조.

조직이 조선 후기에 증가하였으며, 친족단위의 족계族契 외에 신분차별이 완화된 마을 공동체로서의 동계洞契가 19세기 후반 들어 나타나고 있었던 점을 감안할 필요가 있다.[10] 그러나 19세기에 다수의 목적계들이 증가하는 양상이 곧 마을공동체의 정서적 결속을 의미하지는 않을 뿐더러, 동계의 성격을 규정하는데 반촌과 민촌의 특성 또한 중요하게 고려될 필요가 있다. 본고에서 다룰 대곡면 장동리의 선산 류씨들 역시 동계 운영에 참여하였던 정황이 없지 않으나,[11] 이것이 재지사족으로서의 생활상을 질적으로 변화시키는 요인은 되지 못하였다.

이에 본고에서는 19세기에 이르러 선산 류씨들이 선택한 공동체적 결집의 방식이 '친족'으로 귀결될 수밖에 없었던 향촌생활의 변화상과 이러한 친족활동이 야기하게 된 족인 및 유생들 간의 갈등 양상을 살펴볼 것이다. 이를 위해 모현관 및 담양향교에 소장되어 있는 고문서 자료[12]와 족보, 「추성삼정고록秋城三政考錄」 및 읍지자료를 검토하고자

10 이용기는 최근 장흥군 어서리의 사례를 통해 조선 후기 계 조직이 일제시대에 약화되는 것이 아니라 마을자치조직으로서 강화되고 있었으며, 재정 지출면에서 계의 운영은 19세기 후반에는 부세대응의 기능이 강하였으나, 점차 상호부조를 위한 마을 내부의 지출이 증가하고 있었음을 밝혀냈다.(이용기, 「19세기 후반~20세기 중반 동계와 마을자치」, 서울대 박사논문, 2007)

11 2004년 9월 전라남도 유형문화재 265호로 지정된 모현관 소장 선산 류씨 고문서 목록(총 238점)에는 1868년(고종 5년)에 작성된 「大同契捧單冊」이 포함되어 있다. 필자는 담양 군청의 협조를 통해 고석규 등에 의해 조사된 고문헌 목록을 확인할 수 있었다.

12 현재 담양 대덕면 모현관에는 『미암일기眉巖日記』 원본 및 선산 류씨 집안 고문서와 의암서원 관련 고문서가 함께 소장되어 있으며, 전남대학교 박물관에서 이를 『고문서古文書』 1집(1983년)과 4집(1996년)으로 탈초하여 간행하였기에 본고에서는 이 자료를 활용하였음을 밝혀둔다. 단, 1집에 실린 고문서는 의암서원 「품목稟目」과 유경렴의 「분급문기分給文記」 일부가 실려 있어 전체적인 자료의 성격은 4집을 통해 파악할 수 있었다. 한 가지 염두에 둘 것은 전남대학교 박물관에서 영인한 자료 역시 모현관 소장 고문서 전체를 포함하고 있지 않다는 점이다. 모현관 소장 고문서 목록은 앞서 언급한 대로 고석규 등에 의해 총 238건으로 일괄 정리되었는데, 이를 살펴보면 『古文書』에 빠져있는 자료가 확인된다. 예를 들어 준호구의 경우 곡성현에서 발급한 준호구 5건과 17세기 백천서원白川書

한다. 또한 최근 간행된 곡성 지역 선산 류씨가의 고문서 자료를 비교 검토함으로써[13] 군현 단위를 넘어선 친족활동의 실상을 파악하고자 한다. 이러한 작업은 조선 후기 재지사족의 '신분'과 '신분의식'이 괴리되어 가는 양상 뿐 아니라, 이들의 광범위한 친족결집 노력이 당대의 다른 공동체적 결속에 어떠한 영향을 미쳤는지 살펴보는 계기를 마련하리라 본다.

2. 담양 및 인근 지역 선산善山 류씨가柳氏家의 세거양상

유희춘이 말년에 담양과 창평의 경계에 위치한 대곡면 장동리에 새로이 집을 짓고 옮겨 살면서 이후 유희춘 직계 후손들은 담양의 이 작은 면을 기반으로 생활해갔다. 선산 류씨 집안의 고문서 중 1720년(경종 즉위년)부터 1878년(고종 15년)까지 총 16종에 달하는 준호구準戶口와 1907년(隆熙 원년)에 작성된 신호적新戶籍 1종을 살펴보면 유광선의 손자인 유동석 이후로 유희춘의 직계손은 19세기까지 모두 유학幼學으로 살다가 학생學生으로 사망하였으며, 이들과 혼인 관계를 맺었던 처족妻

院 유안儒案 3건, 그리고 의암서원 유생안儒生案, 보직안保直案, 대동계大同契(앞의 각주 참조), 가승보家乘譜, 팔읍도八邑圖 등의 자료들이 누락되어 있다.

13 곡성 지역 선산 류씨가는 유익청柳益淸(1582~1660)의 셋째 부인인 전주 최씨가 아들과 함께 곡성의 능파리로 이주하면서 이후 유익청을 입향조로 하는 후손들이 곡성에 세거하기 시작했다. 현존하는 고문서는 유익청의 현손인 유복삼柳復三(柳益淸(곡성 입향조)-柳命錫(三子)-榮漢-奎弘-復三(三子))대에 수집되거나 작성된 자료이며, 유복삼의 6대손인 유종표씨가 현재까지 보존해 오고 있다. 최근 전남대학교 고문서연구회에서 간찰 자료와 함께 탈초, 해제한 것을 곡성종회에서 『眉巖 柳希春 후손家 연운당 고문서』(심미안, 2009)로 간행한 바 있다.

族 역시 특별한 관직 없이 대체로 유학 신분을 유지하였음을 확인하게 된다.

〈그림 1〉에서 왼쪽 부변父邊이 앞서 말한 유희춘의 직계 후손에 해당하며, 이들은 유경렴과 유광선대의 과도기를 거치면서 담양 대곡면에 정착하게 되었다. 여기서 가장 빠른 시기의 준호구는 1720년(경종 즉위년)에 작성된 것인데, 호주 유채한을 중심으로 부계혈족을 살펴보면, 曾祖父 종사랑 광선 → 祖父 통훈대부 행진안현감 유익원 → 父 장사랑 행사직서 참봉 유동석 → 유학 유채한(32)= 妻(송씨) → 子 구징(9)으로 기재되어 있다. 이를 통해 볼 때 선산 류씨 집안에서 유동석대까지는 중앙관으로 출사하였던 사실이 확인된다. 그러나 사직 참봉에 제수되었던 유동석은 오랫동안 사환기에 있지는 못하였다.

숙종 5년(1679년) 10월 유동석은 송시열宋時烈(1607~1689)의 죄를 정법正法으로 다스릴 것을 청하는 상소를 올렸으며,[14] 상소 후 얼마 지나지 않아 사직서 참봉에 제수되었다. 그러나 허적許積(1610~1680)이 유동석의 등용에 이의를 제기하면서 그는 곧바로 관직에서 물러나야 했다.[15] 이후 유신한부터 유정식에 이르는 18~19세기 직계 후손들은 유학 신분으로 내내 담양 지역에서 생활하였다. 반면 유희춘의 후손들 중 일부는 18~19세기에 걸쳐 인근 지역으로 거주지를 확대해갔다.

---

14 『承政院日記』 273冊, 숙종 5년 10월 6일(丁卯). "全羅道幼學柳東錫等上疏 大概, 請正時烈之罪, 以安宗社, 以定人心事 入啓 答曰, 省疏具悉 旣已上告於太廟, 則亦足以有辭於天下後世矣 何必誅之而後快哉 斷無允從之理, 爾其退修學業 ……."

15 『承政院日記』 275冊, 肅宗 6년 2월 3일(癸亥). "又所啓, 新除授社稷參奉柳東錫, 故儒臣柳希春之後裔, 人多以學行稱譽, 而臣亦錯認爲進士, 備擬末望, 適受恩點也 更爲聞見, 則東錫乃多學云, 而實草草, 不得直擬於祿官, 乃是規例, 柳東錫改正, 何如 上曰, 依爲之."

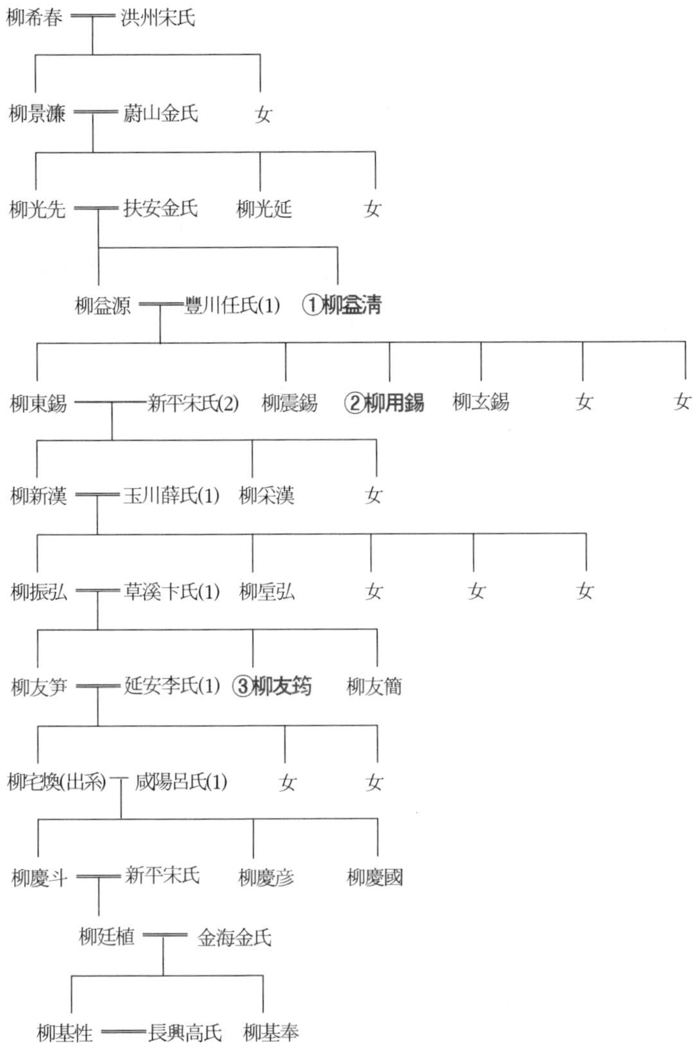

〈그림 1〉 18~19세기 유희춘 직계 후손의 가계[16]

비고 1. 괄호 안 숫자는 후처後妻의 숫자임.
비고 2. 유택환柳宅煥의 생부는 ③유우균柳友筠임.

『선산류씨파보善山柳氏派譜』를 살펴보면 광선의 차자次子 유익청柳益淸(①)의 셋째부인인 전주 최씨의 묘가 곡성에 안치된 후로 유익청의 자손들은 대부분 곡성에 묻혔으며, 유용석(②)의 손자 유성홍대부터는 후손들 묘소가 부안에 안치되는 경향을 보였다. 유희춘의 직계 후손은 대부분 담양과 옥과의 선산에 묻혔으나, 18세기 이후 친족의 양적 증가와 더불어 생활권 또한 분화되어갔다. 이로써 18세기 이래 선산 류씨들은 담양 외에 부안과 곡성, 구례, 태인, 정읍, 동복 등의 지역에서 생활해갔다. 그러나 각 지역에 흩어져 살던 선산 류씨들이 지역을 넘어 결집하기 시작한 것은 19세기 전반에 이르러서였으며, 이러한 결집의 주도층은 담양의 직계 후손들이었다. 1828년(순조 28년) 3월, 선산 류씨 족인들이 옥과 관부에 올린 단자는 18~19세기 선산 류씨들이 호남의 각 군현으로 분기해가는 동안 별다른 문중활동이 전개되지 않았던 상황을 반영하고 있다.

> 미암 문절공 선생은 저희의 8대조이신데 그 후 6대조, 5대조께서 관작을 연면連綿하시어 혈식血食과 명현名賢이 끊기지 않았으며 이로써 후세에 호남화족湖南華族으로 칭해졌으나, 자손이 빈한貧寒하여 각처에 흩어져 있으면서 종종(분묘)를 살펴보지 못하였다가 이번 묘제墓祭에 여러 족인들이 와보았는데, 뜻밖에 묘지기 삼부자가 황구지역黃口之役을 지게 되어 산주山主를 원망하며 도망갈 기세라고 하니 이는 이백여 년 동안 전에 없던 일입니다 …….[17]

16 이는 『古文書』에 수록된 16종의 「準戶口」, 「戶口單子」와 『善山柳氏波譜』(한古朝58-가34-13)를 참고하여 작성한 것이다.

위의 단자에 대해 옥과 현감은 특별히 묘직한墓直漢 1인을 군역에서 탈급해주는 조치를 취해주었다. 그러나 문제는 여기서 그치지 않았다. 옥과현 하리下吏의 투장 사건이 지난하게 이어졌기 때문이다. 이에 선산 류씨들은 1828년(순조 28년) 이후 옥과의 선산 묘지기 제역除役 문제와 상한常漢의 선산 투장偸葬 사건과 관련하여 옥과현에 수차례 단자를 상송上送하였다. 아래의 〈표 1〉은 단자 상송에 참여한 선산 류씨 족친들을 정리한 것이다.

〈표 1〉 19세기 전반 친족활동에 참여한 선산 류씨의 세거양상

지역	선산 류씨 세거 양상
潭陽	유경운, **유경삼**, 유경혀, 유경서, **유경로**, **유경인**, 유경언, 유경두, **유경집**, 유경숙, 유경만, **유경갑**, **유경심**, 유우행, 유택환, 유정환柳鼎煥, 유제환, 유주환, 유창환, 유정식, 유경식, **유응식**, 유병관, 유기성
扶安	**유경량**, 유경규, 유경묵, 유경년, 유경오, 유경수, 유정환柳正煥, 유인환, 유필환, 유태식, 유진식, 유영식, 유언식, 유희식, 유만식, 유기덕, 유필연
谷城	**유시태**, **유시두**, **유시익**, **유시옥**, 유시봉, 유시무, 유시원, 유시겸, **유종식**, 유정식柳正植, 유조식, 유원식, 유만식, 유대식, 유병호, 유의수, 유권수, 유 형, 유제, 유원채, 유인채, 유집
求禮	유준, 유정
泰仁	유숙, 유당, 유호
井邑	유영환, 유일환
同福	유제환

* 강조된 인물은 『미암집眉巖集』 간행에 주도적으로 참여했던 인물임.

표에서도 알 수 있듯이 단자單子에 참여한 족인들의 수는 지역별로 차이를 보인다. 담양 외에 부안과 곡성의 족인들이 다수 참여하고 있는 양상은 선산 류씨의 분기과정에서 부안과 곡성에 거주하는 선산 류씨들이 상대적으로 많았다는 점 외에도, 선산 류씨들의 족적 결합력이

17 전남대 박물관 편, 「單子」, 『古文書』 4, 1996, 59~60쪽.

지역마다 차이를 보이고 있었음을 의미한다. 곡성 지역 선산 류씨들은 1828년(순조 28년) 묘지기의 제역 문제가 불거지기 전부터 옥과현玉果縣 방고산放鼓山 인근의 석곡면에 거주하면서 자체적으로 선산을 관리해 왔던 것으로 보인다.[18] 특히 입향조인 유익청의 후손 유복삼柳復三은 1812년(순조 12년) 순천에 자리한 유희춘의 조모 옥천 설씨의 묘소에 황득후黃得垕라는 자가 투장을 하자 이에 대한 처벌을 요청하는 의송議送을 작성할 정도로 타 지역 선산 수호에도 심혈을 기울였다.[19]

16세기 당시 유희춘의 증조부인 유양수와 조부 유공준의 묘는 순천에 위치하였으며, 부친 유계린의 묘는 해남에 위치해 있었다. 『미암일기眉巖日記』에는 유희춘이 증조부와 조부의 묘제를 지내기 위해 순천에 머물면서 여러 족인들과 교류하는 내용이 기록되어 있다.[20] 한편 해남 지역 역시 유희춘의 누이가 거주하고, 유계린(父)과 탐진 최씨(母)가 묻

18 실제로 곡성 지역 선산 류씨가에서 소장하고 있는 자료 중에는 옥과현 방고산 선영 아래 있는 제위답 내역을 기록한 「玉果方鼓山先壟下坪量冊」이 포함되어 있다.(선산류씨 곡성종회 편, 『眉巖 柳希春 후손家 연운당 고문서』, 심미안, 2009, 272~273쪽) 선산이 옥과현에 있는데도 옥과에 거주하는 선산 류씨들이 확인되지 않는 이유도 이때문인 듯하다. 이러한 정황은 유희춘의 15대손인 유근영 씨(현재 담양군 대덕면사무소 근무)와의 인터뷰에서도 확인된 바 있다. 그러나 19세기에 들어 투장 문제가 자주 발생하면서부터는 담양의 선산 류씨들이 옥과의 선산 관리에 적극적인 태도를 보이기 시작했다. 이에 대해서는 다음 장에서 언급하기로 하겠다.

19 선산류씨 곡성종회 편, 『眉巖 柳希春 후손家 연운당 고문서』, 심미안, 2009, 264쪽.

20 『미암일기眉巖日記』에 나타난 부계친족 묘소와 묘제 참배자는 다음과 같다.

묘소 위치		피장자	참배자 범위	친족 관계
순 천	稼亭洞	유양수(증조부), 남원 양씨(증조모)	유희춘, 유영춘, 유경렴, 안증, 유원방, 양정(얼족), 채순, 허제, 최기제	부계친족
	深隱洞	유공준(조부), 옥천설씨(조모)	유희춘, 유경렴, 유영춘, 안증, 유원방, 유협, 양정, 최기제	
	假藏洞	누이	유희춘	
	竹青	부장 숙씨	유영춘, 유경렴	

힌 곳으로 유희춘이 자주 내왕했던 지역이다. 그러나 순천과 해남 지역에 세거한 부계친족과의 교류가 19세기까지 이어졌던 것은 아니다. 18~19세기 담양 지역 선산 류씨들은 타 지역의 선대묘 관리에 있어서 족인 간에 일정 비용을 분담하면서도,[21] 유희춘 선대의 부계친족들과 친분관계를 유지하지는 않았다. 〈표 1〉에서 살펴본 바와 같이 친족활동에 참여한 선산 류씨 중에 순천과 해남 지역의 족인들은 찾아볼 수 없다.[22]

요컨대, 16세기 유희춘이 담양에 정착한 이래 그의 후손들은 부안과 곡성, 구례, 태인, 정읍, 동복 등으로 분기해갔던 반면 유희춘이 당대에 교류하였던 부계친족들은 선산 류씨의 친족활동 범위에서 점차 배제되어갔다. 그러면 호남의 제 군현으로 분기해간 유희춘의 후손들은 16세기 당시 유희춘이 구축해 놓은 사족으로서의 위상을 대대로 유지해 가고 있었을까?

유희춘의 직계 후손으로 살아가던 담양 지역 선산 류씨들은 '호남화족湖南華族'이자, '명현名賢의 후손'이라는 의식을 강하게 지니고 있었으며, 이러한 인식은 선조인 유희춘에 기댄 것이었다. 그러나 유희춘 자신이 담양 지역에 입향할 당시 재지 기반이 약하였던 데다가, 유동석 대 이후로는 중앙정계의 진출이 단절됨으로써 담양 지역 선산 류씨들은 유희춘이 당대에 구축해 놓은 사족세를 유지하기 어려웠던 것으로

21 전남대 박물관 편, 「原情」, 『古文書』 4, 1996, 89~90쪽.

22 유희춘의 15대 직계후손인 유근영(현재 담양군 대덕면사무소 근무)씨에 의하면, 순천(현 행정구역상 광양시로 편입됨)에는 현재 선산 류씨들이 세거하고 있지 않고, 선대의 묘만 남아 있다고 한다. 매년 선산 류씨 문절공 종회(담양, 곡성, 부안, 광주, 서울 지역 선산 류씨로 구성됨)에서 시제를 지내며 순천의 묘소도 관리한다고 한다.

보인다. 한 가지 더 고려할 것은 19세기까지 담양 지역 유생의 규모가 다른 지역과 마찬가지로 점차적으로 증가하고 있었다는 점이다.

담양향교에 소장된 42종의 유안儒案 중 1767년(영조 43년)에 작성된 「청금도유안靑衿都儒案」에는 70명의 정원을 훨씬 초과한 249명의 유생이 기재되어 있다. 물론 이들 유생은 대부분 선원仙員으로서 유안 작성 이전의 교생까지 수록한 것이지만, 그 성씨를 살펴보면 본관을 구분하지 않더라도 성씨의 종류가 20종에 이른다. 이는 20종 이상의 본관을 갖는 성씨집단이 유생층에 포함되었음을 의미한다.

17세기 중반 「유안儒案」에 기재된 액내유생이 45명이었고 성씨의 종류가 본관을 구분하지 않았을 때 11종이었던 점을 감안하면, 1세기에 걸쳐 향교를 중심으로 담양 유생층에 포함되었던 성관집단은 확대되고 있었으며, 유생수도 6배 이상 증가하였음을 알 수 있다.[23] 더욱이 중요한 사실은, 1650년(효종 1년) 당시 유안에는 선산 류씨 집안의 유동석 외에도 담양을 본관으로 하는 국씨鞠氏(鞠廷一 · 鞠景維)와 전씨田氏(田景龍)가 포함되어 있다는 점이다.[24] 이는 17세기 중반에 이미 담양의 이족집단이 향교의 유생층에 포함되고 있었음을 의미한다. 실제로 담양 국씨의 경우 혼인을 통해 호남 지역 유력 향리층과의 연망緣網을 구축해갔으며,[25] 지역 향족과도 통혼권을 형성함으로써[26] 19세기까지

23 「청금도유안靑衿都儒案」(1767)에 기재된 유생층이 대부분 선원仙員이기는 하지만, 2~3년 간격으로 작성된 유안儒案의 성격상, 이전 시기를 망라한 유생을 모두 기재한 것으로 보이지는 않는다.

24 전라남도 편, 『全南의 鄕校』, 鄕土文化叢書 28輯, 1987, 375쪽 참조.

25 권기중, 「조선 후기 향리층의 혼인 네트워크」, 『韓國史學報』 33, 2008, 315쪽.

26 담양지역의 유력 향족이었던 홍주 송씨의 경우 담양 국씨와의 혼인관계가 확인된다.(『洪州宋氏世譜』(古2518 39-60) 1책 7쪽)

지역사회에서 정치적 영향력을 강화해갔다.[27]

한편 19세기 『노소선생연원록蘆沙先生淵源錄』에 기재된 기정진奇正鎭(1798~1879)의 문인을 살펴보면 2명 이상 담양 지역에 거주하였던 성씨는 선산 류씨를 포함하여 46종에 달한다.[28] 19세기 호남의 학맥이 기정진과 전우田愚(1841~1922) 등을 중심으로 재편된다고 할 때,[29] 『노사선생연원록』에 기재된 기정진과 그의 제자 문인들은 지역유생이라는 자의식을 지닌 계층으로 이해된다. 그리고 이 46종의 성씨 내에도 담양潭陽 국씨鞠氏가 포함되어 있다.

요컨대, 18세기 후반부터 담양 지역에는 20종 이상의 성관집단이 유안에 입록되고 있었으며, 46종이 넘는 성관집단들이 지역유생으로서 19세기 내내 담양에서 생활해갔다.

담양 지역 선산 류씨들은 이와 같은 현실에서 사족으로서의 차별화

---

27 권경안, 「강점기 담양 지역 鞠氏의 有志활동」, 『지방사와 지방문화』 10권 1호, 2007, 294~297쪽.

28 『蘆沙先生淵源錄』 권3 「先生門人編」(고려대 도서관소장본)에 수록된 기정진과 그의 제자 문인 중, 담양에 거주하는 문인의 수는 총 379명이며, 2인 이상 거주한 성씨를 살펴보면 아래와 같다. 『노사선생연원록』은 1960년 변시연 등에 의해 고산서원에서 간행되었으므로, 자료상에 기재된 인물들이 모두 당대에 유학이라는 직역을 가졌을 것이라고 단언하기 어렵다. 그러나 19세기 내내 기정진의 문도가 증가하였고 이들의 급문과 강학활동이 자발적이었다는 점을 감안할 때, 직역과 상관없이 이들은 당대에 지역사회의 유생으로서 자임하였을 것으로 보인다.
경주 최씨, 김해 김씨, 홍주 송씨, 광산 김씨, 평산 신씨, 밀양 박씨, 전주 이씨, 행주 기씨, 충주 지씨, 영천 이씨, 장흥 고씨, 단양 우씨, 순흥 안씨, 옥천 조씨, 경주 김씨, 나주 진씨, 김령 김씨, 남평 문씨, 삭녕 최씨, 동래 정씨, 성주 이씨, 언양 김씨, 연안 김씨, 의령 남씨, 합천 이씨, 홍덕 장씨, 진주 강씨, 천안 전씨, 청주 한씨, 해주 최씨, 함평 이씨, 함양 려씨, 영성 정씨, 경주 이씨, 달성 서씨, 선산 류씨, 신평 송씨, 울산 김씨, 원주 이씨, 담양 국씨, 전주 최씨, 제주 양씨, 죽산 안씨, 평강 채씨, 평택 임씨, 홍주 용씨(이상 46성관은 거주 인구순임).

29 김봉곤, 「노사학파의 형성과 활동」, 한국학중앙연구원 박사논문, 2007, 91~146쪽 참조; 박학래, 「19세기 호남 性理學의 전개와 특징－蘆沙 奇正鎭과 蘆沙학파를 중심으로」, 『국학연구』 9, 2006.

된 위상을 유지하기 위해 다른 사족들과 마찬가지로 선조의 위업을 강조하는 한편, 친족 간의 결집을 강화하는 방식을 취하였다. 그리고 이러한 경향은 18세기에 분기해간 곡성 지역 선산 류씨들에게도 유사한 방식으로 나타났다. 앞서 언급한 곡성의 유복삼 역시 유희춘의 문집 간행을 위해 경연자료를 수집하는 등[30] 가문 현창을 위해 노력하였으나, 그 자신이 경제적 기반이 한미하여[31] 당대에 『미암집』 간행에 착수하지 못하는 것에 대한 원통함을 자손들에게 호소하였다.[32] 선산 류씨들이 가장 많이 거주하고 있던 담양과 곡성 지역의 상황이 이와 같은 점을 미루어 볼 때 타 지역 족인들의 위상도 별반 다르지 않았을 것으로 생각된다. 그리고 이러한 위상의 변화는 16세기 당시 유희춘이 담양과 해남, 순천의 족인들은 물론 사족, 유생들과 폭넓게 교류함으로써 위세를 강화해갔던 양상과 대조되는 지점이다. 이에 다음 장에서는 향촌사회에서 생활해가던 선산 류씨들이 19세기로 접어들면서 구체적으로 어떠한 변화에 직면하였고, 이로써 친족 간의 내적 결집을 도모하게 되었는지 살펴보기로 하겠다.

30 선산류씨 곡성종회 편, 「眉巖先生經筵日記」, 『眉巖 柳希春 후손家 연운당 고문서』, 심미안, 2009, 162쪽.

31 선산류씨 곡성종회 편, 「區處明文」, 『眉巖 柳希春 후손家 연운당 고문서』, 심미안, 2009, 233~234쪽. 1813년 유복삼이 네 아들에게 분재分財할 때, 장자에게는 제위답 11두락과 가대家垈, 동산東山의 박전薄田, 비자婢子 1구口를 주고, 차자에게는 대전垈田 2두락을 지급한 반면, 출계한 차자次子와 죽은 아들의 처에게는 재산을 분급하지 않았다. 이를 통해 볼 때 곡성 지역 선산 류씨 중에서도 유복삼가의 경우 경제규모가 그다지 넉넉하지 못하였음을 알 수 있다.

32 선산류씨 곡성종회 편, 「抱寃文」, 『眉巖 柳希春 후손家 연운당 고문서』, 심미안, 2009, 158쪽.

3. '사족의식'을 위협하는 요인들

1) 부세운영을 둘러싼 관부官府와의 갈등

19세기 선산 류씨들이 비교적 활발한 친족활동을 전개하게 된 계기는 표면적으로는 선산이 제대로 관리되지 않는 폐단이 드러나면서부터였다. 그러나 보다 직접적인 원인은 선산을 관리하던 묘지기가 옥과현의 잡역에 차출된 데에 있었다.

1828년(순조 28년) 선산 류씨 족인들이 옥과현에 올린 상서는 묘직한墓直漢 삼대三代가 옥과현의 어영가포御營價布와 사색보四色保 등의 잡역에 동원되어 선산을 돌보지 않고 도망하려 한다는 내용이 담겨 있다. 옥과는 담양과 곡성의 중간에 위치한 현으로서, 선산인 방고산放鼓山은 곡성의 경계에 위치하여 곡성의 족인들이 이를 관리해오고 있었다. 그러나 옥과의 선대묘 관리를 직접 담당한 것은 3대째 이어져 오는 선산의 묘지기들이었다. 조선 후기 묘지기들은 양반가의 묘 인근에 제위전祭位田을 근거로 묘소를 돌보며 살아가던 노비 혹은 상한常漢들로서, 양반가의 솔구率口로 인정되어 면역의 혜택이 주어지던 것이 일반적이었다. 이에 19세기 전반에 이미 양반가의 노한奴僕이나 묘직墓直을 칭탁하여 군역에서 빠지고자 하는 민한民漢들이 나타나고 있었다.[33] 그런데 선산 류씨의 묘지기들은 오히려 타 현의 잡역에 어린 자식까지 동원되는 상황에 처해 있었다.

선산 류씨들이 지방관부에 품은 불만은 여기서 그치지 않았다. 19세

33 『備邊司謄錄』 憲宗 元年 乙未 9월 26일.

기 담양의 유학호 30인이 올린 상서上書는 중앙과 지방의 수세체계에 새로이 부응해야 하는 향촌 반민班民의 입장을 반영하고 있다. 1822년(순조 22년) 9월 27일 담양 유학 송유신, 남도화, 이상용 등 담양 지역 유학 30인이[34] 전라도 관찰사에게 올린 상서에는 계방역稧防役의 증가로 인한 폐단을 시정해줄 것을 요청하는 내용이 담겨 있다.

> 계방의 폐가 많은 단서는 장황하게 매번 열거할 수 없으나 그 커다란 폐해는 군역입니다. 호역은 일반적인 폐단이므로, 호역에 폐를 들자면 군역의 폐는 그 안에 있습니다. 대저 본읍의 호총은 3, 566호이나 납역호는 단지 1, 500여 호입니다. 계방호는 2, 060여 호인데 그 수에 배를 넘는 자가 상민대촌에서 계방에 의탁하고 명목을 청대죽靑大竹에 두고 있으니 이는 상납조上納條이며, 또 송판과 생강에 두는데, 이는 읍납조邑納條입니다. 그 나머지 노방계방과 군기계방, 각청계방이라고 하는 것은 수를 헤아릴 수 없습니다. 대저 하루같이 계방을 빙자하여 군역에서 도피하니 사방의 민한民漢들이 모여들어 우거하면서 각 촌의 협호 또한 원호의 수와 같아지게 되어 이처럼 많아지고 성하였으나 군역을 면제받은 자는 계방의 재원으로 계산되니 그 납부되는 바는 가볍고, (피한) 효과는 두텁습니다. 하물며 계방 외 타촌의 민한을 들자면 한 집에 서너 명의 정남이 군번으로 상흔을 입을 때가 많은데도 각 항목의 호역은 일일이 책납하는데 오직 저 계방의 상한常漢이 되어

34 「상서上書」에 참여한 담양의 유학들은 송유신, 남도화, 이상용, 이기좌, 설이덕, 송득칠, 려수영, 남석하, 이중노, 이종해, 진규석, 권재정, 송문주, 윤치영, 김규성, 유택환, 김인조, 김현광, 이돈영, 송필원, 박인혁, 송문협, 이사용, 이지엽, 김의휴, 이윤중, 윤광두, 송황, 나정량, 김현성 등이다. 유택환은 유희춘의 후손으로 상서를 올릴 당시의 나이는 48세였다.(전남대 박물관 편, 「上書」, 『古文書』 4, 1996, 64쪽)

계방이라는 명목으로 신역과 호역을 아울러 면하는 자를 어찌 수없이 들지 않을 수 있겠습니까? 또 상사上司의 호역을 마련하는 데에는 반드시 계방호 수를 제하지는 않으니 슬프게도 우리 납역호가 공연히 계방호의 호역을 지게 됨은 이로써 알만합니다. 납역호의 수는 계방호 수의 절반도 안 되나, 일읍의 호역은 유독 납역호에게서 거두니 부역의 균등함이 어찌 과연 있겠습니까? 생민의 곤궁함은 이것에서 심한 것이 없습니다 …….[35]

인용문에서 언급된 계방稧防은 일차적으로 지방관청의 재원을 마련하기 위해 이서층들이 주도적으로 설치한 잡역수취 조직이다.[36] 담양부에서는 계방역을 지는 부민들의 부담을 줄여주기 위해 군역身役을 면제해주는 조치를 취하였는데, 계방역 자체가 헐역인데다가 계방역을 지는 부민들에게 신역까지 면제해줌으로써, 나머지 납역호가 담양부에서 부과한 신역을 모두 감당해야 하는 상황이 벌어졌다.

「상서上書」에 따르면, 19세기 전반 담양 지역에는 청대죽[37]과 같은 진상물종과 생강, 송판과 같은 읍납 물종의 마련 외에도 노방계방路傍

35 전남대 박물관 편, 「上書」, 『古文書』 4, 1996, 63~64쪽 참조.

36 김형기, 「조선 후기 稧房의 운영과 부세수취」, 『韓國史研究』 82, 1993, 134~135쪽. 김형기는 조선시대 계방이 契房, 契防, 契坊, 稧防으로 표기되며, 계방의 의미를 『長房完議』(古5120-85)에 따라 '결의를 맺어 잊지 않는다', '서로 우의를 도탑게 한다'는 용례로 설명하였다. 담양 유학호의 상서에 기재된 稧防 역시 이러한 계방의 일종으로 다만 표기상의 차이가 있다. 이외에 계방연구에 주목한 연구 성과들은 다음과 같다.(김인걸, 「조선 후기 鄕村社會 변동에 관한 연구—18, 19세기 「鄕權」 담당층의 변화를 중심으로」, 서울대 박사논문, 1991; 송양섭, 「19세기 良役收取法의 변화—洞布制의 성립과 관련하여」, 『韓國史研究』 89, 1995)

37 청대죽青大竹은 중앙의 전의감에 1매당 10두의 가격으로 조달되는 물종이었다.(『萬機要覽』 財用編) 왕실에서는 청대죽이 약재로서 효험이 있었기 때문에 많은 양을 추가로 상납하도록 하였으며, 이에 담양의 「읍사례」에는 의생醫生이 청대죽을 시가時價에 따라 추가로 들이도록 하는 조항이 보인다.(「潭陽府邑誌」(奎12181), 『全羅道邑誌』 8, 규장각자료총서 지리지편(영인본), 120쪽)

禊防, 군기계방軍器禊防, 각청계방各廳禊防과 다양한 계방이 존재하였으며 부호府戶의 절반이 넘는 수가 이러한 계방역을 지고 있었다. 1800년에 처음 이러한 폐단을 담양의 대곡면에서 제기하여 새롭게 역을 분배하는 조치가 있었고, 이후 감영에서 별도로 규례를 정하여 '총동균배總同均配'하기도 하였으나, 결국 계방역호의 증가로 인해 납역호의 부담이 커지는 폐단은 이 시기까지 근본적으로 해소되지 못하였다. 이러한 상황에서 담양의 유학들은 1822년(순조 22년) 다시 계방역과 호역을 균등 분배하고, 군역 또한 보충하는 방안을 관부에 요청한 것이다.

상서에 참여한 심택환柳宅煥은 선산 류씨 18대 종손으로 유우순柳友筍의 양자로 입후된 이후로, 담양 관부에 상서를 올리거나 여타 가문의 일을 추진하는 데 있어 주도적인 역할을 하였던 인물이다. 그러나 19세기 초반부터 유택환 집안은 납역호로 편제되어 담양부에서 부과한 잡역세의 부담에 노출되어 있었다. 이러한 상황은 담양부 우치면에 거주하였던 이상엽李尙燁 역시 직면하고 있던 문제였다. 1866년(고종 3년) 당시 담양부에 세거하던 이상엽은 효령대군의 16세손으로, 담양부의 과세처우에 불만을 품고 종친부에 이를 조처해줄 것을 요청하는 상서를 올렸다. 이상엽의 신분이 공실公族 즉 왕실 족친임에도 불구하고 경제적으로 한미한 상황에 놓여 있자, 담양 관부에서 이를 업신여기고 기병騎兵의 역役을 지게 한 것에 대해 억울함을 호소한 것이다.[38]

담양의 유학호들이 이처럼 계방을 혁파하고 호역戶役을 균일하게 하는 방안을 제안한 것은 상민대촌이 계방역을 통해 신역을 모두 면제받

38 전남대 박물관 편, 「上書」, 『古文書(전주이씨가 소장고문서)』 4, 1996, 307쪽.

음으로써 상대적으로 과중한 호역과 신역(군역)이 적은 수의 민호들, 특히 반촌班村의 유학호들에게까지 전가되었기 때문이다. 이들은 19세기 모칭유학冒稱幼學을 통해 신역을 면제받고자 했던 여타의 유학호들과 달리,[39] 선계가 분명한 유학호로 생활해 왔기 때문에 선대에서 해왔던 것처럼 담양부의 부세행정에 민감하게 대응하였던 것으로 보인다. 그러나 면단위로 부세가 공동납화 되어가던 19세기 향촌사회에서 잡역세를 부과하는 실무층은 향임, 이서들이었으며, 이들은 부내 부호富戶를 계방역에 편입시켜 각종 지방경비를 충당하는 대신 기존의 호역과 신역을 면해주는 방식으로 지방재정을 운영해갔다.[40]

한 가지 더 고려할 점은 19세기 호역의 불균을 호소한 유학호와 담양부의 향임・이서층 사이에 신분적 위계를 구별하기 어렵다는 점이다. 상서를 올린 유학호들과, 〈표 2〉에 기재된 향장이임鄕將吏任의 성씨는 『노사선생연원록』에 기재된 46개 성씨 내에 포함된다. 한편 「추성삼정고록秋城三政考錄」의 향장이임체역질鄕將吏任遞易秩에 기재된 향장이임의 업무는 호구파악, 군액마련, 조적관리 등 전반적인 부세행정을 감독하는 일로서, 이는 사실상 향임鄕任의 업무임에도 불구하고 이임吏任까지 포함하고 있다. 반면 시임이질時任吏秩에는 호장 정재현, 부호장 전상순, 이방 국정신, 부이방 강준택 외에 다수의 이임들이 직함의 부기

---

39 송양섭, 「조선 후기 군역제 연구현황과 과제」, 『조선 후기사 연구의 현황과 과제』, 창작과비평사, 2001.

40 19세기 후반 호렴제의 폐단을 시정하기 위해 동렴제로 전환해 간 구례현의 사례를 살펴보면, 군포전세를 거두기 위해 가좌호를 기준으로 실호수를 새로이 파악하는 과정에서 여전히 각촌공역호各村公役戶를 제외하는 양상을 보이고 있다. 이는 동리 단위의 공동납제가 정착된 이후에도 이전시기 계방역과 같은 공역호들이 여전히 신역을 지지 않는 혜택을 보고 있었다는 의미로 이해된다.(이종범, 「19세기 후반 賦稅制度의 운영과 社會構造－전라도 구례현 사례」, 『東方學志』 89, 1995, 375쪽)

없이 이름만 나열되어 있다.[41] 이들은 담양부의 하급관청인 各房(戶房, 禮房, 兵房, 刑房, 工房)과 色(大同色, 禁衛色, 束伍色, 兵曹色, 砲保色, 水軍色, 陪持色, 牙兵色, 關色 倉色), 그리고 廳(官廳, 節用廳) 등에서 부세행정을 담당하던 실무자들에 해당한다. 이처럼 향임과 이임의 구성 및 역할이 명확히 구별되지 않는 점은 향장이임체역질鄕將吏任遞易秩과 시임이질時任吏秩에 이족인 담양 국씨가 모두 포함되어 있는 점에서도 재확인된다.

〈표 2〉 19세기 담양부의 향장이임鄕將吏任 구성원(「鄕將吏任遞易秩」)

직임	성명	직임	성명
좌수	송윤집	천총	서홍재
대동향소	박이열	작대별장	정일준
군기향소	이자윤	속오파총	**국희묵**
관청향소	신덕일	아병파총	**국영표**
산창도감	윤학현	작대파총	임상정
외창도감	송남규	기고관	박동좌
호적도감	남장엽	병무병방	이정수
행수군관	**국동화**	토포행수	김윤욱
	김한욱	좌변도장	박동율
병방군관	**국언열**	우변도장	정윤록
	윤동식	공고감관	**국동화**

이들은 향임과 이임을 막론하고 담양관부의 업무 고과를 통해 승차

41 『韓國地方史資料叢書』(영인본) 8 事例篇 1, 「秋城三政考錄」 281~285쪽. 시임이서時任吏書층은 다음과 같다. 정재현, 전상순, 국정신, 강준택, 국동악, 국홍식, 국정훈, 국홍민, 국양호, 정재빈, 국홍주, 국홍숙, 국정구, 정재풍, 전수항, 정긍하, 전용묵, 정유진, 정일록, 국동윤, 엄석희, 국은묵, 정재훈, 국정식, 박정탁, 정한준, 임도휘, 강준풍, 김창석, 서홍순, 정의준, 문재중, 김은수, 박정길, 김창열, 서문구, 정희조, 최문형, 김시화, 김홍추, 최세묵, 구영욱, 김은호, 박동익, 김관호, 박주언, 강재황, 황우근, 강준열, 박민하, 정효필, 손병모, 김항석 박동황, 정상돈(*額外吏書 : 국항영, 엄석진, 김두성, 임송열).

陞差 혹은 체임遞任되었다. 요컨대, 19세기 담양부의 부세행정에 있어서 향임과 이임의 역할은 신분적 위계에 따라 엄격히 구분되지 않았으며, 향임을 맡은 유학과 그렇지 않은 유학들이 담양관부에 대해 동일한 정치적 입장과 이해관계를 취하지 않았다고 할 수 있다. 17세기 담양의 사족들이 향회를 통해 대동법 시행 반대,[42] 전세수납처의 변경, 조적제還上의 개선 등 향정에 적극적으로 관여하였던 것과 달리,[43] 19세기 향족들은 이임들과 마찬가지로 업무 고과를 통해 승차, 체임되었으며, 다른 한편으로는 19세기 공동납 체제하에서 과중한 호역戶役을 감당해야 하는 상황에 처해 있었다.

2) 투장 및 지대농간에 따른 민한民漢층과의 분쟁

19세기에 작성된 선산 류씨가의 고문서 중 다수는 투장과 관련된 소지所志나 원정原情의 형태로 남아있다. 선산 류씨 선산先山에도 19세기부터 민한民漢층이 투장하는 사태가 발생하였다. 1833년(순조 33년)[44] 진陳·정鄭 양한兩漢과 1860년(철종 11년)[45] 옥과현 하리下吏 박규표朴奎表가 옥과의 화석면 방고산에 투장한 사건이 발생하였으며, 1889년(고종 26년)에는 유희춘의 분묘에까지 투장한 민한층이 나타났다.[46] 그뿐 아

42 전남대 박물관 편, 「通文」, 『古文書』 4, 1996, 362~363쪽.
43 전형택, 「17세기 潭陽의 鄕會와 鄕所」, 『韓國史硏究』 64, 1989, 107쪽.
44 전남대 박물관 편, 「單子」, 『古文書』 4, 1996, 83~84쪽.
45 전남대 박물관 편, 「上書」, 『古文書』 4, 1996, 68~70쪽.
46 전남대 박물관 편, 「上書」, 『古文書』 4, 1996, 76~83쪽.

니라 옥과의 묘소 주변 송추松楸를 산 아래 민한들이 마음대로 베어가는 상황이 벌어지면서 1836년(헌종 2년)[47]과 1879년(고종 16년)[48]에 담양의 선산 류씨들은 옥과현에 원정原情을 올렸다.

특히 1879년(고종 15년)의 원정에는 송추를 마구잡이로 베어간 율사동栗肆洞의 서찬순, 구존서, 최가실, 문도일, 최봉현, 최태환 등의 무리를 잡아들이기 위해 옥과의 유향(소)留鄕(所)에서 여러 차례 이들을 불러들였는데도 결국 한 명의 민한도 잡아들이지 못한 정황이 엿보인다. 선산 류씨들은 율사동이 질청作廳, 형청刑廳, 장청將廳, 관노청官奴廳, 사령청使令廳의 계방촌契房村이며, 율사동의 민한은 청廳의 세력을 끼고 관령에서 벗어나는 것이 장기長技인 자들이라고 하소연하였다. 결국 옥과현 이임들의 비호로 인해 율사동 민한들의 소행은 옥과현의 뎨김으로 처벌하기도 쉽지 않은 상황이었으며, 이에 대한 피해는 고스란히 선산 류씨들에게 전가되었다.

한편 가산家産으로 내려온 전답을 경영하는 데 있어서도 선산 류씨들은 전호들과 지대수취 과정에서 마찰을 빚어야 했다. 19세기 담양 지역 선산 류씨가의 토지규모를 구체적으로 파악할 자료가 남아 있지 않기 때문에 당대의 생활수준을 언급하는 데에는 한계가 있다. 다만 유희춘이 16세기 말에 사환활동을 바탕으로 축적한 재산은 그의 자손들에게 분재되는 과정에서 점차 줄어든 것으로 보인다.[49] 1583년(선조 16년)

47 전남대학교 박물관 편, 「原情」, 『古文書』 4, 1996, 85~86쪽.

48 전남대학교 박물관 편, 「原情」, 『古文書』 4, 1996, 104~105쪽.

49 유희춘의 15대 직계 후손인 유근영 씨에 따르면, 12대손인 유희적(1874~?)대에 이르러 담양과 인근 지역의 토지를 매입하면서 보유전답이 늘어났다고 한다. 결국 1900년대 이후에야 선산 류씨의 토지규모가 증가하였음을 알 수 있다.

「분급문기分給文記」를 통해 16세기 말 유경렴의 재산내역을 살펴보면, 대략 답畓 295斗落只, 전田 227斗落只와 노비奴婢 56口 정도였다.[50] 유광선 역시 경렴과 마찬가지로 재산 분급상 장자로서 혜택을 보지 못하였으며, 직계후손으로 광선이 받은 재산내역은 전답과 노비를 합쳐 1/3 수준에 불과했다. 유희춘의 장손인 광선이 혼인 후 처향인 남원에서 한동안 생활하였기 때문에 처변妻邊에서 들어온 재산이 없지 않았을 것이나 유동석대 이후로 사환활동 없이 줄곧 담양에서 생활한 유희춘의 직계 후손들은 물려받은 토지를 유지, 관리할지언정 토지매매를 통해 여타의 축재蓄財 기반을 형성하기 힘들었던 것으로 보인다. 실제로 선산 류씨 집안의 소장 고문서 중 매매명문은 16~19세기에 걸쳐 총 3건이 남아 있으며, 이 중 19세기에 작성된 것은 1건에 불과하다.[51] 이 역시 경작 토지가 아니라 선산 주변의 묘소 이장 토지와 송추를 매입하는 것이었다.[52]

단편적이기는 하지만 선산 류씨 집안의 토지관리 양상을 보여주는 사례가 있다. 1858년(철종 9년) 유경집의 육촌형 유경인이 죽고 난 후, 나이든 형수를 모시기 위해 부안의 먼 족질인 유영식을 입후한 일이 있었는데, 1861년(철종 12년) 다시 그를 파양하면서 담양부에 올린 등장의 내용이 그것이다.[53] 유경집과 유응식은 유영식이 형수를 잘 모시지 않고 패륜을 일삼자 그를 파양시키고 부안의 본가로 돌려보내고자 하

50 전남대 박물관 편, 「分給文記」, 『古文書』 1, , 1983, 90~92쪽. 이에 대해서는 이성임이 정리해 놓은 표를 참조할 수 있다.(이성임, 「朝鮮中期 어느 兩班家門의 農地經營과 奴婢使喚」, 『震檀學報』 80, 1995, 127쪽)

51 전남대 박물관 편, 「賣買明文」, 『古文書』 4, 1996, 151~153쪽.

52 전남대 박물관 편, 「賣買明文」, 『古文書』 4, 1996, 152쪽.

53 전남대 박물관 편, 「等狀」, 『古文書』 4, 1996, 127~129쪽.

였다. 그런데 유영식이 담양에서 2~3년간 경작한 유경인 소유의 땅을 무뢰잡배들과 마음대로 팔아 없앨 것을 염려하여, 유경집은 유응식과 함께 유경인 소유의 토지를 등장에 자세히 밝히고, 파양한 유영식에게 지급한 재물 명목도 밝혀 놓았다. 이때 등장에 기록된 유경인가의 토지는 답畓 37두락이었다. 직계 후손의 경우 담양의 비슷한 생활조건 하에서 재산 분급에 있어서는 가장 유리한 위치에 있었다는 점을 고려할 때 토지규모는 37두락을 선회하였을 것으로 추정된다.

19세기 유희춘 직계 후손의 토지 규모를 정확히 산출하기는 어려우나, 20세기 전반 직계후손이 거주하는 장동 부근의 토지규모는 대략 41두락이었다. 당시 선산 류씨 직계 후손의 경작지는 총 125두락 정도였으며, 그 중 1/3의 토지가 직계후손이 세거하는 장동에 분포하고 있었다.[54] 지대량은 전석全石(1석당=20두)으로 계산할 때 총 58석 13두로 산출되며[55] 당해의 평균 지대량은 1두락 당 약 9.3두였다.

1876년(고종 13년) 11월 광산면 용암리에 위치한 6두락의 답에서 직계 후손 유정식이 거둔 지대가 2석 5두였던 점을 감안하면(1두락 당=5.8~7.5두, *오차는 평석平石과 전석全石의 차이임), 19세기 선산 류씨가에서 수취한 지대량은 20세기 전반기에 비해 적었던 것으로 이해된다. 더욱이

54 일제시대 선산 류씨가의 경작지 규모는 19세기 담양 지역 선산 류씨가의 토지 규모를 가늠하는 데 하나의 단서가 된다. 모현관에 남아 있는 1건의 추수기秋收記를 살펴보면, 1930년 당시 직계 후손가에서 지대를 거두었던 전답田畓은 대략 125두락지斗落只였으며, (대부분이 답畓화 됨) 옥과와 순창의 7두락지를 제외하고는 모두 담양(창평) 지역에 소재했던 것으로 보인다.(전남대 박물관 편, 「秋監記」, 『古文書』 4, 1996, 169~171쪽 참조) 추수기의 작성 연대는 문서상에 기재되어 있지 않으나, '경오추감기庚午秋監記'라는 제목과 작인 중 유룡적柳龍迪이라는 인물의 출생연대가 「善山柳氏波譜」에 고종대 정유년(1897년)으로 나타나 있는 점에서 1897년 이후 가장 빠른 경오년인 1930년으로 파악하였다.

55 표에 차동 후촌평과 무월리 송산평의 소출이 각각 18두, 2석 18두로 기재되어 있어 전석全石(20斗) 기준으로 계산하였음을 알 수 있다.

19세기 선산 류씨들은 전호佃戶의 농간이나 도망으로 인해 토세土貰를 받는 데 있어서도 상당한 곤욕을 치르고 있었다.

앞서 언급한 유정식의 지대수취 사례를 다시 살펴보자. 1876년(고종 13년) 유택환의 손자 유정식이 솔거노인 유월금六月金 명의로 담양 관부에 올린 소지所志 내용은 이러한 지대수취의 난항을 단적으로 보여주고 있다. 광산면 용암리에 선산 류씨가의 전답 6두락을 경작하는 김성관金聖寬이란 자가 토세 2석 5두를 내지 않고 도망하는 사태가 벌어지자 유정식이 김성관을 치죄하고 토세를 받아내고자 하였다. 그러나 김성관은 조종실曺從實, 임현상林賢相이라는 두 상한常漢에게 도난당하였다고 진술함으로써 유정식은 김성관을 상대로 소지를 올린 지 한 달이 지나서도 세를 받지 못 하는 상황에 놓였다.[56] 이는 선산 류씨가의 생활기반이 주로 지대에 의존하고 있으면서도, 한편으로 그것의 수취가 불안정하였음을 보여주는 지점이다. 물론 지대수취의 난항이 19세기의 특징적 상황이라고 볼 수는 없으나, 19세기 말까지 지대 수취 범위가 담양 인근의 생활권 내로 점차 좁혀지고 토지규모도 제한된 상황에서 지대수취의 불안은 여전히 존재하였음을 알 수 있다.

결국 선산 류씨들의 경제 생활권을 침해하고, 사족으로서 위상까지 침해당하는 계기적 사건들이 이 시기에 다수 발생하는 가운데, 선산 류씨들은 종래와 다른 신분적 위기를 체감해야 했다. 그러나 명현의 후손으로서 선산 류씨가 지닌 신분의식은 현실과의 갈등 속에서 퇴화되었다기보다 오히려 견고해진 것으로 보이며, 이를 유지하기 위한 친

---

56 전남대 박물관 편, 「所志」, 『古文書』 4, 1996, 57쪽.

족활동이 19세기 내내 지속되었다. 다음 장에서는 담양출신의 명현인 유희춘이 19세기 호남 지역의 제 유생들과 유희춘의 후손들에 의해 호명되는 과정을 통해 이들이 당대에 어떻게 서로 다른 정치적 연대와 족적 결집을 추구하였는지 살펴보기로 하겠다.

4. 호남유생들과의 마찰과 친족 간의 쟁송爭訟

1) 의암서원義巖書院의 운영과 호남유생들과의 마찰

유희춘 사후 담양, 무장, 종성에 각기 의암서원義巖書院, 충현사忠賢祠, 종산서원鍾山書院의 서원과 사당이 세워졌으나, 19세기 중반까지 호남 지역 유생들의 결속을 가능케 하였던 곳은 의암서원이었다. 1668년(현종 9년) 유희춘의 오촌질五寸姪인 최계옹崔季翁(1654~?)의 상소가 있었다가, 이듬해에 송준길宋浚吉(1606~1672)의 청액상소請額上疏를[57] 계기로 의암서원은 김장생의 도기서원道基書院과 함께 사액되었다. 그러나 19세기에 이르기까지 의암서원은 유희춘 이외에 지역 유생을 추가로 배향하지 못함으로써 서원의 위세를 강화하는데 한계를 지녔다.

1692년(숙종 18년) 유희춘의 후손인 유진석柳震錫(1635~1671)을 배향하려는 노력이 일부 있었으나 이 역시 중앙에서 받아들여지지 못하였다. 이후 의암서원에 대한 중앙의 관심은 정조正祖 연간에 편찬된 『오경백편五經百編』과 『춘추春秋』, 『아송雅頌』과 어의화御衣靴, 어제문御製文, 어

57 『眉巖先生文集』 권21 '續附錄' 「義巖書院請額上疏」.

사책御賜冊이 내려진 이후로 거의 단절되었다. 그리고 1845년(헌종 11년) 10월부터 의암서원은 현우賢宇와 강당에 비바람이 들고 신문神門과 전사청의 기와가 부서지는 한편 용마루가 기울어 고사를 덮지 못하는 상황에 처하였다.[58]

19세기 의암서원은 신공身貢과 응역應役을 담당하는 노비[59] 외에도 담양 관부에서 제공한 전답 9두락[60]과 식리전殖利錢 68냥[61]을 가용재원으로 보유하고 있었다. 모현관에 소장되어 있는 4건의 노비안 중 가장 많은 시존노비時存奴婢의 수를 기재하고 있는 임오년 노비안을 살펴보면, 시존노비만 114명(결락 부분 제외)에 달한다. 이들은 대부분 외거노비로서 장성, 동복, 고창, 남원, 구례, 옥과, 무안, 곡성 등 타읍에 거주하고 있었으나, 원사에서 거처하였던 노비도 이중 13명에 이르렀다. 그러나 의암서원이 비교적 넉넉한 재정을 보유하고 있었다 하더라도, 재원을 항상적으로 유지하는 데에는 한계를 지니고 있었다.

41년에 걸친 노비안 작성 시기 동안[62] 의암서원에서 파악하고 있던

58 전남대 박물관 편, 「稟目」, 『古文書』 4, 1996, 34쪽.
59 「奴婢案」, 전남대 박물관 편, 『古文書』 4, 1996, 171~198쪽.
60 서원이 훼철되고 난 후 서원에 귀속되어 있던 답 6두락을 관부에서 양사재로 이획하고 있다. 「潭陽府邑誌」(奎12181), 『全羅道邑誌』 8 규장각자료총서 지리지편(영인본), 92쪽.
61 「義巖書院節目」과 「殖利錢節目」(전남대 박물관 편, 『古文書』 4, 1996, 201~203쪽); 「上書」(전남대 박물관 편, 『古文書』 4, 1996, 74~75쪽)은 향교 및 서원의 운영에 있어서 유생의 접대비용과 향사享祀 및 공궤供饋에 필요한 비용을 담양부가 입본금의 형태로 지원하고 있는 실상을 자세히 보여주고 있다. 68냥은 강회전, 산지가, 잉여전을 합한 금액으로 절목에 명시된 금액을 포함한 것으로 보인다.
62 4건의 노비안이 작성된 시기의 간격은 41년으로 추정된다. 노비안에 공통적으로 나타나는 비婢 근덕斤德의 나이가 49, 84, 87, 90으로 기재되어 있기 때문이다. 연대를 정확히 확인할 수 없지만, 후대의 3건은 3년 간격으로 작성되어 가장 최근의 의암서원 노비수를 나타내는 것으로 보인다. 한편 근덕이 84세일 당시 시존노비가 114명이었다가 35명에서 48명으로 줄게 되는 직접적인 요인은 도망으로 거처를 알 수 없는 경우가 대부분이며, 자연사망도 한 요인으로 작용하였다.

시존노비의 수는 65명(戊申)에서 114명(壬午)으로 증가하였다가, 이후 35명(乙酉), 48명(戊子)으로 급격히 줄었다. 노비수의 감소는 자연사망인 경우도 많지만, 도망하여 거처를 알 수 없는 사례 또한 빈번하였다. 더욱이 서원 운영을 재정상으로 지원하던 담양부의 정책 역시 19세기에 들어 소극적으로 변해갔다.

19세기 내내 향교를 중수하고 관어당을 신축하는 등 담양부에서는 흥학기관을 보수 및 신축하였던 데 반해, 의암서원의 수리에 대해서는 부 차원에서 적극적인 태도를 보이지 않았다. 1846년(헌종 12년) 의암서원의 수리를 위해 원임들이 담양부에 재원 마련을 요청하였으나 담양부에서는 이에 대한 별반의 조치를 취하지 않았으며,[63] 1867년(고종 4년) 의암서원을 수리하자는 논의가 다시 불거져 나왔을 때에도 담양부사는 향회에서 요청한 243냥의 수리역가에 대해 100냥으로 줄여 처분하였다.[64] 그럼에도 불구하고 1848년(헌종 14년)과 1867년(고종 4년)에 의암서원의 문루와 고사가 새로이 중수될 수 있었던 것은,[65] 호남 지역 유생들의 향론이 작용하였기 때문이다. 현존하는 1856년(철종 7년)과 1860년(철종 2년)의 상서에는 담양 외에 창평, 화순, 나주, 순창, 임실, 곡성, 순천, 장성, 광주, 남원 등 호남의 제읍 유생들이 상서를 올려 다른 군현의 향교와 서원으로부터 물력을 조달받을 수 있도록 요청하는 내용이 담겨있다.[66]

문제는 의암서원이 훼철되는 과정에서 발생하였다. 의암서원의 재

63 전남대 박물관 편, 「稟目」, 『古文書』 4, 1996, 35쪽.
64 전남대 박물관 편, 「稟目」, 『古文書』 4, 1996, 38쪽.
65 「義巖書院門樓創建記」(1848년), 「義巖書院外庫舍重建記」(1867년), 모현관소장본.
66 전남대 박물관 편, 「上書」, 『古文書』 4, 1996, 66~68 · 71~74쪽.

원이 되었던 입본전立本錢 68냥을 담양부에서 회수하려고 하자 담양 유생들이 서원 운영에서 발생한 숙채宿債를 하소연하고 나온 것이다. 서원 훼철 이후 신공身貢을 바치던 외거노비마저 사라진 상태에서 유생들이 자구自救하여 묵은 빚을 갚기란 쉽지 않았을 것이다. 이에 담양부는 전답 9두락에 대해서는 곧바로 양사재養士齋로 이획하였으나, 식리전 68냥에 대해서는 그중 32냥을 돌려주어 묵은 빚을 처리하게 하였다.[67] 이처럼 의암서원이 훼철되고 재원이 관부로 흡수되자 이후 지역 유생들은 유희춘의 묘소 관리에 관심을 보이면서 자체적인 향론을 형성해갔다.

1889년(고종 26년) 광주 유학 고응주高應柱와 나주 유학 양상형梁相衡 등이 담양부사에게 올린 두 차례의 상서에는 유희춘의 분묘墳墓에 범장犯葬한 황한黃漢을 처벌할 것을 호소하는 내용이 담겨있다.[68] 이때 상서에 동참한 유생들은 각각 229인과 251인이었으며, 호남에서도 절반이 넘는 수인 총 29개 군현의 유생들이 상서에 참여하였다.[69] 이들은 유희춘의 분묘가 훼손된 사건에 대해 일제히 담양관부의 엄격한 처벌을 요구하고 나섰다. 의암서원이 훼철되기 이전 호남의 유생들은 의암서원을 중심으로 결집하였으나, 서원이 철폐되고 난 이후에는 유희춘 묘소에 대한 관심이 지역 유생들 사이에 확대되었던 것으로 보인다. 그런데 한 가지 주목할 것은 이 상서를 올리는 일에 선산 류씨들은 참

67 전남대 박물관 편, 「上書」, 『古文書』 4, 1996, 74~75쪽.
68 전남대 박물관 편, 「上書」, 『古文書』 4, 1996, 76~82쪽.
69 이때 상서에 참여한 유생의 출신 지역은 총 29개 읍으로 창평, 광주, 나주, 영광, 순창, 능주, 무장, 함평, 화순, 부안, 태인, 진안, 임실, 곡성, 동복, 흥덕, 옥과, 장성, 남원, 전주, 고창, 정읍, 고부, 순천, 장흥, 강진, 보성, 무안, 남평 등이다.

여하지 않았으며, 상서의 내용에 묘소를 잘 관리하지 못한 자손들을 비난하는 내용이 포함되어있다는 점이다.[70] 상서에는 '자손이 융성할 수도 있고 쇠할 수도 있는데, 선현도 또한 자손에 따라 존대 받거나 하대 받는구나. 사민士民이 이러한 변고를 일으켰다면 유문儒門의 난적亂賊으로 형배刑配해도 남을 만한 일'이라며 탄식하는 내용이 담겨 있다. 결국 유희춘의 묘가 훼손되는 상황에서 호남의 유생들은 사족세가 약화되어 선조의 묘도 지키지 못하는 선산 류씨들을 비난하는 태도로 관부에 처분을 요청하였다.

훼손된 유희춘의 묘와 사당은 대곡면 비차동에 위치해 있으며, 의암서원은 〈그림 2〉에서 알 수 있듯이 백천이 흐르는 향교리에 위치해 있었다. 그림 상단에 좌우를 가로지르는 하천이 백천이며, 향교 오른쪽에 위치한 것이 의암서원이다. 유희춘의 묘와 사당은 선산 류씨 직계 후손이 살고 있는 담양의 남단에 위치하여 읍치에서 멀리 떨어져 있는 반면, 의암서원은 향교와 함께 담양의 북단인 읍치 인근에 위치해있음을 알 수 있다. 의암서원이 사액된 당시만하더라도 선산 류씨들은 호남유생으로서 중앙에 상소를 올려 공론 형성에 참여하려는 강한 의지를 보이고 있었으며, 호남에 대동법이 시행될 당시 이를 반대하는 통문에 참여할 정도로 지역유생들과의 정치적 연대에 적극적이었다. 그러나 선조 유진석柳震錫(1635~1671)을 추가로 배향하려는 요청이 좌절되고 중앙에의 정치적 영향력이 축소되면서 의암서원을 기반으로 한 선산 류씨들의 사족활동은 부내에서도 큰 영향력을 발휘하기 어려웠던 것으로 보

70 전남대 박물관 편, 「上書」, 『古文書』 4, 1996, 79쪽.

인다. 물론 유희춘의 후손들이 의암서원의 원임을 담당하기도 하였지만,[71] 향교와 양사재 등 관학기관이 증수되는 분위기 속에서, 선산 류씨들은 의암서원의 운영에 적극적으로 관여하기보다 친족 간의 결속에 주력하였던 것으로 이해된다. 다음 항에서는 호남유생들이 의암서원을 둘러싸고 향론을 주도해가던 시기에 이처럼 친족 결집을 강화하고자 한 선산 류씨들의 노력과, 그럼에도 불구하고 불거질 수밖에 없었던 족인 간의 갈등을 살펴보기로 하겠다.

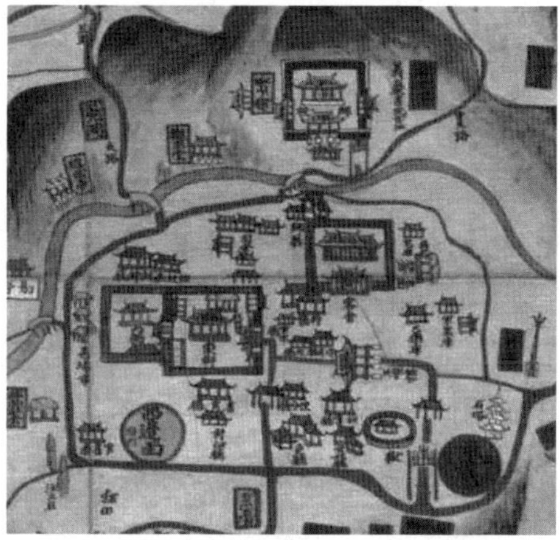

〈그림 2〉 1872년 담양부 읍치주변 홍학기관

2) 『미암집』 간행을 둘러싼 족친상송族親相訟

동시대의 다른 사족들과 마찬가지로 선산 류씨들은 가문의 위상을 강화하기 위한 일환으로 선조의 문집 간행에 착수하였다. 이에 19세기 중반 담양 및 인근 읍에 거처하는 선산 류씨 족인들에 의해 『미암집』의 목판본이 처음 제작되었다.[72] 목판이 제작될 당시 유경심이 자

71 전남대 박물관 편, 「稟目」, 『古文書』 4, 1996, 34~36쪽.

72 현재 한국문집총간韓國文集叢刊 34권에 수록된 『미암선생집眉巖先生集』의 모본母本이 되는 것이 바로 이때 간행된 『眉巖集』으로 보인다. 문집의 서문과 발문의 찬자는 각각 기정진奇正鎭(1798~1879), 윤치희尹致羲와 유경집柳慶集, 송병선宋秉璿(1836~1905)이었다.

료를 수합하고 기정진奇正鎭(1798~1879)이 원고를 교정하였으며, 이를 바탕으로 1869년(고종 6년) 목판본 400여 매가 제작되어 현재까지 보존되고 있다.[73]

선산 류씨들은 19세기 이전까지 적극적인 친족 활동을 전개하지 못했기 때문에 선조 유희춘의 유집을 모아 간행하기로 뜻을 모은 일은 문중의 큰 행사가 되었다. 애초에 『미암집』 간행을 위해 자료를 모으기 시작한 것은 곡성의 유복삼이었으나, 목판본 간행에 착수하고 자금 마련을 주도한 것은 담양의 족인들이었다. 그런데 유복삼이 죽고 난 이후 곡성 지역 후손들은 담양의 족인들이 주도하는 미암집 간행에 적극적으로 관여하려고 하지 않았다. 담양의 선산 류씨들이 문중 회의를 통해 곡성, 부안의 족친들과 목판본 간행에 필요한 자금을 분배하고 일을 도모하고자 하였으나, 곡성민들은 분담액을 지급하는데 줄곧 미온적인 태도를 보였다. 이에 『미암집』 간행 과정에서 담양의 유경로柳慶潞가 얻어 온 채전債錢을 계기로 담양·부안-곡성 족인 간의 쟁송이 야기되었다.

1851년(철종 1년) 원정原情에는 남궁규가 선산 류씨에게 빌려준 채전 462냥(원금 300냥)을 상환할 것과 빚을 갚지 않은 선산 류씨 족인들을 치죄治罪할 것을 요청하는 내용이 담겨 있다.[74] 유경로가 빌린 300냥은

19세기 호남사림으로 부상한 기정진과 달리 송병선은 호론 산림계 학자의 계보를 잇고 있는 인물이다.(노관범, 「19세기 후반 湖西山林의 位相과 '正學'運動－淵齋 宋秉璿(1836~1905)을 중심으로」, 『韓國史論』 38, 1997) 이들은 특별히 유희춘의 학문적 계보를 잇는 인물들이라고 볼 수 없으며, 다만 19세기 중반 호남 유생을 대표할 만한 인물들이라고 할 수 있다.

73 『韓國文集叢刊』 34 「眉巖先生集跋」; 木浦大學博物館·全羅南道 편, 「의암서원지」, 『全南의 書院·祠宇－賜額書院·祠宇篇』, 木浦大學 博物館, 1988, 107쪽.

74 전남대 박물관 편, 「原情」, 『古文書』 4, 1996, 91~92쪽.

그가 죽고 난 후 담양의 유경인과 유응식, 유경갑에게 전가되었으며, 이때 이자는 162냥(이율 54%)이었다. 조선 후기 향촌사회에서 운영되었던 공사채公私債는 고이율과 고리대적 성격이 그 폐단으로 자주 지적되었음에도 불구하고 소민들의 생활을 지탱하고 관부의 재정을 보충하는 데 활용되었기에 사회적 수요는 증가하고 있었다.[75] 그러나 선산 류씨 집안에서 300냥이나 되는 사채私債를 쓰게 된 것은 이처럼 경제적 곤핍 때문이 아닌 가문 선양을 위한 것이었다. 더욱이 462냥의 채전 규모는 의암서원을 중수할 때 유생들이 담양관부에 요청했던 수리비 243냥과, 1824년(순조 24년) 담양부사 이헌조李憲祖가 담양향교를 중수하는 과정에서 향유들에게 거둔 유전幼錢 500냥과 비교해 볼 때에도[76] 부담이 큰 액수였다. 더욱이 선산 류씨들이 『미암집』 간행을 위해 빌린 금액은 실제로는 이보다 네 배 이상이 많은 2,088냥에 달했다.

5~6개월에 걸친 판각 수공가手工價와 남궁규 등에게 빌린 채전을 합한 총 금액은 2,088냥이었고, 이를 부담하기 위해 애초에 담양, 부안, 곡성의 족인들이 모여서 가세家勢를 참작하여 분배액을 정하였다. 이에 담양과 부안에서 1,300냥, 곡성에서 788냥을 부담하기로 하였다. 그런데 담양과 부안의 족인들은 정해진 시기에 채전을 대략 갚은 반면, 곡성의 유시옥 이하 4인은 분배전 788냥을 갚지 않은 채로 버텼고, 그 와중에서 채전을 얻어왔던 담양의 유경로가 죽자 고부의 남궁규(462냥) 및 다른 채주債主들이 납채를 독촉하고 나선 것이었다.[77]

---

75 조윤선, 『조선 후기 訴訟연구』, 국학자료원, 2002, 189~198쪽.
76 전라남도 편, 앞의 책, 368쪽.
77 전남대 박물관 편, 「上書」, 『古文書』 4, 1996, 65쪽.

19세기 중반 30여 가호의 곡성 족인들은 담양과 부안에 비해 경제적 여건이 상대적으로 나았음에도 불구하고, 문중 일에 드는 제반 비용을 부조하는데 그다지 적극적이지 않았다. 실제로 가장 부요하다고 일컬어지는 유시두, 유시옥, 유시익, 유종식은 788냥의 채전 납부를 완강히 거부하고 있었다. 그렇기 때문에 남궁규에게서 얻은 채전 462냥을 갚아야 하는 실질적인 채무자는 곡성의 족인들이었으며, 이로써 담양·부안의 족인들은 족친 간의 쟁송이 불미스러운 일임을 알면서도 분담액을 내지 않은 곡성의 족친들을 처벌해달라는 상서를 감영에 올릴 수밖에 없었다.[78] 그러나 1851년(철종 2년) 담양·부안의 두 차례 상서에 대한 巡上의 처분은 족친을 대질케 하여 처결토록 한 이후, 아예 상서를 물려버리는 것으로 일단락되었다. 이에 『미암집』 간행을 둘러싼 채전 시비는 담양관부에서 곡성민을 소환하여 담양민들과 채전 부담을 조율하는 방식으로 해소되어갔다.

모현관에 소장된 4건의 수표手標만으로 곡성민들이 분담한 788냥의 전모를 확인할 수는 없지만, 적어도 남궁규에게 진 462냥의 빚에 대해 선산 류씨들이 최종 지급한 금액은 394냥이었으며, 이 394냥 중 담양민이 135냥을 추가로 갚음으로써 곡성민들이 지급한 금액은 259냥에 불과했다.[79]

결국 곡성민들이 부담해야 할 채전의 일부를 담양민이 일부 부담하고, 일부는 채주인 남궁갑이 탕감해줌으로써 선산 류씨 족인 간의 쟁송은 1857년(철종 8년)에 이르러서 일단락되었다. 그러나 문중 일을 둘

---

78 전남대 박물관 편, 「上書」, 『古文書』 4, 1996, 66쪽.

79 전남대 박물관 편, 「手標」, 『古文書』 4, 1996, 140~144쪽.

러싼 선산 류씨 족인 간의 갈등은 『미암집』 간행을 추진하기 이전부터 내재해 있었다. 1846년(헌종 12년) 담양민 유경삼이 옥과 관부에 올린 원정原情에는 1826년(순조 26년)부터 1845년(헌종 11년)까지 곡성의 족인들이 문중 사업의 제반 비용을 분담하지 않은 데 대한 원망과 그에 따른 체납전 내역이 기재되어 있다.[80]

· 병술년(1826년) 7대조 고비의 신위 緬禮 시 분배전 10냥
· 정해년(1827년) 9대조 미암 문절공 묘각 창건 시 600냥 중 분배전 100냥
· 경인년(1830년) 11대조 승지공 묘하직토 3두락 매입 시 분배전 ○○냥
· 갑오년(1834년) 7대조 묘소 망주비 견립 시 분배전 ○○냥
· 계묘년(1843년) 10대조 참판공 산소 투장에 대한 소송 시 분배전 ○○냥
· 갑진년(1844년) 10대조 묘각 창건시 분배전 ○○냥
· 갑진년(1844년) 9대조 미암 문절공 사우 수리 분배전 ○○냥
· 을사년(1845년) 7대조 산소, 유시옥의 6대조 산소 묘각 창건 시 400냥 중 분배전 130냥

담양의 선산 류씨들은 종자宗子로서 20여 년간 크고 작은 문사門事를 곡성민들과 상의해 왔음에도 불구하고, 곡성민들은 분담액을 제대로 납부하지 않았거니와 묘각 건립과 같은 역사役事에 한 번도 와본 적이 없었다. 이에 담양의 족인들이 묘답문기를 전당 잡히면서까지 빌려 쓴 돈은 이자를 합하여 1,000여 냥에 이르는 상태였다. 결국 담양의 선산

80 전남대 박물관 편, 「原情」, 『古文書』 4, 1996, 89~91쪽.

류씨들은 곡성의 족인 7인을 상대로 총 367냥을 분담케 함으로써 채전을 갚는데 보태고자 하였다.[81] 이후 1,000여 냥의 채전을 담양, 곡성민들이 어떻게 갚아나갔는지 확인할 수는 없지만, 19세기 전반 선산 류씨의 문중사업이 묘전답을 담보로 하면서까지 무리하게 전개되고 있었던 점은 분명하다. 또한 선산 류씨의 문중일이 표면적으로 이처럼 번성하였던 이면에는 원거리 족인과의 경제적 갈등이 내면화되어 있었던 점을 상기할 필요가 있다.

현재 우리가 접하고 있는 『미암집』은 이처럼 19세기 선산 류씨들의 신분유지 노력과 현실적 갈등 속에서 빚어진 결과물이었다. 여기서 한 가지 감안할 것은 선산 류씨들이 『미암집』을 간행하면서 내세운 명분으로 '허다한 문집이 한결같이 미간행 된 채로 있는 것이 후손의 한이 될 뿐 아니라 유림들의 탄식을 불러일으킨다'는 것이었다.[82] 그러나 선산 류씨 집안에서 『미암집』을 간행하였던 19세기 당시 지역 유생 및 관부의 경제적 도움이 있었다는 기록은 찾아볼 수 없으며, 선산 류씨 역시 문중 차원에서 먼 지역 족인들과 재정 분담을 도모했을지언정, 지역 유생들에게 경제적 원조를 꾀하지는 않았다. 결국 선산 류씨들이 근 이십여 년간 힘겹게 제작한 『미암집』 은 선산 류씨 가문의 현창을 목적으로 한 것이었음에도 불구하고 오히려 족인 간의 갈등을 야기하였으며, 지역 유생들의 향론과 경제적 부조를 이끌어내는 데에도 한계를 안고 있었다.

---

81 곡성의 족인 7인에게 분배된 징수액은 유시옥 80냥, 유시익 80냥, 유시봉 60냥, 유시무 20냥, 유종식 100냥, 유원식 13냥, 유시겸 14냥으로 합계하면 총 367냥이다.

82 전남대 박물관 편, 「上書」, 『古文書』 4, 1996, 64쪽.

5. 19세기 향촌사회의 변화와 선산 류씨

19세기 내내 담양 지역에서는 농민항쟁의 전화戰禍를 찾아보기 어렵다.[83] 기근과 전염병의 여파가 전국적으로 보고되던 19세기 상황에서 담양 지역 선산 류씨들은 대곡면에 위치한 본가에서의 생활을 유지해갔으며, 직계 후손의 경우 한 번의 입후 사례가 있기는 하지만 요절한 이 없이 대를 이어갔다. 다만 '호남화족湖南華族'이라는 신분적 권위를 위협하는 담양부의 과세 처우와 민한民漢의 투장 및 지대 농간 등이 선산 류씨들을 잦은 송사에 얽매이게 하였다. 중앙의 정치적 연망과 향촌 내의 정치적 기반이 약화된 상태에서 선산 류씨들은 다른 부민과 마찬가지로 호역戶役을 져야했으며, 집안에서 발생한 경제적 갈등을 해결하기 위해 관부에 올릴 원정原情과 상서上書를 작성해야 했다. 이러한 담양 지역 선산 류씨의 생활조건은 분명 16~17세기 선대의 그것과는 일정한 괴리를 보이는 것이었다.

19세기 향촌의 재지사족들이 생활과 직접적으로 연결되지 않는 문중 일에 엄청난 빚을 져가며 매달렸던 저간의 사정 또한 이러한 괴리를 극복하려는 의지에 기인한 것이다. 문제는 이러한 친족단위의 결집이 조선 후기 향촌사회의 다양한 결사체들과 어떠한 상호 작용을 통해 공동체적 에너지를 형성해갔는가 하는 점이다. 단편적인 사례이기는 하지만 19세기 선산 류씨들의 친족활동은 문중 결속의 구심체로 알려진 동성마을이나 서원, 족계 등을 매개로 전개되지 않았다. 그렇다고

83 망원한국사연구실 19세기 농민항쟁분과, 『1862년 농민항쟁』, 동녘, 1988, 250쪽.

해서 대곡면 장동리에 거주하는 민한들과 상호부조를 꾀하는 마을공동체를 지향하지도 않았으며, 호남유생과의 광범위한 정치적 연대에 적극 동참하는 방식을 취하지도 않았다.

19세기 담양 지역 선산 류씨들이 선택한 공동체적 결속의 방식은 부안, 곡성 등 타 지역 족친들과 화합하는 것이었다. 그러나 선대묘 관리나 문집 간행과 같이 상징적인 가문현창을 도모하는 친족활동은 족인들이 분담해야하는 비용이 만만치 않았기 때문에 정서적 결속이 약한 원거리 족인들 사이에 경제적 갈등을 야기하기 쉬웠다. 결국 친족 결집을 통해 사족의 위상을 유지, 강화하고자 했던 선산 류씨의 바램은 변화하는 향촌사회의 다양한 구성원들과 공존하거나, 타 지역 족친들과 화합하는데 있어서 그다지 긍정적인 결과를 이끌어내지 못하였다.

참고문헌

『朝鮮王朝實錄』.

『承政院日記』.

『備邊司謄錄』.

『輿地圖書』.

『萬機要覽』.

『潭陽府邑誌』(奎12181, 서울대 규장각 소장본).

『潭陽誌』(BC-古朝62-12, 국립중앙도서관 소장본).

「秋城誌」(담양향토문화연구회, 1988).

「秋城三政考錄」(오영교 編, 『韓國地方史史料叢書』 8, 驪江出版社, 1987).

柳希春, 『眉巖集』('韓國文集叢刊' 34, 민족문화추진회, 1988).

柳希春, 『眉巖日記草』(朝鮮史編修會, 1990).

전남대 박물관 편, 「善山柳氏家所藏(義巖書院) 古文書」, 『古文書』 4(영인본), 1996.

전남대 박물관 편, 「全州李氏家所藏 古文書」, 『古文書』 4(영인본), 1996.

전남대 박물관 편, 「潭陽鄕校所藏 古文書」, 『古文書』 4(영인본), 1996.

『善山柳氏波譜』(1930, 국립중앙도서관 소장본(한古朝58-가34-13)).

『洪州宋氏三波世譜』(1922, 국립중앙도서관 소장본(古2518-39-60)).

『蘆沙先生淵源錄』(1960, 고려대 도서관 소장본).

각종 「儒案」(전라남도편, 『全南의 鄕校』, 鄕土文化叢書 28집, 1987).

연운당 소장 고문서 (선산 류씨 곡성종회 편, 『眉巖 柳希春 후손家 연운당 고문서』, 심미안, 2009).

권경안, 「강점기 담양 지역 鞠氏의 有志활동」, 『지방사와 지방문화』 10-1, 2007.

권기중, 「조선 후기 향리층의 혼인 네트워크」, 『韓國史學報』 33, 2008.

김경숙, 「조선 후기 山訟과 사회갈등 연구」, 서울대 박사논문, 2002.
김문택, 「16～17世紀 羅州地方의 士族動向과 書院鄕戰」, 『淸溪史學』 11, 1994.
김봉곤, 「노사학파의 형성과 활동」, 한국학중앙연구원 박사논문, 2007.
김성우, 「密城朴氏 嘯皐公派의 淸道 定着과 宗族 활동」, 『震檀學報』 91, 2001.
______, 「18～19세기 지배양반 되기의 다양한 조건들」, 『大東文化硏究』 49, 2005.
김인걸, 「19세기 전반 官主導 鄕村統制策의 위기」, 『國史館論叢』 6, 1989.
______, 「조선 후기 鄕村社會 변동에 관한 연구－18, 19세기 「鄕權」담당층의 변화를 중심으로」, 서울대 박사논문, 1991.
김형기, 「조선 후기 稧房의 운영과 부세수취」, 『韓國史硏究』 82, 1993.
노관범, 「19세기 후반 湖西山林의 位相과 '正學'運動－淵齋 宋秉璿(1836～1905)을 중심으로」, 『韓國史論』 38, 1997.
박지현, 「朝鮮後期 長城地方 士族의 動向」, 한국정신문화연구원 석사논문, 1993.
박학래, 「19세기 호남 性理學의 전개와 특징－蘆沙 奇正鎭과 蘆沙학파를 중심으로」, 『국학연구』 9, 2006.
송양섭, 「19세기 良役收取法의 변화－洞布制의 성립과 관련하여」, 『韓國史硏究』 89, 1995.
______, 「조선 후기 군역제 연구현황과 과제」, 『조선 후기사 연구의 현황과 과제』, 창작과비평사, 2001.
______, 「조선 후기 신분・직역 연구와 '직역체제'의 인식」, 『朝鮮時代史學報』 34, 2005.
유봉학, 「18・9세기 노론학계와 산림」, 『한신대논문집』 3, 1986.
윤희면, 「19세기말 전라도 남원의 司馬所 鄕戰」, 『朝鮮時代史學報』 39, 2006.
이성임, 「朝鮮中期 어느 兩班家門의 農地經營과 奴婢使喚」, 『震檀學報』 80, 1995.
이용기, 「19세기 후반～20세기 중반 동계와 마을자치」, 서울대 박사논문, 2007.
이종범, 「19세기 후반 賦稅制度의 운영과 社會構造－전라도 구례현 사례」, 『東方學志』 89, 1995.
이해준, 「조선 후기 '문중화' 경향과 친족조직의 변질」, 『역사와 현실』 48, 2003.
전형택, 「17세기 潭陽의 鄕會와 鄕所」, 『韓國史硏究』 64, 1989.
木浦大學博物館・全羅南道 편, 「의암서원지」, 『全南의 書院・祠宇－賜額書院・祠宇篇』, 木浦大學 博物館, 1988.

고영진, 『호남사림의 학맥과 사상』, 혜안, 2007.
망원한국사연구실 19세기 농민항쟁분과, 『1862년 농민항쟁』, 동녘, 1988.
이해준, 『朝鮮後期 門中書院研究』, 景仁文化社, 2008.
전라남도 편, 『全南의 鄕校』, 鄕土文化叢書 28輯, 1987.
조윤선, 『조선 후기 訴訟연구』, 국학자료원, 2002.

宮嶋博史, 『兩班－李朝社會の特權階層』, 中公新書, 1995.

—3부—

19세기 사회변동과 문학적 형상화

『옥루몽玉樓夢』에 나타난 19세기 근기사족의 현실 인식과 정치론*

강상순

1. 소설사에서 바라본 19세기와 『옥루몽』의 정치성

19세기는 한국사에서 혼돈스럽고 불안한 세기로 기억되어왔다. 정조의 죽음(1800년)과 신유사옥(1801년)으로 시작되는 19세기는 붕당 간의 정치적 세력 균형이 무너지면서 소수의 노론 벌열가문을 중심으로 한 세도정치가 나타나고, 국가 재정이 고갈되면서 민에 대한 수탈이 심화되며, 문화・학술・사상 전반에 걸쳐 복고의 경향이 편만하던 반동의 시기로 인식되어온 것이다. 이러한 시각이 문학 연구에도 인입되면서 19세기 문학사는 보수반동적인 지배층과 봉건체제에 저항하는 민중이 전면적으로 대립하는 시기, 곧 성장해가던 민중의 역량과 보수

* 본고는 『한국고소설의 자료와 해석』(한국고소설학회편, 아세아문화사, 2001)에 수록된 논문을 본 총서의 취지에 맞게 수정・보완한 글이다.

반동의 역풍이 부딪히는 '반봉건항쟁기'로 평가되곤 하였다.[1]

그런데 2000년대를 전후하여 '내재적 발전론'에 대한 비판과 반성이 고조되면서 19세기 문학사를 새롭게 인식하고자 하는 논의들이 개진되기 시작하였다. 19세기 문학사에 대한 기존 연구가 주로 자생적이고 주체적인 근대화의 '맹아'를 발견하거나 혹은 그 '좌절'을 설명하는 데 초점을 두었다면, 최근의 연구는 근대 / 근대성이라는 목적론적 좌표를 전제하지 않은 채 19세기 문학 / 문화가 보여주는 다양성이나 혼종성에 주목하는 경향이 짙다.[2] 하나의 관점으로 묶기는 어렵지만, 최근의 연구들은 19세기 문학사를 '쇠퇴'나 '위기'의 국면으로 파악하기보다 18세기 이래 지속되어오던 변화들 — 예컨대 동아시아 국가들 간의 활발한 문화 교류, 경향분기의 심화와 도시를 기반으로 한 통속문학의 발전, 인간관이나 심미관에서의 탈주자학적 경향 등 — 이 더욱 저변화되고 확산되는 시기로 파악하는 관점을 대체로 공유하고 있는 것 같다.

근대화를 향한 도정과 좌절이라는 거대서사를 잠시 유보해두고 보면 확실히 19세기 문학사는 18세기 못지않은 다양성과 활력을 지닌 시기로 평가될 만하다. 이러한 다양성과 활력은 판소리나 탈춤 같은 민중적 문예양식에만 해당되는 것이 아니라, 상층 사대부들이 향유했던 한문학이나 여성층이나 도시의 중하층이 주로 향유했던 대중적인 소설문학에도 역시 해당된다.

1 '내재적 발전론'에 입각한 19세기 문학사에 대한 이와 같은 관점을 잘 보여주는 대표적인 글로 진경환, 「19세기 반봉건항쟁과 문학적 대응」(민족문학사연구소 편, 『민족문학사강좌』 상, 창작과비평사, 1995)을 들 수 있겠다.

2 임형택은 19세기 문학사의 다양성에 주목하는 최근의 연구 경향을 '문화론적 관점'으로 명명하면서 이를 내재적 발전론에 입각한 기존의 연구 경향과 구분하고 있다.(임형택, 「19세기 문학사가 제기한 문제점들」, 『국어국문학』 149, 국어국문학회, 2008)

기존의 연구에서 19세기 소설사는 '위축기' 혹는 '침체기'라는 대체적으로 부정적인 평가를 받아 왔지만, 사실 이러한 통설적 견해는 마땅히 재고될 필요가 있다. 소설의 대량 생산과 유통, 소설에 대한 적극적이고 긍정적인 인식의 확산 등 이미 싹트고 있었던 소설사적 제 운동들이 더욱 확대되고 본격화되는 시기가 19세기였다고 볼 수 있기 때문이다. 영웅소설 같은 통속소설이나 판소리계 소설의 활발한 상업적 출판은 19세기에 더욱 확산된 소설에 대한 대중적 수요의 일단을 보여준다. 생산과 유통이라는 계량적 측면만을 두고 말한다면 19세기는 오히려 고소설의 '전성기'에 가깝다. 소설 장르가 보여주는 이러한 활력에 비해 19세기 소설사에 대한 기존의 평가는 인색했다고 말할 수밖에 없다. 19세기 소설사에 대한 폭넓은 연구와 균형 잡힌 평가가 시급히 요망되는 것이다.

그런데 19세기 소설사에서 특히 주목되는 양상 가운데 하나는 서울과 근기 지역의 사대부들을 중심으로 공공연하게 소설이 창작되고 향유되면서 소설이 적극적인 감상과 비평의 대상으로 등장하고 있다는 점을 들 수 있다. 본격적으로 소설을 창작한다는 자의식과 자부심을 지닌 사대부 작가들이 나타나고 이에 대한 공공연한 감상과 비평이 가능하게 되었다는 사실은, 문학의 본령에 들지 못했을 뿐 아니라 대체로 부정적으로 인식되어왔던 소설 장르의 앞선 역사를 돌이켜볼 때 주목할 만한 변화라고 할 수 있다. 이러한 소설 장르의 위상의 변화에는 소설이 지닌 허구성에 대한 적극적인 재인식이 밑받침되어 있다. 소설이 '가허착공架虛鑿空'에 불과하다는 점이 예전에는 장르적 결함처럼 여겨졌으나 오히려 이 일군의 사대부들에게서는 박학博學이나 현실에 대한 우의寓意, 치국경륜에 대한 포부 등을 총체적으로 담아낼 수 있는 장르적 가능성 내지 우월성으로 인식되었던 것이다. 그 결과 『옥루몽』, 『육미당기』, 『삼한습유』 등 근기 지역 사대부들에 의해 창작된 한문장편소설들에서는 웅대하고도 낭만적인 서사적 상상력 속에 백과사전적 지식이나 현실에 대한 강렬한 이념적 관심이 표명되는 특유의 형식적 경향성이 공통적으로 나타난다.

특히 그 가운데서도 『옥루몽玉樓夢』은 19세기에 창작된 장편소설들 가운데서도 가장 웅장한 상상력과 선명한 정치의식을 보여주는, 가히 19세기 소설사를 대표하는 작품으로 꼽을 수 있는 명편이다. 잘 알려져 있듯이 『옥루몽』은 담초潭樵 남영로南永魯(1810~1857)가 창작한 한문장편소설이다.[3] 남영로는 숙종대 소론의 영수였던 약천藥泉 남구만南九萬의 5대손으로, 조부 남건복南建福 이래로 경기도 용인 화곡에 세거하였던 소론계 근기사족이었다. 후손의 전언에 따르면 그는 젊어서 과거에 수차례 응시하였으나 낙방한 후 과거를 단념한 채 제자백가서에 잠심했다고 하는데, 부패한 과거제도에 대한 강렬한 비판의식, 현실 정치로부터의 소외감, 가학에서 기원하는 박학적博學的 학풍 등은 『옥루몽』을 창작하는 데 주요한 계기와 동력이 되었을 것으로 보인다.[4]

---

3 『옥루몽』은 『옥련몽玉蓮夢』이라는 전작前作을 작가 스스로 개작한 작품이다. 『옥련몽』의 창작 시기는 대략 1840년대 전후로 추정된다.(성현경, 「옥련몽 연구」, 『국문학연구』 9, 국문학연구회, 1968) 남영로는 먼저 한문본 『옥련몽』을 창작한 후 이를 국문으로 번역했으며, 다시 한문본 『옥련몽』을 바탕으로 한문본 『옥루몽』을 개작 / 재창작한 것으로 보인다.(장효현, 「옥루몽의 문헌학적 연구」, 고려대 석사논문, 1981) 가족 내의 갈등을 중심으로 하고 있는 『옥련몽』이 주로 여성 독자들을 의식하고 있다면, 『옥루몽』은 정치 · 사회적 갈등과 군담을 크게 확대하고 있어 남성 독자들을 주로 겨냥하고 있다.(신재홍, 「옥련몽과 옥루몽의 비교검토」, 『고전문학연구』 6, 한국고전문학회, 1991)

4 남영로의 현조玄祖 남구만은 영의정까지 올랐고 증조부 남처관은 병조좌랑과 현감을 지냈지만, 조부 남건복과 부 남준화, 남영로 자신은 모두 벼슬길에 나아가지 못하고 일생

『옥루몽』은 이러한 19세기의 정치적 환경과 문화적 토양 속에서, 소론 명문가의 후예지만 현실 정치에서는 이미 철저히 소외된 근기사족 남영로에 의해 창작된 작품이다. 아마도 그에게 있어 소설은 자신의 문학적 재능을 마음껏 드러내고 현실에서 충족하지 못한 입신양명과 사랑에의 욕망을 상상적으로 재현해보며 현실 정치에 대한 비판의식과 치국경륜에 대한 포부를 펼쳐 보이는 장이었을 것이다. 그런 점에서 『옥루몽』은 19세기 근기사족의 다층적이고 복합적인 정신세계를 엿볼 수 있게 해주는 훌륭한 텍스트라고 할 수 있다.

본고는 『옥루몽』이 지닌 이러한 양면성 가운데 작품의 전면에 드러나는 작기의 정치의식을 분석해 보고자 한다. 소외된 현실에 대한 강렬한 비판의식과 웅장하고 낭만적인 판타지가 『옥루몽』의 서사를 추동하고 지탱하는 두 축이라면, 그 가운데 전자의 측면에 주목해서 19세기 근기사족의 정신세계의 일면을 검토해보겠다는 것이다. 기존 연구에서 지적되었듯이 『옥루몽』에는 소疏나 표表 등 정치적 주장을 담고 있는 논설문이 48편, 개인적 서신 등 실용문이 24편, 도합 72편의 교술문이 실려 있는데,[5] 고소설 가운데 이처럼 작가의 교술적 의도가 작품 전면에 강렬하고 장황하게 표명되는 작품도 달리 찾기 어렵다.

을 처사로 지냈다.(차용주, 『옥루몽 연구』, 형설출판사, 1981, 19쪽) 이 점에서 남영로를 벌열층의 문인그룹의 일원으로 파악한 김종철의 견해는 아무래도 과도한 해석이라 여겨진다.(김종철, 「19c 중반기 장편 영웅소설의 한 양상」, 『한국학보』 40, 일지사, 1985, 90쪽) 하지만 그렇다고 그의 집안이 사족으로서의 지위를 유지할 수 없을 만큼 영락한 것은 아니었다. 그의 조부 남건복은 신대우와 교우하였고 그 또한 서돈보를 매개로 노론계 경화사족들과 교류하였으니, 이런 교류를 기반으로 그의 손자 남정의는 지방관으로 나가기도 했다.(차용주, 앞의 책; 장효현, 앞의 글; 이기대, 「19세기 한문장편소설 연구」, 고려대 박사논문, 2003 참조)

5 위욱승, 「「玉樓夢」 가운데서 논설문과 실용문이 논 역할」, 『고소설사의 제문제』, 집문당, 1993.

이처럼 현실 정치에 대한 비판과 처방을 담은 표나 소 같은 정치적 논설문이 압도적으로 많은 것이 『옥루몽』의 한 특징인데, 이러한 정치적 논설문을 통해 표명된 작자의 비판의식은 심지어 작품의 서사적 합리성 혹은 개연성을 어그러트릴 만큼 강렬한 것이었다. 예컨대 『옥루몽』에서 갈등이 해소되어 국가가 태평하며 양창곡 일가가 번영을 이루는 화락한 대목에서도 주인공 양창곡이나 그의 아들 양경성이 황제에게 올리는 표나 소에는 현실이 더 이상 지탱될 수 없을 만큼 모순과 위기로 가득찬 것으로 묘사되고 거듭 경고되고 있는 것을 볼 수 있다. 이러한 양상은 작자 남영로가 평소 품고 있었던 현실 정치에 대한 강렬한 비판의식이 작품의 서사적 맥락을 뚫고 표출된 것이라고 볼 수밖에 없다.

그런데 기존 연구에서는 『옥루몽』이 전대의 소설에 비해 강한 정치적 이념을 표출하고 있다는 점을 정당히 주목하면서도,[6] 『옥루몽』에 표명된 정치적 주의주장들이 "동양적 정치이념의 전형적 표현에 불과"하다는 결론에서 크게 벗어나지 못한 듯하다.[7] 이러한 결론은, 그간의 19세기에 대한 연구의 부재와 부정적 선입관, 그리고 19세기의 역사적 환경과 이에 대한 근기사족 특유의 현실 인식을 고려하지 못한 데서

6 기존 연구의 대부분은 『옥루몽』의 구조적 특성이나 주제사상 등에 주로 관심을 집중해 왔다. 『옥루몽』에 나타난 작자의 정치의식을 본격적으로 주목한 연구로는 서대석의 연구를 들 수 있다. 그는 "『옥루몽』의 작자는 (…중략…) 실세한 사류로서 유교정치를 긍정하면서 주자학적 한계 내에서 수정주의를 내세웠던 인물"로 파악하고, 작품을 통해 "조선조 말기의 벌열층 도태를 바라는 작자의식"을 보여준다고 해석했다.(「『옥루몽』의 갈등구조」, 『한국학논집』 1집, 계명대 한국학연구소, 1973) 그런데 본고에서는 작품의 갈등구조를 통해 작가의식을 분석하기보다, 소설이라는 허구적 장치를 빌어 장황하게 개진된 정치적 논설들을 직접 검토함으로써 작가의 정치의식을 분석하는 방법을 취해보고자 한다.

7 서대석, 「옥루몽의 양면성」, 『고전문학연구』 2, 고전문학연구회, 1974, 319쪽.

오는 속단이 아닌가 한다. 작자가 공들여 개진하고 있는 정치적 논설들이 크게 보아 유교적 정치 이념의 범주 안에 포괄될 수 있는 것임은 물론이나, 유교적 정치 이념 자체가 역사적으로 유동하는 개념일뿐더러 유사해 보이는 주의주장도 그것이 제기되는 역사적 맥락에 따라 그 함의가 달라진다고 볼 때 이에 대한 좀 더 세심한 천착과 주목이 요구된다고 하겠다.

이에 본고는 특히 『옥루몽』에 빈번히 표출되는 표나 소 같은 정치적 논설문을 중심으로 19세기 근기 지역의 사대부 지식인의 현실 인식과 정치의식의 일단을 검토해 봄으로써 19세기 문화사의 다층적이고 역동적인 전개 양상을 탐색해보고자 하는 본서의 목적에 기여하고자 한다.

2. 19세기 정치현실에 대한 비판과 처방의 논리

『옥루몽』에 나타난 작자 남영로의 정치의식을 분석하기 위해서는 우선 먼저 작품이 창작된[8] 19세기 전반기의 정치적 상황을 살펴 볼 필요가 있을 것이다. 그런데 19세기 전반기의 정치적 상황은 붕당정치 → 환국 → 탕평정치로 이어지는 17~18세기 정치사의 맥락 속에서야 제대로 파악될 수 있다.[9]

1800년 정조가 급서하자 탕평정국에 비판적이었던 노론 명벌 중심

8 『옥루몽』은 작자 남영로(1810~1857)의 나이 20대 후반에서 30세 초반 때인 1840년대 전후일 것으로 추정된다.(성현경, 「옥련몽 연구」, 『국문학연구』 9집, 국문학연구회, 1968, 139~140쪽)

9 한국역사연구회 19세기정치사연구반, 『조선정치사』, 청년사, 1990, 762쪽.

의 반탕평론자들에 의해 환국의 형태로 급격한 정권 교체가 일어난다. 이후 19세기 전반기의 정국은 크게 보아 "전통적인 산림가문이 외척가문이 되거나 외척가문과 결합하여 이루어진 서울에 근거를 둔 유명한 벌열가문이 정권을 장악해 간 과정"으로 묘사될 수 있는데,[10] 이는 영정조대를 통해 꾸준히 탕평책이 추진되었음에도 불구하고 지배층의 당파적 결집과 세도가문의 성장이 이미 제어되기 어려운 추세였음을 보여준다. 그리하여 19세기에 이르면 국왕조차 유력한 가문世道家門에 의지하여야 그 지위를 보장받을 수 있는 정치적 상황이 전개되어 갔던 것이다. 노론 중에서도 일부 유력 가문을 중심으로 형성된 당대의 집권층은 가문이라고 하는 혈연적 기반을 바탕으로 폐쇄적이고 배타적인 권력을 유지해 갔던 바, 그런 점에서 정치적 이념을 중심으로 한 기존의 붕당 개념은 오히려 실질적으로 약화되어 갔다고 볼 수 있다.

그런데 한편으로 19세기 전반의 정치적 상황은 중세적 정치체제가 해체되어 가는 과정의 한 산물로 이해될 수 있다. 즉 세도정치라는 19세기 전반의 독특한 정치 형태를 단지 음모와 야합에 의해 유지된 탈선적 정치 형태로 볼 것이 아니라, 상호 견제와 공론을 통해 지배층의 이해를 조절하고 피지배층의 저항을 제어해왔던 기존의 통치시스템이 더 이상 제대로 기능할 수 없게 된, 즉 중세적 지배체제의 위기와 대응의 산물로 파악할 필요가 있다는 것이다. 그런 점에서 왕권의 확립과 절대성을 정상적인 것으로 두고 세도정치를 그 파행으로 파악하는 관점은 극복되어야 한다.[11] 비록 중세적 지배체제의 위기의 본질을 정

10 박광용, 「19세기 전반의 정치사상」, 『국사관논총 40집』, 1992a.
11 한국역사연구회 19세기정치사연구반, 앞의 책, 576쪽.

확히 진단하거나 그것을 극복할 대안을 제시하지는 못했지만, 이들 세도가문들이 아무런 도덕적 명분이나 정치적 정당성도 없이 집권했던 것은 아니란 말이다.

그렇다면 당대의 세도정권이 내세웠던 정치적 논리 혹은 명분은 무엇이었던가? 세도정치를 정당화하는 대의명분과 정치적 이념을 파악해야 『옥루몽』에서 나타난 남영로의 정치의식이 지닌 대타적 성격과 의미가 더욱 뚜렷하게 드러날 수 있을 것이다. 그런데 정치적으로 서인-노론계열에서 성장한 세도가문들이 내세운 대의명분은, 노론당만이 시대의 의리와 정통을 계승하는 군자당이라는 '노론당 의리론'에 그 뿌리는 두고 있었다. 이러한 노론당의 의리론은 17세기 송시열에게서부터 비롯된다.

송시열은 병자호란 이후 해이해진 기강을 바로 잡고 중화적 세계질서를 재건하기 위해 내수외양론內修外攘論과 북벌론을 이념적 지표로 제시했다.[12] 그런데 그는 내수內修의 선행조건으로 군주성학론君主聖學論을 제기했는데, 군주도 한 사람의 학인學人으로서 엄격한 자기 수양의 과제를 지닌다는 점을 강조한 군주성학론은 결국 군주권을 제약하고 신권을 강화하는 이론적 통로를 열어 놓았다. 이러한 논리적 통로를 통해 군주성학론은 곧 세도정치론으로 연결된다. 그는 강상윤리를 기초로 한 사회 기강, 중화 중심의 세계질서를 '세도世道'라 하고 이 세도를 확립하는 정치, 즉 도학道學과 정사政事를 결합하여 도통을 밝히는 정치야말로 바람직한 정치라고 주장하였다. 그런데 세도의 담임자는

12 김준석, 「조선 후기의 당쟁과 왕권론의 추이」, 이성무·정만조 외, 『조선 후기 당쟁의 종합적 검토』, 정신문화연구원, 1992, 404~417쪽.

군주여야 하지만, 군주가 자질과 덕망이 부족하면 신료에게 그 권한을 위임할 수 있다. 이 점에서 그의 세도정치론은 일종의 군권제한론의 성격을 지닌다. 이와 같은 논리가 보다 구체화된 것이 그의 '붕당론'과 '논상설論相說'이다. 그는 주자의 붕당론을 이어받아 군자와 소인은 같은 당류를 이룰 수 없으며 군주는 군자당만을 통해 통치해야 한다는 붕당론을 견지했다. 그리고 군주에게는 자신의 수신 이외에 논상論相(현명한 재상을 가려 세도를 일임하는 것)이 크고 급한 일이라고 주장했다. 이러한 송시열의 정치론에서 18~19세기 노론의 일당전제와 세도정치의 이론적 기반이 제공되었다고 할 수 있다.

이러한 송시열의 정치론은 한원진(1682~1751)에게 계승되면서 더욱 강화되는데, 한원진은 수사문설守師門說과 전도승통傳道承統을 학문의 유일한 목표로 삼았다. 그는 성조(효종)의 의리聖祖之義와 선정(송시열)의 도학先正之道을 존숭하고 계승하는 것이야말로 춘추의리를 지키는 길이며 이를 계승하는 노론당만이 유일한 군자당이라고 주장하면서 탕평정책에 반대하였다. 이러한 송시열과 한원진의 정치이념은 "이른바 삼대三代의 세도정치世道政治를 빙자한 19세기 전반기 '세도정치勢道政治'를 합리화하는 이론기반으로 합일되어" 갔으니,[13] 산림과 외척의 결합으로 형성된 19세기의 세도가문들은 바로 효종과 송시열의 정치적 역할 분담을 정치적 이상 내지 의리로 제시하고 있었던 것이다.

이러한 노론의 독존적 붕당론, 신권강화론에 대한 이론적 반발로 출현한 것이 바로 18세기의 탕평정치론이었다고 할 수 있다. 17세기 후

---

13 위의 글, 415쪽.

반 붕당 간의 갈등이 격화되면서 권력을 장악한 붕당들은 일당전제적인 성향을 띠게 된다. 그런데 이 과정에서 붕당마다 왕위의 정통에 대한 입장과 지지가 갈라지기까지 함으로써 왕권이 위협받는 상황이 전개되었다. 이러한 붕당의 폐해를 절감한 영조와 탕평론자들은 탕평책을 통해 왕권을 강화하고 군주가 직접 정국을 주도할 것을 주장했다. 여기서 '탕평蕩平'이란 요순의 시대처럼 군주가 선정을 베풀고 신하들은 무당無黨의 경지를 이룬 상태를 의미하는 것으로, 영조는 이를 위해 경연제도를 적극 활용하여 자신이 주자 못지않은 학식의 소유자임을 과시하면서 성군정치를 적극 표방하였다.[14] 앞서 송시열이 제기한 군주성학론이 군주도 사대부와 같이 자기수양이 필요한 한 학인學人일 뿐이라는 점을 강조함으로써 실질적으로 왕권을 제약하는 정치론이었다면, 영조가 표방한 성군정치는 학문적으로나 정치적으로 군주가 완전한 주재자여야 한다고 보는 강력한 왕권강화론이었다. 그런데 앞서 언급했듯이 영·정조 연간의 탕평정국은 정조 사후 척족을 중심으로 한 세도가문들의 강력한 도전을 받아 급격히 붕괴되고 말았다. 하지만 순조 이후 세도정국하에서도 영·정 연간을 정치적 모범으로 여겼던 소론계와 일부 노론계의 실무관료들을 중심으로 왕권강화론과 탕평정치론이 계속 제기되고 있었다.[15]

이상 17~18세기에서부터 19세기 전반까지의 정국의 변화와 정치론의 추이를 개략적으로 검토해보았다. 이제 이러한 정치적 상황과 정치론의 추이에 대해 19세기 전반 근기사족 남영로는 어떻게 인식했고

---

14 이태진, 「조선왕조의 유교정치와 왕권」, 『한국사론』 23, 서울대 국사학과, 1990, 229쪽.
15 박광용, 앞의 글, 15쪽.

어떤 대안을 제시하고자 했는지 『옥루몽』을 통해 살펴보기로 하겠다. 『옥루몽』에 나타나는 작가 남영로의 정치적 입장에 대해서는 그간 '실세사류의 수정주의적 입장'[16]으로, 혹은 '벌열층의 문인그룹의 일원으로서의 자기 계층의 방어의식'[17]으로 상반되게 파악되어오곤 했다. 『옥루몽』에 장황하고 곡진하게 개진된 정치적 논설 속에서 남영로는 당대 정치 현실에 대한 비판적 인식을 내보이고 나름의 대안적 정치론을 제시하고 있다. 아래에서는 『옥루몽』의 정치적 논설문에 표명된 그의 주의주장을 핵심적인 몇 항목으로 나누어 살펴보기로 한다.

1) 왕권의 강화와 기강의 확립

먼저 『옥루몽』의 정치적 논설에서 작자가 가장 빈번히, 그리고 강력하게 주장하고 있는 것은 국가의 기강 확립과 그 첩경으로서의 왕권 강화이다. 다음은 『옥루몽』에서 주인공 양창곡이 과거에서 치국治國의 도를 묻는 어제御題에 답한 글의 일부로, 작가의 정치의식이 가장 잘 드러나는 장문의 정치적 논설이다.

> 신이 듣건대 군주가 천하를 다스리는 도는 마땅히 하늘을 본받을 따름입니다. 『주역』에 이르기를, '비바람으로 윤택하게 하고 천둥벼락으로 깨우친다' 하고, 또 '사시가 이에서 운행하고 만물이 이에서 자란다' 하였습니

16 서대석, 앞의 글, 1973.
17 김종철, 앞의 글.

다. 무릇 하늘이 만물을 길러내시되 비바람으로 윤택하게 하여 잘 자라나게 하는 덕을 베풀기만 할 뿐 아니라 천둥벼락으로 호령하여 두려워 떨게 하는 위엄을 보이시면, 사시의 운행이 막히지 않고 만물이 생장・소통하게 됩니다. 봄여름 자라게 하고 가을겨울 말려 죽이는 것은 그 기운을 열고 닫아 조화를 베풀고자 함입니다. 옛 성왕은 이러한 법을 잘 시행했으니, 혜택과 인정은 봄여름의 생장함을 모방하고 법령과 형정은 가을겨울의 엄정함을 본받았습니다. 한번 당기고 한번 풀어주며 한번 살리고 한번 죽이니, 확고한 강단이 있고난 뒤에야 교화가 이루어지고 위엄 있는 명령이 행해지는 것입니다. 혜택과 인정이 이로부터 나오며 기강과 풍속이 이로부터 바로 십니다. (…중략…)

무릇 치국의 도에 대해 말씀드리자면, 완급을 알지 못하면 충성스런 말과 아름다운 계책이 한갓 글장난으로 귀결되고 선후를 뒤집으면 경륜의 득실에서 실효가 없을 것입니다. 때문에 요순 같은 다스림을 군주가 모두 바라지만 이르지 못하고, 직과 설의 사업을 신하된 자들이 모두 사모하지만 실행하지 못하는 것이니, 이는 다른 이유가 아니라 그 선후완급을 알지 못하기 때문입니다.

신이 생각건대 지금 조정의 급무는 먼저 기강을 세우는 것입니다. 신이 옛일을 통해 이를 증명해보겠습니다. 당우唐虞(요순) 이전은 덕으로 교화하였고 하・은夏殷 이후는 공적으로 다스렸으니 이것을 왕도라고 일컫습니다. 진秦은 무력으로 일어났고 무력으로 지켰으니 이것을 패도라 일컫습니다. 한漢은 지혜로서 창업하고 지혜로써 수성하였으니 이것이 이른바 왕패병용王覇并用입니다. 진晋과 당唐은 부박한 문장 때문에 나라를 잃었고 대송大宋은 조박함 때문에 병들었으니, 이는 혹왕혹패하여서 득실이 서로 반

반인 경우입니다. 당우 이전은 풍속이 순박하였기에 덕으로써 교화하였고 하은 이후는 인문이 개명한 까닭에 공적으로 다스렸으며 전국 이래로 진에 이르러서는 풍습과 기운이 강성한 까닭에 힘으로 굴복시키며 일어났고 한 당송 이후는 사람의 기상이 떨어져 순수함과 잡박함이 반반이니 경법經法과 권도權道를 헤아려 지혜로써 다스렸습니다.

왕도는 그 일어남이 더디기 때문에 다스림이 길고 패도는 그 일어남이 빠르기 때문에 그 잃음도 급합니다. 왕도는 그 끝이 어리석고 미혹하게 되며 패도는 그 끝이 어그러져 어지러워지니 이는 천지의 운수가 고금이 같지 않고 국가의 치란治亂이 규모가 서로 다르기 때문입니다. 왕도는 경법이고 패도는 권술이니 경법과 권술이 중도를 얻으면 그것이 곧 성인의 도입니다. 신이 생각건대 왕패병용은 후세에 바꿀 수 없는 법인데, 근일의 우괴한 논의가 패도를 폐하고 왕도를 행하자고 시끄럽지만, 그 논하는 바만 들으면 요순의 다스림에 가까운 듯하나 그 실효를 논하면 당송의 다스림에도 미치지 못합니다. (…중략…)

「홍범」에 이르기를 '오직 임금만이 위엄과 복덕을 부린다' 하니 위엄과 복덕은 군주의 기율이며 치국의 강령입니다. 강령을 잡고 기율을 세운 연후에야 법령이 행해지고 교화가 이루어지니 이것을 기강이라 이릅니다. 옛사람이 기강을 벼리로 비유했으니 벼리를 들면 뭇 그물눈이 그 동작을 따릅니다. 조정은 천하의 기강이요 군주는 만민의 기강입니다. 폐하가 천하를 다스리고자 하신다면 먼저 조정의 기강을 세우시고, 만민을 교화하고자 하신다면 먼저 군주의 기강을 잃지 마소서.

세상에서 장수된 자가 백만의 무리를 이끌어 적에 맞서 진을 칠 때 반드시 상벌을 주장하고 병권을 쥐고 삼군을 장악한 연후에야 그 공을 이룰 수 있습니다. 폐하가 지금 억조창생을 이끌고 천하를 다스리고자 하시면서 생살여탈의 권한을 밝히지 않으시니, 사업의 기회가 마음먹은 것에서 어긋나며 경륜이 마음먹은 데서 어긋나게 됩니다. 그러니 어찌 기강을 세울 수 있으며 풍속을 어떻게 고칠 수 있으며 아랫사람들을 어떻게 다스리시며 고질적인 폐단을 어찌 구제하시겠습니까?[18]

18 臣은 聞人君의 治天下之道ᄂᆞᆫ 當法天而已라 周易에 曰 潤之以風雨ᄒᆞ고 鼓之以雷霆이라ᄒᆞ고 又曰 四時行焉ᄒᆞ며 萬物이 成焉이라ᄒᆞ니 夫天이 化育萬物ᄒᆞ사ᄃᆡ 非徒以潤澤風雨ᄒᆞ야 施以好生之德이라 又必號令以雷霆ᄒᆞ야 示以驚動之威 則四時運行이 不滯ᄒᆞ고 萬物이 生長踈通ᄒᆞᄂᆞ니 是故로 春夏以生長ᄒᆞ고 秋冬以肅殺ᄒᆞ야 闔闢其氣ᄒᆞ야 欲施造化也ㅣ라 古之聖王은 能則此法故로 惠澤仁政은 摹放春夏之生長ᄒᆞ고 法令刑政은 效則秋冬之肅殺ᄒᆞ야 一張一弛ᄒᆞ고 一生一殺ᄒᆞ야 有牢確剛斷然後에 教化ㅣ 由是而成焉ᄒᆞ며 威令이 由是而行焉ᄒᆞ며 惠澤仁政이 由是而出焉ᄒᆞ며 紀綱風俗이 由是而立焉ᄒᆞᄂᆞ니 (…중략…) 夫治國之道ㅣ 不知緩急則忠言嘉謨ㅣ 歸於文具ᄒᆞ고 倒錯先後則經綸得失이 必無實效ᄒᆞᄂᆞ니 故로 堯舜之治를 人君이 皆仰之而不致ᄒᆞ고 稷契之事를 臣子ㅣ 皆慕之而不行은 無他라 不知其先後緩急일ᄉᆡ라 臣은 以爲今日朝庭之急務ᄂᆞᆫ 先立紀綱이니 臣이 請以古事而徵之호리이다 唐虞以前은 化之以德ᄒᆞ고 夏殷以後ᄂᆞᆫ 治之以功ᄒᆞ니 是謂王道요 秦은 仗力而起ᄒᆞ고 以力守之ᄒᆞ니 是謂覇道요 漢은 以智創業ᄒᆞ고 以智守成ᄒᆞ니 此所謂王覇幷用이라 晋唐은 失於浮文ᄒᆞ고 大宋은 病於糟粕ᄒᆞ니 此ᄂᆞᆫ 或王或覇ᄒᆞ야 得失이 相半이라 唐虞以前은 風俗이 淳朴故로 以德化之ᄒᆞ고 夏殷以後ᄂᆞᆫ 人文이 開明故로 以功治之ᄒᆞ고 戰國以來로 及於秦ᄒᆞ야ᄂᆞᆫ 風氣强盛故로 伏力而起ᄒᆞ고 漢唐宋以後ᄂᆞᆫ 人氣降殺ᄒᆞ야 純雜相半ᄒᆞ니 斟酌經權ᄒᆞ야 以智治之라 王道ᄂᆞᆫ 其起也ㅣ 遲故로 其治ㅣ 長遠ᄒᆞ고 覇道ᄂᆞᆫ 其起也速故로 其敗ㅣ 急ᄒᆞ며 王道ᄂᆞᆫ 其終이 愚迷ᄒᆞ고 覇道ᄂᆞᆫ 其終이 詭亂ᄒᆞ니 此ᄂᆞᆫ 天地運數ㅣ 古今不同이오 國家治亂이 規模相異也ㅣ라 王道ᄂᆞᆫ 經法이오 覇道ᄂᆞᆫ 權術이니 經權이 得中則亦聖人之道ㅣ라 臣은 以爲王覇幷用은 後世不易之法이어ᄂᆞᆯ 近日迂怪之論이 藉口於黜覇行王ᄒᆞ고 聞其言論則近於堯舜之治요 論其實效則不及唐宋之治ᄒᆞ니 (…중략…) 洪範에 曰 惟辟이사 作威作福이라ᄒᆞ니 威福은 主人之紀律이오 治國之綱領이라 執綱領ᄒᆞ며 立紀律 然後에 法令이 行ᄒᆞ고 教化ㅣ 成ᄒᆞᄂᆞ니 是謂紀綱이라 古人이 比紀綱於綱은 謂其擧其綱則衆目之隨動이니 朝廷은 天下之紀綱이오 人君은 萬民之紀綱이라 陛下ㅣ 欲治天下ㅣ뎐 先立朝廷之紀綱ᄒᆞ시고 欲教化萬民인뎐 先勿失人君之紀綱ᄒᆞ소셔 世之爲將者ㅣ 率百萬之衆ᄒᆞ야 臨陣對敵홀ᄉᆡ 必主賞罰ᄒᆞ며 專兵權ᄒᆞ야 掌握三軍然後에 乃成其功ᄒᆞᄂᆞ니 陛下ㅣ 今率億兆蒼生ᄒᆞ사 欲治天下ᄒᆞ시ᄂᆞᆫᄃᆡ 不明於生殺予奪之權ᄒᆞ사 事機ㅣ與心相違ᄒᆞ며 經綸이 與心相左ᄒᆞ니 紀綱을 何可以立이며 風俗을 何可以改며 群下를 何可以督이며 弊瘼을 何可以救也ㅣ리잇고.(동국대 한국학연구소 편, 『옥루몽』, 『활자본고전소설전집』 6권, 아세아문화사, 1976, 67~70쪽) 이하 본고에서의 작품 인용은 본서에 의하며 해당 인용면수만 밝히기로 한다.

국가를 경륜하는 대요大要를 밝힌 장문의 논설에서 먼저 양창곡은 『주역』의 비유를 인용하고 있다. 만물을 윤택케 하는 비바람風雨과 만물을 숙살케 하는 천둥벼락雷霆이 모두 갖추어져야 사시四時가 잘 운행되듯이 국가의 경영은 백성들을 잘 살게 만드는 인정仁政과 엄정한 권위를 드러내는 형정刑政이 잘 조화되어야 한다는 것이 이 글의 서두의 골자이다. 일견 의례적으로 보이는 이러한 주장에서 주의를 끄는 점은 유교적 정치이념이 일반적으로 지향하는 인정 못지않게 형정 또한 강조되고 있다는 점이다. 양창곡 / 작자가 이처럼 형정을 강조하는 까닭은 바로 당대의 정치 현실에서 요구되는 가장 긴급한 책무가 '기강의 확립'이라고 파악하고 있기 때문이다. 즉 양창곡 / 작자는 보기에 군주가 요순지치를 흠모함에도 이룰 수 없는 것은 시무時務의 선후완급을 알지 못하기 때문인데, 바로 그 최우선 급무란 국가와 조정의 기강을 세우는 것(先立紀綱)이라는 것이다. 이는 생사여탈을 장악한 강력한 왕권과 이를 통한 기강의 확립 없이는 어떤 인정이나 교화도 그 실효가 없을 수밖에 없다고 보는 작가의 냉철하고 비관적인 현실 인식이 그 바탕에 깔려 있다고 볼 수 있다.

여기서 더 나아가 양창곡 / 작자는 군주가 왕도와 패도를 모두 함께 적절하게 활용해야 한다는, 이른바 '왕패병용'이라는 독특한 정치론을 제기한다. 왕도란 덕으로 교화하고 공功으로 다스리는 정치를 말하며, 패도란 힘으로 통치하는 정치를 말한다. 일반적으로 유가의 정치이념은 당연히 왕도를 지향하는 것이었다. 그런데 양창곡 / 작자는 천지의 운수가 고금이 같지 않고 국가치란의 규모가 다르다고 하면서, 왕도와 패도를 경법經法(변하지 않는 원칙)과 권술權術(임기응변의 변통술)로 삼아 적절히 병용하는 왕패병용만이 후세의 바꿀 수 없는 치국의 도라고 주장한다. 이러한 주장은 상당히 파격적이어서 언뜻 그 의미를 파악하기 어렵다. 기존 연구도 이러한 주장의 독특성에 주목하곤 했지만, 그 역사적 함의를 제대로 따져보지 않은 채 일반적인 주자학적 이념을 진술한 것으로 이해하고 말았다. 하지만 왕패병용의 주장이 유자의 일반적인 정치론이라면 뒤이어 간신 로균이 왕도가 아닌 패도를 말했다고 양창곡을 비판하는 양상은 적절히 설명되기 어려울 것이다. 적어도 로균은 형식적으로나마 유교 정치이념의 원론적이고 이상적인 입장을 취해 양창곡을 비판하고 있다고 보이기 때문이다.

그러므로 왕패병용이라고 하는 독특한 정치론이 어떠한 역사적 함의를 가지는지를 파악하기 위해서는 우선 텍스트 속에서 그것이 어떤 맥락 속에서 제기되었는지, 그리고 19세기 정치 현실이라는 더 큰 맥락 속에서는 어떠한 의미를 갖는지를 따져볼 필요가 있다. 위의 텍스트 속에서 왕패병용론은 논리의 맥락상 다음과 같은 두 가지 주장과 연결되어 있다고 여겨진다. 우선 왕패병용론은 앞서 강조했던 기강의 확립이라는 작가의 주의주장과 논리적으로 연결되어 있다. 기강을 확립하기 위해서는 혜택과 인정을 베풀 뿐 아니라 법령과 형정 또한 철저히 실행해야 한다는 앞서의 주장은 국가를 다스리기 위해서는 왕도뿐 아니라 패도 또한 적절히 활용해야 한다는 왕패병용론과 연결되는데, 여기에는 혜택인정=왕도, 법령형정=패도라는 논리적 등식이 암암리에 성립된다. 다음으로 왕패병용론은 국가 통치의 현실성과 실효성을 강조하는 작가의 문제의식과도 연결되어 있다. 작자 / 양창곡은 현실의 구체적 조건을 간과한 채 입으로만 요순지치를 되뇌는 것은 실효도 없을뿐더러 시국의 선후완급을 착종 · 전도한 공리공론에 불과하다고 비판한다. 그런 점에서 왕패병용론은 현실적 조건이나 상황에 적합한 구체적이고 실용적인 경륜을 강조하는 작가의 문제의식의 산물이라고 볼 수 있을 것이다.

이상에서 보듯 작자 / 양창곡이 주장하는 왕패병용론이란 한편으로는 시국의 급무라고 파악된 기강의 확립을 실현하는 방도로써 한번 강조되고 있고, 다른 한편으로는 혼란스럽고 비상非常한 현실에서 왕도정치만을 되뇌는 집권층의 무능하고 안일한 공리공론을 배격하면서 구체적 현실에 기반한 실효성 있는 경륜을 강조하는 맥락에서 다시 한번 강조되고 있는 것이다.

그런데 작자가 양창곡의 입을 빌려 시급히 강조하고 있는 기강의 확립이란 도대체 어떻게 성취될 수 있는 것이며, 그러한 주장이 지니는 역사적 함의는 무엇인가? 우선 작자가 그토록 강조하는 기강의 확립이 구체적으로 의미하는바 혹은 지향하는 바는 다름 아닌 '왕권의 강화'라고 할 수 있을 것이다. 작자 / 양창곡은 이를 군대를 통솔하는 장수를 비유로 삼아 제시한다. 예컨대 백만의 군사를 거느린 장수가 상벌의 권한과 병권을 장악하지 못한다면 군사를 제대로 통솔할 수 없듯이, 군주가 생사여탈의 권한을 장악하지 못하면 경륜을 제대로 펼칠 수도 없으며 기강도 설 수 없다는 것이다.

이와 같은 주장 속에서 우리는 왕권이 완전히 일부 세도가문의 수중에 떨어져버린 19세기 전반의 정치적 상황에 대한 작자의 강렬한 비판의식을 읽어낼 수 있을 것이다. 군주가 기강을 확립하기 위해서는, 왕권이 강화되기 위해서는 왕도=인정만 베풀어서는 안 되며 패도=형정 또한 활용해야 한다. 살리는 덕뿐 아니라 죽이는 위엄조차 마음대로 부릴 수 있어야 왕조국가라는 지배체제가 제대로 작동할 수 있다는 생각은, 분명 유자들의 일반적인 이상적 정치론에서 일탈하는 것이기는 하지만, 19세기 전반의 정치 현실에서 불가피하게 떠오른 대안적 정치론이었을 것이다. 물론 이를 뒤집어놓고 보면 작자 / 양창곡은 왕권의 약화와 이에 따른 기강의 해이야말로 당대 사회의 위기의 근원이라고 지목하고 있는 셈이다.

이 점을 보다 분명히 드러내주는 것이 『상서尙書』「홍범洪範」편의 인용이다. 작자 / 양창곡은 오직 임금만이 위엄과 복덕을 주관할 수 있다는 「홍범」의 구절을 인용하고 있다. 「홍범」의 이 구절은 위엄과 복덕 – 이는 자연스럽게 복덕=인정=상=호생지덕=왕도, 위엄=형정=벌=숙살지기肅殺之氣=패도라는 논리적 연쇄고리를 이룬다 – 을 완전히 주재하는 것이야말로 군주의 특권이자 통치술의 핵심이라고 보는, 즉 왕권의 절대성을 강조하는 '황극皇極'의 논리를 강조하고 있다. 『상서』, 특히 그 중 「홍범」편은 18세기 탕평정치가 이루어지면서 특히 주목받기 시작했던 원시 유교의 경전이다.[19] 정조가 규장각 육성과 더불어 『상서』 연구를 중시하면서 본격적으로 『상서』가 연구되기 시작했는데, 정조가 특히 『상서』를 주목했던 이유는 『상서』의 「홍범」편에 내장된 황극론이 왕권 강화와 탕평의 논리를 제공하는 것이었기 때문이다. 그런데 『옥루몽』의 작가 남영로는 양창곡의 입을 빌려 『상서』의 「홍범」편에서 황극의 논리를 뒷받침해주는 구절을 인용하고 있는 것이다.

---

19 金文植, 「尙書 연구서를 중심으로 본 丁若鏞과 洪奭周의 政治思想 비교」, 『한국사론』 20, 서울대 국사학과, 1988.

이상에서 볼 때 위의 논설에서 작자 / 양창곡이 일관되게 주장하고 있는 것은 다음과 같은 논리였음을 간파할 수 있다. 즉 당대의 가장 긴급한 시국의 급무는 기강의 확립이며, 이를 위해서는 왕권이 강화되어야 하고, 왕권이 강화되기 위해서는 군주가 인정과 형정, 왕도와 패도, 복과 위, 상과 벌, 생과 사를 적절히 활용하고 주재할 수 있어야 한다는 것이다. 물론 기강의 해이가 왕권의 약화에서 기인한다고 보면 이 논리는 역으로도 순환될 수 있는 것이기도 하다. 그러므로 언뜻 유가적 정치이념에서 일탈하는 것처럼 여겨질 수 있는 작자 / 양창곡의 정치론은 결국 군주의 막중한 권위와 책임을 환기시키고 강조하고자 한 것이었다고 볼 수 있다. 여기서 우리는 왕권의 강화와 이에 의한 기강의 확립이야말로 현실의 정치적 위기를 해결할 수 있는 처방책으로 보았던 작자 남영로의 정치의식의 일단을 확인할 수 있다. 그리고 당대의 정치적 위기의 근원을 왕권의 약화에서 찾고 있다는 점에서 우리는 당대 집권 세도가문의 정치적 명분과 논리에 대해 지극히 비판적이었던 남영로의 정치의식을 여기서 엿볼 수 있기도 하다.

그런데 『옥루몽』에서 양창곡은 여러 차례에 걸쳐 군주는 철저히 수신해야 하며 신하의 충간을 막아서는 안 된다고 강력히 주장하고 있다. 그렇다면 이러한 주장들은 군주의 독단과 전횡을 막고자 하는 일종의 왕권제한론의 성격을 띤 것은 아닌가? 그렇다면 이러한 주장과 앞서 분석한 왕권강화론과는 어떤 관계가 있는가 하는 의문이 생긴다.[20]

그런데 여기에서 우리가 간과해서는 안 되는 것은 18세기 탕평론 이

---

20 실제로 서대석은 이를 修身齊家治國平天下라는 주자학적 이념의 일반적 진술로 보고 군주의 수신을 강조해 독단을 막기 위한 주장이라고 해석한 바 있다.(앞의 글, 1974, 320쪽)

후의 왕권강화론이란 군주의 무제한적 전제권의 확립을 추구하는 것이 아니라, 군주의 수신과 무편무당한 성군정치聖君政治를 기반으로 한 왕권의 강화를 추구하는 것이었다는 사실이다. 앞서도 논했듯이 영조는 스스로 주자 못지않은 학식의 소유자임을 과시하면서 경연에서 신하들을 학문적으로 오히려 주도하였다. 즉 군주가 요순의 자질을 갖춤으로써 왕권의 절대성을 확보해 나간 것이다. 정조 또한 산림에게서 도덕적 권위를 구하던 전대의 군주와 달리 스스로가 사상적으로나 정치적으로 명실상부한 주재자여야 한다는 입장을 지니고 있었으며, 군주를 모든 하천에 비치는 명월明月에 비유하기도 하였다.[21] 그러므로 천자의 수신과 언로의 개방에 대한 양창곡 / 작자의 주장은 전제적 왕권의 강화가 독단에의 위험을 지닌다고 경계하였던 전통적인 노론 집권층의 왕권제한론과는 그 성격을 달리 하는 것이라고 보아야 한다. 오히려 왕권의 강화를 위해서라도 군주 스스로의 자기 수신과 경계가 요구되기 때문이다.

이처럼 형정이나 패도조차 적절히 활용함으로써 왕권을 강화하고 이를 통해 흐트러진 국가의 기강을 확립해야 한다는 시국관은 당대의 정치 현실, 특히 '세도世道'를 표방하면서도 실제로는 '세도勢道'로 치달은 19세기 전반의 정치 형태에 대한 작가의 비판의식의 소산임에 분명하다. 또한 그가 제시하는 왕권강화론은 18세기 이래의 탕평론이나 황극론과 어느 정도 사상적으로 연결되어 있으리라 추정해볼 수 있다. 그리고, 좀 더 조심스럽기는 하지만, 우리는 이와 같은 남영로의 정치

21 이태진, 앞의 글, 227~229쪽.

의식 혹은 시국관이 19세기 전반 서울과 근기 지역 사대부들 사이에서 널리 공유되고 있었던 시대정신의 한 흐름을 대변하고 있는 것은 아니었을까 추정해볼 수 있다.[22] 19세기 전반 세도정국하에서도 노론계 및 소론계 일부 실무관료세력 – 예를 들어 노론계이면서도 세도가문과는 정치적 견해를 달리했던 홍석주와 서준보, 소론계의 이면승 등–, 안동 김문의 일족이지만 산림적 성향이 강했던 김매순 같은 인물들은 군주가 국정의 주도권을 잡아야 한다는 왕권강화론을 피력하고 있었으며 정조대의 탕평정국기를 그 이상으로 존숭하고 있었다.[23] 이상의 주의주장을 통해 볼 때 남영로 또한 세도정권에 대해 비판적인 입장을 지니고 있었으며 왕권 강화를 그 대안으로 생각하고 있었음을 확인할 수 있다. 아마도 당대의 근기 지역 사대부들 사이에서 형성되어 있던 이와 같은 폭넓은 공감대가 익종의 대리청정기나 대원군의 집정기에 일련의 왕권 강화 정책이 추진될 수 있도록 만든 저변의 지지기반이 되어주었으리라 추정된다.

2) 과거제의 이정釐正과 사기士氣의 회복

『옥루몽』의 작가가 주목하고 있는 당대 현실의 가장 근본적이고 긴급한 문제가 왕권의 약화와 이로 인한 기강의 해이였다면, 이 못지않

22 그런 점에서 남영로의 정치적 성향을 벌열층의 그것과 동일하게 취급하거나 실세사류의 막연한 이상적 왕도정치론 정도로 평가할 수 없음은 분명하다.

23 박광용, 앞의 글.

게 강조하고 있는 또 하나의 문제는 '과거제의 문란'과 이로 인한 '사기士氣의 퇴타頹墮'라고 할 수 있다.

과거제의 문란은 『옥루몽』의 곳곳에서 거듭 지적되는 문제이지만, 특히 양창곡이 26세에 전원으로 물러나면서 황제에게 올린 아래의 표문表文은 이에 대한 작가의 문제의식이 잘 집약되어 선명히 드러나는 글이다. 영웅적인 주인공 양창곡이 재상으로서 10년이나 치국에 힘쓰고 물러나는 장면임에도 불구하고 표문에 묘사되는 현실은 지극히 암담하고 혼돈스럽기만 하다. 그런데 한편 생각해보면 양창곡이 이 표문에서 과거제의 문란을 격렬하게 성토하고 있지만, 정작 든든한 정치적 배경을 갖지 못했던 처사의 아들 양창곡이 출세할 수 있었던 것은 과거에 급제할 수 있었기 때문이다. 양창곡의 아들 또한 모두 과거에 급제해서 입신양명의 길을 걷는다. 그러므로 양창곡이 올린 이 표문에서 심각하게 제기되고 있는 과거제의 문란이란, 소설 내적 상황에 기반한 것이라기보다, 작가가 처한 당대의 역사적 현실에서 곧장 작품 속으로 인입된 문제라고 볼 수 있다. 작가는 표表나 소疏 같은 양식을 통해 현실에 대한 비판과 소회를 직설적으로 토로하고 있는 것이다.

> 신은 '좋은 장인은 나무를 탓하지 않고 강한 장수 밑에는 약한 병졸이 없다'고 들었습니다. 이는 모두 폐하에게 달린 것입니다. 『서경』에 이르기를 '우두머리가 밝으면 팔다리가 어질어지고 우두머리가 좀스럽고 자질구레하면 팔다리가 게을러질 것이다.'라 하였으니, 엎드려 원컨대 폐하는 천하에 인재가 없음을 한탄하지 마시고 폐하의 사람씀을 생각해보시며 신하의 불충을 책망하지 마시고 폐하의 성덕을 더욱 권면하소서. (…중략…)

성군이 위에 있으면 현명한 신하가 조정에 가득하고 혼암한 군주가 국정을 맡으면 소인이 조정에 가득차는 법이니 어찌 사람씀에 달려 있지 인재의 있고 없음에 달려있겠습니까? 오호라, 초야 암혈에서 재주를 닦으며 때를 기다리는 자가 귀를 기울이고 눈을 밝게 하여 조정의 기색을 살피는데, 폐하께서는 심궁에 처하여 그 소리를 듣지 못하시고 다만 환관 궁첩의 자잘한 말과 근시하는 신하들의 관습적인 절차 따위로 편히 즐기고 날을 보내시니 어찌 태평한 정치를 바라볼 수 있겠습니까? 폐하를 위해 나라를 다스리는 법을 말하는 사람은 반드시 풍속을 개량하고 법령을 세우며 재용을 아끼고 신민을 사랑하며 부세를 감면하고 형정을 밝게 하며 사치를 금하고 뇌물을 줄이라고 할 것입니다. 이는 모두 금일의 급무입니다. 하지만 그 말이 비록 옳기는 하나 그 근본을 바로잡았다고 말할 수는 없습니다. 비유하자면 일생토록 병이 많아서 수백 수천 가지 위급한 증세와 나쁜 조짐이 나날이 더해가는 데도 의논이 하나가 되지 못하여 애가 타고 발광하면 심경을 적셔주고 호흡이 급하면 폐경을 다스리고자 하여 동쪽이 마르면 서쪽이 문드러지고 남쪽을 부양하면 북쪽이 기울어지는 것을 깨닫지 못하니, 이것이 어찌 용렬한 의원의 상투적인 말이 아니겠습니까? 만약 편작이나 창공의 노성한 기술로 이를 살핀다면 원기를 북돋아서 여러 증상들을 순하게 했을 것입니다.

옛사람이 사士를 국가의 원기라고 하였습니다. 다만 먼저 사의 기운士氣를 기르고 난 연후에야 인재를 얻을 수 있으며 인재를 얻은 연후에야 나라를 다스리는 것에 대해 논의할 수 있을 것입니다. 금일 사의 풍습이 퇴락하여 거의 수습하기 어려운 지경에 이르렀습니다. 이것이 어찌 국가의 큰 근심이 아니겠습니까? 삼대 이래로 과법科法에 힘썼으니 주나라의 삼물빈홍

三物彬興의 법과 한나라의 현량방정과賢良方正科가 사기를 배양하고 인재를 거두어 쓰고자 하는 것이었습니다. 후세에 과법이 해이해져서 사士된 자가 한번 과거를 치르면 원기가 일층 꺾이고 두 번 치르면 심신이 백배 해이해지고 맙니다. (…중략…) 신은 과법의 이정이야말로 금일의 시급한 일이라 생각합니다.[24]

여기에서도 작가는 『상서』를 인용하면서 정국에 대한 군주의 총체적 책임감과 사람씀用人의 중요성을 강조하고 있다. 국가의 치란은 군주의 마음씀과 사람씀에 달려 있다는 것이다. 그런데 용인이란 바로 관리의 등용방식과 직결된 문제로, 중세 지배체제에서 과거법의 중요성은 두말할 나위 없다. 과거제의 공정한 시행 여부는 사실 조선이라는 유교국가에서 상시적으로 존재했던 민감한 문제였다고 볼 수 있다. 그런데 과거제의 문제점은 조선 전·후기에 걸쳐 지속적으로 제기되

24 臣은 聞之호니 良工은 無棄木ᄒᆞ고 强將은 無弱卒이라ᄒᆞ오니 此ㅣ 皆懸於陛下로소이다 書에 云 元首明哉면 股肱良哉며 元首叢脞哉면 股肱惰哉라ᄒᆞ니 伏願陛下ᄂᆞᆫ 莫歎天下에 無人才하시고 思陛下之用人ᄒᆞ시며 莫責臣子之不忠ᄒᆞ시고 益勉陛下之聖德ᄒᆞ소셔 (…중략…) 聖君이 在上則賢臣이 滿朝ᄒᆞ고 昏主ㅣ 當國則小人이 滿朝ᄂᆞᆫ 豈懸於人才有無리오 在於用也니 嗚呼ㅣ라 草野岩穴에 修才而待時者ㅣ 傾耳明目ᄒᆞ야 察朝廷氣色이어ᄂᆞᆯ 陛下ㅣ 處於深宮ᄒᆞᄉᆞ 不聞其聲ᄒᆞ시고 但以宦官宮妾의 細瑣之言과 近侍諸臣의 循例之節로 恬戲送日ᄒᆞ시니 安可望泰平之治乎잇가 爲陛下ᄒᆞ야 言治國經邦者ㅣ 必曰 改風俗ᄒᆞ며 立法令ᄒᆞ며 節財用ᄒᆞ며 愛臣民ᄒᆞ며 減賦稅ᄒᆞ며 明刑政ᄒᆞ며 禁侈奢ᄒᆞ며 節苞苴라 ᄒᆞ오리니 此皆今日之急務ㅣ라 其言이 雖宜ᄂᆞ 猶不可曰立其本이라 譬如一生多病ᄒᆞ야 見千百危症敗兆之日加ᄒᆞ고 議論이 不一ᄒᆞ야 見其焦燥發狂 則欲潤心經ᄒᆞ며 見呼吸喘促 則欲治肺經ᄒᆞ야 不覺東遏西潰ᄒᆞ고 南扶北傾ᄒᆞ니 此豈非庸醫의 循例之言이리오 若以扁鵲倉公의 老成之術로 觀之則扶元氣而順諸症矣라 ᄒᆞ오리이라 古人이 言士者ᄂᆞᆫ 國之元氣라 ᄒᆞ니 但先養士氣 然後에 人才를 可得이오 得人才 然後에 論治國經邦矣리니 今日 士習이 頹墮ᄒᆞ야 幾至於莫可收拾之境ᄒᆞ니 此豈非國家之大患이릿고 三代以來로 務科法ᄒᆞ야 周之三物彬興之法과 漢之賢良方正之策이 無非欲培養士氣ᄒᆞ야 收用人材라 後世에 科法이 解弛ᄒᆞ야 爲士者ㅣ 一經科擧則元氣ㅣ 一層沮喪ᄒᆞ고 再經則心神이 百倍懈怠ᄒᆞ야 (…중략…) 臣은 以爲釐正科法이 最爲今日之急務라 ᄒᆞ노니.(485~487쪽)

었지만 19세기 들어서 그 모순의 심도가 훨씬 깊어졌고 그만큼 자주 지적되었다. 과거제의 문란으로 인해 한번 과거를 치를 때마다 인심을 잃는다는 주장이 빈번히 제기되었으며 이에 대한 개선책으로 천거제가 계속적으로 주장되고 또한 부분적으로 실시되기도 했지만 별 실효를 거둘 수는 없었다.[25] 과거제 문란에 대해 당대 사대부들 대다수가 품고 있었던 비판적 인식은 『옥루몽』에서도 명확하게 나타난다.[26]

그런데 『옥루몽』에서 작가는 과거제의 문제점을 강력하게 제기하면서도 이를 특히 사의식의 위기와 연결지어 이해하는 나름의 인식을 보여준다. 앞에서 인용한 표문 가운데 19세기만의 고유한 문제의식을 찾는다면 아마도 작가 남영로가 과거제의 모순으로 인한 사기의 퇴타, 곧 '사의식의 위기'를 당대의 여러 사회적 위기의 하나가 아니라 그 근원으로 파악하고 있다는 점일 것이다. 즉 19세기 근기사족으로서의 작가 남영로는 과거제의 모순과 이에 따른 사기의 위축과 타락이, 여러 사회적 모순들과 나란히 놓여 있는 하나의 문제가 아니라, 오히려 그와 같은 다양한 문제들에 선행하고 그것을 생산해내는 근원적인 문제라고 보고 있다는 것이다. 그래서 작자 / 양창곡은 '풍속을 고치고 법령을 세우며 재용을 절약하고 부세를 감면하는' 등의 정책이 모두 당대의 급무가 아닌 것은 아니나, 그것은 본질적 모순의 현상태일 뿐 근원

25 한국역사연구회 19세기정치사연구반, 앞의 책, 670쪽.

26 『옥루몽』에 나타난 과거제의 모순에 대한 비판과 천거제를 중심으로 한 개선책은 기존 연구에서도 이미 지적된 바 있다. 특히 신재홍은 이 작품에 나타난 사습의 퇴타와 과거제의 문란에 대한 비판과 개선책이 당대 지식인의 일반적인 비판의식을 대변한 것이었다고 보며, 전통적인 과거제의 틀을 유지하면서 추천제를 강화하는 방향으로 과거제를 개선하자는 주장은 일정 정도 실학파를 비롯한 당대의 진보적 의식과 공유되는 면이 있다고 했다.(신재홍, 앞의 글, 133~136쪽)

은 아니라고 파악했다. 작자는 국가의 원기인 사기의 해이와 타락이야말로 사회적 위기와 모순의 근원이라고 파악하고 있는데, 여기서 우리는 작가의 내면에 자리하고 있는 '사'로서의 강한 자부심과 위기감을 아울러 감지해낼 수 있다. 물론 이는 작자 남영로의 계층적 성향과도 결부되어 있다고 볼 수 있을 것이다.

19세기는 중세적 지배체제를 지탱하던 중심 계층인 '사'(사족)의 정체성이 크게 위협받던 시대였다. 소수의 벌열가문이 주도하였던 세도정권은 더 이상 사(대부)라는 엘리트계층의 합의와 동의를 얻어낼 수도, 얻어내고자 하지도 않았다는 점에서 이미 주자학적 통치이념을 어느 정도 벗어난 지배체제라고 할 수 있다. 이러한 유교의 정치 이상에서의 일탈은 봉건적 생산관계의 급격한 해체와 모순에 따른 결과라고 할 수 있을 터인데, 유교적 정치이념을 떠받치던 농업보다는 도시상업 중심의 공리적 관심과 충동에 이끌렸고 정경유착을 통해 사적 치부를 도모하였던 세도정치를 두고 "엄밀한 의미에서 유교정치의 한 형태라 보기 어렵다"고 평가하는 것도 무리가 아니다.[27]

그런데 전통적으로 치인治人 계층이라 자부하였고 학문적 능력을 통해 중세적 지배체제의 중심으로 편입될 수 있었던 '사'의 역할과 정체성은 이러한 사회적 분위기와 조건 속에서 크게 위협받지 않을 수 없었다. 바로 이러한 심각한 자기 정체성의 위기가 작자 남영로에게는 현실의 가장 근원적인 병인으로 인식되고 있는 것이다. 이러한 근본적인 병인에 대해 남영로는 중세적 지배체제를 지탱하는 핵심계층으로

27 이태진, 앞의 글, 230쪽.

서의 사의 정체성을 회복하고 사의 합의에 의한 이상적 유교정치를 실현하는 길이 바로 과거제의 이정釐正에 달려 있다고 보았다. 사라는 계층적 정체성을 유지하기 위해서는 수기치인의 학문을 닦고 관리로 등용되어 입신양명하는 것이 필요한데, 과거제란 바로 지배계층 내부의 합리적인 권력 분배방식이자 합의 생산방식이기 때문이다.

이렇게 볼 때 작자는 지배층의 일원이면서도 현실 권력에서는 철저히 소외되어가는 '사'라는 계층의 일원으로 자신의 정체성을 설정하고 있었으며, 이러한 사로서의 정체성의 위기를 당대 현실의 근원적 문제라고 파악하고 있었다고 볼 수 있다. 그리고 다시금 사대부 계층의 광범한 합의를 도출해 낼 수 있고 권력을 공유할 수 있게 해주는, 천거제를 중심으로 한 과거제의 이정을 최우선의 해결책으로 제시하고 있다고 볼 수 있다.[28] 물론 이러한 대책은 이미 더 이상 유교적 정치이념에 의해 순리적으로 해결 불가능한 역사적 현실을 고려하지 못한 비현실적 대안이라고 볼 수 있다. 현실에서 소외되어가는 계층의 일원으로서 강렬한 비판의식을 드러내고 있음에도 불구하고 작자의 해결 전망이 복고적이고 원론적인 수준을 넘어서지 못하는 것은 이처럼 스스로의 모순에 의해 해체 단계에 이른 사족 지배체제의 근본적 한계를 응시할 수 없는 작가의 태생적 한계 때문일 수 있겠다.

그런데 이상에서 살펴본 작자의 현실 인식이 앞서 검토한 왕권강화론과 어떠한 관계를 지니고 있는지 따져보기로 하자. 사실 왕권의 강

28 『옥루몽』에서 양창곡은 유별나다고 할 만큼 명나라 사람이자 중화인이라는 자부심을 드러내고 있는데, 필자는 이를 문화인 혹은 문명인으로서의 사에 대한 작자의 강한 자부심과 위기감이 소설 속에 투사된 것이라고 파악하고 싶다.

화와 사기의 회복이라는 주장은 작자의 정치의식 속에서는 매우 긴밀히 연관되어 있는 관념이었다고 여겨진다. 작자에게 있어 군주와 사족은 중세 지배체제를 떠받치는 양축이면서 동시에 현실에서는 소외되어가는 존재로 상상되었다. 그래서 작가 남영로는 국가의 기강인 군주와 국가의 원기인 사의 권위와 힘을 회복하는 것이야말로 현실의 다양한 모순을 해결하는 근원적인 처방이라고 믿었다. 왕권의 강화를 통한 기강의 확립이나 과거제의 이정을 통한 사기의 회복이 중세체제를 떠받치는 근본을 세우는 긴급한 과제로 인식되었다는 것, 그리고 이 두 과제가 별개의 것이 아니라 연결된 하나의 문제로 여겨졌다는 것, 아마도 이것이 『옥루몽』의 작가 남영로의 정치론의 요체라고 말할 수 있을 것이다.

3) 보수원론적 정책과 대동大同의 치민론治民論

『옥루몽』의 여러 정치적 논설문에서는 앞서와 같은 원론적인 문제제기 이외에도 구체적인 치국의 방법을 제시한 것이 여럿 있다. 국가의 재정에서부터 풍속, 지방관의 행정에 이르기까지 다양한 시무의 개선책이 제시되고 있는데, 이곳저곳에서 제시되는 작가의 대안을 한마디로 규정하자면 '보수원론적'이라고 부를 수 있을 것 같다.

예컨대 작품 곳곳에서 빈번히 제시되는 국가 재정의 운용에 대한 작자의 대안을 살펴보면, 작가는 국가의 재정 고갈과 백성의 민생고를 구체적으로 지적한 후 십일세什一稅라는 고법古法을 지키는 것과 사치를 금하고 절용애민節用愛民하는 것 말고는 다른 대안이 있을 수 없다고 주장하고 있는 것이다.[29] 이처럼 현실의 문제에 대해서는 구체적으로 지적하면서도 정작 그 대책에 있어서는 관념적인 원론으로 귀결되고 마는 것은 당대의 집권층이나 실무관료들에게서도 자주 나타나는 양상이다.[30] 예컨대 민생과 재정의 파탄 원인을 사치에서 찾고 군주가 직접 검소함을 실천하고 사치풍속을 금하는 것 등을 그 해결책으로 제시하는 관념적 태도는 당대의 관료들에게 일반적으로 나타나는 것이었다.

그렇다면 세도정권에 대해 매우 비판적이었던 남영로가 제시하는 문제 해결의 대책 또한 대체로 지배층의 제시했던 대책과 크게 보아 다르지 않다는 것은 무엇을 의미할까? 이는 이미 중세적 정치이념과 인식틀로는 당대의 문제를 심층적으로 파악하고 대처할 만한 방안을 산출될 수 없었던 엄중한 역사적 현실을 반영한 것이라고 할 수 있다. 앞서도 밝혔듯이 퇴락해가는 '사'에서 자신의 정체성을 찾았던 작자 남영로는 집권 세도가문에 대해 준엄한 비판적 인식을 지니고 있었지만, 바로 그와 같은 계층적 정체성으로 인해 중세체제를 넘어서는 새로운 대안을 찾을 수는 없었던 것이라고 할 수 있겠다. 강렬한 현실 비판의식과 구체적인 대안의 부재는, 『옥루몽』과 같이 서울과 근기 지역의 사대부들이 창작한 장편소설들이 왜 한편으로는 현실에 대한 강한 비판의식을 보여주면서도 다른 한편으로는 현실에서 초월하여 낭만적

---

29 古之聖人이 論治國經綸에 不過節用愛民이라 ᄒᆞ시니.(567~568쪽)

30 19세기의 집권자들이 개혁정책更張에 대해 부정적이었던 것은 물론이다. 그런데 홍석주처럼 세도권력가들과 일정 견해를 달리했던 인물들조차 구체적인 정책에 있어서는 보수적 원칙론을 피력할 뿐이었다.(한국역사연구회 19세기정치사연구반, 앞의 책, 640~642쪽)

인 환타지로 퇴행할 수밖에 없었는지를 이해할 수 있게 해준다. 즉 소외되어가는 계층이 지닌 '전망의 부재'가 초월적인 환상의 세계로의 몰입이나 경사로 나타났다고 볼 수 있다는 것이다.[31]

그런데 『옥루몽』에서 빈번히 제시되는 정치론 가운데 주목할 만한 것으로 '대동'의 치민론을 들 수 있다. 남영로는 당대의 집권층이 가졌던 우민론적 적자론愚民論的 赤子論에 반대하고 전통적인 유가의 치민관이었던 애민론적 적자론愛民論的 赤子論을 견지하면서, 치민에서 특히 대동의 정신을 강조하고 있다. 『옥루몽』에서는 음악에 대한 논설이 빈번히 등장하는데,[32] 여기에서도 대동의 정신은 크게 강조된다.

> 폐하가 음악을 좋아하시니 신이 음악으로써 말씀드리겠습니다. 『악기』에 이르기를 '큰 음악은 천지와 더불어 화합한다'하였고 또 이르기를 '소리 없는 음악이 사방에 들린다' 하였으니, 군주가 덕을 닦고 정치에 힘쓰며 널리 교화를 베풀면 백성이 편안히 즐기고 천하가 태평할 것입니다. 늙은이가 격양가로 화답하고 어린이가 강구요를 불러 여항의 조화로운 기운이 천지에 충만하면 이것이 여민동락의 풍류가 아니겠습니까?[33]

---

31 서울과 근기 지역의 사대부들에 의해 창작된 19세기 장편소설들이 '현실에서 차단된 이념의 방수로'로서 기능했으며 결국 '특권계층의 허구적 유토피아로 몰입'되었다는 김종철의 평가는, 『옥루몽』에 한정해서 말하자면, 어떤 면에서는 타당하고 어떤 면에서는 부당하다고 여겨진다.(김종철, 앞의 글, 93・104쪽) 『옥루몽』이 현실에서 실현이 차단된 이념의 방수로로서 기능했다는 점은 동의할 수 있다. 하지만 『옥루몽』에 나타나는 초월적 세계로의 경사는 특권계층의 허구적 유토피아로의 몰입이라기보다 역사에서 소외되어가던 사계층의 자기 위안의 형식으로 이해되는 것이 옳지 않을까 필자는 생각한다.

32 『옥루몽』에 나타나는 음악관에 대해서는 위욱승, 「玉樓夢中的音樂要素和中國傳統音樂觀」, 『숭실대 논문집』 20, 1990을 참조. 음악 소재의 서사적 기능에 대해서는 심치열, 「옥루몽 연구」, 성신여대 박사논문, 1994, 79~100쪽 참조.

33 陛下ㅣ 好樂ᄒᆞ실ᄉᆡ 臣이 請言樂호리이다 樂記에 曰 大樂은 與天地同化라 ᄒᆞ고 又曰 無聲之樂이 曰 聞四方이라ᄒᆞ니 人君이 修德務政ᄒᆞ시고 廣宣教化ᄒᆞ야 百姓이 安樂ᄒᆞ고 天下

'여민동락', 즉 백성과 더불어 즐기는 '대동'의 정치이념은 물론 매우 원론적인 유가적 이상이었다. 그러므로 특별한 역사적 의미를 갖기는 어렵다고 볼 수도 있지만, 우리는 이것과 앞서 살펴보았던 왕권강화론이 맺고 있는 이론적 연결 맥락을 주목해볼 필요가 있다. 즉 왕권의 강화를 목표로 한 탕평의 이념이 "기층사회에 대한 시책에 적용될 때에는 대동大同으로도 표현"되었던 바, 탕평과 대동의 이념은 왕권이 하늘과 연결된 신성성을 지닌다고 보았던 탕평론자들에 의해 특히 고무되었다.[34] 그리고 이처럼 예악에 의해 백성을 교화하고 사회 질서를 바로잡고자 하는 이론적 모색은 이미 17세기 허목 같은 남인 계열의 사상가에게서부터 나타났다. 그의 '예악론'은 양반집권층의 자기 절제와 왕권의 강화, 민의 항산을 이루고자 하는 이론적 모색의 결과였고 주자의 사서 체계에 대한 학문적 회의의 결과였다.[35] 그런데 『옥루몽』에서도 주자의 사서 체계를 벗어나서 『상서』와 같은 원시 유교 경전이 빈번히 인용되는 양상을 확인할 수 있다. 허목에게까지 접맥되었다고 볼 수는 없겠으나, 적어도 『옥루몽』의 작자 남영로가 좁은 주자학적 학문 체계를 넘어서서 유교의 초기 경전, 즉 육경에 대한 일정한 이해를 가지고 있었으며 이것이 왕권 강화나 대동의 정치이념을 형성하는 데 영향을 미쳤을 것이라고 볼 수는 있을 것 같다. 남영로의 현실 개선책이 보여주는 보수원론적 노선은 바로 이러한 학문적·사상적 소양

ㅣ 太平 則老者는 和擊壤歌ᄒᆞ고 少者는 唱康衢謠ᄒᆞ야 閭巷和氣가 充滿天地ᄒᆞ면 此莫非與人樂樂之風流요.(285쪽)

34 박광용, 「조선 후기 당쟁과 정국운영론의 변천」, 이성무·정만조 외, 『조선 후기 당쟁의 종합적 검토』, 정신문화연구원, 1992b, 512쪽.

35 김준석, 앞의 글, 407~410쪽.

의 발로였는지 모르겠다. 그렇다면 이는 사회적 모순이 심화되어가던 현실에서 육경을 중심으로 한 원시 유교의 경전에서 그 해결책을 찾아 보고자 했던 19세기 사대부 지식인들의 학문적 일 경향을 반영한 것이었다고 볼 수 있을 것이다.[36]

3. 조선 후기 붕당론과 『옥루몽』에 드러난 붕당론

『옥루몽』에서는 여느 고소설보다 당쟁의 양상이 구체적이고 사실적으로 묘사되어 있다. 그러므로 작자의 붕당과 당쟁에 관한 의식을 살펴 보는 것은 작자의 정치의식을 이해하는 데 중요한 단서가 되어 줄 수 있다. 그런데 우선 『옥루몽』에 나타난 작자의 붕당관을 이해하기 위해서 작품의 서사 전개 과정 속에서 나타난 붕당의 양상과 양창곡의 표나 소를 통해 표명된 붕당론을 분리해서 비교해볼 필요가 있다. 지금까지 기존 연구는 대부분 작품의 서사 전개 과정 속에 나타나는 붕당의 양상에만 주목했고 이를 통해 작자의 붕당론을 해석하곤 했는데, 이를 통해 얻어진 결론은 작자가 양창곡의 입을 통해 직접 표명한 붕당론과는 다소 거리가 있다고 여겨지기 때문이다.

『옥루몽』에서 붕당이 형성되는 최초의 계기는 간신 로균이 천자가 총애하는 동홍과 자신의 누이를 결혼시키자 이를 비판하는 사류들이

36 이러한 학문적 경향은 17세기의 허목 이래 18~19세기의 정약용 등에게서도 나타났으며, 19세기에 이르면 김조순 같은 세도가에게서도 육경고문에 대한 강조가 나타난다.(한국역사연구회 19세기정치사연구반, 앞의 책, 709쪽)

그 연회에 참석하지 않음으로써 마련된다.

> 조정백관이 천자의 뜻을 받들어 연회에 참석했으나 오직 연왕・윤각로・소유경・황여옥・뇌천풍・마달・동초 십여 인만은 참석하지 않았다. 이로부터 조정의 의론이 분분해져서 맑고 곧은 사람은 로균의 비루함과 아첨함을 배척하여 연왕측에 붙으니 이를 청당이라 일컬었다. 한편 권세를 탐하면서 이해관계에 연연해하는 자들은 연왕의 정대함과 엄숙한 위의를 싫어하여 로균・동홍에 붙으니 이를 탁당이라 일컬었다.[37]

여기서 청・탁당 같은 붕당은 양창곡(연왕)의 주도해서 형성된 것이라기보다 군자는 군자끼리, 소인들은 소인끼리 모이는 과정에서 자연스럽게 형성되는 것으로 묘사되고 있다. 이 점을 통해 차용주는『옥루몽』의 붕당관이 구양수의 붕당론, 즉 '군자는 도를 따라 붕당을 이루고 소인은 이익을 따라 붕당을 이루는데 임금은 군자의 당을 골라 쓰면 된다'는 붕당론을 따르고 있다고 보았다.[38] 이러한 해석은 위의 인용문에서 확인할 수 있는 붕당 형성 양상과 어느 정도 부합되는 것이라고 볼 수 있다.

그런데 붕당의 존재를 묻는 천자의 물음에 대해 양창곡이 표명한 다음 답변에서는 이와는 다른 붕당론이 개진된다.

37 朝廷百官이 奉承天意ᄒᆞ야 參與宴席이나 惟燕王・尹閣老・蘇裕卿・黃汝玉・雷天風・馬達・董超十餘人이 不參ᄒᆞ니 自此로 朝廷之論이 紛紜ᄒᆞ야 淸介峻直者ᄂᆞᆫ 排斥盧均之鄙陋阿諂ᄒᆞ고 屬於燕王ᄒᆞ니 此稱淸黨이오 貪權樂勢ᄒᆞ야 患得患失者ᄂᆞᆫ 忌燕王之正大嚴威ᄒᆞ야 屬於盧均・董弘ᄒᆞ니 此謂濁黨이라.(276쪽)

38 차용주, 앞의 책, 152쪽.

"짐이 들으니 근일 조정에 청당·탁당의 당론이 있다 하니 이 어찌된 말인가?" 연왕이 아뢰되 "「홍범」에 이르기를 '왕도는 탕탕하니 무편무당이라' 하였으니, 당론이란 군주가 논할 만한 것이 아닙니다. 신이 비록 불충하오나 어찌 붕당을 만들어 권세를 다투겠습니까? 이것은 불과 사사로운 논의가 서로 지칭하여 만든 것에 불과하니, 원컨대 폐하는 다만 선에 힘쓰는 자는 등용하시고 불충한 자는 멀리 배척하실 뿐 시비를 나누는 데 마음을 두지 마십시오."[39]

여기서 양창곡은 탕평의 이론을 제공하였던 『상서』「홍범」편을 인용하면서 붕당의 존재의의를 부정하고 있다. 즉 사사로운 논의가 서로를 공격하기 위해 상대방을 붕당이라 지칭하는 것일 뿐이니, 군주는 무편무당해야 하고 당론이 아니라 그 각 개개인의 군자·소인됨과 시시비비를 가려야 한다는 것이다. 이러한 양창곡의 붕당론은 구양수의 붕당론과는 상당한 차이가 있다. 구양수의 붕당론이 진정한 붕당이란 군자에게서만 있을 수 있다는 강한 붕당긍정론인데 반해, 이 인용문에서 드러난 양창곡의 붕당론은 오히려 붕당폐해론에 가깝기 때문이다.

조선조 붕당의 발생은 지주전호제의 발달로 중소지주층이 증가하고 이들이 사족층으로 형성되는 16세기로 거슬러 올라간다. 중소지주층인 사족들이 지역사회의 운영을 자임하려고 향당을 결성하면서부

39 朕聞近日朝廷에 有淸濁黨論이라ᄒᆞ니 是何言也오 燕王이 奏曰 洪範에 云 王道蕩蕩ᄒᆞ야 無偏無黨이라ᄒᆞ니 黨論은 人主之所不可論者也ㅣ라 臣雖不忠이오ᄂᆞ 何可作朋黨爭權乎잇가 此不過私論之相成而指稱이오니 願陛下ᄂᆞᆫ 但務善者 則登而用之ᄒᆞ시고 不忠者 則斥而遠之ᄒᆞ샤 勿更留念於分析是非ᄒᆞ소셔.(278쪽)

터 서서히 학연을 중심으로 한 붕당이 형성되어 갔으며, 이는 군주와 신하의 관계에 대한 종래의 관념의 수정을 요구하는 데로까지 발전하였다. 그리하여 종래의 왕권 전제주의 대신 군주와 신하가 함께 통치한다는 군신공치주의가 대두되자 기존과는 다른 붕당론이 요구되었다.[40] 건국 초기만 하더라도 절대적으로 죄악시되었던 붕당이 이제는 공도를 실현하기 위해 군자들의 결집이 필요하다는 논리로 적극적으로 인정되기에 이른 것이다.

바로 이러한 붕당관의 변화에 결정적 논리를 제공한 것이 구양수-주자의 붕당론이었다. 구양수가 군자와 소인의 붕당 결집이 자연스러운 것이라고 붕당을 옹호하였다면, 주자는 더 나아가 임금이 적극적으로 군자의 당을 돕고 심지어는 군자의 당에 들어야 한다고 주장함으로써 붕당의 존재를 적극 옹호하였다. 이러한 구양수-주자의 강한 붕당긍정론은 특히 송시열에게로 이어져 '군자소인변'의 논리로 강화되는데, 이것이 노론의 붕당론과 의리론의 뿌리를 이루게 되었음은 앞서 지적한바 있다. 즉 노론당만이 군자의 당이며 임금은 노론당에 협력하고 합류해야 한다는 것이 송시열, 한원진 등 노론계 일반의 붕당론이었던 것이다.[41] 이러한 붕당긍정론은 군자의 당이 적극 긍정되고 군자의 당을 통한 통치가 강조됨으로써 결국 왕권제한론-신권강화론의 성격을 띠게 된다. 군주의 전제화를 막고 군주 일개인에 의한 통치가 아니라 군자의 당을 통한 통치를 이루자는 것이 노론계의 일관된 정치이

40 이태진, 앞의 글, 221~223쪽.

41 본고에서 살핀 조선 후기 붕당론의 추이에 대해서는 정만조, 「조선시대 붕당론의 전개와 그 성격」, 『조선 후기 당쟁의 종합적 검토』, 정문연, 1992 참조.

념이었다. 그런데 이러한 노론계의 붕당론은 왕권강화론을 주장했던 작자 / 남영로의 정치론과도 거리가 멀 뿐 아니라, 양창곡이 제시한 붕당론과도 다르다.

그런데 이와 관련해서 주목해볼 만한 조선 후기의 주요한 붕당론으로 영조 이후 부상한 '황극탕평론皇極蕩平論'을 들 수 있다. 황극탕평론이란 당색에 관계없이 진현퇴사를 해야 한다는 것으로, 인물의 변별이나 시비의 판정을 군주에게 귀속시킨다는 입장이다. 이는 조선 후기에 심화되어가던 붕당의 폐해를 이상적인 왕권의 강화를 통해 해결코자 한 일종의 파붕당론破朋黨論이었다. 바로 이 황극의 이론이 『상서』「홍범」편에서 구해졌다는 점은 앞서 지적한 바 있다. 그런데 앞서 인용문에서 보았듯이 양창곡은 『상서』「홍범」의 구절, 즉 "왕도는 탕탕하니 무편무당하다(王道蕩蕩 無偏無黨)"는 구절을 인용하면서 붕당의 존립 의의를 부정하고 있으니 작자 / 양창곡의 붕당론은 기본적으로 황극탕평론에 기반하고 있다고 보아야 할 것 같다.

이 점에서 다음의 구절 또한 눈여겨볼 만하다. 반역한 로균과 선우를 쳐부수고 나서 소유경이 로균의 잔당을 완전히 삭출하자는 주장을 펴자 이에 대해 연왕 양창곡이 피력하고 있는 견해이다.

> 연왕이 아뢰되 "왕도는 탕탕하여 무편무당합니다. 폐하는 다만 선한 자를 쓰고 불초한 자를 멀리하실 것이니 어찌 당론으로 현명함과 불초함을 변별하시겠습니까? (…중략…) 엎드려 원컨대 폐하는 청탁의 당론이나 로균과의 친소를 묻지 마시고 다만 재능에 따라 등용하시며 그 어짊 여부를 살피소서."[42]

앞서와 마찬가지로 양창곡은 「홍범」편을 인용하면서 붕당의 존재의의와 그 필요성을 부인하고 있다. 특히 여기서 작자 / 양창곡은 당색에 의한 인재 등용에 대해 매우 비판적인데, 이는 '처음 주창한 자가 군자이면 이 편을 따르는 자는 모두 군자의 류이다'는 노론계 집권층의 붕당관에 대한 비판적 인식을 표명한 것이라고 볼 수 있을 것이다.

이처럼 양창곡을 통해 표명된 작자의 붕당론은, 기존의 연구자들이 한결같이 지적했던 구양수-주자의 붕당론에 기초하고 있는 것이라기보다 '황극탕평론'에 기초하고 있는 것이라 여겨진다. 그리고 이러한 붕당론은 특히 왕권의 강화를 주장했던 작가의 정치론의 자연스런 귀결이라고 볼 수 있다. 아마도 이러한 붕당론의 뿌리를 소급해 올라가면 남영로의 5대조이자 탕평정치를 최초로 주장했던 소론의 영수 남구만으로까지 연결될 수 있을 터이다. 하지만 굳이 그렇게까지 소급하지 않더라도 당대의 집권층이 내세웠던 독존적 붕당론에 대한 근기사족 전반의 비판의식에서 그 기원을 찾을 수 있을 것이다.

그러나 이렇게 양창곡 / 작자에 의해 당당히 천명된 붕당론에도 불구하고 서사 내적 현실에서는 군자당과 소인당이 나뉘어져 격렬하게 대립하고 있는데, 이를 어떻게 이해해야 할까? 우선 그 이유의 하나는 『옥루몽』이 지닌 영웅소설적 구성에서 찾을 수 있을 것이다. 충신과 간신의 대결, 간신의 반역이나 외적의 침입에 맞선 주인공의 영웅적 활약 등 영웅소설의 관습적인 서사장치들을 적극 취하고 있는 『옥루

42 燕王이 奏曰 王道는 蕩蕩ᄒᆞ야 無偏無黨이라 陛下ㅣ 但用善者而遠不肖니 豈以黨論으로 辨賢不肖乎잇가 (…중략…) 伏願陛下는 不問淸濁黨論 與盧均之親疎ᄒᆞ고 但用才能ᄒᆞ시며 察其賢否ᄒᆞ소셔.(400쪽)

몽』에서 붕당 간의 갈등을 양시양비의 입장에서 묘사하기란 애초 불가능했다고 볼 수 있다.

그런데 『옥루몽』에서 로균은 의식적으로 붕당을 형성하는 데 반해 양창곡은 일관되게 붕당을 반대하며 청의淸議를 이끌어 나간다. 이 점에서 보면 작자의 붕당론은 영조대의 '완론緩論 탕평론'보다는 정조대의 '준론峻論 탕평론'에 더 가까운 것이 아닐까 추정해 볼 수 있다. '준론 탕평론'이란 붕당의 타파 그 자체보다는 의리의 변별을 더 중시하는 입장으로, 청류를 표방하면서 당색에 관계없이 외척세력에 대립했던 노론계의 청명당淸名黨, 남인계의 청남淸南, 소론계의 준소峻少에 의해 적극적으로 주장되었던 붕당론이었다.[43] 작자가 청 · 탁당의 대립에서 붕당의 조제와 인협을 반대하고 오로지 붕당과 상관없이 공도만을 들어 쓸 것을 강조하고 있는 점이 이를 뒷받침해 준다.

그런데 무엇보다 『옥루몽』에서 의식적으로 제기된 붕당론과 서사 속에 묘사된 붕당 현상 간의 괴리는 이미 붕당이 제대로 기능할 수 없게 된 정치 현실이 반영된 것이라고 보는 편이 타당할 것 같다. 권력이 소수의 벌열가문의 수중에 장악되었던 19세기 세도정치기에는 사실상 붕당의 실질적인 의미와 기능이 거의 사라져버렸다고 할 수 있다. 붕당들이 갈등하면서 정치적 투쟁을 격화시켰던 17~18세기와는 이미 역사적 상황이 크게 달라졌다는 것이다. 소수의 집권층과 다수의 소외된 사족층이 대립하는 국면에서 노론 · 소론 같은 기존의 당색 구분조차 그리 큰 의미를 갖지 못하게 되었다. 『옥루몽』에서 작자 / 양창

43 박광용, 앞의 글, 1992b, 516쪽.

곡에 의해 개진된 황극탕평의 붕당론이란 군주의 강력한 권한과 판단력을 전제로 한 것인데, 이 점에서 양창곡 / 작자가 개진한 붕당론이란 어느 면에서 현실과 거리가 먼 하나의 이론적 언명에 그칠 뿐이다. 『옥루몽』의 서사가 보여주는 로균의 탁당과 양창곡의 청당 간의 대결은 붕당에 관한 이론적 담론이 구현된 것이라기보다, 국가 권력을 장악하고 농단하는 집권 세력에 대한 작가의 철저한 부정과 비판의식이 표현된 것이라고 볼 수 있지 않을까 싶다.[44]

4. 정리와 남은 문제들

이상으로 『옥루몽』에 나타난 작자 남영로의 정치의식을 몇 항목으로 나누어 살펴보았다. 『옥루몽』에 개진된 '왕권의 강화를 통한 기강의 확립', '과거제의 이정을 통한 사기의 회복' 등에 대한 작가의 주장을 통해 우리는 19세기 전반 현실 권력에서 소외되어가던 근기 지역 사족들의 비판의식과 위기의식을 엿볼 수 있었다. 그리고 이러한 강렬한 비판의식에도 불구하고 정작 보수원론적인 대안 이외에는 제시할 수 없었던 사실에 주목함으로써 역사적 변화에 대한 적절한 방향감을 상실한 근기 지역 사족의 역사적 한계를 읽어낼 수도 있었다.

물론 이를 전적으로 남영로만의 정치의식 혹은 그 한계로 읽어낼 필요는 없을 것이다. 아마도 그의 현실 비판의식과 정치론은 많은 부분

44 『옥루몽』의 주인공 양창곡은 불과 26세의 나이에 관직에서 물러나 초야로 돌아간다. 국가 권력의 집중과 남용을 용납하지 않으려는 작가의 과도한 문제의식이 여기에 엿보인다.

동시대 사족 일반의 공감을 바탕으로 하고 있었을 것이다. 『옥루몽』의 대중적 인기는 그러한 공감의 폭을 간접적으로 방증한다. 『옥루몽』은 동시대의 어느 소설, 앞 시대의 어느 소설에 비교해서도 작가의 정치적 주의주장이 강력하게 피력되어 있는 작품이다. 현실을 향한 교술적 이념과 현실을 초월하고자 하는 낭만적 환상이 공존하면서 전자는 때로 후자를 뚫고 돌출하기도 한다. 이는 19세기 장편소설 일반의 특징이지만, 특히 『옥루몽』의 경우 더욱 두드러지다.

본고에서는 『옥루몽』의 작가 남영로가 품고 있었던 정치현실에 대한 문제의식, 그러한 문제의식의 역사적 성격 등에 대해 간략하게 살펴보았다. 하지만 아마도 가장 핵심적인 물음은 그러한 정치의식이 작품의 서사적 형식, 즉 인물 형상화나 사건 구성 등과 어떻게 관계되는 것일까 하는 점일 것이다. 현실에 대한 교술적 이념과 현실 초월의 낭만적 환상이 어떻게 교직되는가를 정치하게 살피는 것이야말로 『옥루몽』의 정치성을 해명하는 첩경일 것이다. 이러한 논점을 필자는 추후의 과제로 삼겠다.

참고문헌

『옥루몽』, 동국대 한국학연구소 편, 『활자본고전소설전집』 6, 아세아문화사, 1976.

김문식, 「상서 연구서를 중심으로 본 정약용과 홍석주의 정치사상 비교」, 『한국사론』 20, 서울대 국사학과, 1988.

김종철, 「19세기 중반기 장편영웅소설의 한 양상」, 『한국학보』 40, 일지사, 1985.

김준석, 「조선 후기의 당쟁과 왕권론의 추이」, 이성무・정만조 외, 『조선 후기 당쟁의 종합적 검토』, 정신문화연구원, 1992.

박광용, 「19세기 전반의 정치사상」, 『국사관논총』 40, 국사편찬위원회, 1992a.

______, 「조선 후기 당쟁과 정국운영론의 변천」, 이성무・정만조 외, 『조선 후기 당쟁의 종합적 검토』, 정신문화연구원, 1992b.

서대석, 「옥루몽의 갈등구조」, 『한국학논집』 1, 계명대 한국학연구소, 1973.

______, 「옥루몽의 양면성」, 『고전문학연구』 2, 한국고전문학연구회, 1974.

성현경, 「옥련몽 연구」, 『국문학연구』 9, 국문학연구회, 1968.

신재홍, 「옥련몽과 옥루몽의 비교 검토」, 『고전문학연구』 6, 한국고전문학연구회, 1991.

심치열, 「옥루몽 연구」, 성신여대 박사논문, 1994.

위욱승, 「玉樓夢中的音樂要素和中國傳統音樂觀」, 『숭실대 논문집』 20, 숭실대, 1990.

______, 「옥루몽 가운데서 논설문과 실용문이 논 역할」, 『고소설사의 제문제』, 집문당, 1993.

이태진, 「조선왕조의 유교정치와 왕권」, 『한국사론』 23, 서울대 국사학과, 1990.

정만조, 「조선 후기 붕당론의 전개와 그 성격」, 이성무・정만조 외, 『조선 후기 당쟁의 종합적 검토』, 정신문화연구원, 1992.

정석종,『전통시대의 민중운동』하, 풀빛, 1981.
차용주,『옥루몽 연구』, 형설출판사, 1981.
한국역사연구회 19세기 정치사연구반,『조선정치사』, 청년사, 1990.

19세기 역병疫病 체험의 문학적 형상*

이주영

1. 문학의 소재로서의 역병

본고에서는 조선 후기, 특히 19세기 질병 체험의 문학적 형상에 대해 살펴보고자 한다.[1] 질병 체험 중 19세기 문학의 지형에서 그 의미를 평가할 수 있는 것은 바로 역병과 관련된 것이다.[2]

---

* 본고는 『한국어문학연구』 55집(한국어문학연구학회, 2010)에 수록된 논문을 수정・보완한 글이다.

1 문학에 나타난 질병 체험과 관련한 최근의 연구로는 김영주, 「朝鮮漢文學에 나타난 痘疫」, 『한문교육연구』 29, 한국한문교육학회, 2007, 515~543쪽; 김동준, 「疾病 소재에 대처하는 韓國漢詩의 몇 국면」, 『고전과 해석』 6, 고전문학한문학연구학회, 2009, 77~109쪽 등이 있다.

2 조선의 19세기는 1799년(正祖 23년)에 있었던 전국적 역병에 의해 각 당파의 주요인물이었던 채제공蔡濟恭(1720~1799), 김종수金鍾秀(1728~1799), 서호수徐浩修(1736~1799) 등이 사망하는 것과 함께 시작되었다. 또 지구적인 인구 이동이 일어났던 19세기는 아시아를 강타한 수차례의 대역병, 즉 콜레라가 수천만 명의 목숨을 앗아갔고, 시간차를 두고 유럽・러시아・아메리카 등지로도 전파되었다. 이는 조선에도 많은 피해를 끼쳤으며, 진휼賑恤 문제와 관련하여 유민의 발생과 도시의 인구 변화 등을 불러왔을 것으로 생

'역疫'이라는 것은 집단적 발병의 의미를 지니는 것으로, 역병의 유행은 삼국시대의 기록에서부터 나타나며 조선 전기의 기록에서도 역병 유행을 알 수 있다. 그런데, 17세기 이후는 '전염병의 시대'라고 할 수 있을 정도로 역병이 더욱 크게 유행했으며, 이상기후 및 기근 등과 겹쳐 큰 인명피해를 낳기도 했다. 이 시기 많이 유행했던 역병으로는 두창痘瘡과 홍역紅疫, 티푸스계 질병, 콜레라 등을 들 수 있는데, 특히 19세기에는 두창과 콜레라가 발병율과 치사율의 측면에서 그 파괴력이 매우 컸다. 이 시기는 내부에 토착화되어 있던 역병(두창 등)과 외부로부터 새로 유입된 역병(콜레라)이 동시에 큰 위력을 발휘하는 시기이기도 하며, 이 질병들의 대규모 창궐은 19세기 말 서구 및 일본에서 유입된 근대의료체계가 조선에 자리잡는 데에 가장 주요한 역할을 했다.

이처럼, 전염병은 그 시대의 사회문화적 환경이나 문명과 밀접한 관계를 가지고 발생해 왔으며, 반대로 전염병이 한 사회 내에서 인구구조와 노동 조건, 정치적 역학 관계를 바꾸기도 하고, 지구적인 차원에서 문명의 형성 및 전파와 인간의 대규모 이주에도 영향을 미친다.[3] 따라서 문학에 형상화된 역병 체험을 살펴보는 것은 재난이 끼친 위기의 이면적인 것을 보는 데 도움이 되리라 생각한다.

조선 후기 문학에 형상화된 역병 체험은 역병 자체만을 작품의 소재

각된다. 19세기의 역병 유행에 관해서는 조광, 「19세기 민란의 사회적 배경」, 진덕규 외, 『19세기 한국 전통사회의 변모와 민중의식』, 고려대 민족문화연구소, 1982, 183~235쪽; 신동원, 「조선 말의 콜레라 유행, 1821~1910」, 『한국과학사학회지』 11-1, 한국과학사학회, 1989, 53~86쪽; 이규근, 「조선 후기 질병사 연구-조선왕조실록의 전염병 발생 기록을 중심으로」, 『국사관논총』 96, 국사편찬위원회, 2001, 1~42쪽 등을 참고하였다.

3 윌리엄 H. 맥닐은 『전염병의 세계사Plagues and Peoples』(1975)에서 전염병을 통해 인류의 문명사를 재구성하고 있다.(김우영 역, 이산, 2005)

나 주제로 삼은 것보다는, 다른 조건들과 결합하여 삶과 죽음의 핍진한 모습을 드러내거나 공동체의 재난으로 인한 사회 모순의 표출을 표현하는 경우가 많다. 그 과정에서 역병의 치료 과정, 역병 환자를 치료했던 의원, 역병을 일으키는 것으로 여겨졌던 역귀疫鬼나 여귀厲鬼, 역귀를 달래고자 지내는 여제厲祭 등이 형상화된다. 그리고 문학은 현실을 단순히 반영만 하는 것이 아니라 그것을 재구성한다는 점에서, 문학에 나타난 역병 체험은 병에 대한 두려움과 긴장, 죽음에 대한 정서와 시신屍身에 대한 태도 등 심리적인 부분까지도 드러낸다. 이 글에서는 야담野談, 인물 전傳, 여제의 제문祭文, 한시漢詩, 가사歌辭, 판소리계 소설 등 역병 체험이 비중 있게 등장하는 텍스트를 대상 자료로 삼고 그 문학적 형상과 의미에 대해 고찰해보고자 한다.

2. 역병의 참상

전염병은 전쟁의 비극과도 견줄만한 불가항력의 재난이었다. 문학에서 역병은 종종 개인의 삶에 큰 타격을 입히거나 삶의 지속을 종료시키고, 인생과 세계에 대한 인식의 변화를 불러일으키는 역할을 했다. 이러한 역할을 했던 대표적 질병은 두창, 즉 천연두였는데, 이것은 조선시대 내내 많은 피해를 낳았던 전염병이었다.

두창 체험이 잘 형상화된 것으로는 18세기 중반에 창작된 눌은訥隱 이광정李光庭(1674~1756)의 「김순부전金淳夫傳」을 들 수 있다.[4] 이 전은 작품의 구성과 천연두라는 질병이 긴밀한 관계에 놓여 있는 점이 특징적이다. 작품 곳곳에 천연두의 창궐 양상과 순부의 운명을 예언하는 점복占卜이 복선으로 깔려 있는데, 이는 작자의 의도적인 구성으로 보인다. 온갖 고난과 억울한 귀양살이를 겪고 집에 돌아온 후에, 마침내 재앙적인 역병이 덮쳐 삶을 마감하는 결말은 김순부의 일생에 비극미를 더해준다. 이렇듯 역병은 '피할 수 없는 운명'을 상징하며, 개인의 인생에 닥치는 불가항력적인 삶의 조건을 표상한다.

그러나 두창은 조선인들이 오랫동안 경험해 왔고 어느 정도 치료법도 터득했었기 때문에, 병을 이겨내면 이를 하늘의 복으로 생각하거나 상서로운 조짐으로 받아들여 시를 창작하기도 하였다.[5] 병에 대한 인식이나 질병 체험 뒤 삶에 대한 개인의 태도 변화는 문학 갈래와 작자의 신분에 따라, 또 병의 종류에 따라 달랐을 것이다. 19세기의 가사와 판소리에서는 더욱 질병 체험의 핍진한 양상이 나타나는데, 19세기 중반에 동리桐里 신재효申在孝(1812~1884)가 글로 정리한 판소리 「변강쇠가」와 창작 시기가 19세기 말~20세기 초반으로 추정되는 가사 「덴동어미화전가」에서 이를 확인할 수 있다. 두 작품은 모두 주인공의 상부喪夫한 내력을 서술하는 부분에서 질병 체험이 드러난다.

「변강쇠가」의 앞부분에서는 옹녀의 전 남편들이 사망한 원인을 나

4 李光庭, 『訥隱集』 卷20, 「金淳夫傳」. 이 작품은 김순부라는 사람이 향권鄕權을 둘러싸고 벌어지는 권력투쟁에 억울하게 연루된 사건을 주된 줄거리로 삼고 있다. 그는 어린시절 큰아버지의 후사로 큰어머니에게 입양되었는데, 전염의 위험 때문에 천연두로 죽은 친어머니 상喪에 참여하지 못했다. 어른이 되어서는 모함을 받아 감옥살이를 하고 유배를 가는데, 내내 천연두가 창궐한다. 해배된 이후에 끝내 천연두에 걸려 가족들과 함께 죽게 된다. 작자인 이광정은 김순부의 죽음에 대해, "기막힌 재난이 닥치리라는 것을 이미 알았지만 능히 피할 수 없었으니, 운명이다" 라며 슬퍼한다. 이처럼 천연두의 그림자는 그의 일생 동안 주위를 맴돌았던 것이다.

5 김영주, 앞의 글, 526~537쪽 참조. 윤기尹愭와 정약용丁若鏞은 아이들의 두창 완쾌를 기뻐하며 시를 짓기도 했다.

열하는데,[6] 이는 질병과 밀접한 관계가 있는 것이었다. 첫 남편이 첫날 밤 잠자리에서 죽었다고 했지만, 사실 '급상한'은 열과 몸살 기운 등 역병에 따르는 일반적인 증상이다. '당창병'은 매독梅毒으로 알려져 있고 '용천병'은 나병癩病이다. 일곱 명의 남편 중 강쇠까지 포함하면 네 명의 남편이 질병으로 사망하는 것이다. '옹녀의 남편 및 그녀가 접촉한 남성의 연쇄적 죽음'이라는 충격적인 사건을 반복적이고 변주적으로 서술하여 리듬감마저 느끼게[7] 하는 「변강쇠가」의 앞머리는 텍스트에 드리워진 죽음의 강박적인 그림자를 잘 표현해낸다.

「덴동어미화전가」의 덴동어미도 네 명의 남편 중 두번째 남편을 괴질(콜레라)로 잃게 된다.[8] '병술년 괴질丙戌年 怪疾'(1886년) 때의 역병 체험[9]을 화자인 덴동어미가 서술하는데, 가사의 특성상 화자 내면의 심

6 "열다셧에 어든 書房 첫놀밤 잠자리에 急傷寒에 죽고, 열여셧에 어든 書房 唐瘡病에 튀고, 열일곱에 어든 書房 龍쳔病에 페고, 열여듧에 어든 書房 베락마져 식고, 열아홉에 어든 書房 天下에 大賊으로 捕廳에 쩌러지고, 스물살에 어든 書房 비상먹고 도라가니, 書房에 퇴가 나고 송장치기 신물난다." 신재효, 「변강쇠歌」(星斗本B), 강한영 편, 『신재효 판소리 전집』(영인본), 연세대 인문과학연구소, 1969, 1쪽. 띄어쓰기와 문장부호는 필자.

7 이주영, 「'기괴하고 낯선 몸'으로 변강쇠가 읽기」, 『고전과 해석』 6, 고전문학한문학연구학회, 2009, 53쪽. 강조는 필자.

8 "병슐연괴질 닥쳐고나 / 안팍소실 三十여명이 // 홈박모도 병이드려 / 사을마닉 씌나보니 // 三十名소슬 다쥭 고셔 / 主人혼나 나ᄒᆞ나쌘이라 // 슈千戶가 다쥭고셔 / 사라나니 몃읍다닉 // 이셰上 天地간의 / 이른일이 쏘잇는가 // 서방임신치 트려잡고 / 긔졀ᄒᆞ여 업드러져셔 // 아조쥭乙쥴 아라드니 / 게우인사를 차리여닉 // 익고익고 어릴거나 / 가이업고 불상ᄒᆞ다 // 셔방임아 셔방임아 / 아조벌덕 이러나게 // 쳔유여리 타관긱지 / 다만닉외 와다가셔 // 날만ᄒᆞ나 이곳두고 / 쥭단말이 원말인가 // 쥭어도 갓치쥭고 / 사라도 갓치사지 // 이닉말만 밍심ᄒᆞ고 / 삼사연근사 헌일일식 // 귀훈몸이 쳔인되여 / 만여금돈乙 버리더니 // 일슈월슈 장변쳬게 / 돈씐사람이 다쥭어닉 // 쥭은낭군이 돈달나나 / 쥭은사람이 돈乙쥬나 // 돈닐놈도 읍거니와 / 돈바든들 무엇홀고 // 돈은가치 버러시나 / 셔방임읍시 씰디읍닉" 「(덴동어미)화전가」, 김문기 편, 『서민가사연구』, 형설출판사, 1983, 319~320쪽.

9 1886년 즈음의 콜레라 유행은 외국인들이 남긴 기록에서 자세히 볼 수 있다. 알렌은 1886년 여름 콜레라 유행 시 들것 하나에 시체 3구씩 나르거나 심지어 5구를 운반하여 얕은 구덩이에 묻어버리는 것을 목격했다고 하고, 샤를 바라는 콜레라로 인해 유령의 도시가

정까지 잘 토로되고 있다. 여각의 식구 30여 명이 모두 병이 들어 쓰러졌다. 덴동어미 자신이 사흘 만에 깨어나 보니, 모두 죽고 주인과 자신밖에 남지 않은 기막힌 상황이 펼쳐진다. 괴질은 마을 전체의 생목숨을 휩쓸고 가버렸으며 이것은 치사율로 따지자면 90%가 넘는 어마어마한 수치로, '수천 호의 사람들이 다 죽고 살아난 이는 몇 없는' 처참한 풍경, 즉 인간의 의지와는 전혀 상관없는 삶과 죽음의 경계를 비극적으로 그려내고 있다. '이 세상 천지에 이런 일이 또 있을까' 한탄하며 남편의 시신을 붙잡고 실신한 덴동어미의 모습이 떠오른다. 몇년간 고생스럽게 벌어서 장변場邊놀이로 시장 사람들에게 빌려 준 돈은, 빌려준 사람(남편)도 죽고 빌려간 사람도 다 죽어서 되돌려 받을 수가 없다. 이는 공동체의 인적 구성 및 도시의 경제생활에도 심한 타격을 입힌 것이며, 심정적으로는 이미 '그라운드 제로'를 방불케 하는 재앙의 현장이다. 덴동어미의 인생은 다시 원점으로 되돌아가거나 원점보다도 못한 상태가 되었기 때문이다. 피할 길이 없이 압도적으로 닥치는 재앙이라는 점에서 더욱 그 참혹함과 무시무시함이 부각되는 것이다.

역병은 그 전염의 성격과 집단적 발병으로 인해 사회적, 국가적 차원의 대응을 요구하기에, 문학에서도 공동체적 차원에서 역병의 피해를 묘사하는 경우가 많다. 역병이 집단적 인명 피해를 낳는 것을 형상화한 경우는 역병 귀신과 관련된다.[10] 비정상적인 죽음을 맞이한 사람

된 경북 청도의 모습을 묘사하고 있다. H. N. 알렌, 신복룡 역, 『조선견문기』, 집문당, 1999, 186쪽; 샤를 바라, 성귀수 역, 「조선종단기」, 『조선기행』, 눈빛, 2001, 175~176쪽.

10 임방任埅(1640~1724)의 『천예록天倪錄』에도 전염병을 퍼뜨리는 귀신을 소재로 한 이야기가 5편 있다. 집단적인 전염병을 일으키는 귀신의 존재를 믿었던 것, 그리고 그 귀신을 잘 달래면 전염병을 치유할 수 있다고 믿었던 것에는 역병의 순조로운 치료에 대한 원망願望이 투사되어 있다. 즉 비현실적으로 보이는 귀신 이야기들에는 역병의 집단적 발병

들의 악기惡氣가 흩어지지 않고 뭉쳐서 역병을 불러온다고 여겼기 때문이다. 이러한 역병 귀신을 달래기 위한 제사가 여제厲祭이며,[11] 역병 체험을 잘 보여주는 문학 갈래 중 하나가 바로 여제의 제문祭文이다. 여제 및 별여제別厲祭=別慰祭 설행은 역병에 대한 국가적 차원의 대응이었다. 여제는 조선 전기부터 거행되었지만, 그 횟수가 눈에 띄게 늘어난 것은 17세기부터이며 19세기에도 많이 설행되었다.[12]

19세기 역병의 유행을 잘 보여주는 제문 하나를 살펴보도록 하자. 연경재研經齋 성해응成海應(1760~1839)은 1821년 산신에게 지내는 제사의 제문을 지으면서, "신사년辛巳年 8월에 괴질이 서쪽에서 와서 9월이 되도록 그치지 않았다. 평양과 개성과 서울에 이르러 사망자가 더욱 참혹하여서 경상卿相에 이르기까지 현縣의 사람들이 떨고 두려워하였다"고 밝히고 있다.[13] 다음은 이 제문의 앞부분이다.

赫彼香積, 鎭于縣南.	빛나는 향적산은 현의 남쪽을 지키고 섰네.
岡麓明秀, 土肥泉甘.	산등성이 산기슭이 빼어나고 땅은 기름지며 샘은

에 대한 인식과 그에 대한 공동체의 대응이 담겨 있는 것이다. 역병과 귀신을 연결시키는 이야기는 17세기 이후 많이 나타난다. 임방, 정환국 역, 『교감역주 천예록』, 성균관대 출판부, 2005; 정환국, 「17세기 이후 귀신이야기의 변모와 '저승'의 이미지 ― 단편 서사류를 중심으로」, 『고전문학연구』 31, 한국고전문학회, 2007, 99~128쪽 참조.

11 여제의 설행에 대해서는 이욱, 「17世紀 厲祭의 對象에 관한 硏究」, 『역사민속학』 9, 한국역사민속학회, 2000a, 315~337쪽; 이욱, 「조선시대 국가 사전祀典과 여제厲祭」, 『종교연구』 19, 한국종교학회, 2000b, 149~168쪽; B. 왈라번, 「朝鮮時代 厲祭의 機能과 意義 ― '뜬 귀신'을 모셨던 儒生들」, 『동양학』 31, 단국대 동양학연구소, 2001, 247~264쪽을 참고.

12 예를 들어 『순조실록』을 살펴보면 '신사년 괴질'의 여파로 인해 순조 22년(1822년) 7월 3일에 호남湖南에 별려제를 설행하라고 명하고, 7월 11일에는 해서海西에, 7월 26일에는 개성부 · 수원부 · 광주부 등에, 8월 3일에는 관동關東에 별려제를 설행하라고 명한다.

13 成海應, 『硏經齋全集』 卷16 「祭香積山神文」. "辛巳八月, 怪疾從西而來, 至于九月而不息. 于平壤于松都于京師, 死亡尤慘, 至及卿相, 縣人震慴, 欲祈于香積山, 余具爲文."

	달구나.
維玆之祗, 慈惠厚湛.	이 곳 귀신은 자애로운 은혜가 두텁고 깊네.
維辛之夏, 三月垂霖.	지난 신사년辛巳年 여름 삼개월간 장마가 드리워
民困墊濕, 如物遇燖.	백성들이 괴로이 큰물에 빠져 만물이 끓는 물에 삶기는 듯 했는데,
有疾從西, 毒痛浸淫.	서쪽에서 온 역질疫疾이 있어 독한 병이 차츰 퍼져나가다
倏忽彌盖, 如焚如惔.	갑자기 창궐하여 불타는 듯하니,
十人痛臥, 生僅二三.	열 사람이 앓아 누우면 산 것은 겨우 두셋뿐.
積屍氣熏, 烝于里閭.	쌓인 시체의 썩은 기운이 풍겨나와 온 마을에서 찌는 듯 피어오르네.
莫効針石, 奚賴朮蔘.	돌침도 효과가 없는데 어찌 창출蒼朮과 삼蔘에 의지하는가.
山陰之村, 已見侵漸.	산 속 외진 마을까지 이미 엄습을 당해
夭札相繼, 胥將夷芟.	요절하는 일이 계속 이어지니 순식간에 사람 씨알을 다 말려버리겠네.
天豈殲人, 閔覆垂監.	하늘이시여, 어찌 사람을 다 죽이시는고, 가련히 여겨 돌봐주시옵소서.

신사년 여름에 3개월간 장마가 들었고 이 기간 동안 백성들이 고통받았다는 것으로 보아, 그 이후에 퍼진 질병이 수인성水因性 질병임을 추정할 수 있다. 이 질병은 서쪽, 즉 중국에서 들어온 것으로 여겨졌는데,[14] 처음에는 차츰 퍼져 나가다가 갑자기 불이 크게 일어나듯 무서

운 속도로 창궐한다.[15] "열 사람이 앓아 누우면 산 것은 겨우 두셋"으로 치사율이 70~80%에 달하는 독한 병이었다는 것이다. 이것이 과장이거나 문학적 수사라 하더라도, 시체가 쌓여 썩는 냄새가 마을을 다 덮을 정도로 고약했다는 것이 감각적으로 표현되고 있음을 통해 볼 때, 죽은 사람이 너무 많아 시신을 장사지내지 못했을 것이라는 사실과 그로 인한 공포를 쉽게 상상할 수 있다. 이 병은 침 요법도 약재도 듣지 않는, 즉 당대인들의 경험적 사고로는 해결할 수 없는 병인 것이다. 깊은 산속 마을까지 퍼져 사람 씨를 말려버릴 듯이 맹렬히 휩쓰는 역질은 하늘이 사람을 다 죽이려 내린 벌과 같이 인식되었다.

이 신사년 괴질의 체험은 「변강쇠가」에도 드러나는 것이다.[16] 초라니가 기억하는 '신사년 괴질辛巳年 怪疾'은 그 괴질에 험악하게 죽은 송장들을 자신의 손으로 치운 것이다. 19세기 초반부터 유행한 이 괴질은 콜레라를 지칭하는 것이며, 이는 전세계적인 유행에 따라 조선에도 유입된 것이었다.[17] 이것은 그 진행이 매우 심각했던 것으로 공동체의

---

14 정약용도 곡산谷山의 여제단厲祭壇에 드리는 제문에서 "음려陰沴가 서쪽에서 오니 그 빠르기가 역말과 같다.(陰沴西來, 其迅如郵.)"라고 표현하고 있다. 정약용, 『與猶堂全書』 卷17 「谷山厲祭壇慰祭文」. 당시에 두역을 포함하여 많은 역병들이 서쪽(중국)에서 온다고 인식되었고 실제로도 그러한 경우가 대부분이었다.

15 「純祖實錄」 순조 21년(1821년, 辛巳) 8월 13일. "平安監司金履喬啓言, '平壤府城內外, 自去月晦間, 忽有輪行怪疾, 吐瀉關格, 頃刻殞斃, 旬日之內, 多至千餘. 而醫藥所不及, 救止無其術, 目下景色, 萬萬驚慘. 閭里物情, 惟願祈禳, 祈禳不無其理, 民心亦宜慰答.'" "평안감사 金履喬가 아뢰기를, '平壤府의 성 안팎에 지난달 그믐 사이에 갑자기 怪疾이 유행하여 吐瀉와 關格을 앓아 잠깐 사이에 사망한 사람이 10일 동안에 자그마치 1천여 명이나 되었습니다. 의약도 소용없고 구제할 방법도 없으니, 목전의 광경이 매우 참담합니다. 巷間의 物情이 기도를 하였으면 하는데 기도도 일리가 없지 않으니, 민심을 위로함이 마땅할 것입니다.'"

16 "辛巳年 怪疾통에 險惡ᄒᆞ게 죽은 송장 ᄂᆡ 숀으로 다 쳤시니 그 갓튼 션 송장은 외손의 아둘이니 쑥을 몬져 결단ᄒᆞ오. 페 당동당." 「변강쇠가」, 22쪽.

17 콜레라는 1817년에 인도에서 시작되어 네팔, 태국, 중국 남부를 거쳐 1821년에는 북경에

기억 속에 오래 각인된 것이었으며, 19세기의 '신사년 괴질', '병술년 괴질'[18] 등 특정 시기에 유행했던 역병은 그러한 집단적인 기억의 대명사라고 할 수 있다.

다음으로 수당修堂 이남규李南珪(1855~1907)가 지은 여제의 제문祭文의 앞부분을 살펴보자. 성해응의 제문이 19세기 전반의 역병 체험을 보여준다면 이남규의 제문은 19세기 후반의 역병 체험을 보여주는데, 그 참혹한 양상의 서술 자체는 비슷하다.

惟嶺惟關, 惟甸惟湖.	영嶺에서 시작하여 관關으로 퍼지고 기전畿甸을 거쳐서 호湖를 따라 번져 나가면서
椓閼相續, 民胥咨呼.	쓰러져 죽는 일이 연이어지니 백성들이 모두 마냥 울부짖는다
逖彼海西, 亦罥于網.	멀리 저 해서海西지방도 이 병의 그물에 얽혀
死旣枕藉, 生用析蕩.	죽은 시체가 즐비하게 널렸고 산자들은 뿔뿔이 흩어졌다는데
予訊厥由, 曰鬼之故.	그 까닭을 물어 보니 바로 그대 여귀厲鬼 때문이라 하는구나[19]

서 크게 유행하고 같은 해 조선에 퍼졌으며, 1822년에는 일본에까지 상륙하였다. 이것이 콜레라의 1차 대유행이며, 20세기 초까지 수차례에 걸친 대유행이 더 있었다. 1차 유행에서는 콜레라가 유럽까지는 상륙하지 못하였으나, 2차 대유행부터는 유럽 나라들도 큰 피해를 입었다. 이 병은 19세기에 몇 번의 소강상태를 보이며 다시 유행하고, 그 발생 면적도 점점 더 확대해 나갔다. 1차 대유행 때, 즉 1821년에 콜레라는 중국으로부터 건너와 조선과 일본으로 퍼졌다. 그러나 1800년대 중반을 넘어서면 콜레라는 거꾸로 일본에서 유입되는 경우가 있었다.

18 동물우화소설인 『섬동지전(두겁전)』(덕흥서림, 1914)에도 지혜와 경륜으로 상좌 다툼을 하는 등장 동물 중 여우의 서술에서 병술년 괴질 때 부모가 사망한 것에 대한 언급이 있다.

전국 각지를 향한 역병의 전파에 따라 사람들이 쓰러져 죽는데도, 손쓸 방법을 모르는 백성들은 그저 울부짖기만 한다. 사방에 시체가 쌓이고 산 사람들은 병을 피하여 도망쳐서 마을이 텅 비게 되었다. 여제의 제문이라는 특성상 여귀厲鬼라는 익명의 불특정다수의 귀신을 달래고 있다. 제문을 짓는 목적은 전염병을 일으키는 여귀를 달래어 인간들에게 더 이상 나쁜 영향을 끼치지 못하게 하는 것이다. 그래서 먼저 여귀의 위력을 드러내 주기 위해 역병의 참상을 묘사하는 것이다. 물론 이러한 여제의 제문은 조선시대 내내 쓰였던 것이지만, 그 표현에 나타난 참혹함과 심각성으로 볼 때 19세기의 것이 가장 주목된다고 할 수 있다.

더 나아가 역병의 참상은 현실비판적 문학에서 사회에 대한 비판을 드러내기 위한 소재로도 사용된다. 현실비판가사의 창작 시기를 18세기 전반으로 끌어올렸다는 평을 받고 있는 「임계탄壬癸歎」이 그 예이다.[20] 이상기후로 인한 기근으로 사람들이 다 죽게 되었는데, 그 위에 다시 전염병이 덮쳐 설상가상이 된 고을의 모습이 형상화된다.[21] "慘酷ᄒᆞᆫ 染疫조차 天地의 그물도여"라는 부분은 참혹한 기근에 겨우 살아남은 몇몇의 백성들까지 촘촘한 그물로 고기 잡듯 전염병이 다 쓸어가

19 李南珪, 『修堂集』 卷8 「別厲祭」.

20 이형대, 「18세기 전반의 농민현실과 「임계탄」」, 『민족문학사연구』 22, 민족문학사학회, 2003, 37쪽 참조. 임자-계축壬子-癸丑년간(1732~1733)에 전라도 장흥 지역에서 발생한 기근을 소재로 하고 있는 이 작품은, 이 고장의 향촌사족鄕村士族으로 추정되는 이가 체험적 진술로 생생하게 그려낸 현실비판가사이다.

21 "世上乙 술펴보니 / 是非도 부질업다 // 聾啞鼓盲 부울셰라 / 溘然無知 願이로다 // 時節이 險難ᄒᆞ야 / 사람을 다죽일제 // 慘酷ᄒᆞᆫ 染疫조차 / 天地의 그물도여 // 飢寒의 나문百姓 / 걸니ᄂᆞᆫ니 다죽ᄂᆞᆫ고 // 이리죽고 져리죽고 / 億兆群民 다죽거다" 「壬癸歎」, 임형택 편, 『옛노래, 옛사람들의 내면풍경 – 신발굴 가사자료집』, 소명출판, 2005, 79쪽.

버리는 비참한 광경을 잘 묘사하고 있다. 그런데도 당국은 구제는 커녕 수탈이 심각하고 진휼에는 무관심해서, '임진왜란이 이랬던가'라는 화자의 탄식처럼 백성들에게는 이 상황이 이미 전쟁보다도 더 심각하고 끔찍한 상황으로 인식되고 있었다.

역병은 기근과 결합하여 더 심한 피해를 입히는 재난이었으며, 사회비판을 목적으로 하는 문학 작품에서 지배층의 무능함과 관리들의 포학함을 폭로하는 수단이 되었다. 기근으로 힘들고 역병으로 어려운 백성들에게 위정자들의 행위가 세 번째의 그물이 되었던 것이다. 이는 19세기 현실비판시에서도 여전히 사회적 모순과 부조리를 드러내기 위한 소재로 나타난다. 정약용의 시 「파지리波池吏」의 첫 부분에서도 역병이 돌아 장정들이 다 죽은 마을에 아전들이 들이닥쳐 고아와 과부, 가난한 선비 등을 결박하여 세금을 내라 을러댄다.[22] 다산은 파지 마을의 기근과 역병 피해에는 아랑곳하지 않고 무거운 세금과 부역을 강요하는 관리들의 모습을 비판적 시선으로 바라보고 있다.

3. 불안과 공포의 심리적 현실

그렇다면 이와 같은 전염병 창궐에 대한 현실적 대응은 어떠했을까? 윤기尹愭의 시[23]에서도 역병에 대한 사람들의 인식과 대응을 볼 수 있

22 丁若鏞,『與猶堂全書』卷5「波池吏」.

23 "痘疫元從熱在腔 두역은 원래 뱃속의 열기에서 생기는 것으로
人生一度必相撞 살아가며 반드시 한 번은 마주치는 것이라네
三三日數排旬五 9일을 지나 15일이 지나면 물러가니

는데, 화자는 두역이 신체 내부의 열기에 의해 발생되는 질병이라는 것을 지적한다. 세속 대부분의 사람들은 약물과 치료라는 방법을 사용하기보다는 '손님'으로 불리는 역신疫神의 모습을 따르고 무당에게 의존하는데, 화자는 이를 어리석다며 비판적으로 바라본다. 사람이 앓기 시작하면 가장 먼저 무당을 불러서 병을 낫게 해달라고 굿을 행하는 등 주술과 무속이 역병에 대한 대응으로 최우선시 되었던 것이 당시의 세태였다.[24] 물론 이에 대한 사대부들의 비판적 인식도 지속적으로 존재했는데, 이는 무속적 방법을 모두 부정적으로만 보는 것은 아니었고 다만 약은 쓰지 않고 무당에게만 너무 의지하는 사람들의 모습을 비판한 것이었다.

역병에 대한 또 다른 대응 방법으로는 한의학적 치료를 들 수 있다. 18세기 후반~19세기 중반에 백성들의 병을 고쳐준 의원들에 대한 이야기가 많이 회자되었던 것이 그 예이다. 대표적인 것으로 정약용이 지은 「몽수전蒙叟傳」을 들 수 있다.[25] 몽수蒙叟 이헌길李獻吉(1738~1784)은 장천長川 이철환李嘉煥을 따라 두진 연구를 했는데, 이 의술을 마마로 고통받는 백성들을 구제하는 데에 사용했다. 정약용이 『마과회통麻科會

箇箇顆斑有疊雙 낱낱의 좁쌀 같은 돌기 쌍쌍이 얼룩지네
氣血耗虛何恃寡 氣血이 다 소진되니 어찌 적다고 안심할까
根窠紅活不嫌尨 뿌리와 소굴이 발갛게 살아 있어도 큰 것을 의심하지 않네
可憐愚俗眞難曉 가련하다, 어리석은 俗人들! 참으로 일깨우기 어려워라
却藥惟持迓客幢 약을 버리고 오직 손님맞이 무당집 깃발에 의존하네."
尹愭, 『無名子集』詩稿 冊1, 「是歲痘疫大熾, 有人示余一律要和, 蓋欲以强韻困之也. 聊戲次之.」(김영주, 앞의 글, 539쪽에서 재인용).

24 민속적 방법으로 역신疫神을 몰아내는 방법은 조선 후기의 각종 세시기歲時記와 19세기의 기속시紀俗詩 등에도 풍부하게 언급되어 있다. 도애陶厓 홍석모洪錫謨(1781~1857)의 『동국세시기東國歲時記』와 「도하세시기속시都下歲時紀俗詩」가 대표적인 예이다.

25 丁若鏞, 『與猶堂全書』 卷17 「蒙叟傳」.

通』 서문에서 밝히고 있듯이 다산茶山 자신도 어렸을 적 몽수의 도움으로 두역으로부터 살아날 수 있었던 것이다.[26] 이 외에도 이계耳溪 홍양호洪良浩(1724~1802)의 「침은조생광일전針隱趙生光一傳」과 「피재길소전皮載吉小傳」,[27] 더 이른 시기의 정래교鄭來僑(1681~1757)의 「백태의전白太醫傳」[28] 등이 좋은 성품이나 뛰어난 의술을 가지고 사람들을 구제한 의원에 관한 전傳, 즉 명의名醫를 입전入傳한 것이다.[29] 이는 질병 치료라는 공통의 관심사를 반영한 것이었다. 이러한 전이 많이 지어지게 된 것은 한의학적 치료 방법에 대한 수요가 증가했기 때문이었을 것으로 추정되는데, 전염병의 창궐도 그 이유로 볼 수 있다. 즉 의술을 가진 의원들이 전염병 등 생사를 넘나드는 질병의 치료의 전면에 나서고 있음을 보여주는 동시에, 의술의 혜택을 받지 못하고 방치되었던 대다수 백성들이 있었다는 것을 의미하기도 한다.

이러한 의학적 치료로도 해결되지 않을 때, 여제 및 별려제는 백성들의 민심을 수습하여 체제를 유지하게 하는 주요한 방법이었다. 전통사회에서 무주고혼無主孤魂 및 무사귀신無祀鬼神과 관련한 제의는 사회적으로 매우 중요한 사회 질서 유지의 기제라고 할 수 있었다. 따라서 여제는 19세기에도 내내 이러한 목적을 가지고 설행이 지속되지만, 19세기 말에 이르게 되면 여제의 메커니즘과 여귀의 위력에 대해서도 회의하는 경향을 볼 수 있다. 대표적인 예가 아래의 제문이다.

26 정약용, 정해렴 외 역주, 『마과회통』, 현대실학사, 2009, 26~27쪽.
27 洪良浩, 『耳溪集』 卷18 「針隱趙生光一傳」·「皮載吉小傳」.
28 鄭來僑, 『浣巖集』 卷4 「白太醫傳」.
29 강명관, 『조선의 뒷골목 풍경』, 푸른역사, 2003, 18~47쪽 참조.

㉠

念玆受痒, 亦各有源.	지금 이처럼 고통 받는 것을 살펴보면, 역시 그것은 그럴 만한 까닭이 있는 것이다.
麤糲硬蔬, 不節其飱.	거친 밥이나 억센 나물들을 조심하지 않고 함부로 먹었거나,
署霧寒瘴, 行或不愼.	바깥 길 무더운 안개와 차가운 장기瘴氣 속을 쏘다니며 행여 조심하지 않았거나,
滲溽漏颸, 處失其順.	스미는 습기와 새어드는 바람끝에 그 생활이 순리順理를 잃었었기 때문인 것이다.
彼蠢且蚩, 自干而召.	이처럼 저들이 어리석고 못나서 이를 스스로 범하여 불러들인 것인데,
尙不知悔, 惟鬼是誚.	그러고도 아직도 뉘우칠 줄을 모르면서 귀신만을 탓하고 있는구나.

(…중략…)

㉡

厥或枉折, 與凡夭殤.	그 귀신 중에는 더러 억울하게 죽은 자도 있을 것이고, 또 제대로 살아 보지도 못하고 일찍 죽은 자도 있을 것이다.
魂寄走燐, 髓縈枯卉.	그리하여 그 넋은 날아다니는 도깨비불에 의탁하고, 나뒹구는 해골은 말라빠진 풀대궁이에 엉키었을 것이니,
原野茫茫, 靡托靡慰.	저 황량하기만 한 망망한 벌판에서, 그 무엇에

	의탁을 하며 누구로부터 위안을 받을 것인가.
鬱而爲厲, 理之或然.	이런 원혼이 엉키어 여귀가 되었다고 한다면,
	이치로 보아 아마 그럴 수도 있을 것이다.[30]

이남규가 지은 이 제문은 2장에서도 살펴본 바 있다. 화자는 여귀들이 원래는 일반 백성이었다는 것을 환기시키고, 같은 백성이면서 왜 산 사람을 괴롭히냐고 야단치는 어조로 묻는다. 특이한 점은 ㉠에서는 전염병이 음식 섭취나 생활 습관 때문에 유행한다는 것을 이미 인지하고 있으면서도 ㉡에서는 무주고혼에서 비롯된 여귀가 이치상으론 그럴 듯하다고 수긍한다. 이처럼 일견 모순된 시각이 나타나는 까닭은 이 글이 여제의 제문이기 때문이다. 작자는 목민관으로서 나라와 백성을 대표하여 여귀에게 제사를 지내고 있으면서도, 역병의 유행이 반드시 귀신의 힘만으로 일어났다고 보고 있지는 않다. 이것은 전염병의 병인病因 인식에 일종의 변화가 일어난 것을 보여주는데, 전염병 치료에 있어 그 동안 지속해 오던 여제가 점차 그 유효성을 상실하고 있음도 간취할 수 있다.

이는 제문이 지어진 시기에 이미 근대의학에 대한 인식이 존재했을 가능성에서 비롯된 것일 수도 있지만, 19세기의 전염병 유행이 이전과는 다른 양상을 띠고 있었다는 점도 그 중요한 원인으로 삼을 수 있다. 19세기를 대표하는 역병인 콜레라는 1821년 이후 유입된 새로운 질병이었기 때문이다. 신동원의 논의에 따르면, 조선에서는 1821~1910년

30 이남규, 앞의 글.

사이 90년간 열 차례 이상의 콜레라 유행이 있었다. 병명도 치료법도 몰랐기 때문에 당대에 '輪疾, 無名之疾, 怪疾'이라고 지칭되었으며, 이것은 기존의 전염병의 모습과 닮아 있으면서도 그 치료 방법을 알 수 없다는 점에서 낯설음을 환기시키는 질병이었다. 즉 '미지未知'의 병인 이 질병은 그 동안 토착화되어 있던 질병과 사람들의 면역력 사이의 균형관계를 깨뜨리는 것이었다. 즉 치료 방법을 좀처럼 찾기 어려운 역병이 유행함에 따라, 기존의 치료 방법이나 대응 방법이 더 이상 환영받지 못하게 된 것이다.

그렇다면 치료 방법이 없는 질병 체험을 문학은 어떻게 형상화하고 있었던 것인가? 질병의 심각함은 현실에 대한 회의를 내비치게 하거나 현실에 대한 전망을 불투명하게 만드는데, 이를 살펴볼 수 있는 것이 다음의 시이다. 연경재研經齋 성해응成海應(1760~1839)은 "서쪽에서 온 괴질이 두루 서울 안에 가득 찼다. 경상卿相으로부터 그 이하까지 사망자가 심하게 많았다"[31]라는 설명이 붙은 시에서 그러한 회의적 경향을 드러낸다.

熙熙聖代物皆昌	빛나는 성군聖君의 세상에 만물이 모두 창성한데
一疾胡爲作弗祥	한 차례 역질이 어쩌다 재앙이 되었나
天上祗應添鬼籍	천상天上에선 응당 귀신들의 명부에 이름을 보탤 텐데
有誰題遍玉樓梁	옥루玉樓의 들보에 두루 글 적은 자들 누구인가?

31 成海應, 『研經齋全集』 卷8 「西來怪疾弥滿都下, 自卿相以下喪亡甚衆」.

역질의 재앙이 덮쳐 사대부도 가리지 않고 마구잡이로 죽음에 이르게 되는데, 화자는 경상卿相으로부터 그 이하까지 모두 귀신 명부에 이름이 적힐 테니, 시인 묵객이 죽은 후에 간다는 하늘 누각에 글을 쓸 사람이 누구인가를 쓸쓸하게 묻고 있다. 많은 문인들의 요절夭折을 아쉬워하고 있는 것이다.

전염병은 살아남은 사람들에게도 전염의 공포와 죽음의 목격이라는 큰 상처를 남긴다. 이것은 집단적 트라우마로 남아 지속적으로 그 기억이 소환되기도 한다. 병이라는 것은 두려움과 긴장, 죽음에 대한 정서와 시신에 대한 태도 등의 감정을 수반한다. 그런데 역병과 관련된 심각한 문제 중 하나는 병들거나 굶어 죽었으나 '처리되지 않은 시체'였다. 이미 18세기 전반의 「임계탄」에서도 이러한 참혹한 정황이 묘사되고 있었으며, 이는 그로테스크하게 느껴질 만큼 사실적으로 표현된 것이다.[32]

장례葬禮, 특히 매장埋葬 의례는 산 사람과 죽은 사람의 관계를 정리시켜 주는 의례이다. 정상적인 죽음을 맞이하지 못한 사람들에 대한 제사 문제와 그 유골이 제대로 묻히지 못한 사람들을 처리하는 문제는 매우 중요한 문제였으며, 그를 위한 노력의 대표적인 예가 여제 설행과 버려진 시신의 엄매掩埋였다. 따라서 전란이나 기근 및 역병 유행 이

32 "가ᄂᆞᆫ流乞 오ᄂᆞᆫ流乞 / 져아니 避亂인가 // 他道 各官 長程外의 / 니고지고 흘넛고야 // 東西南北 岐路間의 / 依地업슨 져流乞아 // 風雪조차 무릅슈고 / 어듸로 向하ᄂᆞᆫ다 // 殘風向陽 어덕미ᄐᆞᆯ / 져집ᄀᆞ치 반기ᄂᆞᆫ고 // 쉬ᄂᆞᆫᄃᆞ시 안자다가 / ᄌᆞ오ᄃᆞ시 죽어지니 // 물의 밧진 져사ᄅᆞᆷ은 / 屈原의 忠節인가 // ᄆᆡ혜죽은 져 살ᄅᆞᆷ은 / 夷齊의 忠節인가 // 路傍溝壑 사힌주검 / 無主孤魂 흘일업다 // 一体 肥膚ᄂᆞᆫ / 群鴉의 所啄이요 / 四肢 骸骨은 / 諸犬의 相爭이다 // 所見도 慘測ᄒᆞ다 / 져地境을 뉘免흘고"(「임계탄」, 임형택 편, 앞의 책, 78쪽; 이형대, 앞의 글, 51쪽 참조)

후 시신 수습과 관련된 기이한 체험은 사람들의 많은 관심을 불러일으키는 것이었다. 유한준兪漢雋(1732~1811)이 지은 「예의홍익만전痢醫洪翼曼傳」도 그 예 중 하나이다.[33] 홍익만은 조선 후기의 의관이었다. 그는 예의痢醫, 즉 역병 중 하나인 염병染病을 전문적으로 치료하는 의원이었으며, 사람의 위급함을 보면 앞뒤 가리지 않고 그 급한 처지를 구원하려 했던 성품을 가진 사람이었다. 길을 가다 방향을 잃은 홍익만 앞에 한 노인이 나타나서 술을 마시자면서 그의 집으로 이끌어 간다. 노인의 귀신은 홍익만에게 자기 식구의 시신을 처리해 달라는 무언의 부탁을 한 것으로, 시신이 제대로 묻히지 않으면 귀신으로 화해 산 사람들 앞에 나타난다는 믿음과 관련이 있는 내용이다.

그런데 죽음에 대한 정서와 시신에 대한 태도가 상식적인 수준을 넘어서고 있는 텍스트가 있는 것도 주목할 만한 현상이다. 19세기 작품 중 질병이 주는 스트레스를 잘 보여주는 것으로 「변강쇠가」를 들 수 있다. 이는 병과 시체에 대한 경험과 공포가 작품 전반의 미적 특질과 구조에까지 영향을 끼쳤다는 점에서 매우 독특하다.[34] 여기서는 「변강쇠가」에 나타난 시신에 대한 시선에 초점을 맞추기로 한다.

「임계탄」 같은 현실비판가사, 여제를 지내는 제문, 판소리계 소설 「변강쇠가」는 각각 장르의 차이에서 비롯되는 미감美感의 차이를 지니고 있다. 그러나 이를 고려한다 하더라도, 시신에 대해 취하는 태도는 매우 상반된 것이라고 할 수 있다. 한쪽이 시체에 대한 외경의 태도를

33 兪漢雋, 『自著』 卷14, 「痢醫洪翼曼傳」.

34 이주영, 「「변강쇠가」에 나타난 강쇠 형상과 그에 대한 적대와 의미」 『어문논집』 58, 민족어문학회, 2008, 7쪽 참조.

담고 있다면, 다른 한쪽은 시체를 물화物化시키거나 희화화戱畫化시키는 태도를 담고 있는 것이다. 시신에 대한 보편적인 감정은 전자일 것이다.

문면상으로는 「변강쇠가」의 등장인물들이 죽음에 이르는 이유가 전염병으로 특정되지는 않지만, 여기에 나타나는 죽음의 모습은 전염병으로 인한 것을 방불케 한다.[35] 그러나 작품 속 화자는 시신에 대한 관습적이고 보편적인 감정과는 달리, 유랑예인들의 죽음에 관해 골계적 표현으로 일정한 거리를 두고 서술한다.[36] 또 벽에 붙어 떨어지지 않는 강쇠의 시체를 떡메를 이용해 쓰러뜨린다는 설정이나 시체의 뜬 눈을 갈퀴로 덮어준다는 설정 등도 역시 그러하다. 또 길을 가던 중 뎁득이네들과 만나 한바탕 놀던 사당패들이 자신의 몸이 시체에 붙은 것을 알고 공황 상태에 빠지는 장면[37]도 이러한 태도의 연장선상에 있다. 이는 시신에 대한 거리를 확보함과 동시에 시체를 물物로 보고 있다는 점에서, 골계적일 뿐 아니라 기괴한 느낌마저 들게 한다.

시신에 대한 이러한 기묘한 시선은 어디에서 기인하는 것일까. 거리에 수북히 쌓여 처리되지 못한 시체는 산 사람들의 일상적인 삶을 방

---

35 신동원, 「「변강쇠가」로 읽는 성 · 병 · 주검의 문화사」(『역사비평』 67, 역사비평사, 2004)도 이에 대해 자세히 밝히고 있다.

36 "송장이 어듸 잇쇼. 그 갓튼 것 쳐너기는 쏭누기는 발허리나 사졔.", "졔짜진 송장이야 冬至 셧달 불강아지.", "할 장사가 쑥 싸넌듸 송중 장ᄉ 어이 ᄒ며, 송중이 어듸 잇셔 져리 마니 바다지고 언의 장을 가려ᄒ며, 송중 中에 븟는 송중 生前 처음 보와시니 來歷이나 조금 알거 仔詳이 말ᄒ여라.", "언의 고을 올 時節이 송장 豊年" 「변강쇠가」, 24 · 24 · 31 · 34쪽.

37 "엽페 잇든 ᄉ당들이 깜짝 놀너 이러셔니 모도 다 븟터쑤나. 요망ᄒᆫ 이것덜이 各色으로 災變떨 졔 哀苦哀苦 우난 년 먼山보고 긔막킨 년 움生員 바라보며 덜억덜억 辱ᄒ는 년 홰에 졔 머리를 으등으등 뜻는 년 殺風景 이러ᄂ니 座首ᄂ 어이 업셔 압말도 못ᄒ고셔 굿보는 ᄉ롬 나셔 우둑언이 안져쑤가, (…중략…) 구경군 모은 듸ᄂ 호도엿장ᄉ가 몬져 아ᄂ 法이엇다. 갈삭갓 쓰고 엿판 메고 가ᄉ 치며 웨고 온다." 「변강쇠가」, 33~34쪽.

해하는 것이다. 이러한 경험이 극단적인 상황에 이르렀을 때 심리적인 충격은 어떠할까. 「변강쇠가」에 나타나는 '땅과 사람들에게 붙어 떨어지지 않는 시체'는 이러한 시체들에 대한 경험이 문학적 상상력으로 표현된 것은 아닐까. 시체가 몸에 붙어 계속 떨어지지 않자, 겁에 질린 뎁득이는 갈이질 사설을 부르면서 마침내 시체를 갈아버린다. 이는 정체가 제대로 파악되지 않거나 잘 알 수 없는 것들에 대한 불안감과 연결되어 있다.[38] 원인을 알지 못하는 죽음의 전염성은 공포를 야기하는데, 이러한 공포는 전에 겪어보지 못한 전염병으로서의 '괴질怪疾'의 모습과 닮아 있다. 특히 강쇠가 다른 유랑민들을 죽게 하고 몸을 붙게 하는 이유가 무엇인지가 끝내 뚜렷이 밝혀지지 않는다는 점이 그러하다.

즉 「변강쇠가」는 시체에 대한 정서의 한 극단을 보여준다. 물론 이것은 실제 일어나는 현실이 아닌 내면적이고 은밀한 감정들일 것이다. 인간의 죽음은 현실에서는 여전히 신성한 것이기 때문이다. 그러나 정상적인 죽음이 아닌 재난으로 인한 죽음, 위험에 무방비로 노출된 환경, 여기에서 느끼는 당혹감과 공포, 해결 방법이 없는 데서 오는 절망 등은 전망의 부재를 낳는다. 공포는 인간이 완전히 지배하지 못한 불확실한 세계에 대한 불안과 위협을 통해 경험된다. 이 공포는 「변강쇠가」의 작중인물들이 말하는 "지금까지 듣도 보고 못한" 경험, 처음으로 맞닥뜨리는 이질적 세계, 정상적 사고방식으로는 이해할 수 없는 세계에 대해 느낄 수 있는 감정이다. 즉 「변강쇠가」에 나오는 떼죽음과 시체屍體 부착附着 등의 소재와 불균형한 서사구조는 재구성된 '심리적인

38 이주영, 앞의 글, 2008, 15쪽 참조.

현실'을 반영하고 있는 것이라고 할 수 있다.

또 죽음에 대한 공포는 억압된 욕망의 분출로 이어진다. 사회가 불안하고 미래가 불확실할수록 사람들은 현재의 쾌락에 몰두하는 경우가 많다. 극단적 상황에서는 동시에 두 가지의 감정이 드러나는 것을 볼 수 있는데, 하나는 죽음에 관한 공포이고 다른 하나는 그 공포 속에서 삶을 즐기려는 욕구, 즉 쾌락이나 교접에 관한 강한 욕구가 분출하는 것을 「변강쇠가」는 잘 보여주고 있다. 그리고 이러한 재구성된 심리적 현실과 그 불안한 분위기는 19세기라는 시기의 병적인 징후를 잘 드러내고 있는 것이다.

4. '괴질'의 수사학

19세기에는 정약용, 이규경李圭景(1788~1856), 최한기崔漢綺(1803~1877) 등의 의학에 대한 전문적 저술과 이종인李鍾仁의 『시종통편時種通編』(1817) 등 천연두와 종두법에 관한 의서가 편찬되었고, 국가적 차원에서 의서 보급과 구휼을 하기도 했으며, 의원들의 경험적 사고에 따른 역병 대응의 모색[39]도 진행되고 있었다. 그럼에도 불구하고 이 시기의 역병은 치료하기 어려운 것으로 인식되고 있었는데, 대표적인 예가 콜레라였다.

39 대표적인 예로 철종 때 개업의開業醫로 명성이 높았던 혜암惠庵 황도연黃度淵(1807~1884)을 들 수 있다. 그는 콜레라의 주요 증상인 구토와 설사에 대해 병리상의 병인을 오염된 음식물 때문이라 보고 치료법도 제시하였다. 조원준·이선아, 「19세기 조선에서 유행한 콜레라에 대한 黃度淵의 의학적 대처」, 『한국한의학연구원논문집』 13-1, 한국한의학연구원, 2007 참조.

콜레라의 조선 이름이었던 '괴질怪疾'은 질병에 구체적인 이름이 붙여지지 않았음을 말해준다. 괴질은 19세기 내내 자신의 정체를 알리지 않은 채 조선 전역을 괴롭히다가, 1895년이 되어서야 '콜레라'의 음차인 '호열자虎列剌'가 되었는데, 이 해에 대한제국 정부에 의해 '호열자병 소독규칙'과 '예방규칙'이 제정되고 시행되었다.[40]

'대항해시대' 이후 문명권 간 소통이 급격하게 진전되면서 병원균들이 전 지구적인 차원으로 퍼져갔고, 세계 여러 지역에서 갑작스레 들이닥친 낯선 병원균 때문에 충격적인 양태로 전염병이 전파되었다. 대표적인 예가 16세기 유럽에서 전염된 아메리카 대륙의 천연두 창궐이다. 19세기에는 기선을 비롯한 교통수단의 혁명적 발달로 세계의 상호소통이 한 차원 다르게 발달하게 되고 이에 콜레라가 덩달아 퍼져서 세계적 전염병이 되었다.[41] 즉 콜레라의 국제화는 유럽의 식민지 확장과 해양 세계의 교역망이 교차한 결과였으며, 이는 19세기에 급성장한 세계체제와 불가분의 관계에 있는 것이었다. 이제 역병은 일국사적인 문제만은 아니었으며, 콜레라와 같은 전에 겪어보지 못한 전염병은 조선인들이 갑자기 맞닥뜨린 미지의 세계였다.

---

40 "전염병이 의주에서부터 발생해 열흘 만에 관서와 해서 지방으로 두루 퍼져 서울에까지 미쳐서 사망자들이 속출했다. 그 증세는 關格이 되어 구토와 설사를 일으키다가 하루 이틀 만에 곧바로 죽었다. 우리나라 사람들은 그것을 '괴질'이라 부르는데, 서양인들은 '虎列剌'라 하는 것이다. 서울에 검역소를 설치하고 오이 같은 날것을 먹지 말도록 금했다." 『매천야록』 卷2, 1895(乙未年)(황현, 임형택 외역, 『역주 매천야록』 上, 문학과지성사, 2005, 450쪽). '괴질'은 역병을 이르는 범칭凡稱이라고 할 수도 있지만, 19세기~20세기 초반까지의 조선에서 괴질은 콜레라를 뜻하는 말로 사용되었다.

41 철도와 도로 등 교통의 발달은 전염병 발생 주기를 짧게 했으며 그 빈도를 증가시켰다고 할 수 있다. 주경철, 『문명과 바다』, 산처럼, 2009, 386~387쪽; 동아시아 근대세계에서 전염병은 전 세계적인 전파과정과 동아시아 지역 내부의 전파과정을 동시에 보여준다. 전염병의 전파경로 역시 일방적이기보다는 상호적이며 순환적이었다. 신규환, 『질병의 사회사』, 살림, 2006, 7~8쪽.

이 시기의 동아시아 국가들에게, 서양은 우수한 군사력으로 무장하고 인명과 재산을 해치는 아편과 윤상倫常을 망치는 아술邪術(기독교)을 전파하면서 교역을 요구해 오는 이적夷狄이었다.[42] 신재효의 짧은 가사 「괫심한 서양되놈」에 나타난 서양과 천주교에 대한 적개심을 통해서 살펴볼 수 있듯이, '아편전쟁(1840~1842) 및 북경 함락이라는 전란의 풍문'과 '서해안 및 남해안의 이양선異樣船 출몰'은 그러한 적개심 이면의 공포를 배가시켰던 사건들이었다.

이러한 상황 속에서 중국에서의 콜레라의 유행은 백련교도白蓮教徒들의 소행으로 오해되기도 하였다. 청조清朝 사회의 기반 자체를 뒤흔들었던 백련교도의 난(1796~1803)의 여파가 이 시기까지 미치고 있었던 것이다. 『순조실록』에서는 신사년 콜레라의 유행에 대해 혹자의 말을 빌려 "그 발병 원인은 애당초 남만南蠻에서 백련교를 익히는 자들이 천하를 두루 돌아다니면서 우물에 독약을 살포하고 오이밭에 독약을 뿌리는데, 사람들이 그 오이를 먹거나 샘물을 마시면 즉시 사망하여 백 명 중 한 사람도 살아남지 못하였다"[43]라고 기록하기도 하였다. 이는 분명 유언비어일텐데, 괴질의 유행과 사회의 혼란상은 이처럼 상관관계에 놓여 오해를 낳기도 하고 그 인과관계가 뒤집히기도 하는 등 매우 밀접한 관계가 있었다. 이것은 괴질로 인한 불안과 공포의 심리적 현실이 타자들에게 배타적으로 투사되는 것이었다.

전란은 중국의 일일 뿐 아니라 조선에서도 각종 양요洋擾들을 통해

42 하정식, 「아편전쟁과 조선・일본」, 『근대중국연구』 2, 중국근대사학회, 2001, 23쪽.
43 『순조실록』, 순조 21년(1821년, 辛巳) 8월 17일. "或以爲 '病根所自, 始於南蠻之習白蓮教者, 遍行天下, 撒毒於汲井, 撥藥於瓜田, 人之喫瓜而飲井者, 擧皆立刻就死, 百無一生."

서 그 징후들을 이미 내보이고 있었으며, 조선 내부에서도 이러한 위기를 인식해 가고 있었다.[44] 극심한 세도정치의 지속이나 민란의 빈발 등 내부적 위기도 심각한 상태였다. 이미 이 시기에 『토정비결土亭秘訣』과 『정감록鄭鑑錄』이 유행하고 진인출현설이 횡행하고 있었는데,[45] 이는 국내외적인 난맥상을 배경으로 한 것이었다. 그리고 이러한 위기의식은 종교적인 차원에서 '괴질'을 재앙 또는 종말의 수사로 사용하는 데에 이르게 된다. 『정감록』에서 '새 세상이 밝아올 때 여러 끔찍한 일, 즉 전쟁과 질병과 굶주림이 일어난다'고 예언하고 있듯이, 동학을 비롯한 여러 신종교에서도 괴질 또는 질병에 대한 언급은 상당한 비중을 차지한다.

가장 가까운 예는 동학교단에서 동학사상을 널리 알리기 위하여 만들었던 동학가사에서 목격된다. 수운水雲 최제우崔濟愚(1824~1864)는 『용담유사龍潭遺詞』의 「권학가勸學歌」에서 "ᄒᆞ원갑 경신년의 / 젼해오는 세상말이 // 요망ᄒᆞᆫ 셔양적이 / 듕국을 침범ᄒᆞ셔 // (…중략…) ᄒᆞ놀님을 공경ᄒᆞ면 / 아동방 삼년괴딜 / 죽을 염녀 잇슬소냐"[46]라고 하며, 서세동점西勢東漸의 현실에 대해 괴질이라는 단어로 표현하고 있다. 또 『동경대전東經大全』의 '악질惡疾이 가득차서'라는 표현이나, 「안심가安心歌」와 「몽중노소문답가夢中老少問答歌」 등에서 "십이졔국 괴딜 운수 / 다시 ᄀᆡ벽 안일넌가"[47] 등의 서술처럼, 온 세상이 정체불명의 질병으로

44 노대환, 「19세기 전반 지식인의 대청 위기인식과 북학론」, 『한국학보』 76, 한국학보, 1994, 30~33쪽 참조.

45 백승종, 「18~19세기 『정감록』을 비롯한 각종 예언서의 내용과 그에 대한 당시대인들의 해석」, 『진단학보』 88, 진단학회, 1999, 287쪽.

46 표영삼, 『동학 1 - 수운의 삶과 생각』, 통나무, 2004, 169쪽에서 재인용.

47 최제우, 「몽중노소문답가」, 『동학사상자료집』壹 , 아세아문화사, 1979, 114~116쪽.

시달리게 된다는 위기를 인식한다.

'괴질'은 새로운 방식의 문제에 부딪혔을 때, 더 이상 기존의 사고방식이나 관습으로는 해결할 수 없는 것의 은유라고 할 수 있다. 즉 문제의 해결 방법이 없는 것이다. 콜레라 앞에서의 무력감, 그로 인한 분노와 환상은 조선의 바다에 출몰하던 이양선에 대한 것과도 닮아 있었다. 서양의 큰 선박을 맞이해 오려 했던 황사영백서黃嗣永帛書사건(1801년) 이후 대대적으로 단행되었던 천주교 박해는 이러한 두려움을 잘 나타내 준다.

그런데 수운의 '괴질', 증산甑山(姜一淳, 1871~1909)의 '병겁病刦' 등은 당대의 제반 사회 문제를 제기하고 해결책을 모색할 때 나타나는 것이었다.[48] 이는 불안하고 초조하며 병적인 시대 상황을 보여주는 동시에, 그를 극복하고자 하는 노력을 보여준다. 최제우는 콜레라와 같은 치명적인 전염병에 대한 새로운 약방문도 제시하였다. 신령스런 부적(靈符 또는 弓乙符)을 그려 태워 맑은 물에 타서 마심으로써 병을 치유할 수 있다고 보았고 이를 퍼뜨리면서 동학의 가르침을 전파하였다. 콜레라 앞에서 예방과 치료의 수단을 거의 얻지 못하고 있던 당시 조선 민중은 최제우가 보여준 치병 능력에 대해 깊은 관심을 가졌다.

사회 전체가 질병에 걸린 것처럼 인식되던 당시 상황에서 동학의 치병 사상은 당시 조선 민중들에게서 동학의 대중성을 확보하도록 하는 데 결정적으로 기여한 동학사상의 특징적 요소라 할 만하다.[49] 또 이

---

48 김홍철, 「근대 한국종교사상에 있어서의 '병관' 연구」, 『원광대학교 논문집』 11, 원광대, 1977, 1~22쪽 참조.

49 박맹수, 「동학의 성립과 사상적 특성」, 『한국현대사연구(구 근현대사강좌)』 5, 한국현대사연구회, 1994, 34~35쪽; 김지연, 「東學의 '呪文'과 '靈符'의 해석－『東經大全』과 『東學

와 마찬가지로 천주교가 상당한 숫자의 신도들을 확보해 가고 있었던 현상도 이와 관련있는 것이라 추정할 수 있다. 천주교의 교세는 신유박해(1801년) 이후에도 계속 확대되어 동학이 창시되던 1860년 전후에는 전국적으로 퍼지게 되었는데, 서양인 신부나 선교사의 전염병 치료 노력이 교세 확장에 도움이 되었음도 추정할 수 있다.

그러나 무엇보다도 '괴질'의 수사가 보여주는 중요한 지점은, 19세기 사회가 이러한 불확실성의 지표 위에서 표류하고 있었다는 점이다. 「변강쇠가」와 「덴동어미화전가」, 「노처녀가」와 「장끼전」까지 포함시켜 그로테스크와 연관된 불편함을 19세기 문학의 한 경향으로 파악한 선행 연구[50]도 있는 바, 병적인 것은 곧 불온하며 불편한 이미지를 상기시킨다. 병든 몸은 곧 병든 사회로 확장되며, 치료의 방법이 전혀 없을 경우 이는 전망의 부재를 낳는다. 무엇보다도 '괴질'은 산목숨을 모두 쓸어갈 정도의 압도적인 위력을 지녔다. 따라서 '괴질'은 '판단 불가능한 것, 전대미문前代未聞의 것, 비상식적인 것'의 의미를 내포하고 있다. 완전히 새로운 질병인 괴질은 균형 상태를 깨뜨리고 공황 상태를 야기한다. 또 그것은 주변부에 어른어른하며 쉽게 중심을 교란시키기 때문에 위험한 것이며,[51] 따라서 그 주변성 및 비상식적 특성 때문에 병리적 사회 현실을 반영하기에 적합한 것이었다.[52]

呪文靈符』를 중심으로」, 『동학연구』 18, 한국동학학회, 2005, 92쪽 참조.

50 정환국, 「19세기 문학의 '불편함'에 대하여－그로테스크한 경향과 관련하여」, 『한국문학연구』 36, 동국대 한국문학연구소, 2009, 254～187쪽. 이주영, 앞의 글, 2009, 47～75쪽.

51 이주영, 위의 글, 47～75쪽 참조.

52 김옥균의 「治道略論」에서부터는 괴질이 더욱 부정적으로 인식되게 되는데, 이는 불확실성의 수사로서 사용되지는 않았다. 여기서 괴질은 서구적 위생 개념 및 문명 개념에 대응되고 있는데, 역병의 병인病因을 뚜렷하게 확신하고 있는 것으로 보아 근대의료체계 및 예방의학에 대한 인식이 많이 생성되고 있었음을 알 수 있다. 김옥균, 「治道略論」, 『김옥균

역병은 조선 후기에 지속적으로 유행했고, 여러 장르의 문학에서 그 체험을 목격할 수 있다. 19세기의 전염병은 문학에서도 참혹한 양상으로 드러나며 죽음과 시신에 대한 감수성을 잘 드러내 준다. 문학에 나타난 역병에 대한 두려움과 긴장, 역병 앞에 선 인간의 연약함, 죽음의 육체적 성격에 대한 공포 등은 당대의 불안한 사회 분위기와도 연결된 것으로 보인다. 괴질인 콜레라의 유행은 서양의 동양 진출과 근대 세계로의 유입이라는 19세기의 세계사적 변화와 맞닿아 있기도 했다. 그러나 이뿐만 아니라 괴질은 지금까지 "듣도 보도 못한" 경험, 처음으로 맞닥뜨리는 이질적 세계, 정상적 사고방식으로는 이해할 수 없는 세계를 표상하기도 했다. 이러한 표상의 내부는 중층적으로 구성되어 있으며 쉽게 파악될 수 있는 것은 아니다. 다만 19세기 문학의 역병 체험은 이 시기의 불확실하고 불안한 현실에 대한 문학 차원에서의 대응이라고 할 수 있을 것이다.

전집』, 아세아문화사, 5쪽(『漢城旬報』26호, 1884년 윤5월 11일) 참조.

참고문헌

『純祖實錄』.

「壬癸歎」, 임형택 편, 『옛노래, 옛사람들의 내면풍경－신발굴 가사자료집』, 소명출판, 2005.

「(뎬동어미)화전가」, 김문기 편, 『서민가사연구』, 형설출판사, 1983.

「섬동지전」, 덕흥서림, 1914.

金玉均, 「治道略論」, 『김옥균 전집』, 아세아문화사, 1979, 5면(『漢城旬報』 26호, 1884년 윤5월 11일).

成海應, 『硏經齋全集』 卷16 「祭香積山神文」.

成海應, 『硏經齋全集』 卷8 「西來怪疾弥滿都下, 自卿相以下喪亡甚衆」.

申在孝, 「변강쇠歌(星斗本B)」, 강한영 편, 『신재효 판소리 전집』, 연세대 인문과학연구소, 1969.

兪漢雋, 『自著』 卷14 「痢醫洪翼湧傳」.

李光庭, 『訥隱集』 卷20 「金淳夫傳」.

李南珪, 『修堂集』 卷8 「別厲祭」.

丁若鏞, 『與猶堂全書』 卷17 「蒙叟傳」.

丁若鏞, 『與猶堂全書』 卷17 「谷山厲祭壇慰祭文」.

丁若鏞, 『與猶堂全書』 卷5 「波池吏」.

崔濟愚, 「몽중노소문답가」, 『동학사상자료집』 壹, 아세아문화사, 1979.

김동준, 「疾病 소재에 대처하는 韓國漢詩의 몇 국면」, 『고전과 해석』 6, 고전문학한문학연구학회, 2009.

김영주, 「朝鮮漢文學에 나타난 痘疫」, 『한문교육연구』 29, 한국한문교육학회, 2007.

김지연, 「東學의 '呪文'과 '靈符'의 해석－『東經大全』과 『東學呪文靈符』를 중심으

로」, 『동학연구』 18, 한국동학학회, 2005.
김홍철, 「近代 韓國宗教思想에 있어서의 '病觀' 研究」, 『원광대학교 논문집』11, 원광대, 1977.
노대환, 「19세기 전반 지식인의 對淸 危機認識과 北學論」, 『한국학보』 76, 한국학보, 1994.
박맹수, 「동학의 성립과 사상적 특성」, 『한국현대사연구(구 근현대사강좌)』 5, 한국현대사연구회, 1994.
백승종, 「18~19세기 『정감록』을 비롯한 각종 예언서의 내용과 그에 대한 당시대인들의 해석」, 『진단학보』 88, 진단학회, 1999.
신동원, 「조선말의 콜레라 유행, 1821~1910」, 『한국과학사학회지』 11-1, 한국과학사학회, 1989.
신동원, 「「변강쇠가」로 읽는 성·병·주검의 문화사」, 『역사비평』 67, 역사비평사, 2004.
아라노 야스노리荒野泰典, 「콜레라가 전해진 길-중국·조선 루트의 검증」, 『도서문화』 20, 목포대 도서문화연구소, 2002.
왈라번, B., 「朝鮮時代 厲祭의 機能과 意義-'뜬귀신'을 모셨던 儒生들」, 『동양학』 31, 단국대 동양학연구소, 2001.
이욱, 「17世紀 厲祭의 對象에 관한 研究」, 『역사민속학』 9, 한국역사민속학회, 2000a.
____, 「조선시대 국가 祀典과 厲祭」, 『종교연구』 19, 한국종교학회, 2000b.
이규근, 「조선 후기 疾病史 연구-『朝鮮王朝實錄』의 전염병 발생 기록을 중심으로」, 『국사관논총』 96, 국사편찬위원회, 2001.
이주영, 「「변강쇠가」에 나타난 강쇠 형상과 그에 대한 적대의 의미」, 『어문논집』 58, 민족어문학회, 2008.
이주영, 「'기괴하고 낯선 몸'으로 「변강쇠가」 읽기」, 『고전과 해석』 6, 고전문학한문학연구학회, 2009.
이형대, 「18세기 전반의 농민현실과 「임계탄任癸歎」」, 『민족문학사연구』 22, 민족문학사학회, 2003.
정환국, 「17세기 이후 귀신이야기의 변모와 '저승'의 이미지-단편 서사류를 중심으로」, 『고전문학연구』 31 , 한국고전문학회, 2007.
______, 「19세기 문학의 '불편함'에 대하여-그로테스크한 경향과 관련하여」, 『한국문학연구』 36, 동국대 한국문학연구소, 2009.

조광, 「19世紀 民亂의 社會的 背景」, 진덕규 외, 『19世紀 韓國 傳統社會의 變貌와 民衆意識』, 고려대 민족문화연구소, 1982.
____, 「19세기 후반 서학과 동학의 상호관계에 관한 연구」, 『동학학보』 6, 동학학회, 2003.
조원준 · 이선아, 「19세기 조선에서 유행한 콜레라에 대한 黃度淵의 의학적 대처」, 『한국한의학연구원논문집』 13-1, 한국한의학연구원, 2007.
하정식, 「아편전쟁과 조선 · 일본」, 『근대중국연구』 2, 중국근대사학회, 2001.

바라, 샤를, 성귀수 역, 「조선종단기」, 『조선기행』, 눈빛, 2001.

강명관, 『조선의 뒷골목 풍경』, 푸른역사, 2003.
박천홍, 『악령이 출몰하던 조선의 바다』, 현실문화, 2008.
신규환, 『질병의 사회사』, 살림, 2006.
임방, 정환국 역, 『교감역주 천예록』, 성균관대 출판부, 2005.
정약용, 정해렴 외 역주, 『麻科會通』, 현대실학사, 2009.
주경철, 『문명과 바다』, 산처럼, 2009.
표영삼, 『동학 1－수운의 삶과 생각』, 통나무, 2004.
황현, 임형택 외역, 『역주 매천야록』 下, 문학과지성사, 2005.

맥닐, 윌리엄 H., 김우영 역, 『전염병의 세계사』, 이산, 2005.
알렌, H. N., 신복룡 역주, 『조선견문기』, 집문당, 1999.
카렌, 아노 , 권복규 역, 『전염병의 문화사』, 사이언스북스, 2001.

19세기 무속에 대한 '반성적 연행'의 성행과 그 민중문화적 의미*

허용호

1. 19세기 민속현상 개괄과 주목되는 무속현상

민속학에서 시간의 영역은 사실상 접혀진 부분이다. 다른 분야에 비하여 장기 지속되며 잘 변하지 않는다는 민속의 특징을 인정한다 할지라도, 그동안 시간성에 대한 민속연구에서의 태도는 반성할만한 여지가 많다. "시대성에 대한 이해 등한시",[1] "시간성(역사성) 문제를 도외시하는 경향",[2] "몰역사적인 태도"[3] 등의 비판은 어떻게 보면 뼈아픈 지적일 수 있다. 하지만 민속연구자로서 나름의 변명이 없는 것은 아니

* 본고는 『한국무속학』 19집(한국무속학회, 2009)에 수록된 논문을 수정・보완한 글이다.

1 이해준, 「한국사의 전개와 민속사의 연관성」, 임재해・한양명 편, 『한국민속사입문』, 지식산업사, 1996, 56쪽.

2 이필영, 「역사의 변화 발전과 민속」, 위의 책, 62쪽.

3 위의 글, 위의 쪽.

다. 가장 먼저 내세우고 싶은 것이 '자료의 부족' 문제이다.[4] 아니 어쩌면 이것이 문제의 처음이자 끝이라 할 수 있다. 민속이 갖는 특성상 관련 문헌이나 자료를 찾는 것은 쉬운 일이 아니다. 어쩌다 발견되는 자료는 파편적인 것이고, 이를 대상으로 연구를 하고 어떤 주장을 한다는 것은 어쩌면 '과장된 포장'이거나 '소설을 쓰는 것'일 수도 있다.

그럼에도 불구하고, 민속의 형성과 전승 과정 혹은 민속의 역사를 기술하려는 시도는 있어왔다. 그 방법론으로 '문헌전승과 구술전승의 유기적 조화'를 내세우는 집단이 등장하기도 했고,[5] 실제 민속사 혹은 특정 민속의 문화사를 표방하는 글들이 나오기도 했다.[6] 이러한 시각에 따라 기술된 앞선 시도들을, 본 연구의 시간적 영역인 19세기에 한정[7]하여 정리해 보면 다음과 같다.[8]

---

4 이 문제에 대해 임재해는 '지배층들은 민중들의 문화인 민속을 하찮은 문화로 간주하여, 민속을 특별히 주목하지도 않았고, 문헌으로 간행하여 자료를 남겨야 한다는 의식도 없었기에, 기록 자료에 의존하여 민속의 형성과 전승과정을 역사적으로 서술한다는 것은 처음부터 자료의 한계'와 마주치게 된다고 말하고 있다. 임재해, 「책머리에」, 위의 책, 5쪽.

5 '역사민속학회'를 중심으로 한 연구자 집단이 이에 해당한다. 그런데 과연 그 방법론적 주장처럼 성과가 나왔는지에 대해서는 본격적인 검토가 필요하다.

6 민속사 혹은 특정 민속의 문화사 기술 방식은 크게 두 가지로 정리할 수 있다. 첫 번째 방식은 민속과 관련된 자료를 시대별로 나열하는 것이다. 왕조사에 따라 조사된 관련 자료를 시대 순으로 나열한다. 두 번째 방식은 관련 자료들을 바탕으로 특정 민속에 대한 나름의 내적 논리를 구성해내어 이에 따라 기술하는 것이다. 두 번째 방식에 따라 민속사를 기술한 것들 중에서, 필자는 임재해의 일련의 민속사 기술 작업과 사진실의 한국연극사 기술 작업을 주목하고 있다.

7 사실 앞선 연구들을 일별해 보면, 19세기라는 시간적 범위를 분명히 한 경우는 거의 없다. '조선 후기'라는 모호한 시간적 표현만이 존재할 뿐이다. 이 '조선 후기'라는 표현은 민속학, 특히 필자가 주목하는 민속연행 분야에서는 민속연행의 '본래적 특징'이 마음껏 펼쳐진 '이상적 시공'으로도 자리한다.

8 참조한 글들은 다음과 같다. 김종철, 「민족신화의 전승과 그 의미」, 『민족문학사 강좌』 상, 민족문학사연구소 편, 창작과비평사, 1995; 조희웅, 「민담의 사적 연구」, 한국구비문학회 편, 『한국 구비문학사 연구』, 박이정, 1998; 김시덕, 「일생의례의 역사」, 임재해・한양명 편, 앞의 책; 김명자, 「세시풍속 연구 50년」, 이화여대 한국문화연구원 편, 『전통문화 연구 50년』, 혜안, 2007; 한양명, 「놀이의 역사」, 임재해・한양명 편, 앞의 책; 주강현,

① 설화 : '단군시조론, 단군신화가 부상'과 '천일야화의 전래와 설화 자료가 결집'

② 일생의례 · 세시풍속 : '회혼례 · 회갑례가 중요해지며', '다양한 세시기들이 찬술'됨.

③ 민속놀이 : '대동놀이의 활성화와 대보름 대동놀이로 전환'과 '두레의 활성화'됨.

④ 민요 : '유흥적 여가문화로서 비중 증대와 장르 계층적 범주를 넘나드는 교섭'

⑤ 민속연희 : '현전 가면극 성립과 예술적 전환 시도', '판소리의 민중예술에서 고급예술로 변화'

⑥ 무속 : '현전 굿의 정착'과 '오락화 · 세속화를 통한 질적 상승 시도'

본고는 위에서 정리된 19세기 전후의 민속현상 가운데 무속에 주목한다. 위에서 정리한 바에 의하면, 19세기 무속현상의 특징은 '현전 굿의 정착', '오락적 흥미와 세속화를 통한 질적 상승의 시도'이다. 그런데 필자는 여기에다가 '무속 전반에 대한 상대화 시도와 메타굿 연행[9]

「두레의 역사」, 위의 책; 이필영, 앞의 글; 노동은, 「민악의 역사」, 임재해 · 한양명 편, 앞의 책; 강등학, 「한국 민요의 사적 전개 양상」, 한국구비문학회 편, 앞의 책; 전경욱, 「전통연희의 전반적 성격」, 국사편찬위원회 편, 『연희, 신명과 축원의 한마당』, 두산동아, 2006b; 윤광봉, 「민속극의 역사」, 임재해 · 한양명 편, 앞의 책; 서연호, 『한국 연극 전사』, 연극과 인간, 2006; 전경욱, 「가면극의 역사적 전개 양상」, 국사편찬위원회 편, 앞의 책, 2006a; 김현양, 「민중연희의 전통과 탈춤의 성장」, 민족문학사연구소 편, 앞의 책; 사진실, 『공연문화의 전통』, 태학사, 2002; 유영대, 「판소리의 역사」, 임재해 · 한양명 편, 앞의 책; 박경신, 「무가의 역사」, 임재해 · 한양명 편, 앞의 책; 박경신, 「한국 무가의 역사적 전개」, 한국구비문학회편, 앞의 책; 김헌선, 「〈창부거리〉 무가의 성립 과정」, 『고전문학연구』 9, 한국고전문학회, 1994.

9 흔히 '메타'의 개념은 '~의 상위에'라는 의미와 '~에 대한'이라는 의미를 함께 갖고 있다. 이 연구에서는 후자의 의미로 사용한다. 따라서 '메타굿 연행'이란 '굿에 대한 연행'을 의미한다.

의 성행'이라는 특징을 덧붙이려 한다.[10] 필자는 19세기 무속 분야의 특징이, 무속과 관련된 연행에서 나타나는 반성성Reflexivity[11] 곧, 반성적 연행의 성행이라 보고 있다. 이 특징은 그동안 전혀 언급된 바가 없다. 필자가 본 연구를 진행하면서 처음 언급하는 특징이다. 따라서 일단 이 특징에 대한 입증이 필요하다. 그 입증을 위해 필자가 선택한 대상은 〈배뱅이굿〉이다. '동시대 전국의 무당노래를 종합한 패러디극'[12] 혹은 '무속 비판의 서사시'[13] 등으로 평가되는 〈배뱅이굿〉이 19세기를 전후해서 등장한다는 점에 주목한 것이다.

---

10 장별신(시장 별신굿)의 등장도 19세기의 한 현상으로 보인다. 이를 바탕으로 '수요가 있어야만 그 연행이 벌어지는 굿'이, 또 다른 상업적 수요를 지향하며 벌어진다는 점에서 흥미로운 연구 주제가 된다. 상업적 수요에 봉사한다는 점에서 굿의 통속화라 할 수도 있겠다. 그리고 이를 구경꾼의 동원이라는 측면에서 굿의 오락화, 세속화와 연결시켜볼 수도 있다. 좀 더 나아가 본다면, 믿음 혹은 신앙마저도 상업적 목적을 위해 이용하게 되는 달라진 상황을 말하고 싶기도 하다. 이는 곧 굿 혹은 신앙의 통속화라고 말할 수도 있겠다. 하지만 '장별신의 등장'인 경우 관련 문헌자료가 현저하게 부족하다. 상업의 발달, 금난전권 철폐, 5일장의 성행 등과 연관 지을 수 있지만, 현재로서는 관련 자료가 구술 자료밖에 없다. 이후 관련 자료와 다른 학문분야의 연구 성과를 좀 더 살펴본 다음 논의를 해보려고 한다.

11 반성성이란 "언어와 사고 혹은 어떤 의미작용의 체계가 그 자체를 대상으로 삼는 속성"을 말한다. "자체에 대해 의식하며 사물의 질서를 반성"하는 것이다. 그 자체를 대상으로 삼는다는 점에서 '메타적인 속성'을 갖고 있다고 할 수 있다. "주체와 대상, 보는 자와 보이는 자, 자아와 타자, 예술과 삶의 경계를 허물음으로써, 반성적 과정은 사고, 언어, 사회의 잘못되거나 한정된 구조를 재고"한다. 터너Victor Turner는 반성성에 대해 언급하면서 "우리 모든 인간들은 게임을 하고, 스스로의 존재를 연행하기를 계속해 나가면서, 우리의 삶을 집단적으로 창조해 나가는 가운데, 언제 우리 스스로의 상황들에 대해 정교화하고, 의식하고, 웃을 수 있다"고 한다. 필자가 본 연구에서 주목하는 일련의 연행들은 '굿에 대한 메타적 연행'이라는 점에서, 그리고 이 연행과정을 통하여 '그동안의 관습적 혹은 절대적 사고를 재고'한다는 점에서 반성적이라 할 수 있다. '대상에 대한 상대화와 웃음거리화 역시' 반성적 속성을 함축하는 것이라 할 수 있다. 반성성에 대한 개념 규정과 논의는 다음을 참조. Babara A. Bobcock, "Reflexivity-Definitions and discriminations", *Semiotica*, Vol.30, No.1/2, 1980, p.5; Kathleen M. Ashley, "Introduction", Kathleen M. Ashley(eds.), *Victor Turner and the Construction of Cultural Criticism*, Indiana University Press, 1990, pp.19~20.

12 서연호, 앞의 책, 114쪽.

13 김헌선, 「판소리의 역사적 연구」, 한국구비문학회편, 앞의 책, 1998, 168쪽.

19세기 〈배뱅이굿〉의 등장은, 단지 한 연행 종목의 출현이라는 차원에서만 주목하는 것으로 그칠 것이 아니다. 〈배뱅이굿〉이라는 독특한 연행의 등장은, 그동안 상호연관성 하에 살피지 않았던 민속연행 혹은 민중연행의 여러 새로운 양상들을 설명할 수 있는 실마리를 제공할 것이라 필자는 생각한다. 다시 말해서, 굿은 물론이고, 굿놀이와 뒷전이라 불리는 굿 속의 놀이, 가면극, 재담연행 등을 연관시켜 설명할 수 있는 틀을 제공할 것이다. 이는 민중문화 내부의 역동적인 양상을 포착하게끔 할 것이다. 민중문화 갈래간의 교류・경쟁・통합 양상은 물론이고, 이 갈래들을 연행하고 향유하는 주체의 인식 변화를 살필 수 있다. 이것이 필자가 기대하는 본 연구의 첫 번째 의의다.

필자가 기대하는 본 연구의 두 번째 의의는 19세기 민중문화판에 대한 새로운 시각 정립이다. 필자는 '이도 저도 아니고, 금기와 제약에서 해방되며, 특히 절대적인 것에 대한 상대화가 이루어져, 새로운 그 무엇의 창조가 가능한 시공'으로 19세기 민중문화판을 바라보려 한다. 이는 경계 혹은 문지방의 시공[14]으로 19세기를 재구하겠다는 의미이

14 필자가 '경계' 혹은 '문지방'이라 표현한 개념은 빅터 터너Victor Turner의 리미널리티liminality를 번역한 것이다. 터너에 의하면 리미널리티는 '어떤 상황들의 연속체계에서 두 상황간의 이행의 중간 지점에서 나타난다. 두 고정된 위치 사이의 이동이기 때문에 필연적으로 모호하고 혼란스럽게 보인다'. 또한 터너는 '새로운 은유들이 탄생하고, 사회구조의 교정revisions이 시도되며, 창조적 통찰력들이 발전되고 키워지는 것도 리미널리티의 자유 속the freedom of liminality'이라고 말한다. 그에 의하면 리미널리티는 '원초적 가설의 영역'이며, 여기에는 '존재의 요소들을 왜곡하는 어떤 자유'가 있으며, '흥미로운 혹은 비상식의 영역'이라고 말한다. 또한 리미널리티는 '사회구조 안의 어떤 지위에 의존하는 규범에의 종속을 거부하는 행동의 무한한 자유, 상징적 자유'를 나타나며, '순연한 잠재력'이며, 그곳에서는 '무슨 일이든지 일어날 수 있으며', '문화와 사회의 구성요소들이 낯익은 형상들로부터 해방'된다고 말한다. 결국 리미널리티는 '지금까지 받아들여졌던 습관적 범주들이 해체되고 재통합되는 잠재적 가능성이 가장 극대화되는 영역에 자리한다. 이는 문화의 가정법, 가설, 추측, 욕망의 영역'이라 할 수 있다. 이상의 정리는 다음을 참조. Victor Turner, *Dramas, Fields and Metaphor*, Cornell University Press, 1974, p.237;

다. 뿐만 아니라 20세기로 이어지는 민중문화 갈래의 전망도 가능하리라 생각한다. 20세기에 다양하게 전개되어 나간 무속 관련 연행의 양상 역시 나름의 틀로 설명하려는 것이다.

이러한 필자의 두 번째 기대는 19세기를 가능성의 시대로 보게끔 한다. 그리고 이러한 시각은 비단 민중문화를 넘어서는 19세기 문화, 나아가 19세기 전반을 바라보는 '또 하나'의 시각을 가능하게 할 수도 있을 것이라 생각한다. 물론 본 연구가 여기까지 나아가지는 않는다. 다만 기존의 19세기 문화, 특히 민중문화를 바라보고 평가하는 방식에 대한 나름의 문제제기는 하려한다. 이른바 '진보 / 퇴행의 서사' 혹은 '전근대 / 근대지향의 서사'로 풀어내려는 기존 연구의 방식과는 다른 입장을 제시하려는 것이다.

2. 〈배뱅이굿〉의 반성적 양상

앞에서 필자는 19세기 무속의 특징적 현상으로, 무속에 대한 반성적 연행 현상을 꼽을 수 있다고 했다. 이것은 조선시대 전반에 걸쳐 이루어진 무속 비판이나 배척과는 그 차원이 다르다. 조선시대에 이루어진 대부분의 무속 비판이나 배척은, 주로 유교적 입장에서 혹은 공식적 입장에서 이루어진 것이다.[15] 이 입장은 무속을 향유하는 주요 주체인

Kathleen M. Ashley, op.cit., pp.18～19; Victor Turner, "Are there universals of performance in myth, ritual and drama?", Richard Schechner · Willa Appel(ed.), *By means of performance-Intercultural studies of theatre and ritual*, Cambridge University Press, 1990, p.11.

15 무속은 정사正邪의 구별의식에 입각한 음사론에 의해 비판받고 배척되었다. 무속을 음

민중들을 대상화하고 계몽하려는 시선이 강하다. 무속을 향유하는 주체에 대한 멸시와 배타의 시선 역시 감지된다. 이러한 비판과 배척에도 불구하고 무속이 지속되었음은 물론이다. 무속은 비공식, 주변의 영역에서 그 독자성을 유지했다.

필자가 19세기 무속에 대한 반성적 연행 현상에 주목하는 이유는, 무속에 대한 상대화가 비공식적인 민중문화 내부에서 일어나고 있다는 점 때문이다. 물론 19세기 이전까지 민중들이 줄곧 무속에 대해 우호적인 태도만을 취했을 리는 없다. 무속에 대한 비판적 시각과 믿음이 공존하고 있었을 가능성이 많다. 그럼에도 19세기 무속 현상에 대해 유독 주목하려는 것은, 이 시공에서 급격하고도 전면적으로 반성적 연행이 이루어지고 있다는 점 때문이다. 이는 민중들이, 무속 혹은 굿에 대한 외경에서 벗어나는 인식의 전환을 보여주고 있음을 말하는 것이라 필자는 생각한다. 무속 혹은 굿 전반과 관련된 것들을 상대화한다는 것은, 말처럼 쉬운 것이 아니다. 관련 금기를 위반하고, 아니 그 금기의 틀 자체를 뛰어넘어 상대화하고 웃음거리로 만든다는 것은 획기적인 전환이다. 믿음 혹은 종교 차원의 영역을 상대화하고 웃음거리로 만든다는 것은, 비판적 의식을 갖고 있다 하더라도 감히 하지는 못한다. 무엇인가 망설여지는 점이 많다. 따라서 19세기 무속에 대한 반성적 연행 현상은 충분히 주목해 볼만한 것이라는 기대를 하게한다. 필자는 무속에 대한 반성적 연행의 단서를 〈배뱅이굿〉에서 포착한다. 〈배뱅이굿〉

사로 규정하고 유교의 바른 제사를 어지럽히는 그릇된 제사로 인식하는 음사론의 논리는 『경국대전』, 『속대전』, 『대전통편』 등의 법제를 통해 구체화된다. 무격과 그들의 의례는 도성 밖, 성외십리, 강외 등으로 축출되었다. 이에 대한 논의는 다음을 참조. 최종성, 「민속과 유교」, 『비교민속학』 24집, 비교민속학회, 2003.

을 대표적 사례로 삼아 논의를 진행한다. 이후 이루어지는 논의는 〈배뱅이굿〉를 대상으로 그 반성성을 입증하는 것이 된다. 〈배뱅이굿〉이 갖는 무속 전반에 대한 상대화, 웃음거리화에 대한 논증이다.

〈배뱅이굿〉의 줄거리를 요약하면, '무당 과거 급제 → 무당 사또 → 기자 불공 → 태몽 → 배뱅이 탄생 → 배뱅이 작명 → 배뱅이 성장 → 배뱅이와 상좌의 사랑 → 배뱅이의 죽음 → 장례 → 팔도무당굿 → (무당 사또) → 주막할미와 수작 → 건달 거짓굿(가짜무당굿)' 등으로 정리할 수 있다. 김동욱에 의하면, 〈배뱅이굿〉은 17세기에 형성되어 남도 판소리 성립에 영향을 끼쳤다고 한다.[16] 하지만 최원식[17]과 김상훈[18]에 의해 〈배뱅이굿〉의 형성 시기가 근대 무렵인 1900년대 경으로 추론된다.[19] 나아가 근대 무렵 김관준에 의해 만들어진 것이라 주장했다. 김관준은 1854년 평안남도 함종에서 출생한 것으로 추정되는 인물로, 2대째 승려였으며 용강군 해운면 신덕산의 보림사 주지였다고 한다.[20] 그동안 김관준 형성설 혹은 창작설은 〈배뱅이굿〉 연구에서 통설로 인정되었다. 〈배뱅이굿〉은 1907년 도산 안창호가 미신타파를 목적으로 김관준에게 만들게 한 것이라는 증언[21]을 방증 자료로 하고, 〈배뱅이굿〉 창자가 김관준 이전의 사람이 알려진 적이 없다는 점을 바탕으로,

---

16 김동욱, 『한국 가요의 연구』, 을유문화사, 1962, 309~310쪽.

17 최원식, 「배뱅이굿 硏究」, 훈미崔正如博士頌壽紀念論叢編纂委員會, 『民俗語文論叢』, 계명대 출판부, 1983.

18 김상훈, 「배뱅이굿 연구」, 인하대 석사논문, 1987.

19 김상훈, 「배뱅이굿 기원고」, 『국어국문학』 110, 국어국문학회, 1993, 53쪽.

20 김인숙, 「배뱅이굿 음악 연구」, 서울대 대학원 협동과정 음악학과 박사논문, 2007, 12쪽 참조.

21 박정홍, 「〈이것이 원형이다〉 바로잡아야 할 배뱅이굿」, 『월간 문화재』 제20호, 1970; 손태도, 「전통 사회 재담소리의 존재와 그 공연 예술사적 의의」, 『판소리연구』 제25집, 판소리학회, 2008, 246쪽.

이 주장은 힘을 얻어왔다. 이에 따른다면, 〈배뱅이굿〉은 대략 19세기 말에서 20세기 초반에 형성된 것으로 볼 수 있다. 이상의 〈배뱅이굿〉 형성 논의에서 그 추정의 중심에는 ‘19세기 인물 김관준’[22]이 자리한다. 김관준을 그 형성의 주체로 삼고 있는 것이다.

그런데 근래에 소개된 북한 자료에서 흥미로운 대목이 발견된다. 계장화라는 김관준 이전의 〈배뱅이굿〉 연희자가 등장한다. 더구나 김관준은 계장화에게서 〈배뱅이굿〉을 배웠다는 언급이 발견된다.

> 처음 가창 지도는 계장화에게서 받았다. 계장화는 세대가 다소 앞선 서도 명창으로서 한때를 떨치였는데 그에게서 서도 민요 특히는 판소리 〈배뱅이굿〉의 확고한 기초를 닦았다.[23]

> 계장화가 김관준보다 앞선 세대의 서도명창으로서 이미 서도고유의 판소리형식인 〈배뱅이굿〉에 대하여도 깊은 파악과 가창력을 소유하고 있었음을 잘 알 수 있게 한다.[24]

북한에서는 이러한 주장을 바탕으로, 적어도 19세기 말엽 이전에 〈배뱅이굿〉이 형성되었다고 추정한다. “〈배뱅이굿〉은 원래 김관준보다 앞선 세대 즉, 계장화를 비롯한 전세대 명창들의 활동 시기인 19세

22 서연호, 앞의 책, 114쪽.

23 박은용, 「서도 가요의 명창 김관준」, 『조선음악』 제2호, 조선작곡가동맹, 1996, 30쪽(김인숙, 「북한 전승 〈배뱅이굿〉 연구」, 『한국음반학』 제15호, 한국고음반연구회, 2005, 14쪽에서 재인용).

24 장영철, 「서도민요의 명창들」, 『조선음악명인전』, 윤이상음악연구소, 1998, 200~201쪽(김인숙, 위의 글, 14쪽에서 재인용).

기 말엽에 서도 가수들 속에서 오랜 구전설화에 기초하여 창조되였던 작품"[25]이라 주장한다. 하지만 필자는 그 시기를 좀 더 올려 잡을 수 있다고 생각한다. 김관준이 1854년경에 태어났고, 계장화가 이보다 앞선 세대라면 적어도 19세기 중엽에 계장화가 〈배뱅이굿〉을 연행하기 시작했다고 할 수 있다. 그렇다면 〈배뱅이굿〉의 형성은 적어도 19세기 초・중엽 즈음이라 할 수 있다.

〈배뱅이굿〉의 형성과 관련된 그동안의 논의 성과들을 종합해서 정리해 보면, 대략 다음과 같은 추론이 가능하다. 17세기 재승 통윤洞允 이야기,[26] 평안도 다리굿과 수왕굿의 '기밀굿'거리・황해도 진오귀굿이나 진진오귀굿의 '망제대잡기'거리나 '대내림'거리, 그리고 '기밀경'과 '동이기밀' 같은 굿놀이 등의 영향 속에서 〈배뱅이굿〉은 형성된 것으로 보인다. 현재까지 파악된 가장 이른 시기의 연행자로는 19세기 중엽 이후의 계장화와 김관준 등이 있다. 이들을 포함한 서도 명창들이 〈배뱅이굿〉을 형성하고 확립한 것으로 추정된다. 특히 김관준을 중심으로 그의 아들과 제자들에 의해 해서 일대에 널리 불리어지다가, 1930년대 레코드로 취입[27]되기에 이른다. 그런데 〈배뱅이굿〉은 전문 연희자들에 의해서만 연행된 것이 아니었다. "명절이나 잔치때 사람들이 모이면

---

25 장영철, 「애국적인 노래들을 지어부른 서도명창 김관준, 김종조부자」, 『조선음악명인전』, 윤이상음악연구소, 1998, 173쪽(김인숙, 위의 글, 15쪽에서 재인용).

26 '통윤 이야기'는 일찍이 김동욱이 〈배뱅이굿〉의 근원설화로 주목한 것이다. 통윤은 16세기에 활약한 승려인데 그와 관련된 이야기가 유몽인(1559~1623)의 『어우야담於于野談』(1621년 완성)에 실려 있다. 그 이야기 내용이 〈배뱅이굿〉과 흡사하여 일찍부터 그 연관성이 강조되어 왔다. 통윤 이야기는 다음 글에 그 전문이 번역되어 있다. 최원식, 앞의 글, 552~553쪽.

27 1934년 김관준의 아들 김종조의 음반 취입을 시작으로 김홍섭(1934년), 김주호(1936년), 최순경(1940년) 등의 음반이 현재 전한다. 노재명 편, 『배뱅이굿』, 아름출판사, 2002; 김인숙, 앞의 글, 2007, 5~9쪽.

그 중에서 소리 잘하는 사람이 으레 나서서"[28]하였고, "겨울날 사랑방에서 돌림치기로 民衆의 娛樂으로 盛行"[29]했었다고 한다. 결국 19세기를 전후해서 〈배뱅이굿〉이 형성되고, 이것이 서도 일대에 전문적 연희자는 물론이고 일반 민중들 사이에서 널리 향유되다가, 점차 전문적 연희자들의 연행 종목의 하나로 자리 잡고, 서울·경기 지역에 진출을 하는 동시에 전국적 연행도 함께 이루어지며 확산된 것으로 생각된다.

현재 우리가 접할 수 있는 〈배뱅이굿〉 자료 중에서 가장 이른 시기의 것은 1934년에 나온 것이다. 음반자료(김종조 음반본)와 채록자료(김홍섭 구술본)가 이때 함께 나왔다. 〈배뱅이굿〉의 주요 이본들을 나열해 보면, 김종조 음반본(1934년), 김홍섭 구술본(1934년), 김종조 음반본(1936년), 김주호 음반본(1936년), 최순경 음반본(1940년), 평산 재인 창본(1947년), 김성민 창본(1956년), 이은관 음반본(1950년대), 김용훈 창본(1974년), 김경복 사설본 1·2(1992년), 양소운 녹음본(1991년), 북한 녹음본 등이 있다.[30] 이본들을 보면 그 자료 형태, 연행자, 시기, 분량, 내용 순서 등에 있어 다양한 양상을 보인다.

하지만 〈배뱅이굿〉을 구성하는 핵심적인 삽화들은 대체적으로 유사하다. 최원식은 "〈배뱅이굿〉은 세 개의 독립적 이야기들인 배뱅이 아비·배뱅이·건달 청년의 이야기가 한판으로 짜여졌다"[31]고 했다.

---

28 강용권, 「김용훈 창본 배뱅이굿 고찰」, 『국어국문학』 제15집, 동아대 국문학과, 1996, 151쪽.

29 김동욱, 「판소리는 열두마당뿐인가」, 『낙산어문』 제2집, 서울대 국문학과, 1970, 4쪽(최원식, 앞의 글, 546쪽에서 재인용).

30 〈배뱅이굿〉 관련 음반자료와 문헌자료에 대한 정리는 다음을 참조. 노재명, 앞의 책. 김인숙, 앞의 글, 2007, 6~9쪽.

31 최원식, 앞의 글, 564쪽.

김상훈 역시 비슷한 견해를 표명하는데, 〈배뱅이굿〉의 서사구조가 세 개의 삽화로 이루어져 있다고 한다. 천민인 배뱅이 아비가 양반으로 상승하려다 실패하는 '무당사또 이야기', 처녀 배뱅이가 상좌중과 놀아나다 상사병으로 죽는다는 '배뱅이 이야기', 지나가던 건달이 가짜 무당 노릇을 하며 배뱅이의 부모로부터 많은 재산을 긁어낸다는 '건달 이야기'가 그것이다.[32] 조동일 역시 세 개의 이야기로 구성되었다는 견해를 표명하는데, "원래 무당이었다고 설정한 배뱅이의 아버지가 양반으로 상승하려다가 실패한 내력, 처녀인 배뱅이가 상좌중과 놀아나다가 상사병으로 죽었다는 사건, 지나가던 건달이 배뱅이의 혼을 불러낸다면서 탕진했던 가산을 회복할 정도로 돈을 긁어냈다는 결말"[33]로 구분한다. 이러한 연구 성과들을 감안한다면, 〈배뱅이굿〉을 구성하는 이야기 기둥은 '무당 사또 이야기', '배뱅이 이야기', '가짜 무당의 굿 이야기' 등으로 정리할 수 있다.

흥미로운 것은 이 3가지 이야기 기둥이 모두 굿과 관련된다는 점이다.[34] '무당 사또 이야기'와 '가짜 무당의 굿 이야기'는 당연히 무당과 관련되어 있다. '배뱅이 이야기' 속에 포함되는 '배뱅이와 상좌중의 사랑 이야기'는 전국의 굿에서 널리 나타나는 서사무가 〈당금애기〉 혹은 〈제석본풀이〉 내용과 유사하다. 배뱅이의 출생·사랑·죽음으로 전개되는 '배뱅이 이야기' 전체 내용 역시, 뒷부분에서 배뱅이 넋굿을 가

32 김상훈, 앞의 글, 1993, 51쪽.

33 조동일, 『한국문학통사』 3, 지식산업사, 1984, 538쪽.

34 김인숙은 "배뱅이 이야기와 무당사또, 박수무당 굿, 상좌중 이야기 등은 모두 독립적으로 연행될 수 있는 소리이며 특히 무당사또와 박수무당 굿, 상좌중 이야기는 모두 굿과 관련이 있는 점에서 배뱅이굿이 굿음악(굿놀이)에서 출발한 재담소리임을 시사한다"고 주장한다. 김인숙, 앞의 글, 2007, 149쪽.

능하게 한 전제가 된다는 점에서 굿과 일정한 관련성이 있다. 이 문맥에서 〈배뱅이굿〉은 배뱅이의 넋굿을 위한 컨텍스트와 텍스트 전체를 연행화한 것이라 할 수 있다. 〈배뱅이굿〉의 '핵심적 이야기'[35]라 할 수 있는, '가짜 무당의 굿 이야기'는 서도 "사령굿의 한 제차를 모방"[36]했다. 조동일에 의하면, 이 대목은 "무당이 굿을 하면서 죽은 사람의 혼령을 불러내는 과정을 뒤집어놓은 것이다. 말투나 가락은 굿에서 하는 것과 흡사하게 흉내를 내어 굿 구경을 하는 듯한 느낌이 들도록 해놓고, 가짜 무당이 속임수로 죽은 처녀의 부모를 우롱하는 내용"[37]이다. 실제 〈배뱅이굿〉의 '가짜 무당의 굿' 대목은 황해도와 평안도의 넋굿과 유사하다. 넋굿에 대한 연행이 '가짜 무당의 굿' 대목이다. 이런 점에서 배뱅이굿은 '메타굿'이라 할 수 있다. 굿에 대한 연행인 것이다. 그 방식은 모방과 뒤집기이다.

그런데 그 모방과 뒤집기는 특정한 굿에만 해당되지 않는다. 무속을 구성하는 굿, 무당, 신앙민 모두에 대해 모방과 뒤집기가 이루어진다. 넋굿에서 모셔지는 혼령에 대한 모방과 뒤집기 역시 이루어지고 있음은 물론이다. '다양한 무당들의 연행에 대한 모방과 뒤집기', '무속을 믿는 신앙민에 대한 모방과 뒤집기', '굿을 지켜보는 사람들에 대한 모방과 뒤집기'까지 벌어진다. 따라서 〈배뱅이굿〉에서는 무속 전반에 대한 상대화가 이루어지고 있다고 할 수 있다. '메타굿' 더 나아가 '메타무속적 연행'이라 할 수 있다.

---

35 김상훈, 앞의 글, 1993, 51쪽; 최원식, 앞의 글, 565쪽.
36 김상훈, 위의 글, 59쪽.
37 조동일, 앞의 책, 527쪽.

이러한 〈배뱅이굿〉에 대하여 '샤머니즘의 타파',[38] '미신타파',[39] '미신의 비과학적인 허황성 폭로', '봉건잔재 비판',[40] '봉건적인 것의 무의미함과 근대성으로의 전진'[41] 등의 해석이 있었다. 필자는 이러한 해석에 대해 조심스럽다. '샤머니즘 타파', '미신 타파', '미신의 비과학적인 허황성 폭로', '봉건잔재 비판' 등의 해석은 너무 즉자적이며 일면적이다. 〈배뱅이굿〉에 담긴 유쾌한 상대성의 문제를 이런 해석으로는 해명하지 못한다. 이러한 해석은 비공식문화를 공식문화의 시선으로 읽어냈기 때문에 나온 것이다. 비공식문화 혹은 민중문화의 시선으로 읽어낼 필요가 있다. 즉 비공식문화 역시 중심과 주변이 존재한다. 그런데 비공식문화 역시 중심은 카리스마화되기 마련이고, 카리스마화된 것은 당연히 고착되고 정체된다. 이렇게 경화된 것에 새로운 활력을 주는 것이 비공식문화의 주변 영역이다. 어느새 카리스마화되어 정체된 굿에 대하여 반구조로서의 여러 갈래들이 주변에서 중심으로 침투를 시도하고, 그들 사이에 경쟁과 타협이 이루어진다. 〈배뱅이굿〉의 경우가 이에 해당한다. 구조화된 굿에 대한 반구조 영역의 침투 양상을 〈배뱅이굿〉이 보여주고 있는 것이다.

최원식 역시 '샤머니즘 타파', '미신 타파', '미신의 비과학적인 허황성 폭로', '봉건잔재 비판' 등의 해석에 대해 비판적 입장을 견지한다.

> 단순히 反迷信的인 것으로 해석하는 것은 편협하다. 우리는 이광옥의 의

---

38 최홍순, 「西道의 唱劇 배뱅이굿」, 『북한』 통권 제166호, 북한연구소, 1985.10, 175쪽.
39 김헌선, 앞의 글, 1994, 168쪽.
40 북한에서의 해석이 이러하다.
41 최원식, 앞의 글, 565~566쪽.

식 속에서 일체의 봉건적인 것이 무의미하다는 점을 주목해야 할 것이다. (…중략…) 그렇다면 〈배뱅이굿〉을 여미는 이광옥의 유쾌하고 풍자적인 '산염불' 가락은 근대적 서사문학을 이미 예고하고 있는 셈이다. 우리는 여기서 〈배뱅이굿〉을 구성하고 있는 세 이야기 즉 배뱅이 아비 · 배뱅이 · 이광옥의 이야기가 구소설의 태내에서 근대적 서사문학으로 전진하는 계기적 단계를 보여주고 있음을 뚜렷이 알게 된다.[42]

하지만 '편협한 해석'을 넘어서면서 최원식이 제시한 '봉건적인 것의 무의미함과 근대성으로의 전진'이라는 식의 해석 역시, 이른바 '근대성에의 집착'이라는 점에서 한계를 갖는다. 조동일 역시 최원식과 유사한 맥락의 견해를 표명한다. 그에 따르면, 〈배뱅이굿〉은 배뱅이 아버지의 신분 상승 실패 내력, 상좌와의 사랑놀음 끝에 상사병으로 죽는 배뱅이 이야기, 건달이 가짜굿을 통하여 많은 돈을 긁어낸다는 결말 중에서 "어느 쪽을 강조하는가에 따라서 서로 다른 작품이 되었다. 공식적인 평가를 얻지 못하는 저급 서사시가 흥행물이 되는 경우에는 상층의 의식에 영합해야 하는 부담에서 벗어나 전환기의 사회상과 한층 밀착된 사설을 마련할 수 있었는데, 그런 것이 더 늘어나지"[43] 않았다고 평가한다. 〈배뱅이굿〉에 대한 다소 부정적인 평가라는 점에서 최원식과 구분되기는 하지만, '전환기의 사회상과 한층 밀착된 사설 마련' 대목에서 느껴지듯이, 그 역시 근대 혹은 근대 이행이라는 틀에서 벗어나지 못하고 있다.

---

42 위의 글, 위의 쪽.
43 조동일, 앞의 책, 538쪽.

필자는 그동안 이루어진 연구들이 〈배뱅이굿〉이 드러내는 '전환기적 인식 양상'을 제대로 포착해내지 못했다고 생각한다. 그 전환기적 인식 양상이란 봉건에서 근대로의 전환이 아님은 물론이다. 서연호는 〈배뱅이굿〉이 '규모가 큰 무당굿을 모방'한 것이라 말하고 있다.[44] 그런데 〈배뱅이굿〉은 무당굿을 모방할 뿐만 아니라 웃음거리로 만든다. 무당굿의 주체인 무당, 굿을 의뢰하거나 보는 사람들, 나아가 모셔지는 존재까지 웃음거리가 된다. 그런데 이 웃음의 대상은 바로 〈배뱅이굿〉이 태동하고 성장하며 발전한 민중문화판 전체를 아우른다. 〈배뱅이굿〉을 향유하는 연행공동체 바로 자신들에 대한 웃음이다. 이러한 웃음이 가능한 것은 바로 자신들에 대한 상대화가 이루어졌기 때문이다. 〈배뱅이굿〉이 반성적 연행이며, 메타적인 굿 연행이라는 표현은 이에서 기인한다. 〈배뱅이굿〉은 굿에 대한 놀이이며, 굿과 거리를 유지한 채 벌어지는 연행이다. 무속 전반에 대해 거리를 유지하며 그 주체, 대상, 제의까지 웃음의 대상으로 삼고 있다. 이러한 점은 무속에 대한 커다란 인식의 변화 혹은 전환이라 할 수 있다. 더구나 민중문화 내부에서 이러한 반성적 성과물이 나왔다는 점은 주목할 만하다. 〈배뱅이굿〉의 이러한 특성을 단서로, 다음 절에서는 논의를 좀 더 확대해 보기로 한다. 19세기를 전후해서 민중문화 갈래 내부에서, 어쩌면 그 변화의 움직임이 생각 이상으로 커다란 것이었음을 확인해 보려는 것이다.

44 서연호, 앞의 책, 115쪽.

3. 민중문화 제 갈래의 반성적 연행 사례들

〈배뱅이굿〉에서 나타나는 양상은 인접한 민중문화 갈래에서도 발견된다. 19세기를 전후해서 유사한 양상이 굿을 포함한 여타 민중문화 갈래에서 산견된다. 이러한 양상을 민중문화의 19세기적 흐름의 하나라고 할 수도 있다. 19세기 민중연행 영역의 한 양상이라 말할 수 있는 것이다. 몇 가지 사례를 중심으로 이를 확인해 본다.

먼저 〈장대장네굿〉[45]을 살펴보기로 한다. 〈장네장네굿〉에는 '굿도 잘하지만 얼굴과 거두리가 그럴 듯하여 인근에서는 일품 무당으로 뽑혀 다니는' 장대장네와 '굿과 안택에 능통할뿐더러 집소리와 짓굿(짓거리에 장난)으로 대환영을 받는' 박판수가 등장한다. 인근 지역 사람들은 '이 두 사람이 아니고는 굿이나 안택 같은 것은 못할 것으로 알' 정도로 알려진 무속인들이다. 그런데 〈장대장네굿〉에서 형상화되는 이 무속인들의 모습이 심상치 않다. 박판수는 '수음을 하다 장대장네에게 들키며',[46] 장대장네 역시 '딴 놈팡이와 눈을 맞추어 두꺼비 씨름'을 한 것이 박판수에게 들켜 난처한 상황에 처해진다. 질편한 무속인들의 생활이 나타난다.

장님 : (어이없이) 이기 다 무슨 소리야, 내가 이제 단소를 쳐 봤어, 두꺼

45 〈장대장네굿〉과 관련한 자료로는 다음과 같은 것이 있다. 박치선 구술·이두현 채록, 「장대장네굿」, 『한국민속종합조사보고서-황해도편』, 한국정신문화연구원, 1980; 최선묵 구송·심우성 채록, 「해주 장대장네굿」, 심우성 편, 『마당굿연희본 1 무형문화재 미지정 종목』, 깊은샘, 1988, 68~75쪽; 지관용 구술·양종승 채록, 「해주 장대장네굿」, 『민속소식』 12~13호, 국립민속박물관, 1996. 8~9, 7·11쪽.

46 최선묵 구송·심우성 채록, 위의 글, 69~70쪽.

비 씨름하는 괘상이 나왔어! 그래 나를 소이랴고! 남의 집 정성을 드리러가면서 이 따위 짓이 웬 일이야!

무당 : (아양을 떨며) 아이고 사장네 아자씨, 그게 무슨 말씀입니까.

(무당이 장님에게 매달리면 장님은 큰기침하여 무당을 밀치고 다시 해설자로 변하여)

사설광대 : 장대장네는 제년이 한깐이 있어 이런 말 저런 말 좋다는 말은 다꾸어다가 사장에게 들리어 주어도 원체 코빼기가 센 사장이라 들은 체 만 체 군기침만 하면서 왜죽왜죽 달아나는데 그 뒤를 쫓는 장대장네의 처지가 난감하렷다.[47]

더구나 장대장네가 '두꺼비 씨름'을 한 것[48]은 허부자집에 큰굿을 하러 가는 도중이었다. 이렇게 〈장대장네굿〉의 무속인들을 굿을 앞두고 지켜야 하는 금기를 위반하고, 넘어서고 있다. 허부자집에서 행해지는 굿 역시 제대로 이루어지지 않는다. 장대장네의 무가는 "이 댁 문중 대길하야 금년 신수 대통하야 무슨 지랄을 하시던지 소원성취하오리다"[49] 식으로 불리어지며, 박판수의 장구 장단은 '고의로 자꾸 삐어져', 장대장네는 '하는 수 없이 공수를 중단한다.'[50] 그러다가 장대장네가

47 위의 글, 71~72쪽.

48 이 대목을 추정케 하는 사설이 김금화의 〈황해도 철무리굿〉 '도산말명방아찜굿' 대목에서 나와 흥미롭다. "만신 : (장고방망이를 만져 보면서) 우리 누이가 내가 보고 싶어서 이렇게 비쩍 말랐구만. 나 여기 좀 올라갈까? (하며 일어서서 장고 위로 올라가려고 다리를 장고 위로 올린다) / 장고 : 오라바이 안 돼요 안 돼. 여기 개구리 노는 논두랑이 아니야요. (장고 위로 못 올라가게 한다) / 만신 : 응 알어. 그래 보는 사람이 많단 말이지. 그런데 옛날에는 누이하고 내가 조용한 데만 찾아다녔지. **장대장네 굿하러 갈 때 수수밭에 수수깽이 속에서 놀다보니까 누이 그기 바로 그기가 찢어져서 피가 흘렀지.**" 김금화, 『김금화 무가집 – 거므나따에 만신 희나백성의 노래』, 문음사, 1995.

49 최선묵 구송 · 심우성 채록, 앞의 글, 72쪽.

박판수에게 "사장네 아자씨 그저 장고만 잘 쳐 주시면 이 굿하고 마친 뒤 오동지 섣달 긴긴 밤에 만신의 일신을 사장네 아자씨께 바치"[51]기로 하고 굿이 겨우 이루어진다.

하지만 이런 굿이 제대로 이루어질 리 없다. 장대장네 스스로도 "아자씨, 이거 남의 큰 굿하러 와 가지고 여태 한다는 수작이 아자씨 하구 나하구 사랑쌈 밖에 더 없지 않소. 아 이 댁에서는 오문 소 잡고, 오문 도야지 잡고, 이렇게 큰 굿을 하는 데 대단히 미안하구려, 그러니 아자씨께서 안택이나 한거리 하셔야지 이거 어디 되겠오"[52]라고 말할 정도이다. 무속인들이 행하는 굿거리를 상대화하고 웃음거리로 만들고 있다.

양종승이 채록한 〈장대장네굿〉에서도 유사한 양상이 나타난다. 우선 주목되는 것은, 황해도 굿의 핵심적 특징이라 할 수 있는 만수받이가 다음과 같이 일탈적으로 불리어지는 상황이다.

무녀 : 뉘댁이시오.	장첨사 : 장서방 일세.
무녀 : 어딜 가요.	장첨사 : 만포청산.
무녀 : 처나 있소.	장첨사 : 홀아비 올세.
무녀 : 나하고 살까?	장첨사 : 작히나 좋겠소.
무녀 : 집이나 있소.	장첨사 : 있고 말고.
무녀 : 어듸메요.	장첨사 : 건너 말 일세.
무녀 : 어디쯤 되나.	장첨사 : 주막집 일세.
무녀 : 있다가 갈까.	장첨사 : 기다리지.[53]

50 위의 글, 72쪽.
51 위의 글, 73쪽.
52 위의 글, 위의 쪽.

실제 굿에서도 무녀는 "굿에는 뜻이 없고 장첨사 생각에 굿을 대강 대강 해치"[54]운다. 허봉사와 주고받는 만수받이 대목 역시 정식 굿거리를 벗어나기는 마찬가지이다.

무녀 : 사장네 아지반 때는 마침 어느 때요 구시월 씨단풍에 국화꽃은 만발한데 아침저녁 찬 이슬에 우리 골방에 불 많이 떼고 족자병풍을 둘러치고 원앙금침 벼개를 어슥비슥 둘이 비고 어쩌구 저쩌구 하다 가서 새끼장님을 낳을지라도 장대장 보고 이르지 마오

허봉사 : 옳다 옳다 그 말이다 그말 듣자고 그랬단다. 네 말을 듣고 보니 내속이 다 풀린다. 마의역 저문 날이 양귀비요 여초의 초선이요 이도령의 춘향인들 이에서 더할소냐.[55]

이러한 일탈적 굿거리의 결과는 다음과 같이 쫓겨 가는 것이 된다.

허봉사 빙그레 웃으며 눈을 휘번덕 거리며 짓거리를 하는 것이었다. 이때 굿 구경꾼들이 몰려들어 "야 이 썅 개같은 년놈들아 너희가 굿을 하느냐 지랄을 하느냐 새끼장님 어른장님 타령하는 것을 보니 사랑 싸움이냐 골방 싸움이냐 안방 싸움이냐" 하면서 뭉치로 두들겨 때리니 장구통 북통을 메고 도망가는 것이 장관이다.[56]

---

53 지관용 구술 · 양종승 채록, 「해주 장대장네굿」, 『민속소식』 12호, 국립민속박물관, 1996.8, 7쪽.

54 지관용 구술 · 양종승 채록, 「해주 장대장네굿」, 『민속소식』 13호, 국립민속박물관, 1996.9, 11쪽.

55 위의 글, 11쪽.

56 위의 글, 위의 쪽.

다른 채록본 역시 결말이 유사하다. 박치선 구술·이두현 조사본인 경우, 두 무속인이 여전히 굿과는 거리가 먼 행동을 하고 있기는 하지만, 파국적 결말은 유사하다.

주인 : 거 판수가 축원경은 잘 읽는다만해두, 너희 가만히 들으니까 여지껏 굿한 것이 너희들이 사랑 샘을 했어. 이런 쌍, 너희들 굿이야. 앞 으로 굿은 안 한다. 구하는 것 잡놈이다. 나가라.

(딱 쫓겨나오더니, 박판수가 장대장네를 붙들고)

박판수 : (노래조로) 가자 가자, 우리 집으로 가자. 너는 너는 내 것이다. (징단에 맞춰 되징).[57]

이렇게 〈장대장네굿〉은 황해도굿에 대한 연행이다.[58] 그 연행 속에서 '박판수'와 '장대장네'로 불리는 무속인들에 대한 희화화가 두드러진다. 뿐만 아니라 그들이 행하는 황해도 굿거리 역시 전혀 다른 방식으로 활용되고 있다. 이런 점에서 〈장대장네굿〉은 무속인의 삶과 그 제의에 대한 연행이다. 따라서 〈장대장네굿〉은 〈배뱅이굿〉처럼 무속에 대한 연행 곧, 메타적인 무속 연행이라 할 수 있다.

그동안 조사·연구된 바에 따르면, 〈장대장네굿〉은 황해도 일대에 널리 퍼진 연행 갈래였다.[59] 〈장대장네굿〉 관련 채록본도 모두 황해도 출신 연희자의 구술을 통해 이루어졌다. 심우성은 1964년 해주 출신의

57 박치선 구술·이두현 조사, 앞의 글, 277~279쪽.

58 서연호는 〈장대장네굿〉이 '작은 무당굿(푸닥거리)을 모방'한 것이라 한다. 서연호, 앞의 책, 115쪽.

59 지관용 구술·양종승 채록, 앞의 글, 1996.8, 7쪽.

최선묵의 구술을 채록했으며, 이두현도 황해도 지역 연희라 하여 1973년에 박치선의 구술을 채록했다. 양종승 역시 1979년 서도 소리의 명창 지관용의 구술을 채록했다. 〈장대장네굿〉은 그 형성의 초기에는 대체로 굿판의 굿놀이로 행해졌던 것으로 보인다. 김연수는 "굿터에서 행해지는 倡夫노리(장대장 타령)나 동이기밀(배뱅이굿의 前身) 같은 巫劇"[60]이라 하고 있다. 황해도 출신의 무당 김금화 역시 "옛날 무당들이 굿판에서 한 것"[61] 이라 말한다. 이렇게 "굿판에서 무당에 의해 행해진 것이 민간화된 것"[62]이 〈장대장네굿〉으로 추정된다.

이러한 〈장대장네굿〉의 형성 시기는 분명하지 않다. 황해도굿의 굿놀이로 그 초기 모습을 드러내 연행되다가, 독립 갈래로 황해도 일대에 퍼진 것으로 보인다. 그리고 이것이 서울 지역의 광대들에 의해서도 연행된다. 박춘재의 〈장대장타령〉 음반 취입이 1911년에 이루어진 것으로 보아,[63] 적어도 20세기 이전에 〈장대장네굿〉이 형성된 것으로 보인다. 그리고 지관용 구술본에 순조 시대(1800~1834)라는 언급이 나와 있는 것으로 보아, 대략 19세기 초중반 무렵에 형성된 것으로 추론한다. 이는 〈배뱅이굿〉의 형성 시기와도 어느 정도 통한다.

굿 전반에 대한 메타적 연행으로서 〈배뱅이굿〉과 〈장대장네굿〉은 공통되는 것이 많다. 그 형성 시기의 추정이 그렇고, 형성되고 널리 향

60 김연수, 『唱本 春香歌』, 국악예술학교 출판부, 1967, 313쪽(김상훈, 앞의 글, 1993, 53쪽에서 재인용).

61 손태도, 앞의 글, 260쪽.

62 위의 글, 260~264쪽 참조.

63 닛뽀노홍 K220B(6089) 만포첨사타령 박춘재, 1911; 닛뽀노홍 K220B(6059) 장님무당타령 박춘재, 1911(전계영, 「〈장대장타령〉 攷」, 『한국시가연구』 제25집, 한국시가학회, 2008, 248쪽에서 재인용).

유된 지역이 그렇다.[64] 그런데 이러한 공통점을 함께 갖고 있는 민중 연행이 또 하나 있다. 〈봉산탈춤〉이 그것이다.

> 감 : 우리를 내여 쫓겠대. 우리를 내여 쫓겠대. 나가라면 나가지. 욕거선 이순풍일다. 하늘이 들장지같고 길이 낙지발같고, 막비왕토에 막비왕신이지. 어데 가서 못살겠나. 그러나 저러나 너하고 나하고 이 동내 떠나면, 이 동내 인물 동티난다. 너는 저 웃목기 서고 나는 아랫목기 서면, 잡귀가 범치 못하는 줄 모드냐.[65]

이 대목에 대하여 조동일은 "탈춤의 기원인 굿의 흔적을 전하는 말"[66]이라고 한다. "마을의 웃목과 아랫목에 서서 잡귀를 막아 주는 남녀는 마을을 수호하는 남녀신이다. 남녀신을 잘못 건드리면 동티가 난다는 것은 잘 알려진 바"[67]인데, 〈봉산탈춤〉에서 이 두 남녀는 남신과 여신으로 설정된 것이 아니라, 영감과 미얄이라는 허름한 노인 부부로 설정되어 있어서, 굿으로서의 의미는 그 흔적만 남기고 있다는 것이다.[68]

---

64 이러한 공통점에 대해 고민해 볼만하다. 특히 서도 광대들의 특징과 그들의 서울 진출 양상을 섬세하게 살펴볼 필요가 있다. 〈배뱅이굿〉, 〈봉산탈춤〉, 〈난봉가〉로 대표되는 서도 연행의 서울 진출 양상과 석권에 대해 고찰해 볼 필요가 있다. 여기에다가 남도 광대들의 서울 진출과 북상에 대한 연구 성과를 감안한다면, 굿에 대한 흥미로운 구도가 만들어질 수도 있다. 현재로서는 착상 단계에 머물고 있지만 그 구도를 정리해 보면 다음과 같다.

굿 ┌ 남도 광대의 영향 – 세속 오락화 – 이후 독립 갈래화되거나 굿 속에 통합됨.
　 └ 서도 광대의 영향 – 메타 상대화 – 이후 독립 갈래화되거나 굿 속에 통합됨.

65 임석재 채록, 「봉산탈춤」, 전경욱 역주, 『민속극』, 고려대 민족문화연구소, 1993, 173쪽.

66 조동일, 『탈춤의 역사와 원리』, 홍성사, 1979, 211쪽.

67 위의 책, 위의 쪽.

68 위의 책, 214쪽.

그런데 이런 식의 굿의 흔적, 굿의 퇴화, 혹은 극으로의 발전이라는 식의 해석과 필자의 생각은 좀 다르다. 조동일은 굿의 잔재라는 퇴화 방식으로, 혹은 굿에서 극으로라는 발전 방식으로 이 대목을 해석한다. 이에 비해 필자는 굿에 대한 상대적 인식의 확산으로 이 대목을 보고 싶다. 이 대목은 굿의 흔적이 아닐 수도 있다. 이 대목을 바라보는 조동일의 입장은, 굿의 퇴화 혹은 극으로의 발전이라는 문화사적 시각에 기초하고 있다. 그런데 이 대목에서 굳이 그 지속의 흔적 혹은 퇴화의 잔존태를 찾기보다는, 굿에 대한 메타연행 혹은 반성적 연행의 사례로 보는 것이 적절할 듯싶다. '웃목기 할미'와 '아랫목기 영감' 곧, 마을신 부부를 마음대로 상대화하여 놀이 대상으로 삼을 수 있는 상황이 벌어진 것이다.[69] 더구나 이러한 〈봉산탈춤〉의 형성이 18, 9세기임[70]을 감안할 때, 앞서 살펴본 〈배뱅이굿〉이나 〈장대장네굿〉의 반성적 연행의 경향성과 그 시기와 지역이 유사함도 나타나고 있어 주목된다.

이상 〈배뱅이굿〉, 〈장대장네굿〉, 〈봉산탈춤〉 등의 사례를 놓고 볼 때, 몇 가지 의문이 생겨난다. 먼저 무속에 대한 반성적 연행의 양상이 해서지방을 중심으로 해서 이루어진, 그 지역 민중과 광대들만의 전유물이었던 것인지 궁금해진다. 나아가 이러한 반성적 연행 양상이 해서지방에서 두드러지는 이유가 무엇인지도 궁금하기도 하다. 나중 의문

69 필자는 이전 연구에서 영감과 할미가 등장하는 봉산탈춤의 할미마당에서 '무속질서의 해체' 양상을 볼 수 있다고 해석했다. 이러한 해석은 봉산탈춤이 형성되고 향유되던 시대적인 상황을 감안하지 않고, 봉산탈춤의 축제적 시공만을 염두에 둔 것이었다. 그런데 이제 19세기라는 시대적 상황까지 감안을 해볼 때, 이러한 해석의 타당성을 어느 정도 방증할 수 있게 되었다. 이 부분은 이후 좀 더 숙고하여 논의해 볼 예정이다. 필자의 이전 연구는 다음을 참조. 허용호, 「가면극의 축제극적 구조와 의미」, 서강대 석사논문, 서강대 국어국문학과, 1994, 50~56쪽.

70 김현양, 앞의 글, 330쪽.

은 이후 연구 과제로 삼기로 하고, 여기서는 앞 의문에 대해서만 집중해 보기로 한다. 앞 의문에 대한 필자 나름의 답을 미리 말한다면, 그렇지는 않다는 입장이다. 이는 해서지방 이외의 지역에서도 유사한 사례들을 찾아볼 수 있기 때문이다. 대표적인 사례들을 〈남사당 덧뵈기〉·〈양주별산대놀이〉·〈송파산대놀이〉 등의 가면극과, 〈남해안별신굿〉·〈동해안별신굿〉 등의 굿놀이에서 찾아볼 수 있다.

가면극의 경우 〈남사당 덧뵈기〉, 〈양주별산대놀이〉, 〈송파산대놀이〉 등의 '옴중' 등장 대목에서 찾아볼 수 있다. 이 대목에서 무속의 대표적 신격 중에 하나인 '호구별상'에 대한 태도가 나타난다. 이에 대해 "호구별상님을 위한 제차가 세속화되면서 생성된 것"[71]이라는 견해가 있다. 이를 달리 표현한다면, '호구별상이라는 신격에 대한 상대화가 이루어진 것이라 할 수 있다. 따라서 가면극 사례를 통해서 해서 지역 이외에 경기 지역에서 역시 굿에 대한 반성적 연행의 양상이 나타나고 있음을 확인할 수 있다.

굿판에서 벌어지는 굿놀이를 통해서 역시 반성적 연행의 양상이 확인된다. 〈남해안별신굿〉과 〈동해안별신굿〉에서 그 사례가 나타나는 것이다.[72] 굿에 대한 반성적 연행이 통영을 중심으로 한 남해안 일대와 부산에서 강원도 거진에 이르는 동해안 일대에서 행해지고 있음을 여기서 확인할 수 있다. 〈동해안 별신굿〉 '골맥이할매 수부거리'와 '골맥이할배 수부거리'의 경우[73] 굿 연행에 대해 다음과 같이 표현하고 있다.

---

71 김헌선, 『김헌선의 사물놀이 이야기』, 풀빛, 1995, 64쪽 참조.

72 이밖에 서울굿 뒷전의 '지신할머니 거리' 역시 그 반성적 성격을 갖고 있는 것으로 보인다. 제주도굿과 황해도굿의 굿놀이에서도 유사한 사례를 찾을 수 있다.

73 그동안 이 두 거리를 '골매기할매거리', '골매기할배거리'라 불러왔다. 그런데 이러한 거

장구는 누가 치는지 그리, / 우둥 둥둥 둘레박자 (박수를 치면서) / 우둥 둥둥 둘레박자 / 우둥 둥둥 둘레박자, / 이래고, / 징고는 어느 놈이 치는지 그지 (역시 박수를 치면서) / 우둥 뚱둥 왕 공알 / 우둥 둥둥 굵은 공알 / 우둥 둥둥 큰 공알, / 이 지랄로 하고 치고 앉었고 / 매구는 누가 치든지 / 두드러 쿵 끝났다 / 두드러 쿵 끝났다 / 두드러 쿵 끝났다 / 두드러 쿵 끝났다, / 이래고, / 제파리는 누가치든지 그지 / 씹째자 씹째자 씹째자 / 씹째자 씹째자 씹째자, (일동 — 폭소) / 세상아 — 내가 신며(신명)이 얼매나 나는동, / 늙은 게 머 신며이 있나 그저, / (춤을 추면서) 우주 우주 주주 주주 이래 추다가 / 세사아 찌개매 쫌 남았는 거 폭삭 들어엎었디마는, / 뒷집에 삭불네 집에 동동 떠밀레 가다가 내가 붙잡아 놓고 왔다.[74]

신들을 부르고 놀리고 보내는 데 요긴하게 쓰이는 악기와 악사들이 웃음거리가 되고 있다. 악기들의 소리가 성과 관련된 상상력을 자극하는 소리로 재구성되고 있는 것이다.

〈남해안별신굿〉에서는 더욱 전면적인 반성적 연행의 양상이 나타

리 명칭은 정확한 것이 아니며, 혼란을 불러일으킨다. '대거리'에 등장하는 신격은 '골매기할매'와 '골매기할배'가 아니라 '골매기할매 수부(또는 골매기 수부 할매)'와 '골매기할배 수부(또는 골매기 수부 할배)'이다. 등장하여 스스로 자신을 소개하는 대목에서도 "내 골매기 수부 할매이시더"(이균옥, 『동해안별신굿』, 박이정, 1998, 281쪽) 혹은 "내가 이 동네 골매기 할배 밑에 근신하는 수부사자 할마인데"(조동일 · 임재해, 「월성군 감포읍 무가」, 『한국구비문학대계』 7-2, 한국정신문화연구원, 1980, 849쪽)라고 분명하게 말한다. 이들을 '수부'로 인식할 경우, '대거리'의 성격과도 일치한다. '대거리'는 뒷전의 성격을 갖고 있다. 따라서 등장하는 신격들은 잡귀잡신이어야 정상이다. '골매기할매 수부'나 '골매기할배 수부'는 '골매기할매'나 '골매기할배'를 따라다니는 하위신이다. 곧 잡귀잡신이나 다름없다. '대거리'에 등장할 만한 수준의 신격인 것이다. 따라서 앞으로 이 거리들의 명칭은 '골매기할매 수부거리' 혹은 '골매기 수부 할매거리', '골매기할배 수부거리' 혹은 '골매기 수부 할배거리'로 불러야 한다.

74 조동일 · 임재해, 「영덕군 영해면 무가」, 『한국구비문학대계』 7-7, 한국정신문화연구원, 1981, 267~268쪽.

난다. 이미 행했던 굿거리, 무당, 신격 등에 대한 연행이 벌어진다. 앞서 행한 굿 전반에 대한 메타적 연행이 벌어지는 것이다. 거제지방의 별신굿[75]을 예로 들어본다. 이 지역의 별신굿은 대체로 산신굿, 일월맞이, 샘굿, 벅수굿, 용왕굿, 판굿, 부정굿, 가망제석, 할미광대와 중광대, 서낭굿, 지동굿, 손님풀이, 대잡기, 열두축문, 시왕탄일, 고금역대, 군웅, 송신, 시석 등으로 구성된다. 그런데 이 굿거리들 중에서 '할미광대' 대목이 흥미롭다.

> 할미가 춤추며 주춤주춤 비틀거리고 우스꽝스럽게 걸어 굿판의 가운데로 나와 (…중략…) 고인수의 장구를 빼앗고 앉아서 (…중략…) 할미는 "이게 시전 내당골인데 느기 허락도 없이 굿을 헐 수 있노 말이다" 하고 꾸짖는다. 고인수는 "이게 할매 당골인데 우리가 말도 없이 들와 가지고 굿을 하니깨너 미안합니더" 하고 사정한다. (…중략…) 할미광대는 "일곱량 일곱돈은 나로 주고 가고 일곱푼 일곱리는 느가 가저가그라" 하고 말한다. 고인수는 "그 할매 욕심도 많다" 하고 중얼거린다. (…중략…) 할미광대는 "일곱말 일곱되는 날로 주고 가고 일곱홉 일곱작은 느가 가져 가그라" 하고 말하면 고인수는 "그 할매 되게 욕심도 많데이" 하고 중얼거린다.
>
> 할미광대는 "그라면 무신굿이 남었노?" 하고 물으면 고인수는 "손님굿이 남었습니다" 하고 대답한다. 할미광대는 "나가 예까지 왔다가, 왔던 걸음에 굿이나 한석 해 보자" 하고 말하고 장구를 벗덕들고 서서 채로 (…중략…) 손풀이하듯이 치고 나서 "앉아 장철리 서서 구만리 신경말리 하옵치듯 손

75 〈남해안별신굿〉 관련 정보는 다음을 참조. 문화재연구소 예능민속연구실 편, 『한국민속종합조사보고서』, 문화공보부 문화재관리국, 1983, 71~79쪽.

님가오신다. 손님 네가 오신다네 손님이 오신다. 저찬동헤 펜고 가가호수 마다어린유개 하하방성들 한상에 점고치고 두상에 도적치고 (…중략…) 봉개도 안가태평하고 농사도 안식이서, 가가호수마다 가정마다" 하고 잠시 손님굿하는 시늉을 하고 장구를 고인수에게 돌려주고 나서 (…중략…) 앉아서 치마를 걷어올리고 오줌누는 시늉을 한다. 구경군들이 이것을 보고 박장대소하면 할미광대는 "내 오줌 가는 데마다 농사도 잘 지이고 해옥(김)도 잘 되고 일가 화목 없는 데는 아이도 잘 놓고 부부간에 원질살이 걸린 데도 인은 좋고 가정도 화목하고 한다" 하고 말하고 고인에게 다가와 "이제 나가 갈낀데 이석에는 무식석이 남었노?" 하고 물으면 고인수가 "제석굿이 남었습니다" 하고 대답하면 할미광대가 "내가 헌번 헐끼다" 하고 제석굿하는 시늉을 한다. "오날이로다 에헤요 제세할매가 놀고 노자. 제석님이 오실적에 본주본산신령님 모시고 남산신령 주산신령 골메기 날메기 주벅수 나벅수라" 하고 불림채로 무가 잠간 부르고 나서 덩덕궁이채로 (…중략…) 무가 부르고 "아이고 배야" 하고 소리 지른다. 고인수가 "웬일이올습니꺼?" 하고 물으면 할미광대는 "아이고 나가 기미가 있더니마는 아이고 나가 아를 놀란가보다" 하고 아이 낳는 시늉을 하면 마을 동수석에서 미역 한 단 값, 해산국밥 쌀값을 내어 준다. 할미광대는 돈을 받아 들고 놀다가 "나가 갑네" 하고 말하고 탈 벗고 한쪽으로 가버린다.[76]

앞서 벌어졌던 손님굿과 제석굿에 대한 연행이 벌어지고 있다. 동시에 그 굿을 행했던 무당에 대한 연행이기도 하다. 나아가 "내 오줌 가는

76 위의 책, 74~75쪽.

데마다 농사도 잘 지이고 해옥(김)도 잘 되고 일가 화목 없는 데는 아이도 잘 놓고 부부간에 원질살이 걸린 데도 인은 좋고 가정도 화목하고 한다"에서 드러나듯이 신격의 이미지도 드러낸다. 〈남해안별신굿〉의 굿거리, 무당, 신격 등에 대한 메타적 연행이다. 그 연행은 우스꽝스럽다. 무당 또는 신격은 돈과 재물을 밝히며, 욕심 많고, 행하는 굿거리는 우습다. 굿, 무당, 신격 등에 대한 반성적 놀이가 행해지고 있다.

4. 19세기 무속현상의 의미

〈배뱅이굿〉을 보면 무속 전반에 대한 흥미로운 양상이 보인다. 굿거리, 신격, 무당, 신앙민, 음악 등에 걸쳐 상대화 경향이 나타난다. 〈배뱅이굿〉은 굿 전반을 대상으로 하는 연행이라는 점에서 굿에 대한 메타 연행이라 할 수 있다. 굿에 대한 '굿'이 〈배뱅이굿〉이다. 이는 굿 전반에 대한 메타텍스트로서 〈배뱅이굿〉이 자리하고 있음을 말한다. 〈배뱅이굿〉의 내용을 보면 흥미롭다. 신격, 굿 연행과 전승의 공동체, 굿거리 등을 포함하는 무속 전반에 대한 관습적 사고의 뒤집기가 이루어지고 있다. '반구조적anti-structure'[77]이라 할 수 있는 여러 특징들이 〈배뱅이

77 이는 '구조structure'를 전제로 한 터너Victor Turner의 개념이다. 따라서 반구조를 이해하기 위해서는 구조를 이해할 필요가 있다. 터너에 의하면 구조는 "주어진 사회 속에서 지속적으로 인식되고 규칙적으로 조정되는 역할체계role-sets(사회적 지위로부터 나온 행동과 관계)와 지위체계status-sets(개개인이 차지하는 다양한 지위의 개연성 있는 조화), 그리고 지위의 연속체계ststus-sequence(시간에 따라 개개인이 차지하는 지위의 개연성 있는 지속)의 패턴화된 배열"이다. 반구조는 이러한 구조에 반하는 것으로 '구조에 의해 규정되었던 것들에의 얽매임을 거부하는 행동의 자유, 상징적 자유'로 나타난다. Victor Turner, *Dramas, Fields and Metaphor*, Cornell University Press, 1974, p.237.

굿>에서 나타난다. 기존에 받아들여졌던 관습적 범주들이 해체되며 다양한 경계성의 특징들이 나타난다. 이는 곧 구조에 대한 혹은 관습적 사고에 대한 반성에서 비롯된 것이다. 관습적인 것들을 그대로 받아들이지 않고 '재고'한다. 그 재고의 과정과 결과는 자못 흥미롭다. 절대적인 것이라 여기어 오던 것에 대한 상대화가 이루어진다. 감히 하지 못했던 재고의 작업이 이루어진 것이다. 관습에 대한 반성, 절대적이라 생각되던 것에 대한 반성으로서의 연행이 <배뱅이굿>이다.

그런데 이러한 양상은 비단 <배뱅이굿>에만 한정되는 것이 아니다. 19세기에 형성된 것으로 추정되는 민중연행의 여러 갈래에서 이러한 경향이 나타난다. <장대장네굿>의 경우 무속인과 그들의 삶, 그리고 그 제의에 대한 반성적 연행이라 할 수 있다. <봉산탈춤>에서는 마을 신격인 '웃목기 할미'와 '아랫목기 영감'이 상대화되어 웃음거리가 된다. <남사당 덧뵈기>, <송파산대놀이>, <양주별산대놀이> 등에서는 '호구별상' 곧 마마신에 대한 상대화가 이루어진다. 이러한 절대적인 것들에 대한 상대화가 19세기에 두드러지게 나타난다는 것은 흥미로운 일이다. 이것들뿐만 아니다. 그 형성시기가 분명하지는 않지만, <남해안별신굿>이나 <동해안별신굿>에서도 반성적 양상이 나타난다. 높은 신격으로 정성을 다해 모셔졌던 존재가 잡귀잡신을 모시는 시공에 다시 등장하여 웃음거리가 된다. <남해안별신굿>에서는 생산신의 성격을 보이는 '할미광대'가 등장하여 앞서 행했던 굿거리를 우스꽝스럽게 다시 한다. 그 과정에서 무당이나 신격에 대한 희화화가 이루어지고 있음은 물론이다. 굿 전반에 대한 반성적 연행이 동일한 굿 연행판에서 벌어지고 있다는 점도 주목할 만하다. <동해안별신굿>에서는 '골매기 수비 할매'나 '골매기 수비 할배'가 등장하여 굿 연행 자체를 웃음거리로 만들기도 한다.

이렇게 여러 민중연행의 갈래에서 나타나는 양상들을 어떻게 보아야할까? 필자는 이러한 특징 혹은 경향성을 19세기 전반을 특징짓는 것으로 확대해서 논의할 의도는 없다. 하지만 적어도 민중연행 갈래에서는 이러한 특별한 양상 혹은 변화가 19세기에 포착된다는 점을 무시하고 싶지는 않다. 적어도 무속 혹은 민중연행의 영역에서는 가정법, 가설, 욕망, 추측의 영역이 급격하게 확대되어 가던 시기가 19세기가 아닌가 생각한다. 달리 표현한다면, 무엇이든 가능했던 시기, 제한 없는 가능성의 시기가 19세기라 할 수 있다. 적어도 19세기만을 독립시켜 놓고 본다면, 당대로서는 그 어떤 대안도 구체화되지 않은, 그저 '유쾌한 상대성'으로 절대적인 것의 해체를 지향하는, 다양한 가능성의 시기라 보는 것이다. 필자는 이러한 민중연행의 양상이 19세기를 '경계 혹은 문지방의 시공'이라 말할 수 있는 근거가 된다고 생각한다. 이 시공에서는 어떤 것도 절대적이지 않다. 하고 싶은 대로 한다. 이전 시기에서부터 발현되기 시작한 민중문화의 신기운이 마침내 신앙 혹은 믿음의 영역까지 침투하여 상대화시키고 있는 증거가, 바로 무속에 대한 반성적 연행의 사례들이다. 적어도 민중문화에서 절대적인 것, 금기, 제약 등의 최후의 보루라 여겨져 왔던 것이 무속신앙이다. 그런데 그 무속신앙의 영역이 허물어지고 상대화되고 있다. 이제 절대적인 것은 없다. 절대적인 그 무엇을 상대화하고 웃음거리로 만들뿐이다.

흥미로운 것 또 하나는 무속에 대한 반성적 연행이 나아 간 19세기 이후의 양상이다. 무속에 대한 반성적 연행의 전개는 20세기로 접어들면서, 그리고 현재까지의 양상까지 감안해 보면, 두 가지 경로를 취한다. '굿에 대한 반성적 연행의 등장과 성행'이라는 19세기적 특징이 두 가지 다른 방향으로 나아간다. 그 하나는 독립된 갈래로서의 길이고, 다른 하나는 굿으로의 재통합의 길이다.

첫 번째 경로는 굿을 상대화하고 거리를 유지하며, 웃음거리화하면서 굿과는 다른 독립적 갈래로 나아가는 '굿과의 완전한 절연'의 방향이다. 이 방향에서 반성적 연행은 20세기 이후 독립 갈래가 되고 대중적 인기를 얻는다. 재담소리의 여러 레파토리가 이에 해당한다. 여기에는 '배뱅이굿류', '장대장네굿류'(장대장타령), 다양한 맹인독경과 무당 및 굿에 대한 희화화된 재담 등이 포함된다. 이것들은 무속 혹은 굿과 완전한 절연을 선언하고 독립된 갈래로 존재하다가 이후 그 자생적 생명력을 잃게 된다.

두 번째 경로는 다시 굿으로 통합되어 굿 속에서 반성적 경향을 여전히 드러내면서 존속하고 있다. '굿으로의 재통합'의 길이라 할 수 있다. 현전하는 전국의 다양한 굿을 보면 '뒷전' 혹은 '굿놀이'라 불리는 독특한 굿거리가 있다. 본래 뒷전은 정식 굿거리에서는 모셔지지 않는 잡귀잡신을 풀어먹이는 굿거리이다. 그런데 뒷전을 보면 앞서 모셔진 존귀한 신격들이나 굿거리 자체를 격하시키고 희화화하는 내용이 담겨있다. 〈남해안별신굿〉 '할미광대' 대목이나, 〈동해안별신굿〉 '대거리'에서의 '골매기 수비 할매거리'와 '골매기 수비 할배거리', 서울과 경기굿의 뒷전에서 벌어지는 '지신할미거리', 그리고 제주도굿과 황해도굿에서의 굿놀이 등이 이에 해당한다. 필자는 이것들이 처음부터 굿에 있었던 것이 아니라, 19세기를 전후하여 나타난 '굿의 오락화 · 세속화와 반성적 연행의 등장'이라는 현상을 굿에서 포용한 결과라고 보고 있다. 굿이라는 거대한 용광로에서 굿을 상대화하고 희화화하는 내용까지 녹여내어 굿의 논리로 가다듬은 것이라 생각하는 것이다. 굿이라는 커다란 용광로에 집어넣고, 굿의 구조 내에서 그 해결의 방도를 마련했다. 이 경로는 역동적으로 변화하면서 지속되는 무속의 길이다. 그런데 이 길의 성격은 무엇인가? 전근대의 지속인가, 아니면 무속의 근대적 대응인가? 이러한 무속의 전개양상을 어떻게 해명해야 하는 것인가?

19세기 무속현상의 한 특징인 '오락화·세속화'는 무속의 질적 전환을 가져왔고, '반성적 연행의 등장과 성행'이라는 특징은 무속에 대한 인식 변화를 말하고 있다. 그리고 그 질적 전환과 인식 변화는 무속 내적인 영역에서만 나타나는 것이 아니라, 민중연행의 갈래 전반에 걸쳐 갈래 간의 교류·경쟁·습합 등의 양상을 보이며 나타난다. 19세기 '반성적 연행의 등장과 성행'은 무속의 주된 대립 전선이, 유교 혹은 공식적인 종교문화에 덧붙여 민중문화 내부에 하나 더 생겨났다는 의미로 볼 수도 있다. 조선시대 전반에 걸쳐 강력한 금지와 배제에도 불구하고 지속적으로, 어쩌면 민중들 사이에 강렬한 문화적 관성으로 유지되어 오던 무속에 대한 인식이 급격한 변화 양상을 보이는 것이다. 따라서 무속에 대한 반성적 연행의 전면적 등장은 단순히 민중문화의 표현 양태가 한 가지 더 추가되었다는 사실 이상의 의미를 갖는다. 그것은 무속이라는 절대적인 것의 상대화라는 민중의식의 전환이다.

필자는 19세기를 경계 혹은 문지방의 시공으로 파악했다. 모든 것이 가능하고, 어떤 문제제기, 반성이 가능했던 시기로 19세기 민중문화를 보았다. 어쩌면 19세기는 왕성한 민중연행의 시기로 볼 수도 있다. 수 많은 가능성을 낳은 시기이기 때문이다. 여기서 '민중문화의 길, 혹은 민중문화 나름의 전개는 일반적인 역사 혹은 정치사와는 별개로 이루어지는 것인가'하는 의문이 생겨난다. 19세기를 퇴행의 시기 혹은 망국을 예감하는 전조의 시대라고 보는 것과, 민중문화의 가능성의 시대라고 보는 시각은 너무 다르다. 나라와 민중은 달리 가는 것일까? 보다 구체적으로, 왕조의 흥성과 민중문화의 흥성은 일치하지 않는 것일까? 19세기 무속현상에 대한 연구를 마무리하는 현재, 필자는 달리 가는 것이며, 일치하지 않는다고 말할 수밖에 없다.

이렇게 19세기 민중문화를 바라보는 필자의 시각은 역사적 진보 혹은 근대로의 이행이라는 틀로, 19세기 민중문화를 평가했던 기존의 시각과도 다르다. 역사적 진보의 관점에서 소멸, 퇴보, 정체의 서사로 19세기 민중문화를 읽어내는 방식에 대해 필자는 비판적이다.[78] 근대 이행의 성공 혹은 실패라는 잣대로 19세기 민중문화를 설명하는 방식 역시 필자로서는 동의하지 않는다.[79] 소멸, 퇴보, 정체, 근대 이행의 성공 혹은 실패 등이 아니라, 그것 자체를 가늠할 수 없었던 상황, 아예 그런 것 자체에는 관심도 없고, 마음껏 하고 싶은 대로 했던 양상, 그러한 측면을 우리는 간과하고 있지 않은가? 무속을 둘러싼 제반 민중문화에서 그러한 양상이 나타나고 있지 않았을까? 지금까지의 논의는 이러한 의문에 대한 필자 나름의 답변이었다.

---

78 이러한 관점의 대표적인 논자로 임형택을 들 수 있다. 임형택, 「문화사적 현상으로 본 19세기」, 『역사비평』 35호, 1996.

79 이러한 관점하에서 민속예술의 근대 이행 양상을 고찰한 대표적 연구자로 사진실이 있다. 사진실, 앞의 책, 458쪽 참조.

참고문헌

강등학, 「한국 민요의 사적 전개 양상」, 한국구비문학회 편, 『한국 구비문학사 연구』, 박이정, 1998.

강용권, 「김용훈 창본 배뱅이굿 고찰」, 『국어국문학』 제15집, 동아대 국문학과, 1996.

김명자, 「세시풍속 연구 50년」, 이화여대 한국문화연구원 편, 『전통문화 연구 50년』, 혜안, 2007.

김상훈, 「배뱅이굿 연구」, 인하대 석사논문, 1987.

______, 「배뱅이굿 기원고」, 『국어국문학』 110, 국어국문학회, 1993.

김시덕, 「일생의례의 역사」, 임재해 · 한양명 편, 『한국민속사입문』, 지식산업사, 1996.

김인숙, 「북한 전승 〈배뱅이굿〉 연구」, 『한국음반학』 제15호, 한국고음반연구회, 2005.

______, 「배뱅이굿 음악 연구」, 서울대대학원 협동과정 음악학과 박사논문, 2007.

김종철, 「민족신화의 전승과 그 의미」, 민족문학사연구소 편, 『민족문학사 강좌』 상, 창작과비평사, 1995.

김헌선, 「〈창부거리〉 무가의 성립 과정」, 『고전문학연구』 9, 한국고전문학회, 1994.

______, 「판소리의 역사적 연구」, 한국구비문학회 편, 『한국 구비문학사 연구』, 박이정, 1998.

김현양, 「민중연희의 전통과 탈춤의 성장」, 민족문학사연구소 편, 『민족문학사 강좌』 상, 창작과비평사, 1995.

노동은, 「민악의 역사」, 임재해 · 한양명 편, 『한국민속사입문』, 지식산업사, 1996.

박경신, 「무가의 역사」, 임재해 · 한양명 편, 『한국민속사입문』, 지식산업사, 1996.

______, 「한국 무가의 역사적 전개」, 한국구비문학회 편, 『한국 구비문학사 연구』, 박이정, 1998.

박정홍, 「〈이것이 원형이다〉 바로잡아야 할 배뱅이굿」, 『월간 문화재』 제20호, 1970.

박치선 구술 · 이두현 채록, 「장대장네굿」, 『한국민속종합조사보고서-황해도편』, 한국정신문화연구원, 1980.
손태도, 「전통 사회 재담소리의 존재와 그 공연 예술사적 의의」, 『판소리연구』 제25집, 판소리학회, 2008.
유영대, 「판소리의 역사」, 임재해·한양명 편, 『한국민속사입문』, 지식산업사, 1996.
윤광봉, 「민속극의 역사」, 임재해·한양명 편, 『한국민속사입문』, 지식산업사, 1996.
이필영, 「역사의 변화 발전과 민속」, 임재해·한양명 편, 『한국민속사입문』, 지식산업사, 1996.
이해준, 「한국사의 전개와 민속사의 연관성」, 임재해·한양명 편, 『한국민속사입문』, 지식산업사, 1996.
임석재 채록, 「봉산탈춤」, 전경욱 역주, 『민속극』, 고려대 민족문화연구소, 1993.
임재해, 「책머리에」, 임재해·한양명 편, 『한국민속사입문』, 지식산업사, 1996.
임형택, 「문학사적 현상으로 본 19세기」, 『역사비평』 35호, 1996.
______, 「19세기 문학사가 제기한 문제점들」, 『국어국문학』 149, 2008.
전경욱, 「가면극의 역사적 전개 양상」, 국사편찬위원회 편, 『연희, 신명과 축원의 한마당』, 두산동아, 2006a.
______, 「전통연희의 전반적 성격」, 국사편찬위원회 편, 『연희, 신명과 축원의 한마당』, 두산동아, 2006b.
전계영, 「〈장대장타령〉 攷」, 『한국시가연구』 제25집, 한국시가학회, 2008.
조동일·임재해, 「월성군 감포읍 무가」, 『한국구비문학대계』 7-2, 한국정신문화연구원, 1980.
____________, 「영덕군 영해면 무가」, 『한국구비문학대계』 7-7, 한국정신문화연구원, 1981.
조희웅, 「민담의 사적 연구」, 한국구비문학회 편, 『한국 구비문학사 연구』, 박이정, 1998.
주강현, 「두레의 역사」, 임재해·한양명 편, 『한국민속사입문』, 지식산업사, 1996.
지관용 구술·양종승 채록, 「해주 장대장네굿」, 『민속소식』 12~13호, 국립민속박물관, 1996. 8~9.
최선묵 구송·심우성 채록, 「해주 장대장네굿」, 심우성 편, 『마당굿연희본 1 무형문화재 미지정종목』, 깊은샘, 1988.
최원식, 「배뱅이굿 연구」, 훈미최정여박사송축기념논총편찬위원회, 『민속어문논총』, 계명대출판부, 1983.

최종성, 「민속과 유교」, 『비교민속학』 24집, 비교민속학회, 2003.
최홍순, 「西道의 唱劇 배뱅이굿」, 『북한』 통권 제166호, 북한연구소, 1985.10.
한양명, 「놀이의 역사」, 임재해 · 한양명 편, 『한국민속사입문』, 지식산업사, 1996.

김금화, 『김금화 무가집 - 거므나 따에 만신 희나백성의 노래』, 문음사, 1995.
김동욱, 『한국 가요의 연구』, 을유문화사, 1962.
김헌선, 『김헌선의 사물놀이 이야기』, 풀빛, 1995.
노재명 편, 『배뱅이굿』, 아름출판사, 2002.
문화재연구소 예능민속연구실 편, 『한국민속종합보고서』, 문화공보부 문화재관리국, 1983.
사진실, 『공연문화의 전통』, 태학사, 2002.
서연호, 『한국 연극 전사』, 연극과 인간, 2006.
이균옥, 『동해안별신굿』, 박이정, 1998.
조동일, 『탈춤의 역사와 원리』, 홍성사, 1979.
______, 『한국문학통사』 3, 지식산업사, 1984.

Ashley, Kathleen M., "Introduction", Kathleen M. Ashley(eds.), *Victor Turner and the Construction of Cultural Criticism*, Indiana University Press, 1990.
Bobcock, Babara A., "Reflexivity-Definitions and discriminations", *Semiotica*, Vol.30, No.1/2, 1980.
Turner, Victor, "Are there universals of performance in myth, ritual and drama?", Richard Schechner · Willa Appel(eds.), *By means of performance-Intercultural studies of theatre and ritual*, Cambridge University Press, 1990.

Turner, Victor, *Dramas, Fields and Metaphor*, Cornell University Press, 1974.

한국시가詩歌에 대한 구한말 서양인들의 고찰과 인식*

James Scarth Gale을 중심으로

김승우

1. 서양인의 눈에 비친 한국과 한국문학

본고는, 구한말 선교사들을 비롯한 서양인들의 한국문학 관련 기록, 특히 시가詩歌 관련 논의들을 분석・검토하는 데 목적을 둔다.

그간 한국문학에 대한 근대적이고도 본격적인 연구가 이루어진 기점은 흔히 경성제국대학 법문학부를 중심으로 일본인 학자들이 강의 및 연구를 진행하던 때로 인식되어 왔다. 『龍歌故語箋』(1924)・『朝鮮の

* 본고는 『어문논집』 64집(민족어문학회, 2011)에 수록된 논문을 수정・보완한 글이다. 아울러 이 글은 두 건의 연속된 논의 가운데 앞부분에 해당한다. 한국시가나 가악歌樂에 관해 논평을 한 구한말의 서양인은 오페르트E. J. Oppert, 그리피스W. E. Griffis, 게일J. S. Gale, 헐버트H. B. Hulbert 등으로 파악되는데, 본 논문에서는 앞의 세 인물, 그중에서도 특히 게일의 서술을 중점적으로 다룬다. 한국시가나 가악에 대해 더욱 진전된 논의를 펼쳤던 헐버트에 관해서는 「구한말 선교사 호머 헐버트Homer B. ulbert의 한국시가 인식」, 『韓國詩歌研究』 31집, 한국시가학회, 2011에서 따로 관련 자료들을 모아 검토하는 한편, 헐버트의 시각을 게일의 것과 대비하는 작업도 함께 수행하였다.

板本』·『校註歌曲集』 등의 저서에서 한국의 고어와 고서, 활자는 물론, 당대까지 알려져 있던 시조·가사 문헌을 집성하기도 했던 마에마 교사쿠前間恭作나 『삼국유사』 소재의 향가를 해독하여 『鄕歌及び吏讀の硏究』(1929)를 출간했던 오구라 신페이小倉進平 등은 한국어와 한국문학 양 측면에서 이른바 근대적 연구 방식을 도입한 인물로 논의된다.

그러나 이들의 연구가 1920, 1930년대에야 본격화되었다는 점을 감안한다면, 한국 문화의 여러 부문을 진지한 자세로 고찰하고 그 성과를 최초로 해외에 소개했던 인사들은 일인 학자들이기보다는 19세기 중후반부터 이미 국내에서 활동을 하고 있었던 서양 선교사들이 될 것이다. 완연히 전문적인 학술 연구를 담당했던 일인 교수·학자들에 비할 때, 물론 이들은 선교라는 종교적 목적을 최상위에 두고 그 예비적 수순이나 보조 작업의 일환으로 한국의 역사와 문화적 자산을 탐구하는 데 힘을 쏟았던 것이 사실이다. 이 때문에 그들의 성과는 흔히 학적 엄밀성을 담보하지 못한 비전문가적 접근, 또는 인상주의적 비평이나 논급의 수준을 넘어서지 못하는 것으로 쉽게 치부될 여지가 있다.

하지만 19세기 중반부터 국내에서 두드러진 활동을 펼쳤던 가톨릭계 프랑스 선교사들과 19세기 후반에 활동을 본격화했던 영미 출신 개신교 선교사들은 대부분 각자의 모국에서 중산층 이상의 엘리트 집단 출신이었으며, 서양 각국어에는 물론 한문에까지 능숙했던 인사들도 적지 않았다.[1] 특히 이들은 파송 지역의 관습을 고찰하는 데 매우 열정

1 초기 선교사들의 이 같은 배경과 성격에 대해서는 류대영, 『초기 미국 선교사 연구 1884~1910－선교사들의 중산층적 성격을 중심으로』, 한국기독교역사연구소, 2001에서 자세히 논의된 바 있다.

적이었을 뿐 아니라, 그러한 고찰의 성과들을 적지 않은 수의 저작으로 남기기도 하였기 때문에, 오늘날의 여러 연구자들에게도 선교사들의 저작은 중요한 자료로 활용되고 있다. 다만 그간의 동향을 살펴볼 때, 선교사들의 활동에 대한 선행 연구들은 대부분 신학, 사학, 국어학 등에 치중되었을 뿐 문학과 관련된 선교사들의 언급과 논술에 대해서는 뚜렷이 거론되지 못했던 것으로 보인다.[2]

본고에서는 바로 이러한 문제의식에서 구한말 서양인, 특히 선교사가 한국문학의 특성에 대해 밝혔던 견해들을 찾아 정리하고, 그 의미와 배경에 대해서 논의하게 될 것이다. 이 같은 작업을 바탕으로, 그들의 연구가 어떠한 이유에서 후대의 논자들에게 뚜렷이 계승되지 못했는지, 우리 문학이 중국과 일본의 문학에 비해 서구에 거의 소개되지 못했던 까닭은 무엇이었는지까지 함께 검토해 보고자 한다. 1899년과 1901년에 이르러 서구 연구자들에 의해서 각각 일본문학사와 중국문

---

2 국어학 연구 분야에서는 선교사들이 제작한 한국어 문법서나 학습서 등에 대해 1970년대부터 본격적인 연구가 시작되었고, 최호철 외, 『외국인의 한국어 연구』, 경진문화사, 2005에서 보다 종합적인 연구가 이루어졌다. 국문학 분야에서는 제임스 게일이 출간했던 고소설 번역서, 특히 「구운몽九雲夢」의 영역본을 고찰한 연구들이 주종을 이룬다. 정규복, 「구운몽 영역본고－Gale 박사의 *The Cloud Dream of the Nine*」, 『국어국문학』 21호, 국어국문학회, 1959; 장효현, 「한국 고전소설 영역의 諸문제」, 『고전문학연구』 19집, 한국고전문학회, 2001; 이상현, 「제임스 게일James Scarth Gale의 『구운몽』 번역과 문화의 변용」, 성균관대 석사논문, 2005; 오윤선, 『한국 고소설 영역본으로의 초대』, 지문당, 2008; 백주희, 「J. S. Gale의 *Korean Folk Tales* 연구－임방의 『천예록』 번역을 중심으로」, 성균관대 석사논문, 2008; 이상현, 「제임스 게일James Scarth Gale의 한국학 연구와 고전서사의 번역－게일 한국학 단행본 출판의 변모와 필기, 야담, 고소설의 번역」, 성균관대 박사논문, 2009; 이상현, 「〈춘향전〉 소설어의 재편과정과 번역－게일James Scarth Gale 〈춘향전〉 영역본(1917) 출현과 그 의미」, 『고소설연구』 30집, 한국고소설학회, 2010 등. 이 가운데 이상현의 최근 논의(위의 글, 2009)는 게일의 한국학 관련 논의들을 종합적으로 검토한 성과로서 주목할 만하다. 다만, 논의가 1913년 이후에 제출된 필기・야담・고소설 관련 번역물에 집중되어 있어서, 그 앞 시기의 활동에 대해서도 상론해야 할 필요를 느낀다.

학사가 영문으로 서술되어 단행본으로 출판되었을 뿐 아니라,[3] 1920년대를 전후하여서는 파운드Ezra Pound와 엘리엇T. S. Eliot에 의해 영미 시단에 한자와 한시, 하이쿠俳句와 노能 등이 폭넓게 알려지면서 동아시아 문학에 대한 열기가 크게 고조된 바 있다.[4] 물론 한국은 중국이나 일본에 비해 서구인들에게 알려질 기회 자체가 분명 적었고, 우리 문학의 자산 역시 중국과 일본의 것에 비해 서구인들에게 그다지 매력적인 대상으로 포착되지 못했을 가능성도 전제할 수 있다. 하지만 그렇다고는 해도 중국과 일본 문학에 대한 관심이 그처럼 높아졌던 이 시기에 그에 바로 인접한 우리 문학에 대해 서구 문단에서 전혀 언급조차 되지 못했던 곡절은 당대의 실정과 관련지어 한층 미시적으로 검토해 보아야 할 필요가 있을 것이다.

2. 한국의 문학 및 가악歌樂에 대한 서양인들의 초기 기록

19세기 이전까지는 서양인에 의해 서술된 한국 관련 기록이 그다지 많다고 하기 어려우나, 대략 1880년을 지나면서부터 한국의 문화와 역사, 당대의 실정 등을 종합적으로 다루고자 시도했던 저작들이 연속적으로 집필되기 시작한다.[5] 비록 충분한 수준은 아니지만, 이들 가운데

3 W. G. Aston, *A History of Japanese Literature*, New York : D. Appleton&Company, 1899; Herbert A. Giles, *A History of Chinese Literature*, New York : D. Appleton&Company, 1901.

4 민용태, 『서양문학 속의 동양을 찾아서』(2판), 고려원, 1997, 126~148쪽. 특히 일본문학이 이 시기 영미문학에 끼친 영향에 대해서는 Earl Miner, *The Japanese Tradition in British and American Literature*, Princeton : Princeton Univ. Press, 1958에서 상세히 다루어졌다.

5 이 가운데 비교적 중요하게 거론될 만한 저서로서 이른 시기의 것으로는 로스John Ross 신

한국의 문학이나 예술에 대해 부분적으로라도 의미 있는 기술을 시도한 저작을 찾는다면, 우선 오페르트의 『금단의 나라 조선』을 꼽을 수 있다. 총 아홉 개 장 가운데 앞의 여섯 장이 인종과 지리, 정치, 역사, 풍습, 언어와 문자, 산업 등 한국의 실정에 관한 전반적인 내용으로 이루어져 있는데, 당시 한국은 유럽인들에게 거의 알려져 있지 않았기 때문에 한국에 대한 기록 역시 그제껏 한국을 직간접으로 체험했던 여러 사람들의 견문에 의존하여 이루어질 수밖에 없었을 것이다. 이 책 또한 프랑스 신부들에게서 전해들은 단편적인 증언이나 중국 또는 일본인들의 언급을 다수 인용하여 서술되었던 탓에 한국 자체에 대한 기록이라기보다는 한국을 바라보는 당시 여러 외국인들의 시각을 조합해 놓은 듯한 인상을 준다.[6] 그러한 사정은 한국의 언어와 문자에 대한 부분에서도 마찬가지이어서, 한국어의 방언이 중국어를 차용하는 과정에서 유래되었다거나 임진왜란 이후 일본인들이 조선에 체류하기 시작하면서 조선 남부의 방언이 일본어의 영향을 받아 만들어지게 되었다는 부정확한 설명이 제시되기도 한다.[7] 다만, 한국의 문화에 대한 부분에서는 그가 조선을 세 차례 방문한 기간 동안 직접 목격한 일들이 부분적으로

부의 『한국의 역사*History of Corea*』(1880), 오페르트Ernst J. Oppert의 『금단의 나라 조선*Ein Verschlossenes Land-Reisen nach Korea; A Forbidden Land-Voyages to the Corea*』(1880)과 그리피스William E. Griffis의 『한국, 은자의 나라*Corea, the Hermit Nation*』(1882)를 들 수 있을 것이다. 한편, 본고에서 서양서의 제목을 적을 때 표제 가운데 'Corea'나 'Korea'가 들어있는 것은 '한국'으로 적고, 'Chosen'은 '조선'으로 그대로 옮기는 것을 원칙으로 한다. 다만, 국내에 번역본이 이미 출간되어 있을 때에는 경우에 따라 번역서의 표제를 따르기도 하였다. 또한 특별히 조선왕조를 가리켜야 할 경우가 아니라면 대한제국 이전 시기도 본고에서는 '한국'으로 지칭한다.

6 예컨대 그가 한국의 고대사를 기술하면서 참고했다고 밝힌 서목을 보면, 『日本書紀』, 『日本皇代一覽』, 『朝鮮物語』 등 모두 일본책이다. E. J. 오페르트, 신복룡 · 장우영 역주, 『금단의 나라 조선』, 집문당, 2000, 60쪽.

7 위의 책, 132쪽.

포함되어 있는데, 그 가운데 제4장에서 발견되는 한국의 가악 및 문학에 대한 그의 논평은 전반적으로 부정적인 인상을 담고 있다.

음악에 대한 조선 사람들의 애호심은 아시아의 어떤 민족보다도 강렬하다. 음악에 대한 그들의 지식은 이웃나라 사람들과 비슷해서 극히 초보적이며 악기 또한 원시적이다. 그중에서 눈여겨볼 만한 악기들은 귀가 먹을 정도로 시끄러운 소리를 내는 징과, 마찬가지로 찍찍거리는 음색을 내는 피리와 두 개의 줄을 가진 현금弦琴인데, 이것들이 서로 어우러져 화음을 이룬다. 그들은 중국인들처럼 단조롭고 우울한 가성으로 노래를 부르며 거의 높은 음을 내지 않는다. (…중략…) 조선 사람들은 또한 춤추기를 매우 좋아하는데, 그들이 추는 춤은 유럽의 것과는 전혀 다르다. 남녀가 함께 춤을 추는 것은 조선의 풍속에 위반되는 것으로 있을 수도 없는 일이며, 흔히 누구 한 사람이 무대로 나와서 춤을 추면 다른 사람들은 그것을 구경한다. 춤동작은 몸을 앞뒤로 움직이는 느긋한 발놀림에 불과하다. 그들은 늘 노래를 부르면서 춤을 춘다. 다양한 동작을 선보일수록 능숙한 춤꾼으로 인정된다. 중국이나 일본에서는 매우 대중화되어 있는 극이나 다른 공연과 같은 연예가 조선에서는 매우 낯선 영역에 속한다. 이것은 아마도 부분적으로는 조선 고유의 문학이 결여된 데에서 비롯되었을 것이다. 다른 한편으로는 조선 사람들의 문화적 수준이 낮아서 이런 종류의 연예에는 감흥을 느끼지 못하기 때문이다. 나는 이 나라에 곡예사jugglers가 있다는 이야기조차 들어보지 못했으며, 만약 있다손 치더라도 이웃 나라에서 볼 수 있는 놀랄 만한 기술을 가지고 있을지는 의심스럽다.[8]

이처럼 오페르트가 한국의 음악과 연희를 바라보는 관점에는 완연히 폄하적 시선이 개재해 있다. 특히 단출한 악기 구성과 서양인들의 귀에 거슬리는 가창법은 한국의 음악이 극히 초보적인 수준에 머물고 있다는 인식으로 귀결되는데, 실상 한국 음악에 대한 이 같은 비호의적 시각은 오페르트뿐 아니라 그 이후에 한국을 방문했던 다른 구미인들에게서도 빈번히 발견되는 것으로서, 그들의 귀에 한국의 가악이 지나치게 부자연스럽거나 단조롭게 느껴졌던 탓으로 보인다.

한편, 오페르트는 한국에 노래와 춤이 성행하는 데 비해 어떠한 종류의 연희문화도 일반화되어 있지 않다는 관찰 결과를 바탕으로 한국문학 전반에 대한 논평을 내리기도 한다. 극은 서구문학의 원류를 이루는 갈래 중 하나로서 서구인들이 특정 지역 문학의 발달 정도를 판별하는 데에도 중요한 잣대로서 활용될 만한 분야였다. 이는 메이지시기 일본 국학자들이 일본에 극문학이 크게 발달되어 있었다고 애써 강조하려 했던 점으로도 짐작해 볼 수 있다. 즉, 에도시대까지도 저급한 시정문화로 치부되었던 노能나 가부키歌舞伎, 조루리淨瑠璃 등을 메이지시대에 일본문학의 대표 영역 가운데 하나로 포섭하였던 것은 서구 문학의 규범화된 장르체계에 일본문학을 대응시킴으로써 그들의 문학이 서구의 문학과 대등하다는 점을 강조하기 위한 시도였던 것이다.[9] 그 같은 실정으로 미루어 볼 때, 한국에 극문학이 없다는 오페르트의

8 위의 책, 122～123쪽; Ernest Oppert, *A Forbidden Land-Voyages to the Corea*, London : Gilbert&Rivingston, 1880, pp.143～145.

9 하루오 시라네, 「창조된 고전－정전 형성의 패러다임과 비평적 전망」, 하루오 시라네 · 스즈키 토미 편, 왕숙영 역, 『창조된 고전－일본문학의 정전 형성과 근대 그리고 젠더』, 소명출판, 2002, 29～31쪽.

판단은 서구인들에게는 곧바로 문학 발달 과정의 흠결로서 인식되었을 여지가 크다. 특히 한국인들이 극예술에 흥미조차 느끼지 못한다는 점은 한국문학이란 결국 기형적이고 원시적인 수준에 지나지 않는다는 결론으로 쉽게 연결되었던 것으로 보인다.

오페르트가 객관성이 의심되는 잡다한 견문과 개인적인 인상을 바탕으로 한국의 역사와 문화를 당시 서구인들에게 소개했던 데 비하면, 그리피스는 한층 학술적인 객관성을 유지하고자 노력했던 흔적이 엿보인다. 미국 필라델피아 출신인 그리피스는 1870년 일본 번주藩主의 초청을 받아 일본에 들어와 수년간 학생들에게 서구 학문을 가르쳤던 교수이자 학자였고, 일본의 역사와 문화에 대해서도 해박한 지식을 지니고 있었다. 그리피스는 일본에 대한 연구를 심화해 갈수록 일본과 여러 측면에서 밀접한 관계를 맺어 왔던 한국에 대해서도 점차 관심을 갖게 되는데, 그러한 관심은 추후 그가 미국에 돌아가 『한국, 은자의 나라』(1882)를 집필하는 동기가 되었으며, 그로부터 약 30년 후 한국의 설화집을 미국에서 출판할 때에까지도 유지된다.[10] 오페르트와 마찬가지로 그리피스도 역시 한국에서 직접 목격하거나 체험한 사항보다는 당시까지 알려져 있던 한국에 관한 각종 기록, 예컨대 프랑스 신부들의 수기나 서양 여행가들의 증언, 중국과 일본 측의 고서 등에 의존하여 한국에 대한 전체적인 기술을 시도하였으나, 자료에 접근하는 그

10 William E. Griffis, *The Unmannerly Tiger and Other Korean Tales*, New York : Thomas Y. Crowell Company, 1911. 서문에 따르면 이 책은 구한말 선교사들에 의해 한국에서 간행된 잡지 *The Korean Repository*, *The Korea Review* 등에 소개된 한국설화들을 그리피스가 재편집하여 출판한 것이다. 한편, 그리피스에 대한 전기적 서술 부분은 정성화, 「W. 그리피스, 『은자의 나라 한국』－그리피스의 한국관을 중심으로」, 『해외한국학평론』 1호, 연세대 현대한국학연구소, 2000, 9~42쪽에 정리된 것을 따랐다.

〈그림 1〉 William E. Griffis (1843~1928)

의 태도는 오페르트의 경우보다 훨씬 학구적이었다.[11] 다만, 일본 측의 자료가 다수 활용되었던 탓에 책의 많은 부분에서 일본인들의 시각이 그대로 노정되거나 한국과 일본을 대비하는 서술이 빈번하게 이루어질 수밖에 없었으며, 이러한 편향은 한국의 문학과 언어를 다루는 부분에서도 두드러지게 나타난다.

만주 계곡에서 유래한 종족이 중국 문명과 같은 고대 문명을 접하게 되면서, 고려인들The Korai People은 그 고대 문명에서 달성된 이상적인 문학적 전범들을 염두에 두게 되었고, 이에 따라 모국어에 대한 연구는 성실하게 진전되기는커녕 애석하게도 경시되고 말았다. 이러한 자국어 경시 경향은 일본보다 한국에서 훨씬 더 심하다. 일본에서도 중국 문물을 연구하는 과정에서 생겨난 현학적 태도 때문에 오랫동안 자국어가 경멸의 대상이 되어 왔으나, 그럼에도 불구하고 일본 지식인들은 자국어 문학을 훌륭하게 꽃피웠던 것이다. 한국인들은 자국어를 폄하한다. 그들은 자신들의 언어를 '육담肉談, yuk-tam' 즉 , 의미도 없고 생각을 표현하기에도 턱없이 부족한 주정뱅이들의 말sottish words이라고 부른다. 때문에 자국어 문학이 빈약하다.[12]

11 그는『한국, 은자의 나라』서문 뒤쪽에 자신이 이 책을 집필하면서 참고했던 서적이나 자료 약 100종을 중요도를 매겨 나열하고 그 각각에 대해 초보적인 수준에서나마 사료비판을 하였는데, 이러한 사실만을 보아도 그의 저술이 오페르트의 것에 비해 한층 엄밀한 방식으로 이루어졌다는 점이 드러난다.

12 William E. Griffis, *Corea, the Hermit Nation*, London : W. H. Allen&Co., 1882, p.449.

그리피스는 책의 말미에 「부록Appendix」을 따로 두어 본문에서 충분히 다루지 못했던 한국어, 유럽인들의 한국 연구, 한국문학, 도량형과 화폐 단위, 한국의 지도 등의 주제에 걸쳐 항목별로 서술을 이어갔는데, 위 인용은 '한국의 문학Corean Literature' 항목 가운데 앞부분에 해당하는 것으로서 여기에서 그는 한국문학의 전반적인 특질을 개관해 보고자 하였다.[13] 그리피스에게 처음으로 착목된 사실은 한국의 문학이 중국의 문학적 전범에 완고하게 종속되어 있을 뿐 아니라, 한국 사람들 스스로 자국어를 수치스럽게 생각한다는 점이었다. 한국인들이 국문을 '언문諺文'이라고 낮추어 부른다는 언급은 이 시기 한국을 방문했던 여러 구미인들의 기록에서도 발견되는데, 그리피스가 '육담'이라는 말을 어떠한 문맥에서 차용해 온 것인지는 분명치 않으나, 한국인들 스스로 국문에 대한 폄하적인 시선을 지니고 있었고 이러한 경향이 외국인들의 눈에도 쉽게 포착될 수 있었던 것만은 틀림없어 보인다.

이렇듯 자국어에 대한 인식이 빈약하다는 판단은 한국문학의 수준을 평가하는 데에도 직접적으로 적용된다. 이미 민족국가 시대로 접어든 구미의 지식인들에게 특정 국가의 문학적 자산으로 포용될 수 있는

13 그리피스의 『한국, 은자의 나라』는 1882년 런던에서 초판이 간행된 이래 24년 후인 1906년에 뉴욕에서 다시 제8판까지 나올 정도로 영어권 독자들에게 꾸준히 읽혔던 책이었는데, 필자가 확인할 수 있었던 판차는 그 가운데 초판과 마지막 제8판뿐이었다. "Appendix"는 초판에만 수록되어 있고 제8판에는 없다. 재판 이후의 개정판을 내던 어느 시점에서 삭제한 듯하며, 그리피스 스스로 "Appendix" 부분의 서술이 부정확하거나 시대에 뒤떨어진다고 여겨 삭제한 것은 아닐까 추정된다. 한편, 당시 'literature'라는 어휘는 오늘날의 '문학' 개념보다 포괄적인 것이었으며, 때로 '글 혹은 문헌, 저술 일반'의 의미를 내포하기도 하였다. 당시 'literature'의 개념 및 '문학文學'과의 대응관계에 대해서는 이상현, 앞의 글, 2009, 66~67 · 70~71쪽; 김소정, 「근대중국의 '新文學' 형성과 정전화 과정」, 부산대 HK 고전번역+비교문화학 연구단 편, 『고전, 고전번역, 문화번역』, 미다스북스, 2010, 278 ~ 281쪽에서 검토된 바 있다.

대상의 범위란 대개 그 나라 고유의 언어와 문자로 전해지는 작품으로만 좁혀지게 마련이었기 때문에, 자국어에 대한 폄하가 존재하는 데다 작품 창작 역시 한문 위주로만 이루어지고 있다는 그리피스의 분석은 곧 한국에는 고유한 문학이 없거나 매우 빈약한 수준이라는 결론으로 귀착될 수밖에 없었던 것이다.

> 시에는 두 종류가 있다. 하나는 노래songs, 말장난 섞인 묘사punning descriptions, 운율이나 일정한 음절·음보에 맞추어 쓴 우스꽝스러운 속담들funny sayings with rhythm and a certain number of syllables or feet이고, 다른 하나는 중국의 전범에 바탕을 둔 형식이다. 한국인들이 선호하는 시 부류인 '풍월風月, pung-wel'은 가볍고 서정적인 성격을 지니고 있으며, 그 이름에서도 드러나듯이 풍월에서는 대개 바람과 달이 노래된다. 바람에 우아하게 나부끼는 대나무, 달빛을 받은 바다, 또는 풍경, 그리고 자연의 변화상이 시의 소재로 다루어진다. 좋은 경관을 찾아 '시회詩會, Poetry parties'도 벌어지는데, 이때 참석자들은 술잔을 옆에 끼고 필기도구를 지참한다. 기분을 전환하기 위해 벌이는 이 같은 시회는 문학적·사회적인 유희 방식으로서 표준적인 것 가운데 하나이다. 중국 작가들만이 한국의 독자들 사이에서 추앙을 받는 것은 아니다. 주로 정통 한문으로 창작활동을 했던 몇몇 일본 작가들, 특히 아라이 하쿠세키新井白石와 18세기 에도의 학자들도 역시 한국에서 높은 명성을 얻고 있다.[14]

그리피스는 한국의 시를 특화하여 다루는 문맥에서도 역시 자국어

---

14 William E. Griffis, *op. cit.*, 1882, pp.449~450.

시가와 한시의 두 가지 분야를 설정한다. 명시적으로 제시하지는 않았으나, 첫 번째 분야가 자국어로 쓰이거나 향유되는 부류로 보이는데, 이는 다시 세 종류로 세분된다. '노래'는 흔히 '민요folk song'로 통칭될 수 있을 만한 자생적인 시가를 말하는 듯하며, '말장난 섞인 묘사'란 판소리 사설이나 잡가雜歌와 같은 좀 더 길고 다변적多辯的인 가창 양식, 마지막으로 '운율이나 특정 음절·음보에 맞춘 우스꽝스러운 속담들'은 시조時調와 같이 비교적 정형화 되어 있는 시가양식을 지칭하는 것이 아닌가 생각된다. 그가 한국의 시가에 관해서 어느 정도의 견문을 지니고 있었는지 위의 서술만으로는 가늠하기 어렵지만, 이들 부류에 대해 대개 부정적이거나 장난스러운 수사를 붙인 것을 보면, 그는 한국에는 자국의 문학이 빈약하다는 앞서의 분석을 시가의 사례 속에서 재확인하려 한 듯하다. 중국의 전범을 따르는 한시 양식을 제외한다면, 결국 한국에는 원시적이거나 희작적인 시 양식밖에는 없다는 결론이 그의 서술에서 도출되기 때문이다.

반면, 한시의 위상은 그리피스가 관찰하기에도 매우 확고하게 느껴졌음을 알 수 있다. '풍월'은 특정한 갈래의 명칭이기보다는 작품의 주제적 요소를 포괄적으로 엮어 붙인 것인데, 이는 특히 식자층에서 주로 향유되던 한시의 특성을 염두에 둔 지칭으로 보인다. 가볍고 서정적인 시풍을 지닌 것으로 묘사되는 이 같은 풍월의 존재를 거론하면서 그리피스는 한국에서 한시의 창작이 유락적遊樂的인 성격을 지니는 한편 사회적인 교류와도 밀접하게 연결되어 있다는 분석을 내놓는다. 중국 문인들뿐 아니라 일본의 한학자들까지도 한국에서 문명을 얻고 있다는 서술 역시 한문학을 통한 식자층 사이의 교유를 연상케 하는 구절이다.[15] 이처럼 다각적인 위상을 지니는 한시에 비할 때 한국 고유어 시가는 형편없는 수준에 머물러 있다는 판단이 강화될 수밖에 없다.

이상에서 살핀 바와 같이 1880년대까지 이루어진 한국문학에 대한 언급, 특히 시가에 대한 서양인들의 서술은 대개 간략한 견문에 의거하거나 중국과 일본에서 구해볼 수 있었던 간접적인 자료에 바탕을 두었던 탓에 그 서술된 분량이 길지도 않거니와 서술 내용의 정확도나 논평의 균형 면에 있어서도 충분히 검토해 볼만한 수준에 도달하지는 못한 것으로 판단된다. 그러나 영국·미국·독일 등지에서 간행된 이들의 저술은 한국을 찾거나 한국에 관심을 둔 서구인들에게는 가장 기본적인 안내서로서 손에 잡히는 책이었기 때문에, 비록 간략하고 불충분한 언급이나마 이들이 서술해 놓은 내용은 한국의 언어와 문학 및 예술의 특성을 가늠해 볼 수 있는 거의 유일한 정보원이기도 했다. 따라서 이들이 일차적으로 정리해 놓은 한국문학의 특성은 서구인들의 인식 속에 이후 오랜 기간 고착될 여지를 지니고 있었다.

3. 한국시가에 대한 게일J. S. Gale의 인식과 논평

오페르트와 그리피스가 한국을 잠시 스쳐가거나 먼발치에서 관찰하

15 아라이 하쿠세키가 조선 통신사 사절들에게 알려져 있었고 상호 교류도 했던 사실은 있으나, 그리피스의 말처럼 그가 당시까지도 조선에서 높이 추앙되고 있었는지는 의문이다. 다분히 일본 측 자료에 의거하여 서술했기 때문으로 보인다. 아라이 하쿠세키와 조선 통신사 사이의 교류에 대해서는 구지현, 「1711년 신묘통신사와 아라이 하쿠세키新井白石의 필담을 통한 상호 소통」, 『열상고전연구』 28집, 열상고전연구회, 2008, 187~225쪽에서 자세히 다루어진 바 있다.

는 데 그쳤다면, 1880년대를 지나면서부터는 한국에 직접 들어와 활동했던 서구인들이 많아지면서 한국을 관찰하는 그들의 시각도 한층 정밀해진다. 이 시기 입국한 서양인들 가운데 특히 한국의 역사와 문화에 대한 연구 분야에서 중대한 업적을 남긴 두 인물이 제임스 게일James Scarth Gale, 奇一(1863~1937)과 호머 헐버트Homer Bezaleel Hulbert, 訖法, 轄甫(1863~1949)이다. 각각 캐나다 온타리오주와 미국 버몬트주 출신으로 미국 장로교와 감리교 선교단의 일원으로 한국에서 활동했던 이 두 동갑내기 선교사는 한국어에 능통하였을 뿐 아니라 한국에 오래 거주하면서 구한말의 격동을 몸소 체험하기도 하였다. 특히 두 사람 공히 서구의 종교와 사상을 한국에 접목하는 데 그치지 않고 한국의 문화와 역사를 연구하여 이를 서구에 소개하는 데에도 열의를 지니고 있었기 때문에, 후대의 서구 학자 사이에도 이들이 당대 한국 문화 연구에 있어서 '선의의 경쟁자friendly rival'로 지칭되는 것을 발견할 수 있는데,[16] '경쟁자'라는 말에서도 드러나듯 두 사람이 한국 문화를 바라보는 관점은 때로 크게 엇갈리기도 한다. 때문에 한국문학에 대한 이들의 논의를 견주어 검토함으로써 구한말 서구인들의 한국문학관을 가늠하는 데 긴요한 시사를 얻을 수 있다. 본고에서는 그러한 논의 구도의 일환으로 우선 제임스 게일이 남긴 글들을 살피고자 한다.[17]

---

16 Clarence N. Weems, "Editor's Profile of Hulbert", Clarence N. Weems(ed.), *Hulbert's History of Korea*, Vol.1, London : Routledge&Kegan Paul, 1962, pp.26~27.

17 이미 알려진 바대로, 게일은 한국의 역사와 문화에 관해 다수의 논저를 발표했던 당대의 유력한 한국학자Koreanologist로서 그의 논의 역시 한국시가 분야에만 국한되지는 않는다. 오히려 고소설이나 한문학 자료들에 대한 고찰이 보다 중심에 놓여 있는 것이 사실이다. 그러나 각주 2)에 나열한 바와 같이 게일의 업적 가운데 고소설 및 한문학 관련 논의들에 대해서는 선행 연구들에서 일정 정도 다루어진 만큼, 그간 상대적으로 소홀히 취급되어 왔던 시가 관련 부분을 한층 집중적으로 거론할 필요가 있다고 생각한다. 특히 게일이

캐나다로 이주한 스코틀랜드 출신 농장주 아버지와 네덜란드 출신 이주민 어머니 사이에서 출생한 제임스 게일은 토론토 대학을 갓 졸업한 1888년 이 대학 기독교 청년회(YMCA)의 파송 선교사로서 일본을 거쳐 부산에 들어와, 이때부터 1927년에 은퇴하여 영국에 정착할 때까지 약 40년간 한국에서 각종 활동을 펼친 인물이었다.[18] 입국 후 한국어에 차츰 익숙해져 가던 게일은 당시 『한영ᄌᆞ뎐韓英字典, *A Concise Dictionary of the Korean Language*』(1891)을 편찬하고 있던 언더우드Horace G. Underwood를 도왔고,[19] 몇 년 후에는 그가 직접 이보다 훨씬 분량이 많은 『한영ᄌᆞ뎐韓英字典, *A Korean-English Dictionary*』(1897)을 편찬함으로써 초기 한국어 연구에 중요한 업적을 남기게 된다.[20] 또한 영어권 화자를 대상으로 한 한국어 학습서 『ᄉᆞ과지남辭課指南, *Korean Grammatical Forms*』(1893)을 만들기도 하였는데, 그가 한국의 문학유산, 특히 시가작품을 접했으리라는 정황은 이 책에서 처음 발견된다. 이 책의 말미에 한국어 문장의 예시를 들고 이를 영어로 풀이해 놓은 「문장Sentences」 부분을 보면, 시조 구절에서 가져왔을 법한 다음과 같은 예문들이 발견되기 때문이다.

한국문학의 여러 영역들 가운데 가장 먼저 관심을 보였던 분야가 시가라는 점에서 이 부분을 밀도 있게 다루어 보아야 할 필요성이 더욱 강조된다. 물론 논의 과정에서 소설이나 한문학 등에 관한 게일의 관점도 일정 부분 함께 거론될 것이지만, 본고의 중점은 시가 관련 자료에 놓이므로 제목에도 '한국시가'라는 말을 앞세웠다.

18 게일의 생애에 대한 가장 자세한 기록은 Richard Rutt, "A Biography of James Scarth Gale", Richard Rutt(ed.), *James Scarth Gale and his History of the Korean People*(2nd ed.), Seoul : the Royal Asiatic Society Korea Branch, 1983, pp.1~88에서 이루어졌다. 본고에서 게일의 생애와 활동에 대해서는 이 글에서 많은 부분을 참고하였다.

19 게일이 당시 수행했던 역할은 『한불ᄌᆞ뎐韓佛字典, *Dictionnaire Coréen-Français*』(1880)의 프랑스어 뜻풀이를 영어로 번역하는 일이었다고 한다. *Ibid.*, p.28.

20 게일은 처음 『한영ᄌᆞ뎐』을 만든 이후 1911년과 1930년에 각각 제2판과 3판을 내는데, 이 가운데 제2판은 직접 순종에게 바쳤다는 기록이 발견된다. 『순종실록』 附錄 순종 4년(1911년) 7월 5일. "英國人神學博士奇一 【게일】 進獻『韓英辭典』一部, 嘉納, 仍賜銀製花瓶一箇."

▸ᄆᆞᆯ ᄐᆞ고 ᄭᅩᆺ밧헤 드니 ᄆᆞᆯ굽에셔 향ᄂᆡ 난다 (No.339 走獸Animals)

▸졋대ᄂᆞᆫ 울고 살대ᄂᆞᆫ 가고 붓대ᄂᆞᆫ 그리ᄂᆞ니라 (No.460 樹木Trees)

▸국화야 너ᄂᆞᆫ 어이 삼월동풍 다 보ᄂᆡ고 셔리ᄅᆞᆯ 무룹쓰고 구시월에 혼ᄌᆞ 퓌노 (No.478 花品Flowers)

▸모란ᄭᅩᆺ츤 화즁왕이라 ᄒᆞ오 (No.484 花品Flowers)

▸젹막ᄒᆞᆫ 뷘 방 안에 누엇ᄉᆞ니 잠이 올가 안자스니 님이 올가 심샹ᄒᆞᆫ ᄀᆞᆺ 두람이ᄂᆞᆫ 지ᄂᆞᆫ 달 ᄉᆡᄂᆞᆫ 밤에 ᄀᆞᆺ치지 아니ᄒᆞ고 실음을 돕는구나 (No.1027 雜語Miscellaneous)[21]

물론, 이와 같이 한국의 시가에 대해 그가 일정정도 견문을 지니고 있었으리라는 정황이 나타나기는 하지만, 실상 그가 인용해 놓은 문장을 보면 가집歌集으로부터 해당 구절을 직접 옮겨 왔다기보다는 당시 그가 시정에서 전해들을 수 있었던 문장들 가운데 위의 구절들이 우연히 포함되어 있었다고 판단하는 편이 실상에 가까울 듯하다. 당시까지만 해도 게일은 한국어를 연구하고 한국어 학습법을 고안하는 데 치중했을 뿐 한국의 시나 노래, 문헌에 대해서까지 관심을 가질 만한 여력은 아직 없었던 것이다.

게일이 한국의 문학작품, 또는 한국문학의 특성에 대해 명백하게 관심을 나타내기 시작한 기점은 그가 한국에 온 지 약 7, 8년이 지나서인 1895년 무렵부터인 것으로 파악된다. 게일은, 한국 최초의 잡지『한국

21 James S. Gale, *Korean Grammatical Forms : 辭課指南*, Seoul : Trilingual Press, 1894, pp.153・167・170・240. 해당 구절이 포함되거나 활용된 시조 작품은 인용된 차례대로 각각『해동가요(일석본)』#465;『청구영언(연민본)』#207;『해동가요(일석본)』#316,『해동가요(주씨본)』#528,『청구영언(진본)』#548에서 찾아볼 수 있다.

휘보The Korean Repository』에 이해 4월, 한국의 '송가頌歌, Ode' 다섯 편을 번역하여 권두시로 싣는데, 이는 한국의 시가를 영문으로 옮긴 첫 사례로 알려져 있다. 그 가운데 한 편을 옮겨 보면 다음과 같다.

저 무거운 쇠막대를	That pondrous weighed iron bar,
가 늘게 뽑아 실을 만들어,	I'll spin out thin, in threads so far
해에 대어 고정하고	To reach the sun, and fasten on,
못 가게 묶어 두리.	And tie him in, before he's gone;
백발이 되어 가는 부모	That parents who are growing gray,
더 는 늙지 않도록.	May not get old another day.[22]

선교사를 비롯한 외국인들에게 한국에 관한 정보를 전달할 목적으로 1892년에 창간된 『한국휘보』는 약 1년간 출판되다가 중단되고 1895년 1월에 속간된 영문 월간지로서 그전까지 권두시를 실은 경우가 한 차례도 없었던 것을 감안하면, 1895년 4월호는 편집상 다소 독특한 면이 있었다. 이렇듯 색다른 시도를 하게 된 계기는 편집자의 주를 통해 짐작해 볼 수 있는데, 당시 편집자는 처음으로 영역된 한국의 시를 잡지에 싣게 되어 매우 영광스럽다고 밝히고 있다.[23] 게일 이전의 관찰자들이 한국의 문학에 대해 단편적인 설명이나 논평만을 할 뿐 구체적인 작품을 언급하지는 못했던 데 비하면, 게일은 한국의 시가 작품 자체를 처음으로 소개하고 해당 작품의 주제도 '효도Filial Piety' · '사랑

22 James S. Gale, "Ode on Filial Piety", *The Korean Repository*, Apr.1895, p.121.
23 Ibid., p.122.

Love' 등으로 표지하는 데까지 나아갔던 것이다. 그리피스가 한국시의 부류를 단지 '노래'나 '말장난 섞인 묘사', '우스꽝스러운 속담들'이라고 지칭했던 것에 비하면, 게일은 '송가ode'라는 서양문학의 범주를 적용함으로써 이들 작품을 문학작품으로 간주하려 했던 것을 알 수 있다.

게일은 이달 이외에도 『한국휘보』에 세 차례 더 한국시를 번역하여 싣는데,[24] 그가 이처럼 한국의 시가에 대해 관심을 갖게 된 명확한 이유는 밝혀져 있지 않지만, 그 단초를 추정해 볼 수는 있다. 게일이 남긴 각종 수기를 모아 게일의 전기를 쓴 러트 신부에 따르면, 게일은 『한영ᄌᆞ뎐』을 편수하던 과정에서 구한말 베델Bethel(裵說)과 함께 『대한미일신보大韓每日申報』를 이끌었던 양기탁梁起鐸 및 그의 부친 양시영梁時英으로부터 도움을 받았는데, 1894년 이전 어느 무렵 양시영의 지인에게서 시조창 가집 『남훈틱평가南薰太平歌』의 목판본을 얻어 보게 되었다고 한다.[25]

실제로 편집자가 부기한 또 다른 주에, 게일이 번역한 위 작품들이 '한국의 송가집a book of National Odes'에 소재한 것이라는 설명이 달린 것을 보면,[26] 이 송가집이란 곧 『남훈틱평가』를 지칭하는 것으로 생각해 볼 수 있다. 재래의 가집들이 대개 필사 형태로 유통되었던 데 비해 『남훈틱평가』는 이례적으로 목판 인각되어 널리 유통된 가집으로서, 한국의 시가에 대해 피상적으로만 전해 듣거나 드문드문 그 연행 현장을 목

---

24 1895년 8월호에 '인생에 관한 송가Odes on Life'라는 제목으로 네 편, 1896년 1월호에 '사랑 노래Love Songs'라는 제목으로 네 편, 1998년 12월호에 '한국의 노래Korean Songs'라는 제목으로 네 편인데, 『한국휘보』에 실린 번역을 합치면 모두 17편이다.

25 Richard Rutt, *op. cit.*, pp.29~30.

26 James S. Gale, op.cit., Apr.1895, p.121.

〈그림 2〉 James S. Gale (1863~1937)

격했었을 게일과 같은 서양인에게 한국에도 서책 형태의 앤솔로지가 이처럼 유통되고 있다는 사실은 분명 중요하게 포착되었을 것이다. 아울러 가곡, 시조, 잡가, 판소리, 민요 등 여러 종류의 가창 형식이 혼재되어 있던 데다 그 가사의 특성을 쉽게 가늠하기도 어려웠을 서양인에게 『남훈티평가』에 비교적 정형화된 길이와 형식의 노랫말이 보존되어 있다는 사실은 한국에도 특정한 시가 양식이 존재한다는 점을 일깨워 주는 계기가 되었을 것으로 짐작해 볼 수 있다. 이를 증명하듯, 게일은 시조를 번역하는 데 매우 공을 들였던 것으로 보인다. 게일이 『남훈티평가』의 시조를 초출하여 번역하였으리라는 위의 추정이 맞다면, 해당 작품은 바로 다음과 같은 시조일 것이다.

> 만근 쇠를 느려 ᄂᆡ야 길게 길게 노흘 ᄯᅩ와
> 구만장쳔 가는 ᄒᆡ를 ᄆᆡ우리라 슈이 슈이
> 북당에 학발쌍친이 더듸 늙게.(『남훈티평가』 #49)

우선 드러나는 사실은, 게일이 시조의 특성을 보존하면서도 가급적 영시의 어법에 맞추어 번역하려 했던 흔적이 보인다는 점이다. 먼저 그는 시조창의 초·중·종장 형식을 알고 있었거나 적어도 작품의 통사구조가 삼분된다는 점을 인식했던 듯한데, 이는 번역문을 6행으로 구성하고, 각 두 행씩 압운rhyme을 하여 두 행 사이에 상관성을 현시하려 했던 데에서도 드러난다. 아울러 초·중·종장을 각 2행으로 나누었던 것도 각 장이 통사상 다시 2분절되는 시조의 작법을 염두에 두었기 때문으로 짐작된다. 격조metre는 약강격Iambic을 도입하여 완연히 영시의 율격에 맞도록 하였고,[27] 운각feet은 각 행마다 네 번씩 반복되도록 하여 4운각시tetrametre 형태로 구성하였다. 게일은 당대의 영문학 작가와 작품들을 자신의 저술에 흔히 인용하였을 뿐만 아니라, 시를 직접 창작하기도 할 정도로 문학적 감수성이 있었기 때문에, 시조를 번역하는 데 있어서도 단지 그 의미만을 전달하는 데 그치지 않고 시조를 영시화하는 데까지 나아갔던 것으로 보인다.

이렇듯 한국의 가집을 검토하고 이를 번역하여 소개하였던 게일은 마침내 한국문학의 일반적인 특성을 논의하기에 이른다. 이 해 11월 같은 잡지에 기고한 「문학에 관한 몇 가지 논의A Few Words on Literature」는 작품의 실례까지 들어 한국문학을 진지하게 논술한 보기 드문 글이다.

> 우리 (서구인 – 필자)는 그림을 세세하게 채우려 한다. 모든 것이 반드시 들어가야 한다. 우리는 생각하기에 세부적인 사항들이 명확함을 줄 것이라 본다. 그러나 한국인들은 이러한 태도를 이상하게 생각하며 만일 그들에게 망원경만 있다면 무엇이든 볼 수 있다고 말할 것이다. 그들의 회화도 그렇고, 묘사적인 문학에 있어서도 마찬가지로 그들은 제안이나 개요만을 제시하는 것을 선호한다. 그들이 강한 긍정을 할 때 의문문을 사용하는 것도 이 때문이다. (…중략…) 우리는 사실적인 그림에 익숙하다. 우리의

---

27 예컨대 '효에 관한 송가'의 첫 두 행의 격조를 표시하면 다음과 같다. "That pondrous weighted iron bar, / I'll spin out thin, in threads so far"

그림은 우리가 무엇을 말하는지, 그 이상도 이하도 아니게 정확히 그것을 말해야 한다. 한국인들은 그렇지 않다. 한국인들은 꽃이나 갈매기 같은 소재만으로도 본래 의미와는 수 리里, li나 차이가 나는 의미를 전달할 것이다. 나는 우연히 하나의 노래를 발견하였는데, 영어로 옮기면 운율에 잘 맞지는 않지만 다음과 같이 번역될 수 있을 것이다.

(집 떠난 남편이 갓 도착한 동향인에게 묻는다.)	(Absent husband inquiring of a fellow-townman newly arrived)
그대 고향땅을 보았는가?	Have you seen my native land?
어서 와서 얘기해 주오.	Come tell me all you know;
내 옛 집 대문 앞에	Did just before the old home door
매화나무 꽃을 보았소?	The plum tree blossoms show?
(이방인이 즉시 대답한다.)	(Stranger answers at once)
꽃은 피었지만, 솔직히 창백했소.	They were in bloom though pale 'tis true,
당신을 오래 기다리느라 슬퍼도 보이더군.	And sad, from waiting long for you.

"매화가 무얼 의미하는 것이지? 어떻게 꽃들이 누군가를 기다리며 슬퍼한다는 건지 도통 모르겠군." "바보 같은 사람." 이것이 이 시를 읽은 후의 반응이다. "작자는 매화를 말한 것이 아니네. 작자는", 그 동향인이 길을 지나가다가 그의 아내를 보았는가 묻고 있는 것이지. "남편을 기다리느라 그 아내의 표정이 창백하고 슬펐다는 것이네." 이것이 대답이다. 만일 아내에

> 관해 남편이 직접 물어보는 방식이 되었다면 이 노래의 형식과 아름다움은 모두 사라져버렸을 것이다.
>
> 사대부이건 머슴이건 동양인들Oriental people의 생각은 이와 같은 형식으로 되어 있다. 그들은 형상이나 상징, 그림 등에 대해 모두 유사한 생각을 가지고 있다. 이러한 이유 때문에 알레고리와 암시적인 문학suggestive literature은 그들에게 있어서 각별한 위치를 차지한다고 생각한다.[28]

이 글에서 게일은 한국인의 문학적 감수성을 예를 들어 설명하고, 그러한 특성들을 서양인의 것과 비교하였다. 그 몇 가지 특징 가운데에서도 가장 두드러진 자질이, 한국인은 말해야 할 내용을 모두 말하지 않을 뿐 아니라 사소하게 느껴지는 소재 하나만으로도 다양한 의미를 파생시킬 수 있다는 점이었다. 이와 같은 결론이 도출된 도정에는 한국의 문학작품, 특히 한국의 시가 무척 짧다는 특징이 큰 영향을 미쳤을 것으로 생각할 수 있다. 그가 예로 든 번역 시조만 해도 총 6행에 불과할 뿐 아니라 그 안에서 다시 초·중장인 1~4행의 화자와 종장인 5~6행의 화자 사이에 대화 형식이 개재되고 있기까지 하다.[29] 더구나 '매화나무plum tree'라는 단일 소재가 본래의 사물과는 전혀 다른 국면으로 활용된다는 점을 들어 게일은 한국문학뿐 아니라 동양Oriental문학 일반의 특성으로 알레고리와 은유隱喩를 제시하기도 한다.[30]

---

28 James S. Gale, "A Few Words on Literature", *The Korean Repository*, Nov. 1895, pp. 423~424.

29 이러한 이유 때문에 게일은 앞선 시조 번역에서 2행씩 묶어 압운하였던 방식을 버리고, 2행·4행과 5행·6행을 압운하는 방식을 택했던 것으로 보인다. 4행과 5행 사이, 즉 중장과 종장 사이의 단절을 현시하기 위해서이다. 게일이 번역한 시조는 다음의 작품일 것으로 추정된다. "군자고향니ᄒᆞ니 알니로다 고향사를 / 오든 날 긔창젼에 한믜화 퓌엿드냐 안 퓌엿드냐 / 믜화가 퓌기는 퓌엿드라마는 임ᄌᆞ 그려."(『남훈티평가』 #81)

결국 게일은 한국문학이 동양 여러 나라의 문학과 동궤에서 다루어질 수 있다고 본 것이다. 당시 서구인들에게 알려져 있던 동양시 양식 가운데 가장 친숙했던 것은 페르시아의 4행 정형시인 루바이야트Rubaiyat로, 영국의 번역가 에드워드 피츠제럴드Edward FitzGerald가 1859년에 오마르 카이얌Omar Khayyam(1040?~1123?)의 작품을 번역・출판함으로써 서구 시단에 큰 반향을 불러일으킨 바 있다.[31] 이후 몇십 년의 차이를 두고 중국의 한시와 일본의 와카和歌도 번역되어 나오기 시작하는데, 그 가운데에서도 와카의 경우는 동경제국대학東京帝國大學 교수를 지냈던 채임벌린Basil H. Chamberlain에 의해 1880년에 『만요슈萬葉集』 전편이 번역되면서 서구인들에게 일본시의 존재가 널리 알려지기도 하였다. 이 책의 서문에서 채임벌린은 일본 고전시의 세 가지 특징으로, '간소함simplicity', '전례에 대한 애호love of precedent', '품격 있는 세련미a certain courtly polish'라는 세 가지 요소를 지적하고, 그 가운데에서도 가장 핵심적인 것으로 '간소함'을 꼽으면서 내러티브가 약한 일본시의 자질을 강조하였는데,[32] 게일이 한국시의 특징에 대한 서술을 동양시 전체에 대해 논평으로까지 이어갔던 것도 특히 채임벌린에 의해 소개된 이 같은 와카의 특징까지도 일부 염두에 둔 결과가 아닌가 추정된다.[33]

---

30 이러한 인식을 바탕으로 게일은 같은 글에서 한국시는 논리적 구조가 명확하지 않다는 설명을 덧붙인다.

31 19세기 중반까지도 서구인들에게 동양의 시, 또는 동양시의 이미지라고 하면 대부분 에머슨Emerson의 시에 묘사된 인도의 이미지나 오마르 카이얌의 루바이야트 정도를 떠올렸을 뿐, 동양시의 범주에서 중국의 한시나 일본의 와카는 거의 논의되지 않았다. Earl Miner, *op. cit.*, pp.17~18.

32 Basil H. Chamberlain, *The Classical Poetry of the Japanese*, London : Trüber&Co., 1880, pp.16~19.

33 실제로 게일이 시조를 번역한 방식을 보면, 각운의 사용에 있어서나 시행을 분단하는 방식, 운율을 구성하는 점 등에 있어서 채임벌린이 고심했던 사항들에 공감했을 법한 지점

그러나 게일이 『남훈태평가』를 평가하는 방식과 채임벌린이 『만요슈』를 대하는 태도 사이에 큰 차이가 있었을 것임을 짐작하기는 어렵지 않다. 우선 『만요슈』는 8세기에 처음 찬집되었을 때부터 이미 일본의 주요 시가집으로 인식되어 왔고, 특히 와카 작자들에게 이른바 '작가적 정전'으로 숭앙되었으며, 메이지 유신을 지나면서부터는 이 시가집에 일본 고유의 정신이 담겨 있다고 선전되면서 정전正典으로서의 위상이 더욱 확고하게 굳어진다.[34] 채임벌린이 『만요슈』의 영역에 착수하였던 1870년대 후반은 일본 내에서 『만요슈』의 의미가 최상위로 정위되어 가던 시기와 때를 같이 하는 것이다. 또 한편, 『만요슈』 소재의 작품들은 '와카'라고 하는 명칭에서도 드러나듯이 비록 가창 텍스트로서의 특징을 완전히 비릴 수는 없었으되, 채임벌린과 같은 서구인의 시각에서 볼 때 와카는 음악과 분리되어서도 존재할 수 있는 명확한 문학 텍스트로 인식되었기 때문에 그만큼 서구의 문학작품 개념에 부합하는 측면이 있었다.[35] 더 나아가, 『만요슈』에 수록된 작품들 가운데 많은 수가 명확한 작자 표시를 달고 있으며, 작자미상인 경우일지

들이 몇 가지 발견된다. 예컨대, 채임벌린은 와카에 각운이 사용되지 않았음에도 불구하고 영역시에서는 굳이 각운을 배치하고자 하였다. 일본시를 번역하는 데 있어서 무각운시blind verse 형태의 강약격을 쓰는 것이 가장 이상적이리라는 당대 영문학자들의 제언을 받아들이지 않고, 그는 원시의 형식과 내용에 따라 시행의 길이나 운율은 다양화하되 각운은 반드시 배치하는 형식을 취하였던 것이다.(*Ibid.*, pp.28~29) 이는 시조 영역 과정에서의 게일의 선택과 크게 다르지 않다.

34 『만요슈』에 대한 평가가 일본 내에서 변천되어 가는 궤적에 대해서는, 시나다 요시카즈, 「국민시가집으로서의 『만요슈萬葉集』」, 하루오 시라네 · 스즈키 토미 편, 앞의 책, 55~92쪽; 하루오 시라네, 「교과과정의 역사적 변천과 경합하는 정전」, 위의 책, 402~444쪽의 논의를 참고할 수 있다.

35 Basil H. Chamberlain, *op. cit.*, p.22. 그가 『만요슈』 소재의 작품을 지칭할 때 '노래song'나 '송가ode' 대신 '일본의 시Japanese poems; poetry'라고 명시하였던 것도 이러한 이유 때문일 것이다.

라도 작품이 창작된 시기 내지 계기를 알아낼 수 있는 사례들이 적지 않아서, 개별 작품의 역사적 맥락을 짚어내기가 용이했던 점도 『만요슈』의 특장으로 평가되었을 것이다.

반면, 『남훈태평가』에 수록된 시조 텍스트의 경우에는 상황이 크게 다르다. 시조가 조선 중기 이후 가창 문학의 주요한 텍스트로 성행했던 것은 사실이지만, 사대부들에게 시조란 대개 여기餘技 정도로만 취급되었고, 후일 중인층에서 전문 가객歌客이 출현하였으되, 시조가 한시를 넘어서는 중요도를 지닐 수는 없었다. 더불어 당시까지도 시조는 가창에 소용되는 노랫말로 여겨졌을 뿐, 그것 자체가 문학 텍스트로 인식되기 시작한 것은 1920년대 국학파들 사이에 시조부흥운동이 본격화되어 '시조시時調詩'라는 개념이 제안되기 시작하면서부터였기 때문에, 시조를 일종의 시로 다루고자 했던 게일조차도 시조에 대한 지칭으로 '시poetry'라는 범칭보다는 '송가ode'나 '노래song'를 선택할 수밖에 없었던 것으로 보인다. 특히 게일이 『남훈태평가』를 통해 시조를 접하게 되었던 점은 시조, 더 나아가 한국의 국문시가에 대한 그의 탐구가 더 깊은 수준으로 진전되지 못했던 원인으로 작용했을 가능성도 크다. 유명씨 작품들이 왕족부터 중인 가객에 이르기까지 작자의 지체와 시대에 따라 비교적 정연하게 배열되고 작품의 주제별 분류까지 시도된 『청구영언靑丘永言』이나, 작가의 약력과 작품의 창작 배경 등에 대해 상당한 분량의 정보가 부기된 『해동가요海東歌謠』·『병와가곡집瓶窩歌曲集』·『가곡원류歌曲源流』 등 여타의 가집들과는 달리, 『남훈태평가』에는 당대 인기 있었던 시조 작품들이 선별적으로 수록되었을 뿐, 작자나 작품에 대한 어떠한 정보도 담겨 있지 않다.[36]

이처럼 게일은 시조를 발견함으로써 한국에는 일본의 와카와 같은 자국어 문학이 존재하지 않는다는 당시 서양인들의 인식을 비틀어볼 계기를 마련하였지만, 한국의 시가를 바라보는 그의 관점은 몰역사적 성격 내지 집단적 창작의 특성, 또는 민요 수준의 소박한 텍스트라는 정도로만 갈무리되고 만다. 게일은 시조를 끝내 진지한 연구의 대상으로 끌어내지는 못했던 것이다. 그가 『남훈틱평가』 소재의 작품을 십여 수 번역하여 소개하는 데 그쳤을 뿐 더 이상 시조 텍스트에 대한 관심을 이어가지 못했던 것은 어찌 보면 당연한 귀결이었다.

대신 게일은 대략 이 시기부터 한국의 한문학 작품에 부쩍 관심을 드러내기 시작한다. 한국에 처음 들어와 쓴 수편의 수기들을 묶어 출판한 『조선의 풍물*Korean Sketches*』(1898)을 보면, 게일은 한국에 한문학이 성행하는 데 대해 무척 부정적인 견해를 지니고 있었다. 한문만을 숭상하는 양반들이 매우 무능력한 계층으로 묘사되는가 하면, 한국인이 개명되기 위해서는 중국과 한문에 대한 맹목적인 추종을 서둘러 버려야 한다는 주장 역시 이 책의 여러 곳에서 발견된다.[37]

그러나 1900년을 전후하면서 게일의 이 같은 입장에 중요한 변화가 일었던 듯하다. 이를 검증할 수 있는 첫 단초는 그가 편술한 『유몽천자牖蒙千字*Korean Reader-the Thousand Character Series*』 1～3(1901)와 『유몽속편

36 게일이 후일 그의 『한국민족사*The History of Korean People*』에서 고구려 시대에 향유되었을 법한 가악의 사례를 추정하며 황진이의 "청산리 벽계수야～" 등 시조 작품 세 수를 예시하는 실수를 저질렀던 것도 그가 『남훈틱평가』를 통해 시조를 접했던 탓으로 생각된다.(Richard Rutt, *op. cit.*, p.154) 당시 그는 개별 시조 작품의 작자나 창작 연대를 고증해낼만한 어떠한 단서도 가지고 있지 않았기에 시조란 그저 적층적 성격을 지닌 구비적 텍스트라 여겼던 것이다.

37 제임스 게일, 장문평 역, 『코리언 스케치』, 현암사, 1970, 220～221・262쪽 등.

牖蒙續編*Korean Reader-the Thousand Character Series*』 4(1904)에서 나타나는데, 이 책들은 장로교 계열 학교에서 공부하는 한국인 학생들을 위한 교과서로서, 내용은 일반상식과 서구의 역사 및 문물에 대한 소개가 중심을 이루지만 책의 목적 자체는 한자와 한자어에 대한 학습에서 시작하여 궁극적으로는 한문 문장을 자유롭게 읽어나갈 수 있도록 이끌어 주는 데 맞추어져 있었다.[38] 당시는 대한제국 정부가 이미 한글을 '국문國文' 또는 '국서國書'로 선포하였을 뿐 아니라 헐버트를 비롯한 상당수의 선교사들 역시도 한문사용의 폐지 및 한글 위주의 교육을 주장하던 때였으나, 유독 게일만은 한국의 학생들이 여전히 한문에 대한 교양을 쌓아야 한다는 방향으로 자신의 입장을 선회했던 것이다.

아울러 게일은 한국의 한시나 한문 문장을 탐독하고 이를 영역하는 데 열중하게 되는데, 러트 신부의 전기에 따르면, 게일은 한국어로 쓰인 작품들이 내용도 없고 흥미롭지도 않다고 느꼈으며, 그 때문에 특히 1910년 이후 그가 쓴 많은 글들은 한문 작품의 번역으로 가득 차게 되었다고 한다.[39] 이러한 게일의 태도는 『남훈태평가』 소재의 시조를 번역해내던 1895년 무렵과 비교할 때 크게 달라진 것으로, 이제 그는 작자도 창작배경도 대개는 뚜렷이 드러나지 않는 한글 문헌을 애써 탐문하기보다는 사대부 문인들의 완정한 한문 작품들에 훨씬 더 경도되었던 것이다. 한문 작품에서 전해지는 깊이와 한문 작가들의 기품에 더욱 큰 흥미를 느꼈기 때문이다. 실상 게일은 한국의 한문 작품에 대

38 『유몽천자』와 그 속편인 『유몽속편』의 편술 배경에 대해서는 남궁원, 「선교사 기일James carth Gale의 한문 교과서 집필 배경과 교과서의 특징」, 『동양한문학연구』 25집, 동양한문학회, 2007, 77~102쪽에서 논의된 바 있다.

39 Richard Rutt, *op. cit.*, p.54.

한 이해를 넓혀 갈수록 한국문학이 중국의 자장권 안에 종속되어 있었다는 방향으로 생각을 굳히게 된다. 이를테면, 그는 한국의 한문 작품에 대한 독서를 통해 한국문학의 특질을 검출해 내려 하기보다는 한국문학에 끼친 중국문학의 파급력을 살피려 했던 것이다.

그러한 입장이 매우 구체적으로 표명되는 시점은 1900년에 이르러서이다. 1900년은 서양인들 사이에서 이전까지 계기적·산발적으로 이루어져 왔던 한국 문화 연구의 경향이 새로운 기조로 바뀌는 해이기도 하다. 영국 출신 산스크리트어 학자들의 주도로 1823년에 설립된 영국 왕립아시아학회The Royal Asiatic Society가 인도, 홍콩(1847년), 스리랑카(1847년), 중국(1857년), 일본(1877년), 말레이시아(1877년)에 이어 1900년에는 서울에도 지부를 개설하면서 관련 학자들을 모아들이고 연구기금을 지원하기 시작했기 때문이다.[40] 게일은 명예이사와 대외담당이사corresponding secretary로 선출되면서 처음부터 이 학회에서 중추적인 역할을 담당했을 뿐 아니라 이해 10월에 열린 학술발표회에서는 「한국에 끼친 중국의 영향The Influence of China upon Korea」이라는 논문을 발표하여 한국 문화 전반에 대한 견해를 밝히기도 하였다. 당시 이 학술발표회에는 미국 공사 알렌H. Allen과 영국 공사 거빈스J. H. Gubbins를 비롯하여 서구의 주요 인사들이 대거 참석하였다고 전해지는데,[41] 이때 발표된 게일의 이 논문은 이 학회 학술지의 창간호에 권두 논문으로 실릴 정도로 그 비중을 인정받는다. 제목에서도 드러나듯, 게일의 논문은 한국의 문화가 모든 측

40 "About us", Royal Asiatic Society of Great Britain and Ireland, 2011.8.19(http://royalasiaticsociety.org/site/?q=taxonomy/term/1).

41 Richard Rutt, *op. cit.*, p.40.

면에서 중국의 영향을 받아 형성되었다는 골자를 지니고 있었다.

> 이제 오늘날 우리가 접할 수 있는 대중문학the popular literature을 본다면, 그 책들은 비록 한글로 쓰이었지만 인물과 지리적 배경은 거의 예외 없이 중국의 것입니다. 서울에서 가장 흔하고 어디에서나 팔리는 열세 작품을 뽑아보니 그중 열한 개가 중국의 이야기이고 두 개만이 한국의 것이더군요. 한국 여성들이 읽고서 눈물을 흘린다는 『심청전』에서조차 등장인물은 한국에서 5천 리나 떨어진 1, 500년 전 송나라로부터 끌어와야 했던 것입니다. (…중략…) 『청구악장青丘樂章』에 실린 앞부분 2백 편의 송가ode를 살펴보다가 발표자는 마흔여덟 개의 인명을 발견할 수 있었는데, 모두 중국인이었고 단 하나의 예외도 없었습니다. 이들 작품에서는 중국의 지명 및 문학작품명이 마흔네 차례, '금강산'이나 '북한北漢'과 같은 한국의 장소가 여덟 차례 언급되고 있습니다. 비록 중국은 한국의 영토를 점유한 적이 거의 없는 듯하지만, 한국의 언어와 문학과 사상은 온통 중국이 차지하고 있었던 것입니다.[42]

위와 같은 부분을 보면, 게일은 한국의 문학작품 자체보다는 작품에 내재된 소재적 수준의 요소를 탐색하는 데 보다 경도되었던 것을 알 수 있다. 그가 예시한 『심청전』과 『청구악장』은 순한글이거나 국문어법에 따라 제작된 작품이었기 때문에 보는 이에 따라서는 이를 한국 고유의 문학 자산으로 평가할 여지도 없지 않았으나, 게일은 작품에

---

42 James S. Gale, "The Influence of China upon Korea", *Transactions of the Korea Branch of the Royal Asiatic Society*, Vol.1, 1901, p.16.

도입된 배경, 인물, 고사 등의 중국 편향에 관심을 둘 뿐 표기체계 자체에는 주목하지 않았다. 오히려 그는 이들 국문작품에서조차 중국적 요소에 대한 동경이 강하게 드러난다는 점을 들어 한국문학에 드리운 중국문학의 영향력이 얼마나 완고했는지를 검증하려 했던 것이다. 실상 그는 한글로 작성된 작품들은 한자어가 다수 포함되거나 한문으로 이루어진 작품들에 비해 표현이 조잡하고 내용 또한 크게 빈약할 뿐 아니라 고유어로 작품을 창작하는 것 자체가 불가능에 가깝다는 견해를 보이기도 하는데,[43] 이러한 논리는 결국 한국의 문학이란 중국문학의 전범을 따른 사례들, 즉 한문학 작품 이외에는 크게 주목할 만한 것이 없다는 시각으로 귀결되기에 이른다. 그가 이 글의 결론부에서 조선 후기 지식인의 '소중화의식'에 공감을 표한 것도 그와 같은 논리의 연장선상에서 이해된다.

> 발표자는 이 논문을 『동몽선습童蒙先習』의 마지막 부분을 인용하면서 끝맺고자 합니다 : "우리나라의 예악법도禮樂法度와 의관문물衣冠文物이 모두 중국의 전범을 따르기에, 인륜이 위에서 밝혀지고 교화가 아래에서 시행되어 풍속의 아름다움이 중화中華, the Flowery Land에 방불하니, 중국인들이 우리를 '소중화小中華, Korea is little China'라고 칭송한다."[44]

요컨대, 게일은 한국 문화의 요체란 한국 고유의 것에서 발견된다기

---

43 Ibid., pp.14~15.

44 Ibid., p.21. 여기에서 게일이 인용한 『동몽선습』의 원문 구절은 다음과 같다. "我國雖僻在海隅, 壤地褊小, 禮樂法度・衣冠文物, 實遵華制, 人倫明於上, 敎化行於下, 風俗之美, 侔擬中華, 華人稱之曰 : '小中華'."

보다는 오히려 한국이 중국을 본받기 위해 얼마나 심혈을 기울였으며 또한 그것이 얼마나 성공적이었는가를 검증해내는 과정에서 도출될 수 있으리라는 생각을 지니게 되었던 것이다. 대략 이 논문이 발표되던 시점을 전후하여 한국문학에 대한 그의 연구 역시 한국이 중국의 전범을 훌륭하게 체현하였다거나, 때로 중국 이상으로 중국적인 특질을 소중하게 간직하고 있다는 점을 밝혀내려는 데 초점이 맞추어지게 된다.

이 시기 언저리에 발표된 게일의 또 다른 에세이 「한국의 문학Corean Literature」도 크게 보아 그 같은 논리 위에서, 더 나아가 그러한 자신의 논리를 더욱 공고하게 다지기 위해서 작성한 것으로 판단할 수 있다.

> 한국은 소설도 신문도 없는 나라이다. (급변하는) 요즘 문학을 따라잡으려 헛되이 노력하다가 피로를 느끼고 있는 사람이 (주변에) 있다면 누구든 한국에 와서 휴식을 취하게 하시라. 정규적인 소설가story-teller가 지난 천년 동안 단 한 명이라도 이곳에 존재했었다는 이야기를 들어본 바가 없다. 한국에는 인쇄소도, 저작권법도 없다. 학자들은 거의 끊임없이 단편 에세이를 저술해 왔지만, 한국에서 문학이 일상생활을 다루는 통속적 수준으로 격하된 적은 단 한 차례도 없었다. 사대부literati의 눈에는 예사 노점에서 팔리는 구어체 책이 끔찍하게만 보인다. 그는 말하기를, "대화할 때나 사용하는 범속한 단어들이 어찌 활자화되어 책에 실릴 수 있단 말인가?"라고 한다. (…중략…)
>
> 한국의 문학은 결코 통속적이지 않다. 교육이란 곧 불멸의 중국 고전에 대한 학식을 의미한다. (중국 고전에 쓰인) 문자는 신성하기 때문에, 성현聖賢, the gods을 대놓고 거스르겠다고 작정하기 전에는 어떠한 인쇄물에 대

해서도 가벼이 논하거나 비판을 가할 수 없다. 학동들은 『천자문』에서 시작하여 역사에 대한 학습으로 이어가는데, 여기에서 음양의 원리와 여타 중국 전설들fables의 의미를 해득한다. 이후 기원전 4세기부터 기원후 959년까지의 중국the Middle Kingdom 역사를 다룬 사마광司馬光의 저술 『통감通鑑』을 읽은 다음, 『대학』·『맹자』·『논어』·『중용』·『시경』·『서경』을 거쳐 마지막에 『역경』을 학습한다. 한국 고유의 제재를 다룬 저작은 전혀 교육과정에 포함되지 않는다. 한국인은 작은 나라는 모름지기 큰 나라를 섬겨야 한다는 것을 법칙으로 삼아 왔기에, 교육에서도 역시 중국에서 기원하지 않은 것들은 철저히 배제한다. 한국인은 스스로를 드러내 보이기를 꺼려했기 때문이다.[45]

이 글은 중국 상하이에서 발행되던 영문 주간지 *The North China Herald*(한어명 '北華捷報')에 실렸는데, 호당 50면 정도 분량에 1만 부 가까이를 발행하면서 중국은 물론 동아시아 전역의 소식을 전하던 이 신문의 영향력은 서구인들 사이에서 독보적이었던 것으로 알려져 있다.[46] 게일은 한국에 대한 이해도를 인정받아 1899년부터 이 신문의 통신저자로 위촉된 후 'Esson Third'라는 필명으로 여러 편의 글을 발표하는데,[47] 위 글은 특히 한국문학에 대한 전반적인 소개를 담고 있어 특히 주목된다.

---

45 Esson Third, "Corean Literature", *The North China Herald and Supreme Court and Consular Gazette*, 11 Jun. 1902.

46 "About The North China Herald", *The North China Herald*, 2011. 8. 19(http://northchinaherald.com/).

47 'Esson Third'는 게일의 조모의 처녀 시절 이름이었다고 한다.(Richard Rutt, *op. cit.*, p.54)

그러나 이 글에서 한국문학에 대한 게일의 견해는 대개 부정적인 어투로 표명된다. 우선 한국은 당시 서구에서 각광받고 있던 장르인 소설을 전혀 발달시키지 못했을 뿐 아니라, 대중문학의 성장에 촉매가 되는 어떠한 저널리즘도 갖추지 못했다는 첫 문장에 게일의 관점이 집약되어 있다. 두 번째 문장에서는 특히 빈정대는 어조가 두드러진다. 당시 서구의 문학은 형식과 내용면에서 급속하게 다분화·다양화되어 가고 있던 반면, 한국은 문학이 수천 년간 정체된 상태로 머물러 있던 땅이기 때문에 새로운 문학조류에 적응해 가야할 부담이 전혀 없어 평온하다는 풍자적 표현인 것이다.

게일은 이 글에서도 사대부 계층의 문학 관념을 위주로 한국문학 전체의 위상을 다루는데, 한국에 소설이 발달될 수 없었던 이유도 또한 문학의 통속화를 극구 거부하였던 사대부들의 완고한 의식 때문인 것으로 논의된다. 당시 시정에서 '구어체colloquial' 소설이 활발하게 유통되고 있던 사정을 게일은 직접 목격하고 있었으나,[48] 사대부들과 마찬가지로 게일 역시 그러한 통속적인 글들이 한국의 문학적 자산으로 포섭될 수는 없는 것으로 여겼다. 그 같은 인식의 근저에는 물론 중국의 문학을 전범으로 삼아 왔던 사대부들의 사대지향이 가로놓여 있었다. 게일이 보기에 역사와 철학, 시가 중시되는 중국의 문학적 전통 속에서는 소설과 같은 장르가 온전히 성장해 갈 기반이 없었던 것이다.

게일의 이 같은 관점은 한국문학 전반에 대한 저평가로 이어지고, 종국에는 '한국문학'이라는 범주 자체가 성립되기 어렵다는 인식으로

48 게일의 글에서는 한글 문헌이 흔히 '구어체colloquial 문헌'으로 지칭된다. 그는 한글을 구어, 한문을 문어로 명백히 갈라 인식했기 때문이다.

귀결될 소지를 포함하고 있었다. 특히 그러한 자신의 견해를 *The North China Herald*와 같은 유력 간행물에 실어 유포함으로써 게일은 한국문학에 대한 서구인들의 시각을 선도 내지 고착화하기도 하였다. 대신, 한국의 지식인들이 매우 체계적이고도 완벽하게 중국의 교양을 학습해 왔다는 관찰이 계속될수록, 게일은 이들의 한문 저작 역시 중국에 비등하거나 오히려 중국의 것을 넘어설지도 모른다는 기대를 갖게 되기에 충분했다. 이후 한국문학에 대한 게일의 시선이 완연히 한문학 작품으로 굳어지면서 그나마도 풍부하다고는 할 수 없는 한글 문헌들이 게일의 논의에서 의도적이리만큼 제외되거나 폄하되었던 이유도 그 같은 게일의 시각과 기대 때문일 것이다.

4. 서양인에 의한 한국문학 논의의 향방

이상에서 살핀 대로 1880년대 이전에 몇몇 서구인들 사이에서 피상적인 형태로 이루어졌던 한국문학에 대한 고찰은, 1890년대 들어 보다 본격화되면서 한국문학의 양상이 점차 서구 세계에도 알려지기 시작하며, 제임스 게일이 그 주도적인 역할을 수행하였다.

애초 시조에 대한 고찰로부터 촉발된 한국문학에 대한 게일의 관심은 1900년 무렵을 지나면서 완연히 한문 문헌에 대한 탐독으로 경사되는데, 이 시기 이후에도 게일은 왕성한 저작 활동을 이어가면서 주로 한문 전적을 바탕으로 한국의 역사와 관습 및 문학을 논의하거나 한문 텍스트를 영역하는 데 매진한다.[49] 그러한 과정이 거듭될수록 그는 한국 문화의 본령이자 특장이라 여겼던 중국적 특질이 20세기 들어 점차 사라져 가고 있다고 개탄하기에 이른다. 1920년대 초반과 그가 죽기 몇 년 전인 1933년에 쓴 다음의 글들은 이 같은 그의 관점이 오랜 기간 지속되었다는 사실을 보여준다.

> 나는 역사를 생각해 본다. 우리 서구인들은 정말로 역사 속에 살고 있다. 영국인에게 과거의 역사란 자신의 조상들이 수행해 온 전투를 지속해 가는 공간이다. 미국인들은 아직도 메이플라워호를 타고 항해하면서 아메리카 대륙을 얻기 위해 무장을 하고 있다. 불행하게도 한국인은 역사적 기반을 상실하였다. 한국의 젊은 세대는 주周나 한漢나라에 대해서 아무 것도 알고 있지 못하며, 위·촉·오 삼국 사이의 저 유명한 전투나 당唐나라의 강성했던 시절에 대해서도 모른다. 아마도 한국의 젊은 세대는 자기 나라 역사를 지금까지보다는 더 많이 읽는 듯하다. 그것은 매우 좋다. 하지만 생각해 보면 한국의 역사라는 것도 새로운 주제일 뿐 아니라, 그것으로써 저 유명했던 (중국) 역사의 파노라마를 대체할 수는 없는 것이다. 한국인의 진정한 영웅들, 가령 태임太任이나 태사太姒와 같은 여성 영웅들은 모두 중국 역사에 소재한다. 서왕모西王母와 서시西施, 탁문군卓文君이 한국인들에게 불러일으켰던 홍미를 근대the Modern Era의 어떤 요소가 만들어낼 수 있단 말인가?[50]

---

49 해당 시기 게일의 활동과 그 의의에 대해서는 이상현, 앞의 글, 2009에서 구체적인 검토가 이루어졌다.

50 James S. Gale, "The Koran's Intellectual World", *The Korea Mission Field*, Sep. 1921, p. 180.

한국은 죽었다. 나라도 사라졌다. 한국은 중화 문명권the Chinese group 안에서 얼마 전까지만 해도 가장 흥미로운 곳이었다. 중국은 타타르족과 몽골족, 만주족에 의해 짓밟혔지만, 한국은 그러한 침략을 당한 바가 없을 뿐 아니라, 한국의 사상과 관습, 저작들에는 모두 당唐과 명明의 기풍이 온전히 보존되어 있었기 때문이다. 그러나 동해안으로 물결이 밀려들듯이, 일본이 (조선에) 밀려들어오면서 이제 옛 시절의 한국은 더 이상 존재하지 않는다.[51]

한국문학과 문헌에 대한 게일의 연구 활동이 더 큰 그림을 그려내는 데로까지 나아가지 못했던 것도 역시 이러한 그의 전제 내지 관점과 무관하지 않아 보인다. 게일은 한국의 고서와 한문 작품을 끊임없이 탐독하고 그에 대한 적지 않은 수의 논평도 남겼지만, 그러한 선행 작업들을 바탕으로 본격적인 한국문학사를 서술해 보려거나 한국문학에 대한 보다 종합적인 저작을 남기려는 시도는 끝내 하지 않았다. 『계원필경桂苑筆耕』·『동문선東文選』·『익재집益齋集』·『포은집圃隱集』·『이계집耳溪集』 등 게일이 섭렵했던 각종 문헌들의 목록을 살펴보면, 그러한 작업을 수행해 낼 역량이 그에게 충분히 있었다고 생각되나, 그는 한국문학의 전개 양상을 특화하여 서술해 볼 필요성을 느끼지 못했고 그것이 가능하다고 여기지도 않았던 것이다.

물론, 한국 문화에 내재된 중국 문화의 요소를 직시하려 했다는 점에서 게일의 관점은 긍정적으로 평가될 여지도 크다. 그 자신이 의도

51 Richard Rutt, *op. cit.*, p.84에서 재인용.

한 것은 아니었지만, 결과적으로 보아 그는 한국문학의 범주를 당시에 이미 한문학의 영역으로까지 확장해 놓은 셈이 되기 때문이다. 그러나 그가 규정했던 '모범적인 중국 추종자'라는 한국문학의 이미지가 서구인들에게 전달될 때의 결과는 이미 예측 가능한 것이었다.

1927년 게일이 한국을 영원히 떠나 영국으로 향할 때, 그는 지난 40년간 수집해 온 한국의 고서들을 모두 동료 선교사에게 넘겨주고 오직 『동국이상국집東國李相國集』과 『삼봉집三峰集』만을 들고 간 것으로 전하는데,[52] 이 가운데 『동국이상국집』 소재의 한시를 영역하는 일은 그가 필생의 과업으로 생각한 것이었다. 그는 강화도에 있는 묘소를 직접 찾아가 참배할 정도로 이규보를 매우 높이 평가했으며, 그의 한시를 영역하는 데 심혈을 기울였다. 한국에서부터 시작해온 번역 작업이 1933년 마침내 영국에서 마무리되었을 때 게일은 한국의 가장 대표적인 시작품이라 믿어 의심치 않았던 이 원고를 서둘러 출판하려 시도했으나, 런던의 상업 출판사는 물론, 옥스퍼드 대학 출판부에서조차 출판을 거절당하고 만다. 당시에는 웨일리Arthur D. Waley의 『170편의 중국시*A Hundred and Seventy Chinese Poems*』(1918)와 그 후속 번역집이 간행되어 큰 관심을 불러일으키면서 영어권 독자들이 한시의 미감에 이미 익숙해 있던 때였으므로, 또 다른 영역 한시, 그것도 중국 본토가 아닌 변방의 지식인이 지은 한시를 출판한다 한들 새롭게 관심을 가질 독자들도 없을뿐더러, 그것이 학술적인 가치가 있는지에 대해서도 의문이 들 만한 상황이었다.[53] 게일의 입장에서는 이규보의 작품이 한시의 전

52 *Ibid.*, p.83.
53 *Ibid.*

범을 매우 이상적으로 구현한 작품이라 여겼으나, 영어권 출판사나 독자들의 입장에서는 한시의 미감을 감상하려면 정통 중국 시인들의 작품을 보면 될 뿐, 굳이 한국의 한시까지 살펴야 할 이유도 필요도 없었던 것이다.

당시는 이미지즘의 열풍과 더불어 동아시아문학에 대한 관심이 서구에서 그 어느 때보다도 높았던 시기였기에, 비록 한국의 위상이 중국이나 일본에 비해 크게 뒤쳐졌다고는 해도 한국문학, 특히 한국시만의 독특한 형식이나 특질이 소개된다면 서구인들 사이에 어느 정도 반향을 일으킬 만했지만, 중국문학과 크게 다를 것이 없는 한국문학의 면면으로는 어떠한 관심도 끌기 어려웠다. 결국 게일이 노년에 온 힘을 쏟아 번역했던 이규보의 시문은 끝내 이처럼 사장되었고, 한국에 대해 40년간 지속해 왔던 그의 연구 역시 서구인들에게 뚜렷한 주목을 받지 못한 채 오랜 기간 잊히게 된다.[54]

한편, 게일과 더불어 한국문학에 대한 고찰과 논의를 주도했던 구한말의 또 다른 선교사 호머 헐버트는 여러 측면에서 게일과는 대척적인 견해를 표명하였기에 양자의 관점을 비교 분석하는 작업이 필요하다. 헐버트에 대해서는 후고에서 논의를 이어가고자 한다.

54 40년간 진행되어 왔던 게일의 한국학 연구 성과를 단일 논문에서 포괄적으로 다루기는 무리이기에, 본고에서는 '한국시가 관련 논의가 그의 한국학 연구에서 어떠한 위상을 차지하는지', '그의 논의가 한국문학의 특성을 해외에 알리는 데 당시 어느 정도의 영향력을 지니고 있었는지', '게일이 생각하고 있던 '근대성'의 소종래가 무엇인지' 등과 같은 핵심적 문제로까지 논의를 진전시키지는 못하였다. 이들 문제에 대한 상론은 추후의 과제로 남긴다.

참고문헌

『남훈티평가』.

『純宗實錄』.

Aston, W. G., *A History of Japanese Literature*, New York : D. Appleton&Company, 1899.

게일, 제임스, 장문평 역, 『코리언 스케치』, 현암사, 1970.

오페르트, E. J., 신복룡 · 장우영 역주, 『금단의 나라 조선』, 집문당, 2000.

Chamberlain, Basil H., *The Classical Poetry of the Japanese*, London : Trüber&Co., 1880.

Third, Esson, "Corean Literature", *The North China Herald and Supreme Court and Consular Gazette*, 11 Jun.1902.

Gale, James S., "Ode on Filial Piety", *The Korean Repository*, Apr. 1895.

Gale, James S., "A Few Words on Literature", *The Korean Repository*, Nov.1895.

Gale, James S., "The Influence of China upon Korea", *Transactions of the Korea Branch of the Royal Asiatic Society*, Vol.1, 1901.

Gale, James S., "The Koran's Intellectual World", *The Korea Mission Field*, Sep.1921.

Gale, James S., *Korean Grammatical Forms : 辭課指南*, Seoul : Trilingual Press, 1894.

Giles, Herbert A., *A History of Chinese Literature*, New York : D. Appleton&Company, 1901.

Griffis, William E., *Corea, the Hermit Nation*, London : W. H. Allen&Co., 1882.

Griffis, William E., *The Unmannerly Tiger and Other Korean Tales*, New York : Thomas Y. Crowell Company, 1911.

Oppert, Ernest J., *A Forbidden Land-Voyages to the Corea*, London : Gilbert&Rivingston, 1880.

구지현, 「1711년 신묘통신사와 아라이 하쿠세키新井白石의 필담을 통한 상호 소통」, 『열상고전연구』 28집, 열상고전연구회, 2008.

김소정, 「근대중국의 '新文學' 형성과 정전화 과정」, 부산대 HK 고전번역+비교문화학 연구단 편, 『고전, 고전번역, 문화번역』, 미다스북스, 2010.
김승우, 「구한말 선교사 호머 헐버트Homer B. Hulbert의 한국시가 인식」, 『한국시가연구』 31집, 한국시가학회, 2011.
남궁원, 「선교사 기일James Scarth Gale의 한문 교과서 집필 배경과 교과서의 특징」, 『동양한문학연구』 25집, 동양한문학회, 2007.
백주희, 「J. S. Gale의 Korean Folk Tales 연구－임방의 『천예록』 번역을 중심으로」, 성균관대 석사논문, 2008.
이상현, 「제임스 게일James Scarth Gale의 『구운몽』 번역과 문화의 변용」, 성균관대 석사논문, 2005.
______, 「제임스 게일James Scarth Gale의 한국학 연구와 고전서사의 번역－게일 한국학 단행본 출판의 변모와 필기, 야담, 고소설의 번역」, 성균관대 박사논문, 2009.
______, 「〈춘향전〉 소설어의 재편과정과 번역－게일James Scarth Gale 〈춘향전〉 영역본(1917) 출현과 그 의미」, 『고소설연구』 30집, 한국고소설학회, 2010.
장효현, 「한국 고전소설 영역의 諸문제」, 『고전문학연구』 19집, 한국고전문학회, 2001.
정규복, 「구운몽 영역본고－Gale 박사의 The Cloud Dream of the Nine」, 『국어국문학』 21호, 국어국문학회, 1959.
정성화, 「W. 그리피스, 『은자의 나라 한국』－그리피스의 한국관을 중심으로」, 『해외한국학평론』 1호, 연세대 현대한국학연구소, 2000.

류대영, 『초기 미국 선교사 연구 1884～1910－선교사들의 중산층적 성격을 중심으로』, 한국기독교역사연구소, 2001.
민용태, 『서양문학 속의 동양을 찾아서』(2판), 고려원, 1997.
오윤선, 『한국 고소설 영역본으로의 초대』, 지문당, 2008.

하루오 시라네 · 스즈키 토미 편, 왕숙영 역, 『창조된 고전－일본문학의 정전 형성과 근대 그리고 젠더』, 소명출판, 2002.

Rutt, Richard, "A Biography of James Scarth Gale", Richard Rutt(ed.), *James Scarth Gale and his History of the Korean People*(2nd ed.), Seoul : the Royal Asiatic Society Korea Branch, 1983.
Weems, Clarence N., "Editor's Profile of Hulbert", Clarence N. Weems(ed.), *Hulbert's*

History of Korea, Vol.1, London : Routledge&Kegan Paul, 1962.

Miner, Earl, *The Japanese Tradition in British and American Literature*, Princeton : Princeton Univ. Press, 1958.

"About The North China Herald", *The North China Herald*, 2011.8.19 (http://northchinaherald.com/).

"About us", *Royal Asiatic Society of Great Britain and Ireland*, 2011.8.19 (http://royalasiaticsociety.org/site/?q=taxonomy/term/1)

필자소개

김문용 金文鎔, Kim Moonyong

고려대학교 민족문화연구원 HK교수. 고려대학교에서 동양철학, 한국철학을 전공하였다. 그동안 자연관을 중심으로 조선 후기 사상문화의 변화 문제에 주력해 왔고, 동아시아적 지식의 성격 문제, 도덕적 세계관의 인식론적, 사회문화적 기초 문제로 관심 범위를 넓혀가고 있다. 주요 저작으로는 『홍대용의 실학과 18세기 북학사상』(2005), 『조선 후기 자연학의 동향』(2012) 등이 있다.

조성산 趙成山, Cho Sungsan

성균관대학교 사학과 조교수. 고려대학교에서 조선 후기 사상사 연구로 박사학위를 취득하였고, 고려대학교 민족문화연구원 HK연구교수를 역임했다. 주요 논저로 『조선 후기 낙론계 학풍의 형성과 전개』, 「17~8세기 초 김창협·김창흡의 학풍과 현실관」, 「17세기 후반 경기지역 서인의 상수학풍 형성과 의미」, 「18세기 후반~19세기 중반 조선 세시풍속서 서술의 특징과 의의」 등이 있다.

배항섭 裵亢燮, Bae Hangseob

성균관대학교 동아시아학술원 HK교수. 고려대학교에서 조선 후기 민중사 연구로 박사학위를 취득하였고, 성균관대학교 동아시아학술원 연구교수, 고려대학교 아세아문제연구소 연구교수, 민족문화연구원 HK연구교수 등을 역임했다. 주요 논저로는 「19세기를 바라보는 시각」, 「동도서기론의 구조와 전개양상」, 「조선 후기 민중운동 연구의 몇 가지 문제-임술민란을 중심으로」, 『동학농민혁명의 기억과 역사적 의의』(공저) 등이 있다.

최주희 崔妵姬, Choi Joohee

고려대학교 한국사학과에서 박사과정을 수료하였고, 고려대학교 민족문화연구원 HK연구원, UCLA Center for Korean Studies visiting scholar를 지냈다. 조선 후기 사회경제사를 전공했으며, 주요 논저로는 「16세기 양반관료의 선물관행과 경제적 성격」, 「19세기 재지사족층의 친족결집 노력과 내적균열 양상」, 「15~16세기 別進上의 상납과 운영-강원・경상지역 사례를 중심으로」 등이 있다.

강상순 姜祥淳, Kang Sangsoon

고려대학교 민족문화연구원 HK교수. 한국 고전문학을 전공하였고, 한국 고전서사문학에 나타난 성과 사랑, 가족, 귀신을 통해 한국 전통문화의 심층적 구조와 역사적 주체들의 정신세계를 분석하는 데 관심을 두고 있다. 주요 논저로는 「구운몽에 형상화된 남녀관계의 소설사적 계보와 역사적 성격」, 「고전소설 연구와 정신분석학의 접합, 그 가능성과 지점 및 한계들」, 「성리학적 귀신론의 틈새와 귀신의 귀환」, 「고전소설의 근대적 재인식과 정전화 과정」 등이 있다.

이주영 李珠英, Lee Juyoung

고려대학교 국어국문학과 박사과정을 수료하고 고려대학교 민족문화연구원 HK연구원을 지냈다. 주요 논문으로 「'기괴하고 낯선 몸'으로 변강쇠가 읽기」, 「조선 후기 서사의 웃음과 지역 공직사회」 등이 있다.

허용호 許龍鎬, Heo Yongho

동국대학교 교양교육원 초빙교수. 서강대학교에서 전통 연행 예술에 관한 연구로 박사학위를 취득하였다. 한라대학교 강의교수, 고려대학교 HK연구교수, 전남대학교 HK연구교수를 지냈다. 주요 논저로는 『전통연행예술과 인형오브제』(2003), 「전통인형연희의 연행방식 연구」(2006), 「인형연행 속 낯선 표현의 산출 기반과 그 통시적 향방」(2010), 「굿놀이의 역사 기술을 위한 도론」(2010), 『무속, 신과 인간을 잇다』(2011), 「엇갈린 행보–연행중심론과 현장론의 비교연구」(2012) 등이 있다.

김승우 金承宇 Kim Seungu

고려대학교 민족문화연구원 HK연구교수. 고려대학교에서 한국 고전문학을 전공하였고, 주요 관심 분야는 한국 고전시가의 제 현상, 19세기 서구인들의 한국문학 인식, 정전(正典) 형성 문제 등이다. 주요 논저로는 『용비어천가의 성립과 수용』, 「고전시가 속 '漁父' 모티프의 수용사적 고찰」, 「김태준의 詩歌史 인식과 高麗歌詞」 등이 있다.